Heinrichs
Kulturpolitik und Kulturfinanzierung

Werner Heinrichs

Kulturpolitik und Kulturfinanzierung

Strategien und Modelle für eine politische Neuorientierung der Kulturfinanzierung

Verlag C. H. Beck München

Die Deutsche Bibliothek – CIP-Einheitsaufnahme

Heinrichs, Werner:
Kulturpolitik und Kulturfinanzierung : Strategien und Modelle für eine politische Neuorientierung der Kulturfinanzierung/Werner Heinrichs. - München : Beck, 1997

ISBN 3-406-41929-1

ISBN 3 406 41929 1

Satz: Fotosatz H. Buck, Kumhausen
Druck: Druckerei Wagner GmbH, Nördlingen
Gedruckt auf säurefreiem alterungsbeständigem Papier
(hergestellt aus chlorfrei gebleichtem Zellstoff)

Wovon die Rede sein soll....

Die Finanzierung öffentlicher und gemeinnütziger Kulturangebote wird im deutschen Kulturbetrieb das beherrschende Thema der nächsten Jahre sein. Dramatische Veränderungen der finanziellen Möglichkeiten der öffentlichen Hand auf der einen Seite wie auch ein wirtschaftlich bedingtes Stagnieren des Konsums der privaten Haushalte auf der anderen Seite führen dazu, daß weder das sozialstaatlich ausgerichtete Konzept einer „Kultur für alle" finanzierbar bleibt, noch eine kostendeckende Preisgestaltung für Theater, Museen oder Musikschulen möglich erscheint. Zudem zeichnet sich ab, daß privatwirtschaftliche Kulturangebote sich zwar in angestammten Bereichen wie beispielsweise dem Verlagswesen und dem Musikalienhandel behaupten können, neue Marktsegmente aber nur höchst selektiv angegangen werden (z.B. im Musicalbereich), eine umfassende Kommerzialisierung öffentlicher und gemeinnütziger Kulturangebote folglich kaum in Frage kommen dürfte.

In diesem Zusammenhang muß davor gewarnt werden, die Finanzierungskrise der öffentlichen Hand nur als eine vorübergehende Erscheinung zu betrachten. Selbst wenn die „Deutsche Einheit" irgendwann finanziert und die Arbeitslosigkeit wieder auf „Normalmaß" zurückgefahren sein sollte, wird doch nicht alles wieder so sein können, wie es noch in den siebziger und achtziger Jahren war. Einer solchen Erwartung stehen langfristige soziodemographische Veränderungen entgegen, wie beispielsweise die Umkehrung der Alterspyramide oder die steigende Zahl der Single-Haushalte. Beispielhaft zu nennen ist hier auch die Globalisierung der Beschaffungsmärkte, die zu einem extremen Kostendruck auf deutsche Arbeitsplätze und Produkte führt. Andererseits sind die Strukturen der Daseinsvorsorge, wie z.B. das Sozial- und Gesundheitswesen, die Energieversorgung oder die Verkehrs- bzw. Mobilitätssysteme, in solchem Maße gefestigt, daß eine Anpassung an die veränderte Situation nur mit gewaltigen Anstregungen möglich wäre. Es bleibt mithin ein außerordentlicher Finanzierungsbedarf für differenzierte Strukturen der Daseinsvorsorge bei gleichzeitig erheblich verschlechterten soziodemographischen und ökonomischen Rahmenbedingungen. Allein aus diesem Spannungsverhältnis folgt die nüchterne Feststellung, daß die Ziele, Strukturen und Handlungsmaximen von gestern für morgen nur noch begrenzt tauglich sein werden. Ein solches Szenario verbietet es geradezu, mit der Erwartung in die Zukunft zu blicken, alles würde bald wieder so sein, wie es vor zehn oder zwanzig Jahren einmal war.

Zwar steht aus der Sicht des Kulturbetriebs in einem solchen Kontext die Finanzierung von Kulturangeboten im Vordergrund des Interesses, doch darf dabei nicht übersehen werden, daß die Kulturfinanzierung keine in sich geschlossene Handlungskategorie ist, sondern immer in einem engen Zusammenhang zur Kulturpolitik steht. In dem Bestreben, kulturpolitische Ziele umzusetzen, spielt die Kulturfinanzierung verständlicherweise eine maßgebliche Rolle, denn es ist eine Binsenweisheit, daß sich viele Ziele eben nur mit Hilfe finanzieller Mittel erreichen lassen. Fehlt das Geld, kann man sich in den Zielen bescheiden und beispielsweise durch lineare Kürzungen die geschrumpften Ressourcen strecken.

Es gibt allerdings Anzeichen dafür, daß dieses System des Zurückfahrens von Leistungen überhaupt nicht mehr als Therapie gefragt sein könnte. Vielmehr – und das ist die Hauptthese dieses Buches – muß davon ausgegangen werden, daß Kulturpolitik und Kulturfinanzierung in einem solch engen Zusammenhang stehen, daß eine gründsätzlich veränderte Kulturfinanzierung einer gänzlich anderen Kulturpolitik gegenüberstehen wird. Neue Finanzierungsinstrumente werden auf lange Sicht nicht deshalb erfolgreich sein, weil sie kurzfristig Finanzierungslücken schließen, sondern weil Kulturpolitik und Kulturbetrieb sich in einem Prozeß der Veränderung befinden, der nach neuen Finanzierungsinstrumenten verlangt. Deshalb soll dies kein Handbuch für Sponsoring und Fund raising sein, sondern ein kulturpolitisches Buch, das der Konsequenz für die Kulturfinanzierung besondere Aufmerksamkeit widmet.

Dies wird in drei Schritten geschehen. Das erste Kapitel ist analytisch angelegt und beschäftigt sich mit dem Kulturbegriff, der Kulturpolitik und dem Kulturbetrieb der neunziger Jahre. Trotz eines teilweise historisch orientierten Blickwinkels steht hier nicht die Aufarbeitung von Traditionslinien im Mittelpunkt, sondern das analytische Beschreiben der strukturellen, konzeptionellen und managerialen Umbrüche, die zu der heutigen, etwas perspektivlosen Situation von Kulturpolitik und Kulturfinanzierung geführt haben.

Das zweite Kapitel erweitert die Analyse auf einen internationalen Vergleich. Konkret werden Kulturpolitik und Kulturfinanzierung in Frankreich, Schweden, Großbritannien und den USA nebeneinandergestellt. Dabei wird sich zeigen, daß die höchst unterschiedlichen Konzepte von Kulturpolitik und Kulturfinanzierung zwar in sehr starkem

Maße von landesspezifischen Traditionen und Wertmaßstäben bestimmt sind, gleichwohl aber auch interessante Hinweise sowohl für ein analytischen Verstehen als auch für Problemlösungsansätze der Situation in Deutschland bereithalten.

Das dritte Kapitel diskutiert Konzeptionen und Instrumente für eine Neuorientierung der Kulturfinanzierung, die einerseits die Abgrenzung zwischen öffentlicher und privater Kulturförderung verlassen und andererseits die Kulturfinanzierung von den Unwägbarkeiten öffentlicher Haushalte unabhängiger macht.

Es wird mithin nicht die Absicht verfolgt, Rezepte für eine kurzfristige Reparatur aktueller Problemlagen zu bieten, wie sie mit dem Stichwort Finanzierungskrise angedeutet sind, sondern es geht um eine grundsätzliche Neuorientierung und Neugestaltung des Verhältnisses von Kulturpolitik und Kulturfinanzierung. Dabei wird das eine – die Kulturfinanzierung – nicht als Mittel zum Zwecke des anderen – der Kulturpolitik – verstanden, wie auch umgekehrt der gängigen Behauptung widersprochen wird, das Geld bestimme die Inhalte.

Das Buch wendet sich vorrangig an die Akteure des Kulturbetriebs, also an Künstler, Kulturpolitiker, Kulturvermittler und Kulturmanager. Ihnen soll es in einer Zeit des Umbruchs und der Neuorientierung des Kulturbetriebs Perspektiven bieten, um auch in Zukunft Kultur politisch, finanziell und manageriell ermöglichen zu können. Es wendet sich aber auch – wie könnte es für einen Hochschullehrer anders sein – an Studierende des Kulturmanagements, der Kulturwissenschaften, der Kultursoziologie und der Kulturpolitik. Vor allem für sie wurde es mit zahlreichen Literaturhinweisen versehen, weit mehr als es für den Praktiker von Relevanz sein dürfte.

Die vorliegende Arbeit ist das Ergebnis einer Reihe kleinerer Untersuchungen und einer mehrjährigen Beschäftigung mit diesem Thema in vielen Hochschulseminaren. Manche Gedanken, die in den Text eingeflossen sind, gehen direkt oder indirekt zurück auf Diskussionen mit Kollegen und Studenten sowie auf Seminar- und Abschlußarbeiten, ohne daß ich diese Anregungen heute noch im einzelnen zurückverfolgen könnte. Ich möchte aber keinesfalls darauf verzichten, allen Kollegen und Studenten für diese Anregungen herzlich zu danken. Dies gilt namentlich für meinen Kollegen Armin Klein, der – als „gelernter" Politikwissenschaftler – vor allem die kulturpolitischen Teile des Buchs mit zahlreichen Hinweisen kritisch begleitet hat.

Baden-Baden, im Juli 1997 W.H.

Inhaltsverzeichnis

1 Kulturpolitik im Kulturbetrieb

In kaum einem Land erfolgt die Finanzierung kultureller Aufgaben in so starkem Maße aus staatlichen und kommunalen Mitteln wie in Deutschland. Trotz teilweise massiver Sparmaßnahmen bewegen sich die Nettoausgaben von Bund, Ländern und Kommunen nach der Abgrenzung der Kultusministerkonferenz nach wie vor in einer Größenordnung von 16 Mrd.DM.[1] Bei allem Klagen über Einsparungen, Stellenabbau und Kürzungen von Zuschüssen darf doch das – nach wie vor – ganz erhebliche Engagement der öffentlichen Hand im Kulturbereich nicht übersehen werden. Es reicht von der Ausbildung von Künstlern in staatlichen Akademien und Hochschulen über die Trägerschaft zahlloser kultureller Einrichtungen wie Theater, Museen, Bibliotheken, Volkshochschulen und Musikschulen bis hin zu einer höchst differenzierten Kulturförderung, die Zuschüsse an den örtlichen Musikverein ebenso einschließt wie Stipendien in der Villa Massimo in Rom.

Daß diese Situation so in Deutschland besteht, ist selbstverständlich kein Zufall. Vielmehr ist die großzügige Kulturfinanzierung aus staatlichen und kommunalen Mitteln politisch gewollt. Grundlage einer solchen politischen Entscheidung sind wiederum tradierte Werte und Begriffe einerseits sowie vorhandene staatliche Strukturen oder das Verhältnis von Staat, Gesellschaft und Bürger andererseits. Wenn also die Notwendigkeit gesehen wird, die Finanzierung von Kultur grundlegend zu überdenken und neuen Bedürfnissen anzupassen, so kann dies nicht ohne eine entsprechende Rückbindung zu den eben genannten Traditionen und Kriterien vonstatten gehen. Anders formuliert: man kann schlecht über Kulturfinanzierung – zumindest soweit sie öffentliche Mittel betrifft – reden, ohne auch auf Kulturpolitik, und d.h. auf deren Ziele und Instrumente, einzugehen. Dies soll in diesem ersten Kapitel geschehen.

Dabei wird die Frage im Vordergrund stehen, durch welche Entscheidungen und Konstellationen das deutsche System der öffentlichen Kulturfinanzierung sich in der gegebenen Form herausgebildet hat. Es gilt gleichsam, Ort und Zeit für die Weichenstellungen nachzuspüren,

---

[1] Laut Kultusministerkonferenz 1993 insgesamt 16.190 Millionen DM (Kulturforschung 12, Seite 2; hrsg. vom Zentrum für Kulturforschung, Bonn 1995).

die den Zug dort hingeführt haben, wo er sich heute befindet. Das kann nicht ohne einen – bescheidenen – historischen Rückblick erfolgen.

Bei näherer Betrachtung wird sich zudem zeigen, daß der Gegenstand von Kulturpolitik und Kulturfinanzierung in seiner abstrakten Form bestimmt wird durch den Kulturbegriff und in seiner praktisch-konkreten durch den Kulturbetrieb. Mit dem Kulturbegriff wird gesagt, was Kultur ist, während der Kulturbetrieb der institutionalisierte Bereich ist, in dem Kultur in seiner organisierten Form stattfindet. Da man erwarten darf, daß das Verständnis von dem, was Kultur ist oder sein sollte, auch darüber bestimmt, was als Kultur zu finanzieren ist, kann die etwas theoretisch anmutende Frage nach dem Kulturbegriff in diesem Zusammenhang nicht völlig ohne Belang sein. Um es vorwegzunehmen: für eine Kultur, die von einem weit über die Kunst hinausgehenden Kulturbegriff ausgeht, muß man andere Finanzierungsformen bereithalten als für eine Kultur, die sich nur der Kunst im engeren Sinne verschrieben hat. Während für die Kunst Mäzene und Sponsoren grundsätzlich Interesse finden, bleiben für das Angebot des „erweiterten Kulturbegriffs" und der Soziokultur fast immer nur die Finanzmittel der öffentlichen Hand.

Ähnlichen Veränderungen wie der Kulturbegriff war und ist auch der Kulturbetrieb unterworfen. Allein schon die Frage, inwieweit man den privatwirtschaftlichen kommerziellen Kulturbetrieb in Überlegungen zur Kulturpolitik und zur Kulturfinanzierung mit einbezieht, birgt erheblichen Sprengstoff. In Deutschland konzentrieren sich kulturpolitische Entscheidungen des Staates in erster Linie auf den öffentlichen Kulturbetrieb; die Arbeitsbedingungen des privatwirtschaftlichen Kulturbetriebs werden nur unter allgemein wirtschaftlichen Aspekten gesehen. In den USA dagegen ist dies gerade umgekehrt; hier gilt das Interesse des Staates vorwiegend der privaten und privatwirtschaftlichen Kulturförderung. Auch hier also wäre – ähnlich wie beim Kulturbegriff – die Frage zu erörtern, warum der Kulturbetrieb in Deutschland diese Strukturen hat und warum er so und nicht anders in der Öffentlichkeit und in der Kulturpolitik wahrgenommen wird.

Ein kurzer Blick in die Geschichte verdeutlicht auch hier, daß die heutigen Gegebenheiten sehr stark historisch bedingt sind. Der Blick in die jüngste Vergangenheit wird aber auch zeigen, daß sich der Kulturbetrieb in einer Phase der Neuorientierung befindet. Um auch hier einen Gedanken vorwegzunehmen: die kulturökonomischen Ansätze der achtziger Jahre und die Professionalisierungstendenzen der frühen neunziger Jahre im Kulturmanagement haben zu einer deutlichen

Aufwertung des kommerziellen Kulturbetriebs geführt. Zudem dürfte der sogenannte Dritte Sektor, also die privatrechtlich-gemeinnützigen Stiftungen und Vereine, in nächster Zukunft erheblich an Bedeutung gewinnen und möglicherweise sogar Teile des zur Zeit noch öffentlichen Kulturangebots übernehmen.

Kommen im Kulturbegriff vor allem die Ziele der Kulturpolitik zum Ausdruck, so sind es im Kulturbetrieb die institutionalisierten Strukturen. Um Ziele und Strukturen steuern zu können, bedarf es der kulturpolitischen Instrumente. Davon soll im zweiten Teil dieses Kapitels die Rede sein. Solche Instrumente können direkter oder indirekter Art sein, d.h. ein Staat kann einer kulturellen Einrichtung unmittelbar eine Förderung zukommen lassen oder aber über Steuervergünstigungen oder andere Wege eine mittelbare Förderung betreiben. Im ersten Fall schafft sich der Staat Handlungsinstrumente mit eigener personeller, sächlicher und finanzieller Ressourcenausstattung, im letzten Fall beschränkt er sich auf Gesetze und Verordnungen.

Wie man es macht, ist nicht allein eine Frage der Praktikabilität und der Kosten, sondern vor allem abhängig von der eigenen Zielsetzung und vom Selbstverständnis. Solches zu entscheiden, ist Sache des kulturpolitischen Diskurses, womit ein weiterer wichtiger Aspekt von Kulturpolitik genannt ist. Je normierender die kulturpolitischen Vorgaben des Staates sind, um so mehr wird der Staat für die Umsetzung der Norm eigene Finanzmittel einsetzen müssen. Umgekehrt bedeutet dies: je mehr der Staat die Bestimmung kultureller Inhalte und Ziele Personen und Institutionen auf einer nicht-staatlichen Ebene überläßt, um so mehr kann er sich aus der unmittelbaren Kulturfinanzierung zurückziehen.

Das klingt sehr einfach, ist es dem Grundsatz nach wohl auch. Die Probleme aber fangen dort an, wo es um Konkretisierungen geht, etwa wenn kulturelle Leistungen, die politisch und gesellschaftlich ausdrücklich erwünscht sind, sich über indirekt wirkende Instrumente nicht mehr realisieren lassen. Hier beginnt denn auch das Terrain der kulturpolitischen Auseinandersetzung, auf das notwendigerweise zurückzukommen sein wird.

Das Zwischenergebnis der kulturpolitischen Überlegungen wird denn auch zeigen, daß einfache Modelle die avisierte Neuorientierung nicht werden leisten können. Vielmehr sind weiterhin Mischmodelle erforderlich, doch mit anderen Akzenten und Schwerpunkten als bisher. Der Blick über die deutschen Grenzen hinaus ins Ausland wird für solche neu konzipierten Mischmodelle einige Anregungen bieten.

1.1 Kulturbegriff und Kulturbetrieb

Kulturbegriff und Kulturbetrieb stehen – im Kontext von Kulturpolitik und Kulturfinanzierung – in einem engen Zusammenhang. Etwas verkürzt kann man sagen, daß nur die Kultur Gegenstand von Kulturpolitik und Kulturfinanzierung ist, die in einem Kulturbetrieb stattfindet. Allerdings ist die Relation zwischen Kulturbegriff und Kulturbetrieb nicht so statisch, wie dies in der – etwas apodiktisch klingenden – Formulierung unterstellt wird. Wie die Kulturpolitik der siebziger Jahre gezeigt hat, kann die Erweiterung des Kulturbegriffs eine Vergrößerung des Kulturbetriebs zur Folge haben (z.B. in Form soziokultureller Zentren, Stadtteilkultur, Kulturläden). Umgekehrt hat die Verlagerung des Kulturbetriebs des frühen 19. Jahrhunderts von den Fürstenhöfen in die Hände bürgerlicher Mäzene eine Verengung des Kulturbegriffs auf die Kunst bewirkt; die Spiele und Feste, noch im 18. Jahrhundert fester Bestandteil der Kultur, wurden vom kulturellen Bürgertum in dieser Form nicht fortgesetzt. Es ist folglich anzunehmen, daß es vielfältige Abhängigkeiten zwischen Kulturbegriff und Kulturbetrieb gibt, weshalb es sich lohnen dürfte, diesem Verhältnis auch in der historischen Dimension kurz nachzugehen.

Das macht es freilich nicht erforderlich, die Diskussion über die Frage, was Kultur ist, zum tausendsten Mal zu wiederholen (vgl. hierzu ausführlich *Brackert/Wefelmeyer* 1989 sowie *Hansen* 1995). Festgehalten sei lediglich, daß im Kulturbetrieb in seiner historischen wie aktuellen Dimension Kultur in vier Verstehensweisen vorkommt:

(1) Kultur als menschliches Vermögen und dessen Dokumentation
Kultur in einer allgemeinen anthropologischen Dimension (z.B. der zivilisatorische Prozeß der Umformung von Natur oder Sprache als kulturgeprägtes und kulturprägendes menschliches Vermögen) ist zwar nicht Gegenstand des Kulturbetriebs, wohl aber deren Dokumentation in Museen (Naturkundemuseen, Volkskundemuseen, orts- und regionalkundliche Museen usw.), Archiven, Büchern usw.

(2) Kultur als Verhalten
Auch hier kann man nur eine partielle Überschneidung von Kulturbegriff und Kulturbetrieb feststellen. Dennoch finden sich kulturelle Verhaltensweisen, wie sie auch in der Alltagskultur zum Ausdruck kommen, im Vereinswesen (z.B. Brauchtum) oder in Kulturbetrieben der Soziokultur oder des Bildungsbereichs wieder (z.B. Spiel, Gesprächskultur, Kultur sozialen Verhaltens).

(3) Kultur als Kunst
Für den Kulturbetrieb ist dies zweifellos der wichtigste und umfassendste Bereich. Hierzu sind – inhaltsbezogen – alle künstleri-

schen Sparten zu rechnen (auch die der sogenannten Unterhaltungskultur oder „leichten" Muse) wie auch – prozeßbezogen – die Produktion (Künstler, Theater, Orchester, Film usw.), Vermittlung (Kunstmarkt, Verlagswesen, Buchhandel usw.) und Dokumentation von Kunst (z.B. Kunstmuseen).

(4) Kultur als Bildung
Obwohl der Bildungsbereich (Schulen, Hochschulen) in der Regel nicht dem Kulturbereich zugerechnet wird, spricht man doch im Zusammenhang mit Volkshochschulen, Musikschulen, Kunstschulen und manchmal auch Bibliotheken und Museen von kultureller Bildung und rechnet diese Einrichtungen dem Kulturbetrieb zu.

In welchem Umfang und mit welchem Stellenwert diese vier Erscheinungsformen des Kulturbegriffs Teil des Kulturbetriebs und damit Gegenstand von Kulturpolitik und Kulturfinanzierung waren und sind, hängt von ethischen, moralischen und ästhetischen Werten und Bewertungen, von politischen und ökonomischen Rahmenbedingungen, von gesellschaftlichen und individuellen Verhaltensweisen und vielen anderen Faktoren ab, die einem ständigen Wandel unterworfen sind (*Bühl* 1987). Dadurch darf aber keinesfalls der Eindruck entstehen, als stünden beispielsweise die Erscheinungsformen eines anthropologisch orientierten Kulturbegriffs denen eines künstlerisch-ästhetischen völlig isoliert gegenüber; vielmehr hat man es häufig mit vielfältigen Beziehungen und Abhängigkeiten zu tun. Wenn beispielsweise die französische Kulturpolitik ganz erheblich auf den Kulturbetrieb (Film, Rundfunk, Unterhaltungsmusik) einwirkt, um die französische Sprache vor fremdsprachigen Einflüssen zu schützen, so hat man es mit einem Kulturbegriff zu tun, der in verschiedenen Verstehensformen verankert ist.

Als Kulturbetrieb wird hier der praktisch-konkrete Gegenstand von Kulturpolitik bezeichnet, wie er sich institutionalisiert, um kulturelle Ziele zu operationalisieren. Kulturbetrieb ist einerseits das einzelne Unternehmen bzw. die einzelne Einrichtung, wie beispielsweise ein belletristischer Verlag oder ein Stadttheater. Von Kulturbetrieb spricht man aber auch im Verständnis der Gesamtheit aller einzelnen Kulturunternehmen und -institutionen. Da im Zusammenhang mit kulturpolitischen und kulturökonomischen Fragen die summarische Betrachtung Vorrang hat, ist mit dem Begriff Kulturbetrieb hier immer gleichsam die Gattung gemeint (ohne Pluralform). Soweit von einzelnen Kulturbetrieben die Rede sein soll, wird dies besonders hervorgehoben bzw. durch die Pluralform zum Ausdruck gebracht.

In einer systematischen Betrachtung unterscheidet man aus rechtlicher Sicht drei Gruppen von Kulturbetrieben (vgl. dazu ausführlich *Heinrichs* 1993:31–80 sowie *Heinrichs/Klein* 1996:135):

(1) Öffentliche Kulturbetriebe sind solche, die in öffentlicher Trägerschaft stehen. Dazu gehören die Regiebetriebe, Eigenbetriebe, Eigengesellschaften und Zweckverbände der öffentlichen Körperschaften (Bund, Länder, Gemeinden und Gemeindeverbände) wie Staats- und Stadttheater, Museen, kommunale Musikschulen und Volkshochschulen, Bibliotheken usw. Weiter gehören dazu öffentliche Anstalten, von denen vor allem die öffentlich-rechtlichen Rundfunkanstalten – zumindest hinsichtlich ihres Kulturprogramms – als Kulturbetriebe zu gelten haben sowie die öffentlich-rechtlichen Stiftungen wie etwa die Kulturstiftung der Länder oder die Stiftung Preußischer Kulturbesitz.

(2) Privatrechtlich-gemeinnützige Kulturbetriebe – international als Nonprofit-Organisationen bezeichnet – sind zwar privatrechtlich organisiert (z.B. Vereine), verfolgen aber keine wirtschaftlichen Zwecke und gelten deshalb als gemeinnützig im Sinne des Abgabenrechts. Zu solchen privatrechtlich-gemeinnützigen Kulturbetrieben gehören beispielsweise alle Kultur- und Kunstvereine, die privatrechtlichen Stiftungen mit kultureller Zweckbestimmung oder gemeinnützige Gesellschaften mit beschränkter Haftung (gGmbH). Auch Gesellschaften bürgerlichen Rechts oder Aktiengesellschaften können gemeinnützig sein, was aber nur selten der Fall ist.

   Eine Sonderrolle nehmen hier die privatrechtlich-gemeinnützigen Einrichtungen ein, die zwar privatrechtlich organisiert sind, aber staatliche bzw. kommunale Aufgaben wahrnehmen. Dazu gehören beispielsweise kommunale Musikschulen oder Volkshochschulen in der Rechtsform eines eingetragenen Vereins oder Stadttheater in der Rechtsform einer GmbH. Da hier das Betriebskapital und damit auch die Verpflichtung zur Abdeckung von Verlusten bei der öffentlichen Hand verbleibt und lediglich die Betriebsform privatisiert ist, spricht man von formalen Privatisierungen. Den Gegensatz dazu bilden die materiellen Privatisierungen, bei denen Kapital und Risiko in eine private Trägerschaft übergehen (vgl. *Heinrichs* 1995b).

(3) Privatrechtlich-kommerzielle oder privatwirtschaftliche Kulturbetriebe sind Unternehmen der Kulturproduktion und -vermittlung, die erwerbswirtschaftlich ausgerichtet sind und sich ausschließlich aus selbst erwirtschafteten Erträgen finanzieren. Von der Betriebsform her sind alle handelsrechtlichen Formen möglich (GmbH,

GbR, AG usw.). Zu diesem Bereich des Kulturbetriebs gehören beispielsweise Verlage, Kunsthändler, Musikinstrumentenhersteller, Musical-Theater, aber auch Künstler und Künstleragenturen. Sofern es sich nicht um öffentlich-rechtliche Rundfunkanstalten handelt, ist auch der mediale Kulturbetrieb hier hinzuzurechnen, d.h. die privaten Rundfunkanstalten, soweit sie Kultursendungen ausstrahlen, die gesamte Filmbranche von der Filmproduktion über den -verleih bis zu den Filmtheatern, das Feuilleton der Zeitungen und die kultur- und kunstspezifischen Zeitschriften sowie die Neuen Medien, soweit es sich um Informationsträger kultureller Inhalte handelt (z.B. Medienkunst im Internet).

Betrachtet man nun wieder den Kulturbetrieb in seiner Gesamtheit, so fällt auf, daß es eine Vielzahl gemeinsamer Interessen dieser drei Teilbereiche gibt. Das gilt zum einen für den Gegenstand von Kunst und Kultur. Eine privatwirtschaftliche Produktion von Kunst ist nicht zwangsläufig von geringerer Qualität als eine öffentlich-rechtliche, wie der kommerzielle Buchmarkt täglich eindrucksvoll zeigt. Profitorientierung oder Gemeinnützigkeit sind auch im Kulturbetrieb nicht automatisch Kriterien für Qualität. Zum zweiten ist die rechtliche Basis für alle Teilbereiche weitgehend identisch. Das Urheberrecht gilt für den öffentlichen Bereich genauso wie für den privaten, und selbst viele Steuervorschriften gelten für alle Teile gleichermaßen. Zum dritten ist der Beschaffungsmarkt für alle Kulturbetriebe identisch, d.h. öffentliche und private Kulturanbieter bemühen sich um die gleichen Künstler und Ensembles und partiell sogar um die gleichen Finanzierungsquellen. Das betrifft alle Umsatzerlöse, aber auch mögliche Spender und Sponsoren. Und zum vierten ist auch der Absatzmarkt weitgehend gleich, denn alle Kulturbetriebe wenden sich letztlich an das gleiche Publikum.

Darüber hinaus gibt es auch zahlreiche Formen der Zusammenarbeit und der gegenseitigen Abhängigkeit. So greifen beispielsweise die privatwirtschaftlich arbeitenden Konzertagenturen häufig zurück auf Künstler aus Orchestern und Chören in öffentlicher Trägerschaft, um daraus Ensembles zusammenstellen zu können. Sie benötigen auf der anderen Seite aber auch die öffentlichen und gemeinnützigen Konzertveranstalter wie Kulturämter, Stadthallen und Festspiele, um überhaupt privatwirtschaftlich agieren zu können. Solche Zusammenhänge lassen sich auch für viele andere Kulturbetriebe finden: erinnert sei nur an privatwirtschaftliche Verlage und öffentliche Bibliotheken oder an Musikinstrumentenhersteller einerseits und Musikhochschulen, städtische Orchester oder Musikschulen andererseits.

Diese Überschneidungen haben zur Folge, daß die Grenzen zwischen dem privaten und öffentlichen Kulturbereich nicht immer in aller Schärfe zu ziehen sind. Man trifft im Gegenteil weit häufiger auf Überlappungen als auf klare Trennungen. In einem historischen Kontext zeigt sich zudem, daß es häufig sogar in der Zuordnung zu den genannten Bereichen Verschiebungen gegeben hat, etwa wenn das Theater des Mittelalters und der frühen Neuzeit ausschließlich privatwirtschaftlich organisiert war, während es sich heute überwiegend in der Trägerschaft der öffentlich Hand befindet. Während die höfischen Dichter des Mittelalters manchmal wie Angestellte eines bestimmten Hofes behandelt wurden, ist der Literaturbetrieb heute fast nur noch privatwirtschaftlich organisiert.

Unter dem Aspekt der Kulturfinanzierung sind allerdings nur die öffentlichen und die gemeinnützigen (Nonprofit-)Kulturbetriebe von erörternswertem Interesse. Privatwirtschaftliche Kulturbetriebe finanzieren sich – wie jeder Wirtschaftsbetrieb – aus Umsatzerlösen und anderen Erträgen, während die nicht-kommerziellen Kulturbetriebe auf unterschiedliche Finanzierungsinstrumente angewiesen sind. Die privatwirtschaftlichen Kulturbetriebe werden hier deshalb immer nur am Rande berücksichtigt werden.

1.1.1 Zur Entwicklung des Kulturbetriebs vom Mittelalter bis zum Ende der Weimarer Republik

Für die Zeit vom Mittelalter bis zum Beginn der Aufklärung ist festzuhalten, daß während der gesamten Periode Adel und Kirche politisch und gesellschaftlich dominierten. Betrachtet man nun diesen Zeitraum unter dem Aspekt des Kulturbetriebs, der Kulturpolitik und der Kulturfinanzierung, so ist eine Spartendifferenzierung in

(1) Bildende Kunst/Architektur,
(2) Literatur/Musik,
(3) Theater sowie
(4) Feste und Spiele erforderlich.

Damit zeigt sich bereits, daß der Kulturbegriff jener Zeit im wesentlichen bestimmt wurde durch Kunstsparten. Mit dem Stichwort Feste und Spiele findet allerdings auch ein Bereich Erwähnung, der über den engeren Kunstbereich hinausgeht.

Architektur und Bildende Kunst wurden fast ausschließlich als Auftragskunst der Fürsten und Kirchen sowie – vor allem ab der Renaissance – auch der Freien Reichsstädte und wohlhabender Patrizierfamilien realisiert. Nicht zufällig waren Mittelalter, Renaissance und Barock Hochzeiten der Bildenden Kunst und der Architektur. Allerdings wurden die religiösen und politischen Funktionen von Kunst wohl nie so deutlich in den Vordergrund gestellt wie in jener Zeit, weil die Funktion eines Kunstwerks ganz wesentlich vom Auftraggeber bestimmt wurde. Der Künstler produzierte nicht aus eigenem Impuls, um sich mit seinem Werk einem Kunstmarkt zu stellen, wie dies heute üblich ist, sondern wurde nur nach Auftrag tätig. Das hatte zur Folge, daß der Kulturbegriff, der dem zugrunde lag, über Jahrhunderte hinweg nicht verändert wurde, sondern – dem Bedarf der Auftraggeber und damit des Kulturbetriebs entsprechend – sich auf einen relativ engen Kunstbegriff beschränkte.

Doch wie sehr selbst dieser – aus heutiger Sicht – eingeengte Kunstbetrieb strukturiert war, zeigt ein Beispiel aus Italien zur Berufsgruppe der Maler: „Die Dreiteilung der Berufsgruppe – Elite, Mittelschicht und breite Basis – entsprach drei verschiedenen Auftragstypen: Aufträgen, die einen großen Einfallsreichtum erforderten, Aufträgen für standardisierte Facharbeit und einer Zwischenkategorie. Die einfachen Malerhandwerker, oft an die zwanzig pro Stadt, verliehen der Berufsgruppe eine große Stabilität. Sie gewährleisteten eine anhaltende Produktion von Facharbeit. Über die einfachen Handwerker erhob sich die Elite jener Maler, die für die mächtigsten Auftraggeber arbeiteten und die mit großem Prestige verbundene Aufträge ausführten" (*Kempers* 1989:367).

In den Sparten Literatur und Musik war dagegen das Verhältnis zwischen Auftraggeber und Künstler nicht so eng, wie dies für die Sparten Architektur und Bildender Kunst galt. Zunächst wurde die Dichtkunst nur in Klöstern gepflegt, wo Autor und Rezipient an einem Ort versammelt waren. Erst im 11. und 12. Jahrhundert trat neben dem dichtenden Kleriker auch der weltliche Dichter auf, und zwar in zweierlei Form. Einerseits war dies der höfische Ritter – im Französischen der Troubadour – und andererseits der nichtadelige Spielmann. Der potentielle Auftraggeber von Kunst – der Adel bzw. der Hof – war also in Form des Troubadours selbst Produzent von Kunst und trat damit in Konkurrenz zu dem, der eigentlich auf seine Aufträge angewiesen war. Das Verhältnis zwischen dem ritterlichen Dichter und dem Spielmann war denn auch höchst eigenartig. „Der nichtadelige Spielmann genießt, trotz seiner Zurücksetzung, unerhörte Vorteile durch seine Berufsgenossenschaft mit dem ritterlichen Dichter; nie wäre es ihm sonst erlaubt gewesen, von sich, von seinen subjektiven, privaten Gefühlen öffentlich zu sprechen, oder um es mit anderen Worten zu sagen, aus einem Epiker zu einem Lyriker zu werden" (*Hauser* 1953:235).

Während folglich in der Bildenden Kunst der Kulturbetrieb durch eine klare Trennung zwischen Auftraggeber und -nehmer bestimmt war, erhob der dichtende Ritter (gleichzeitig ein potentieller Auftraggeber) den nichtadeligen Spielmann (der nur Auftragnehmer war) zu seinem Berufskollegen und ermöglichte ihm somit die Produktion und Verbreitung seiner Kunst. Zudem sicherten die adeligen Dichter die materielle Existenz der Spielleute durch Rezitationsaufträge. „Die angeseheneren Troubadours trugen nämlich ihre Dichtungen nicht selber vor, sondern ließen sie von gedungenen Spielleuten vortragen" (*Hauser* 1953:236).

Diese Spielleute waren Dichter und Musiker, weshalb deren Stellung im Kulturbetrieb des Mittelalters sogleich auch einen Blick auf die Kunstsparte Musik wirft. Hier gab es schon früh sowohl den am Hof angestellten wie auch den freischaffenden Musiker, der sich als fahrender Spielmann mit den Gegebenheiten der Nachfrage auseinandersetzen mußte. „Fahrende Spielleute gehörten seit dem 16. Jahrhundert zur niedersten Gesellschaftsschicht; dagegen waren, mit verschiedener sozialer Wertung, Trompeter und Pauker an den Höfen, Pfeifer und Turmbläser bei den Städten fest organisiert" (*Thiel* 1973:545). Lediglich in der Kirchenmusik gab es schon recht früh in den Klöstern eine soziale Absicherung für Musiker und Sänger sowie – vor allem ab dem 16. Jahrhundert – feste Anstellungen als Gemeinde- oder Schulkantoren.

Im Theaterbereich sind für das Mittelalter zunächst die kirchlichen Theaterspiele zu nennen, die aus der Liturgie des Gottesdienstes hervorgegangen sind und sich in den Oster-, Passions- und Weihnachtsspielen vorwiegend am Kirchenjahr orientierten (*Brauneck/Schneilin* 1992:614ff.). Der Kulturbetrieb dieser Spiele ist – ähnlich wie für Malerei und Architektur – wesentlich von der Funktion bestimmt, die diese frühe Form des Theaters einnahm.

Ganz anders dagegen das Theater der Renaissance und des Barocks. „Wandertruppen aus Italien und England, aus Frankreich und den Niederlanden zogen quer durch Europa und schlugen – von Brüssel und Köln bis nach Riga und Warschau, von Kopenhagen und Stockholm bis nach Graz und Wien – überall ihre Bühnen auf. Sie kamen weder als Emissäre oder gar Missionare ihrer Kultur noch als Eroberer; sie kamen vielmehr als Kaufleute, die eine begehrte Ware möglichst gewinnträchtig abzusetzen suchten" (*Fischer-Lichte* 1993:60). Ähnlich wie bei den fahrenden Spielleuten richtete man sich auch hier in erster Linie am Bedarf des Publikums aus, weil keinerlei Auftraggeber vorhanden waren. Theater fand auf öffentlichen Plätzen statt und wurde auf beweglichen Wagenbühnen vielfach in Form eines Stegreifspiels dargeboten. Erst 1576 erbaute man in England ein erstes festes Theater, und 1603 bis 1605 wurde in Kassel mit dem Ottonium auch im deutschsprachigen Raum der erste eigenständige Theaterbau errichtet (*Fischer-Lichte* 1993:45). Gleichzeitig traten mit *Lope de Vega* (1562–1635) in Spanien und *William Shakespeare* (1564–1616) in England die ersten Theaterdichter auf den Plan, um den Weg zum heutigen Theater zu bahnen.

Mit Shakespeare erlebte das Theater in England zugleich eine erste Blütezeit, die sich erheblich auf den Theaterbetrieb auswirkte. Es waren dies privatwirtschaftliche Unternehmen, die nach dem Muster von Handwerksbetrieben organisiert waren, mit einem Handwerksmeister an der Spitze, der als der Arbeitgeber der Schauspieler und der übrigen Angestellten auftrat. Die Schauspieler erhielten meist keinen festen Lohn, sondern waren am Einspielergebnis beteiligt (*Suerbaum* 1991:402ff.). Shakespeare selbst war Teilhaber an zwei Theatern auf der Londoner Bankside und partizipierte damit am dort erwirtschafteten Gewinn. Sein beträchtliches Vermögen erwarb er nicht als Dramatiker oder gar als Lyriker, sondern als Theateraktionär (vgl. *Hauser* 1953:439). Hier zeigt sich erstmals sehr deutlich eine „Brücke" zwischen der autonomen Kunstproduktion als Dichter, die keine wirtschaftliche Grundlage bot und dem Kulturbetrieb, wo man durchaus zu Wohlstand gelangen konnte. Erst mit dem Urheberrecht ab 1870 und den damit verbundenen Verwertungs- und Leistungsschutzrechten konnte diese „Brücke" institutionalisiert und damit für Literatur, Musik und Theater eine angemessene Beteiligung des künstlerischen Autors an den Gewinnen des Kulturbetriebs erreicht werden.

Als vierte Spartengruppe sind hier die Spiele und Feste zu erwähnen, die zwar immer mit dem Theater eng verbunden waren, in ihren Formen und vielfältigen Varianten aber doch eine eigenständige Sparte bildeten. Sie waren im Mittelalter vor allem ausgerichtet am Kirchenkalender, der nicht nur mit Weihnachten und Ostern, sondern auch mit ungezählten Heiligenfesten und der Kirchweih ausreichend Gelegenheit zum Feiern bot. Man kannte die bereits erwähnten geistlichen Spiele, die sich eng an die Liturgie anlehnten und innerhalb der Kirche spielten, sowie die städtischen Feste und Theaterspiele, die beispielsweise als Passionsspiele ebenfalls religiösen Ursprungs waren, aber außerhalb des Kirchenraums aufgeführt wurden, wie dies im übrigen auch noch für die heutigen Passionsspiele (z.B. in Oberammergau) gilt. „Die Trägerschaft der Feste und damit auch der Theateraufführungen lag bei der Stadt. Allerdings mußten die Spieler für ihre Kostüme und

Requisiten selbst aufkommen und dafür zum Teil erhebliche Summen aufbringen. So ist aus Luzern als größte Ausgabe für eine derartige Spielausrüstung die Summe von 200 Gulden überliefert, die in etwa dem Jahreslohn von 12 Maurern entsprach. (...) Dennoch handelte es sich bei diesen Ausgaben nur um die kleineren Unkosten, die größeren trug die Stadt. Sie bestritt die Material- und Arbeitskosten für den Aufbau der Bühne und übernahm die Verpflegung der Spieler sowie die Bewirtung der Ehrengäste. Außerdem entstanden ihr gewaltige Unkosten durch die Verpflichtung, für einen friedlichen, geordneten und möglichst unfallfreien Festverlauf zu sorgen" (*Fischer-Lichte* 1993:16).

Am Ende des Winters bildeten zudem die Fastnachtsspiele eine wesentliche und offensichtlich sehr beliebte Gruppe innerhalb der Spiele und Feste. Sie wurden durch Umzüge und allerlei Belustigungen ergänzt, die weit über ein Theaterspiel im engeren Sinne hinausgingen. *Hans Sachs* berichtet von einer Kirchweih: „Der Wein ward also kühlet trunken, daß ihr' viel unter die Bänk sunken. Sich hub ein groß Grölzen und Speien, ein Knallen, Singen, Juchzen, Schreien" (*Hans Sachs:* Der Bauerntanz, 1528). Erst mit den Nürnberger Fastnachtsspielen Anfang des 16. Jahrhunderts und den von *Hans Sachs* dafür geschaffenen Texten erreichten die Spiele und Feste in den Städten und Dörfern eine Standardisierung, die den heutigen Vorstellungen von Theater wieder etwas näherkommen.

Mit der Reformation wurden zumindest die Volksfeste kirchlichen Ursprungs stark zurückgedrängt, denn *Luther* wollte allein den Sonntag als Feiertag erhalten, um dem sündhaften Treiben an den anderen Festtagen Einhalt zu gebieten: „Denn als nu der Mißbrauch mit Saufen, Spielen, Mußiggang und allerlei Sund gaht, so erzurnen wir mehr Gott auf die heiligen Tag denn auf die anderen" (*Martin Luther:* An den christlichen Adel deutscher Nation, 1520).

Die Feste verlagerten sich nun von der Straße in den höfischen Raum, wo sie ohnehin schon immer in Form von Ritterspielen gepflegt worden waren. „Die Bestandteile des höfischen Festes passen sich dem veränderten Gesamtkonzept an: das Turnier wandelt sich zum Ballett (Roßballett), an die Stelle von Mut und Kraft treten Geschicklichkeit und Eleganz, der Ritter weicht dem Kavalier, Kampfspiel wird zum Schauspiel. Neben der festlichen Jagd stellt der Triumphzug eine der festlichen Hauptformen dar. Doch ist dieser Trionfo gegenüber dem der Renaissance völlig verändert: Die lebenden Bilder und ihre allegorische Deutung sind von der Straße, dem öffentlichen Platz in den Saal übergesiedelt oder der Platz wird zur kulissen-umstellten Szene stilisiert. Der soziale Aufbau ist damit ein anderer geworden. Es begegnen sich nicht mehr zwei Partner, die Bürgerschaft und der Fürst, wie in der Renaissance, sondern das Unternehmen wird reines Spiel und Schaustellerei" (*Simm* 1981:408; vgl. auch *Alewyn* 1959/1989).

Obwohl sich daraus nicht einmal andeutungsweise eine systematische Beurteilung ableiten läßt, zeigen die hier vorgestellten Ausschnitte aus dem Kulturbetrieb des Mittelalters und der frühen Neuzeit doch einige interessante Facetten. Man kannte schon früh (1) das feste Verhältnis von Auftraggeber und Auftragnehmer, das zum Teil sogar auf lange Dauer angelegt war. Vor allem die handwerklich orientierten Maler und Bildhauerbetriebe des späten Mittelalters und der Renaissance können hier als Beispiele gelten. Man kannte aber auch (2) die mäzenatische Förderung ohne klaren Werkvertrag, wie sie beispielsweise in den Vorrechten der nicht-adeligen Spielleute an den mittelalterlichen Höfen zum Ausdruck kommt. Weiter ist festzuhalten, daß auch (3) die Stadt, also die öffentliche Hand, sich durch eine Förderung in den Kulturbetrieb einbrachte; erinnert sei hier an die mittelalterlichen Passions- und Fasnachtsspiele, für deren Infrastuktur die Stadt zu sorgen hatte. Bemerkenswert ist zudem (4) die frühe Verknüpfung von Kunstproduktion und Kunstverwertung, wie sie in dem (produzierenden) Dichter und dem (verwertenden bzw. vermarktenden) Theateraktionär *Shakespeare* zum Ausdruck kommt. Nicht zuletzt gab es aber auch (5) die gänzlich frei schaffenden Künstler, die sich in Form der Spielleute und der wandernden Theatertruppen stets nach einem neuen Publikum und damit nach neuen Einnahmequellen umsehen mußten.

Es überrascht nicht wenig, daß diese fünf Ausprägungen des mittelalterlichen und frühneuzeitlichen Kulturbetriebs bis heute Bestand haben. So kennt der Kulturbetrieb nach wie vor das feste Anstellungsverhältnis von Orchestermusikern oder Theaterschauspielern (zu 1), die Anbindung und Unterstützung von Schriftstellern durch Verlage, auch in Zeiten fehlender schriftstellerischer Produktion[2] (zu 2), den öffentlichen Kulturbetrieb mit seinen verschiedenen Formen der direkten und indirekten Kunst- und Künstlerförderung (zu 3), die Beteiligung von Schriftstellern, Komponisten und Musikern an der Kulturvermarktung über Verwertungsrechte, Tantiemen und Leistungsschutzrechte (zu 4) sowie natürlich weiterhin die völlig frei schaffenden Maler, Bildhauer und solistischen Musiker (zu 5). Eine gänzlich neue Form des Kulturbetriebs, die von den frühen Formen deutlich abweicht, bildet lediglich (6) die Produktion von Kunst für einen anony-

[2] 1996 war der Presse zu entnehmen, daß der Suhrkamp-Verlag jahrelang *Uwe Johnson* finanziell erheblich unterstützt hat, obwohl vereinbarte Manuskripte ausblieben.

men Markt ohne konkreten Auftraggeber und ohne konkretes Publikum, wie dies im 20. Jahrhundert vor allem am Kunstmarkt üblich wurde (vgl. *Kempers* 1989:374). Während der freischaffende Musiker und Schauspieler des späten Mittelalters und der frühen Neuzeit nur bei Bedarf tätig wurde, produziert der Maler und Bildhauer des 20. Jahrhunderts gleichsam „auf Halde" und folglich mit einem weit größeren wirtschaftlichen Risiko als seine Vorgänger in früheren Jahrhunderten.

Mit der Aufklärung entstand erstmals ein selbstbewußtes Bürgertum, das sich auch in seinen Wertekategorien vom Adel absetzen wollte. Während *Lessing* noch die Tugendhaftigkeit des Bürgers als entscheidendes Kriterium zur Abgrenzung gegenüber der adeligen Gesellschaft propagierte – Odoardo Galotti erdolcht seine Tochter Emilia, um ihre Tugend vor den Nachstellungen des Prinzen zu bewahren –, sieht die bürgerliche Gesellschaft des 19. Jahrhunderts vor allem in der Kunst eine Gelegenheit, den eigenen Stand und das eigene Selbstverständnis aufzuwerten. Thomas Nipperdey spricht sogar von einer „Kunstreligion" (*Nipperdey* 1983:539), so sehr hat die Kunst das Lebensgefühl des Bürgertums bestimmt (vgl. auch *Kocka* 1987).

„Nach dem Vorbild der Wissenschaften und der literarischen Kultur, die zunächst im Mittelpunkt der Aufklärung gestanden hatten, wurden nun auch Fragen der Musik und der bildenden Künste, der ästhetischen Kultur überhaupt mehr und mehr zur Sache eines aufgeklärten und kunstverständigen Publikums aus Hof- und Staatsbeamten, Offizieren, Professoren, Geistlichen und Künstlern, die sich in Logen, Lesegesellschaften und Salons begegneten und sich dort über ihre Kulturerlebnisse und -eindrücke austauschten. Viele, die den Begriff des Bürgers jetzt in einem neuen emphatischen, in die Zukunft gerichteten Sinne verwendeten, meinten mit ihm in erster Linie diese Kreise der Gebildeten, in die auch die gehobenen Künstler eingeschlossen waren" (*Hein* 1996:103).

In den dreißiger Jahren des 19. Jahrhunderts entstanden überall in Deutschland die ersten Musik- und Gesangvereine, in denen einerseits musiziert bzw. gesungen, in denen andererseits aber auch das gesellschaftliche Leben gepflegt wurde. „Neben den familiären und beruflichen Beziehungsgeflechten, und mit diesen oft auf das engste verwoben, bildete der Verein einen Mittelpunkt bürgerlichen Lebens, bürgerlicher Kultur" (*Sobania* 1996:170).

Fast zur gleichen Zeit wurden auch die ersten Kunstvereine gegründet, um Kunst zu sammeln und auszustellen sowie Künstler zu fördern. „Besonders gut läßt sich diese Entwicklung in der badischen

Hauptstadt Karlsruhe verfolgen, wo sich 1818 (...) vor allem auf Initiative einiger prominenter Stadtbürger (...) ein ,Verein für bildende Künste in dem Museum zu Carlsruhe', also eine Art künstlerische Unterabteilung unter dem Dach des führenden Geselligkeitsvereins, bildete. Aus ihm ging über die Zwischenstation eines seit 1821 rechtlich unabhängigen ,Kunst- und Industrievereins' elf Jahre später der ,Kunst-Verein für das Großherzogtum Baden' hervor, der wie die zahlreichen Parallelgründungen in anderen Städten regelmäßig Ausstellungen zeitgenössischer Kunst veranstaltete, ausgewählte Werke ankaufte und unter den Mitgliedern verloste, für jedes Mitglied einen Kupferstich oder Steindruck als Jahresgabe ausgab und bald auch begann, eine eigene Kunstsammlung aufzubauen" (*Hein* 1996:106f.).

Diese Vereine des 19. Jahrhunderts waren Körperschaften der führenden Schichten des Bürgertums und dürfen keinesfalls mit den heutigen Musik- und Gesangvereinen verwechselt werden; sie waren „reine Oberschichtenvereine" (*Sobania* 1996:177). Sie waren in sich geschlossene Zirkel des Bürgertums, in denen die Förderung von Kunst „nicht nur ein Maßstab für die Stellung in der bürgerlichen Gesellschaft, sondern auch der Garant für die kaufmännische Seriosität" (ebda. 178) war. Zudem wurde im Verein Selbstbewußtsein gegenüber dem Adel und dem von Fürstenhäusern getragenen Staat demonstriert. Folglich mußte das Bürgertum sich der gleichen Kultur zuwenden, wie sie der Adel traditionell für sich in Anspruch nahm, und das war eben die anspruchsvolle Kunst. Die heutige Vereinskultur entstand dagegen erst wesentlich später, nachdem auch Arbeiterbildungsvereine Kultur als Emanzipations- und Solidarisationsmedium für sich entdeckt hatten.

Aber das aufstrebende Bürgertum konzentrierte sich nicht nur auf eine Kunst- und Künstlerförderung in Vereinen, sondern war auch bestrebt, die kulturelle Bildung zu verbessern. Dem dienten kunst- und kulturgeschichtliche Museen, bürgerliche Theater, Bibliotheken, Konservatorien sowie – einige Jahre später – die ersten Volksbildungswerke.

Die Öffnung des Louvres als allgemein zugängliches Museum im Jahr 1793 stand am Anfang einer Gründung zahlreicher öffentlicher Museen in ganz Europa. Zwar war in Deutschland bereits 1776 das Museum Fridericianum in Kassel für die Öffentlichkeit zugänglich gemacht worden, doch befanden sich ansonsten die großen Kunstsammlungen weiterhin in fürstlicher bzw. staatlicher Hand. Durch die Säkularisierung des Jahres 1806 wurden diese fürstlichen Sammlungen noch um die Schätze der Klöster und Kirchen bereichert. Dort, wo das Fürstenhaus an den Kunstschätzen kein Interesse hatte, erfolgten öffentliche Versteigerungen, die vor allem von den nun aufkommenden Privatsammlern genutzt wurden. „Zu den erfolgreichsten dieser Privatsammler und zugleich zu den ersten, die ihr Augenmerk auf die bisher wenig beachteten und durch die Aufhebung und Veräußerung des Klosterbesitzes besonders gefährdeten deutschen Kunstwerke richteten, gehörten die beiden Brüder Sulpice und Melchior Boisserée" (*Scherer* 1913:118). Die Sammlung der beiden Brüder war bald so umfangreich, daß sie sie an ein staatliches Museum veräußern mußten. Erster Anwärter war hier der König von Württemberg, der in Stuttgart einen ehemaligen Offizierspavillon unentgeltlich zur Verfügung stellte. „Aber der württembergische Staat hatte für die ausgezeichneten Gemälde, trotz dem persönlichen Interesse des Königs und seinem Wunsch, sie mit Staatsmitteln zu erwerben, kein Geld übrig. (...) Schließlich gelangte alles im Jahre 1827 für die Summe von 240.000 Gulden in den Besitz Ludwigs I. von Bayern, der zur Begründung des Geheimhaltens des Kaufpreises die charakteristischen Worte anführte: ‚Wenn man das Geld im Spiel verliert oder für Pferde ausgibt, meinen die Leute, es wäre recht, es müsse so seyn, wenn man es aber für die Kunst verwendet, sprechen sie von Verschwendung'" (ebda. 121). Inzwischen gehört die Sammlung der Brüder *Boissereé* zum Kernbereich der Alten Pinakothek in München. Noch heute raufen sich Stuttgarter Kulturpolitiker die Haare, wenn sie daran denken, was ihnen damals – ausgerechnet zugunsten von München – entgangen ist.

Für den Kulturbetrieb ist aus diesem Beispiel zweierlei ablesbar. Zum einen tritt mit dem bürgerlichen Kunstsammler der private Kunstförderer auf den Plan, zum andern überläßt dieser häufig der öffentlichen Hand Vermögenswerte in Form von Kunstwerken. Er erspart damit dem Staat die Investition, bürdet ihm gleichzeitig aber auch erhebliche Folgekosten auf. Die mäzenatischen Aktivitäten der privaten Kunstförderer des 19. Jahrhunderts haben somit laufende Betriebskosten zur Folge, die auch heute noch vom Staat bzw. den Kommunen zu tragen sind.

Nicht unähnlich verlief die Entwicklung im Theaterbereich. Doch mehr noch als in der bildenden Kunst waren die bürgerlichen Tendenzen im Theaterbetrieb auch durch die Inhalte, nämlich durch die Theaterstücke, bestimmt. Das 1755 uraufgeführte Stück „Miß Sara Sampson" von *Lessing* gilt in Deutschland als „erstes bürgerliches Trauerspiel" (*von Wiese* 1973:31), dem eine Reihe ähnlich angelegter Stücke folgten. Während aber *Lessing* sich noch auf die Empfindsamkeit als bürgerliche Tugend konzentrierte, stellten der junge *Goethe* und mit ihm die Dichter des Sturm und Drang die „Selbstabsolutierung des bürgerlichen Ich" (*Balet/Gerhard* 1973:203) in den Mittelpunkt (vgl. auch *Szondi* 1973). Der Bogen spannte sich weiter bis zu *Georg Büchner*, der „als Gestalt des Übergangs zwischen bürgerlicher und proletarischer Revolution" (*Mayer* 1972:477) gesehen werden kann.

Es kann kaum verwundern, daß angesichts einer solchen Entwicklung der Theaterliteratur das höfisch-öffentliche Theater des Spätbarock dafür nicht mehr den geeigneten Rahmen bot. Bekanntermaßen forderte schon *Lessing* in seiner „Hamburgischen Dramaturgie" für die Deutschen ein Nationaltheater (vgl. dazu *Klein* 1997:111ff.), doch kam es erst Ende des 18. Jahrhunderts, Anfang des 19. Jahrhunderts zu Theater-Neugründungen außerhalb der Fürstenhöfe. „Die neu errichteten Theater waren entweder Privattheater eines Prinzipals, der sie eigens für seine Truppe hatte bauen lassen, oder städtische Einrichtungen, die von der Stadt auf entsprechenden Antrag an Truppen vermietet oder verpachtet wurden. In beiden Fällen handelte es sich um Theater, die nach marktwirtschaftlichen Prinzipien betrieben wurden; sie waren wie die Wandertruppen bei ihren Gastspielen abhängig von der Kasse und damit abhängig vom Geschmack und der Gunst des Publikums" (*Fischer-Lichte* 1993:109).

Bemerkenswert im Zusammenhang der Kulturfinanzierung ist die Betriebs- und Finanzierungsmischform dieser frühen bürgerlichen Theater. „Dabei müssen drei Ebenen unterschieden werden: der Besitz des Theatergebäudes, die Intendanz, d.h. die Leitung des Theaterbetriebs, und die Regie der Theateraufführung. Bauherr und Besitzer des Theatergebäudes war gewöhnlich die Stadt oder eine Aktiengesellschaft, nur in seltenen Fällen eine Privatperson. (…) Das Theatergebäude wurde normalerweise mit Kulissen und Kostümen – zumeist jährlich – an einen Theaterunternehmer verpachtet, der mit seiner Schauspielertruppe auf eigene Rechnung wirtschaftete. Betriebliche und künstlerische Leitung fielen bei diesen selbständigen Theaterdirektoren zusammen. (…) Schließlich gab es aber auch Aktienvereine, die – ohne das Theater zu besitzen – den Betrieb führten, um ihre künstlerischen Vorstellungen zu verwirklichen. So war das Frankfurter Schauspielhaus von 1792 bis 1841 an eine Aktiengesellschaft verpachtet, die die Regie wiederum angestellten Fachleuten überließ" (*Möller* 1996:22).

Mit der Einführung der Gewerbefreiheit durch die Gewerbeordnung von 1869 wurde die Errichtung privatrechtlicher Theaterbetriebe zudem wesentlich erleichtert. „Die Folge war eine Flut von Betriebsgründungen auf der Basis von Gewinn (…) Nach einer Phase der Stabilisierung solider Theaterunternehmen kam es zu einer regen

Bautätigkeit, den Gründerjahren des Theaters. Hinzu kam, daß sich in den Provinzstädten die Meinung durchsetzte, daß zum Grundbestand einer Stadt ein Theater gehöre" (*Brauneck/Schneilin* 1992:966). *Brauneck/Schneilin* konnten allein für sieben bekannte Architekten etwa 80 Theaterbauten Ende des vergangenen Jahrhunderts nachweisen (vgl. auch *Möller* 1996:32). Diese Theater des 19. Jahrhunderts wurden in der Regel als Stadttheater bezeichnet, ohne damit den heutigen Kommunaltheatern zu entsprechen (von wenigen Ausnahmen wie z.B. in Düsseldorf und Mannheim abgesehen). Vielmehr beschränkten sich die Städte weiterhin auf die Objektträgerfunktion, d.h. sie stellten das spielfertige Haus. Allerdings nahmen während des Kaiserreichs auch die Zuschüsse an den künstlerischen Theaterbetrieb immer mehr zu. „Sie erreichten beispielsweise (...) in Augsburg 1871 5.333 Gulden, in Lübeck 1878 20.000 Mark, in Hamburg 1878 30.000 Mark und wuchsen teilweise in den 1880er Jahren bis auf schwindelerregende Höhen, so für das Frankfurter Schauspielhaus auf zunächst 80.000, dann 150.000 Mark" (*Möller* 1996:31). Offensichtlich war Theater in Frankfurt schon immer etwas teurer als anderswo.

Nach 1918 wurden die bestehenden Hoftheater des 18. Jahrhunderts von den Ländern als Rechtsnachfolger der Landesherren übernommen; sie bestehen heute in der Regel als Staatstheater oder Landesbühnen fort. Nicht zuletzt als Maßnahme gegen die schlechte Theaterqualität der Geschäftstheaterbetriebe kam es in den zwanziger Jahren zu einer „Kommunalisierung der Stadttheater. Während 1914 von 418 Theatern nur zehn in städtischer Eigenregie geführt wurden, war 1932 die Zahl der Regiebetriebe auf 147 angestiegen" (*Brauneck/Schneilin* 1992:1004).

Während man in Deutschland Klosterbibliotheken, Fürstliche Bibliotheken und Universitätsbibliotheken schon seit Jahrhunderten kannte, hatten erst im 18. Jahrhundert auch Nicht-Wissenschaftler und Nicht-Kleriker einen leichteren Zugang zu Büchersammlungen. Am Anfang standen sogenannte Lesegesellschaften, die in bürgerlichen Kreisen der gegenseitigen Bildung dienten. Sie „verbreiteten sich rasch über Deutschland und wurden fast zeitgleich in zahlreichen Städten gegründet" (*Roth* 1996:127f.). Im 19. Jahrhundert folgten dann die Volksbüchereien, die für jedermann zugänglich waren, letztlich aber nur vom lesekundigen Bürgertum genutzt wurde. 1828 wurde in der sächsischen Kleinstadt Großenhain die erste „Bürgerbibliothek" gegründet, 1850 eröffnete *Friedrich von Raumer* in Berlin vier „Volksbibliotheken". Diese und andere Neugründungen standen zunächst in der Trägerschaft freier oder konfessioneller Volksbildungsvereine (z.B. dem

1844 gegründeten Borromäus-Verein), später aber auch zunehmend in kommunaler Trägerschaft. Ende des Jahrhunderts gründeten auch sozialistische Bildungsvereine erste Volksbüchereien für Arbeiter.

Eine typische Erscheinung des bürgerlichen 19. Jahrhunderts war auch die Musikerziehung, die zunächst ausschließlich im Privatunterricht, ab Mitte des Jahrhunderts aber auch in Konservatorien und Singschulen erfolgte. In den Konservatorien diente die Ausbildung anfangs nur der Heranbildung von Berufsmusikern, aber schon bald wurden dort und in den Singschulen auch begabte Laien ausgebildet (*Sowa* 1973:235ff.). Die Konservatorien und Singschulen standen teils in der Trägerschaft der Städte, teils wurden sie auch von Vereinen betrieben. „In den zwanziger Jahren unseres Jahrhunderts entstanden die eigentlichen Vorläufer der heutigen Musikschulen unter der Bezeichnung ‚Musikschule für Jugend und Volk' (*Fritz Jöde*), ‚Volksmusikschule', ‚Jugendmusikschule' und ‚Singschule'" (*Scheytt* 1989:61).

Einem ähnlichen Anliegen bürgerlicher Emanzipation dienten auch die ersten Bildungswerke, die sogar über den engeren Kreis des Bürgertums deutlich hinausgingen. Sie entstanden einerseits aus einem bürgerlichen Umfeld und dienten bürgerlichen Bedürfnissen, waren andererseits aber auch sowohl von bürgerlichen Unternehmern als auch von Organisationen der Arbeiterschaft mit dem Ziel gegründet worden, die Bildung der Arbeiter zu fördern. Beispielsweise wurde die „Gesellschaft für die Verbreitung von Volksbildung", einer frühen Dachorganisation der Volksbildungswerke, 1871 von einem Lehrer und einem Unternehmer gegründet; erster Vorsitzender war *Hermann Schulze-Delitzsch*, der Begründer der deutschen Genossenschaftsbewegung (*Dräger* 1984:50). „Zu der Wohlfahrtspflege und der ideologischen Bildung, die auf die Volksgemeinschaft im sozialen Frieden abzielten, gesellte sich die Bildungsarbeit, die zur allgemeinen geistigen Hebung des gesamten Volkes auf die technologische, wissenschaftliche und kulturelle Produktion der Zeit bezogen waren" (ebda. 27). In den Volkshochschulen, die aus dieser Volksbildungsbewegung hervorgegangen sind, ist diese zweifache „Erbanlage" als bürgerliche Bildungsstätte und Arbeiterbildungsverein bis heute spürbar: noch immer steht der kunstwissenschaftliche Vortrag über die Uffizien von Florenz neben der Möglichkeit, den Hauptschulabschluß nachzuholen.

Mit der Industrialisierung Mitte des 19. Jahrhunderts wurden viele bürgerliche Familien außerordentlich reich und konnten es sich leisten, über die Kunstvereine hinaus auch eine direkte Kunstförderung zu betreiben. Aus bürgerlichen Initiativen heraus und mit maßgeblicher finanzieller Unterstützung wohlhabender Industrieller wurden

Museen gegründet und Sammlungen gestiftet sowie der Bau von Bibliotheken und Theatern mit maßgeblichen Finanzmitteln gefördert. „Das Essener Theater, welches der Stadt von dem Industriellen Friedrich Grillo geschenkt und jährlich von Krupp subventioniert wurde, muß sicher als ein extremer Fall bürgerlicher Kulturförderung betrachtet werden. Doch auch das Beispiel des Theaterbaus in Augsburg zeigt den Einfluß des Städtischen Großbürgertums auf Beginn und Ausführung der Baumaßnahmen. Nachdem das alte Theatergebäude (...) schon lange kritisiert worden war, bot 1873 ein Konsortium Augsburger Bürger unter Führung des Bankiers Heinzelmann der Stadt ein günstiges Darlehen von 500.000 Gulden für einen Theaterneubau an" (*Möller* 1996:32). Nach der Reichsgründung 1871 kam es zudem zu einer Gründungswelle neuer Stiftungen (*Roth* 1996:127), die vorwiegend sozialen, zu einem großen Teil aber auch kulturellen Aufgaben zugeordnet waren (*Strachwitz* 1994:35).

Mit den Kunstmuseen, den öffentlichen Bibliotheken, den Konservatorien und Musikschulen sowie den späteren Volksbildungswerken etablierten sich kulturelle Einrichtungen, die über den traditionellen Kulturbetrieb deutlich hinausgingen. Wenn man die zahlreichen Kultur- und Kunstvereine noch hinzunimmt, wird um so mehr deutlich, wie sehr sich der Kulturbetrieb, der über Jahrhunderte hinweg mehr oder weniger gleich geblieben war, innerhalb weniger Jahrzehnte verändert hatte. Das relativ feste Verhältnis zwischen fürstlichen bzw. staatlichen Auftraggebern und den Künstlern als Auftragnehmern bestand selbstverständlich weiterhin, ebenso wie der Betrieb des freischaffenden Künstlers, der sich ständig sein Publikum suchen mußte. Doch entscheidend ist nun die Schaffung von Kultureinrichtungen, in denen Kunst und andere Werke der Kultur (z.B. Bücher) gesammelt oder in denen künstlerische Fähigkeiten (Musizieren) und kulturelle Bildung vermittelt wurden. „Meyers Konversations-Lexikon" von 1897 berichtet von ingesamt 210 öffentlichen Kunstmuseen in Deutschland, was vielleicht belegt, wie hoch damals die Gründung kultureller Einrichtungen im Kurs stand.

Was im Zusammenhang mit der Entwicklung des Kulturbetriebs und sich daran anschließenden Fragen der Kulturfinanzierung von Interesse ist, zeigt sich im Blick auf das Ende des 19. Jahrhunderts sehr deutlich. Damals beteiligten sich auch die ersten Städte mit einer öffentlichen Förderung an der Gründungswelle dieser neuen Kultureinrichtungen: Museen wurden gebaut, Theater eröffnet und Bibliotheken in Betrieb genommen. Die Kommunen sahen sich dabei in der Tradition der Freien Reichsstädte und anderer wohlhabenderer Städte des Mittelalters und der frühen Neuzeit, die ebenfalls großzügig Architektur und Bildende Kunst als unmittelbare Auftraggeber gefördert hatten. Da die Industriestädte sehr reich waren und die Bereitschaft der wohlhabenden Bürger zur Förderung von Kultur sehr groß war, fiel den wenigsten Städten diese neue Aufgabe allzu schwer, im Gegenteil sah man hierin eine Möglichkeit, den Lebensstandard der Bürger zu heben und sich gegenüber Nachbarstädten – durchaus im Sinne einer Frühform von Stadtmarketing – zu profilieren (*Hoffmann* 1974).

Während der Weimarer Zeit setzte sich diese Tendenz fort. Zwar standen nun nicht mehr die Theater und Museen in Vordergrund, weil die reichen Bürgerfamilien mit dem Krieg große Teile ihres Vermögens verloren und in der Republik auch an Einfluß eingebüßt hatten, doch unterschied sich die Gründungswelle der öffentlichen Bibliotheken, Volksbildungswerke und Jugendmusikschulen in ihren Größenordnungen nicht wesentlich von den Gründungswellen für Theater und Museen im vorangegangenen Jahrhundert. Folglich kann es nicht verwundern, daß vor allem die Zahl der kommunalen Kultureinrichtungen eine Dimension erreichte, wie sie in anderen Ländern undenkbar gewesen wäre. *Leo Kestenberg*, einer der Begründer des modernen Musikschulwesens „bezeichnete es in einer Schrift von 1921 („Musikerziehung und Musikpflege", W.H.) als eine der wichtigsten Aufgaben zum Aufbau und Ausbau der Musikpflege und Musikübung des Volkes, Städte und Gemeinden zur Einrichtung von Volksmusikschulen anzuregen" (*Scheytt* 1989:62). Dies zeigt, wie selbst von seiten der Länder, denn *Leo Kestenberg* war preußischer Ministerialbeamter, auf die kommunale Karte gesetzt wurde.

Betrachtet man nun zusammenfassend die Veränderungen im Kulturbetrieb des 19. und frühen 20. Jahrhunderts bis zum Ende der Weimarer Republik, so fällt eine eigentümliche Synergie im Verhältnis privater und öffentlicher Initiativen auf. Für viele kulturelle Einrichtungen der genannten Art gingen die Impulse von Mitgliedern des Bürgertums aus, aber überraschenderweise blieb die Trägerschaft nicht auf Dauer beim Bürgertum. Vielmehr trat die öffentliche Hand an die Stelle der bürgerlichen Stifter, Sammler und Gründer und machte damit die ursprünglich private Institution zu einer der öffentlichen Hand. Das ist eine geradezu verwunderliche Entwicklung, die man in dieser Form in anderen Ländern nicht kennt. Beispielsweise in den USA kannte und kennt man ein ähnlich engagiertes Bürgertum; selbst Universitäten gehen dort auf bürgerschaftliche Gründungen zurück. Aber diese Gründungen blieben bis heute privatrechtlicher Art und gingen nicht in die Trägerschaft der öffentlichen Hand über.

1.1.2 Zur Entwicklung des Kulturbetriebs in der Bundesrepublik Deutschland

Es liegt nahe, in dieser besonderen deutschen Entwicklung des späten 19. und frühen 20.Jahrhunderts – auch die Gründungen der Weimarer Zeit stehen durchaus noch in dieser Tradition – die Hauptursachen für die Finanzierungsprobleme des öffentlichen Kulturbetriebs in der Bundesrepublik Deutschland zu sehen. Der öffentlichen Hand und vor allem den Kommunen wurden immer mehr Einrichtungen aufgebürdet, die sie auf Dauer kaum würden tragen können. Dies fiel allerdings so lange nicht ins Gewicht, als die Kommunen sehr reich waren. Vor allem die Industriestädte partizipierten über ihre Gewerbesteuer erheblich am wirtschaftlichen Aufschwung und hatten eher mit Problemen der Rücklagenbildung als denen der Verschuldung zu kämpfen. Selbst die Weltwirtschaftskrise der zwanziger Jahre traf die Kommunen weniger hart als manches Unternehmen, weil das kommunale Vermögen stets überwiegend aus Liegenschaften und nur zu einem sehr geringen Teil aus Wertpapieren besteht. Die Stadt Krefeld beispielsweise konnte es sich während der wirtschaftlichen Krisen der zwanziger Jahre sogar leisten, von in Not geratenen Unternehmern Grundstücke zu sehr günstigen Preisen aufzukaufen und diese Immobilien als sichere Kapitalanlage zu behandeln (*Köppen* 1976:85). Folglich sahen die Kommunen sich in der Rolle von Kulturmäzenen, die aus einem reichlich gefüllten Geldbeutel Kunst und Kultur nach der Art kunstsinniger Fürsten pflegten und förderten.

Nur so wird verständlich, warum die Kommunen nach 1945 mit großem Selbstbewußtsein auf diese von ihnen selbst geschaffene Tradition zurückblickten und sich als Hüter und Pfleger deutscher Kultur verstanden. Sie knüpften nach 1945 an einen Kulturbegriff und ein Verständnis des Kulturbetriebs aus dem Kaiserreich an und übernahmen damit die Absicherung eines Kulturangebots in Umfang und Qualität, wie es am Ende der wilhelminischen Epoche bestanden hatte. Aber sie übersahen den entscheidenden Unterschied, daß noch Ende des 19. Jahrhunderts viele Kulturbetriebe privatwirtschaftlich betrieben oder von Stiftern und Mäzenen entscheidend gefördert wurden und es ohne privates Kapital wohl kaum möglich sein konnte, ein quantitativ ähnliches Kulturangebot zu erstellen. Zwar war in der Bevölkerung die Bereitschaft zu einem privatwirtschaftlichen Engagement durchaus vorhanden, doch mangelte es nach dem verlorenen Krieg und dem wirtschaftlichen Zusammenbruch an einem Privatkapital, das dem Vermögen des wohlhabenden Bürgertums der industriellen Gründerzeit auch nur annähernd entsprochen hätte. Vor allem aber wurde übersehen, daß „das Besondere des Neuanfangs 1945 darin lag, daß er in erster Linie ein Ende war“ (*Dibelius* 1989:131).

Wenn der Neuanfang zunächst scheinbar doch gelang, so ist dies sowohl auf Aufbauhilfen der Besatzungsmächte (*Hermand* 1986:89ff.) als auch auf eine allgemeine Bereitschaft zurückzuführen, sich mit Notbehelfen und Provisorien zu bescheiden. Der Wiederaufbau der kulturellen Infrastruktur wurde als ein Element der Denkmalpflege wie auch als Symbol dafür gesehen, daß es wieder aufwärts ging. Insofern kam dem Aufbau der Theater, Konzertsäle, Museen und Bibliotheken auch eine große psychologische Bedeutung zu. Zudem darf man nicht übersehen, daß jedwedes Kulturangebot auf größtes Interesse stieß; nach Krieg und brauner Kulturlosigkeit war der Hunger auf Kunst und Kultur in der Bevölkerung unbeschreiblich groß. „In den Trümmerjahren waren die Menschen geradezu von einem Theaterrausch erfaßt. Im Herbst 1945 lagen der Abteilung Volksbildung des Magistrats in Berlin 400 Gesuche für die Eröffnung von Theatern vor; dazu kamen 1000 Anträge für Kabaretts. Zur zweiten Nachkriegsspielzeit vergab die US-Militärregierung in ihrer Zone und in ihrem Sektor Berlin 400 Theaterlizenzen“ (*Glaser* 1991:106).

Um es nochmals zu verdeutlichen: Es bestand eine überwältigende Nachfrage nach Kulturangeboten und eine große Bereitschaft bei Künstlern und Schauspielern, selbst als Veranstalter und Anbieter von Kultur aktiv zu werden. Aber es waren weder ein ausreichendes Kapital noch die notwendige manageriale Kompetenz und Erfahrung vorhanden, um privatwirtschaftliche Kulturbetriebe auf Dauer zu errichten. Um dennoch der Nachfrage gerecht zu werden und weil man sich – etwas blauäugig und mißverstanden – in der Tradition des Kaiserreichs sah, wurden die Kommunen mit großem Engagement tätig und übernahmen fast überall die Trägerschaft der größeren kulturellen Einrichtungen.

Die Kultur der Nachkriegsjahre und der Adenauer-Zeit konzentrierte sich auf den Wiederaufbau der im Krieg zerstörten Theater, Museen, Kunsthallen, Konzerthallen, Bibliotheken und Archive. Die Kultur, die dort geboten wurde, orientierte sich am traditionellen Kunstbegriff: im Theater wurden die deutschen Klassiker aufgeführt, in den Konzertsälen erklangen wieder *Beethoven* und *Mozart* und selbst in den Kunsthallen wurde eine Avantgarde gezeigt, die mit den dominierenden Namen *Kandinsky, Klee* und *Mondrian* (*Haftmann* 1979:428) eindeutig einer anderen Zeitperiode zuzuordnen war.

Die Städte, die als erste staatliche Ebene nach 1945 wieder funktionsfähig waren und die mit der Selbstverwaltungsgarantie des Art. 28

Abs. 2 des Grundgesetzes eine bis dahin nicht gekannte Gestaltungsmacht erhielten, nahmen sich der Kultur mit großem Engagement an. Sie sahen sich als „Hüter und Pfleger deutscher Kultur" (Stuttgarter Richtlinien vom 18./19.1.1952, zitiert: nach Städtische Kulturpolitik 1971: 104–112), der sie sich „in langer Geschichte" (ebda.) verbunden fühlte. Wie sehr sich dieser Kulturbegriff an traditionellen Begriffen orientierte, kommt deutlich zum Ausdruck, wenn in den „Stuttgarter Richtlinien" von den „kulturellen Werten" die Rede ist, „die es zu pflegen gilt" und von „der in dieser Pflege sich zeigenden geistigen Haltung" (ebda.). Es ist deshalb sicherlich angemessen, wenn sich der Begriff „Kulturpflege" als leitmotivischer Oberbegriff für die Kultur jener Zeit eingebürgert hat (vgl. so auch in *Heinrichs* 1993: 39). Einzig die Erwachsenen- und Jugendbildung sowie die „Kultur des deutschen Ostens" ergänzten den traditionellen kulturellen Kanon. Die „Kultur des deutschen Ostens", womit auch deren Geschichte, Brauchtum und Sprache gemeint waren, also ein über die Kunst hinausgehender Kulturbegriff, war zweifellos ein Zugeständnis an die zahlreichen Heimatvertriebenen sowie eine Selbstverpflichtung der Kommunen, ihren Beitrag zur Integration der Heimatvertriebenen zu leisten. Die Förderung der Erwachsenen- und Jugendbildung dagegen dürfte nur zum Teil auf die junge Tradition der Volksbildungswerke und Volksbibliotheken zurückzuführen sein. Weit wahrscheinlicher ist es, daß hier das Re-Education-Programm der Besatzungsmächte und das Ziel des jungen Staates, zu einer politisch-demokratischen Umerziehung der Bevölkerung zu gelangen, ihren Niederschlag gefunden haben.

Neben der restaurativen Rückbesinnung auf einen damals bereits überholten Kulturbegriff ist für die Zeit des Wiederaufbaus vor allem auch bemerkenswert, daß sich die Städte ohne Wenn und Aber der Kultur als originäre kommunale Aufgabe annahmen. Der Städtetag lieferte dazu schon in den Stuttgarter Richtlinien die Begründung, indem darauf hingewiesen wurde, daß „durch die Veränderung der sozialen Verhältnisse bisher kulturtragende Kräfte in den Hintergrund getreten und untergegangen sind" (Städtische Kulturpolitik 1971:104). Gemeint waren damit die bürgerlichen Familien der Großindustriellen und Großgrundbesitzer des späten 19. Jahrhunderts, die in der Zeit, aus der der Kulturbegriff entliehen wurde, die Finanzierung kultureller Aufgaben weitgehend übernommen hatten. Gemeint waren damit aber auch Adel und Kirche, die in Zeiten der Feudal- und Ständegesellschaft vor allem die Künste förderten.

Wie es sich bereits zu Beginn des Jahrhunderts und während der Weimarer Republik abgezeichnet hatte, begaben sich die Kommunen erneut in die Rolle des kunstfördernden Mäzens des 19. Jahrhunderts, ohne dabei den entscheidenden Unterschied zu registrieren, daß der Mäzen aus seinem Privatvermögen, die Kommune aber aus Steuergeldern der Bürger Kulturförderung betreibt. Sie begaben sich andererseits aber auch in die Rolle des Adels und der Kirchen und übersahen dabei, daß ein demokratischer Staat wohl nicht in gleicher Weise mit den ihm anvertrauten Steuergeldern umgehen kann wie ein absolutistisch herrschendes Fürstenhaus. Zwar hatten schon die Freien Reichsstädte der frühen Neuzeit sowie die Städte des späten wilhelminischen Kaiserreichs und der Weimarer Zeit Kulturförderung betrieben, dies aber in weit bescheidenerem Umfang und vor dem Hintergrund gut gefüllter Gemeindekassen. Die Situation nach 1945 ist davon deutlich zu unterscheiden. Einerseits war angesichts der kriegsbedingten Zerstörungen absehbar, daß die Kommunen auf lange Sicht mit finanziellen Engpässen zu kämpfen haben würden. Andererseits überschritt die Rigorosität, mit der die Kommunen alle kulturellen Angebote für sich in Anspruch nahmen – vgl. dazu Abschnitt 1.2.1 – jedes bisher gekannte Maß. So sehr die Städte und Gemeinden dafür zu loben sind, daß sie in den fünfziger und sechziger Jahren den Wiederaufbau und Ausbau der kulturellen Infrastuktur betrieben haben, darf doch nicht übersehen werden, daß viele Probleme, die sich heute bei der Finanzierung kommunaler Kulturarbeit ergeben, ihren Ursprung in einer etwas unsicheren Legitimation und einem etwas eingeschränkten Augenmaß haben.

Die Veränderungen, die sich in den sechziger Jahren abzeichneten und die in den siebziger Jahren in zahlreiche Programme umgesetzt wurden, waren aber nicht Folgen der Großzügigkeit kommunaler Kulturförderung, sondern waren ein Aufbegehren gegen einen zu engen und im Rückblick restaurativ wirkenden Kulturbegriff (*Schwencke* 1974). Dieses restaurative Verständnis von Kultur verhinderte geradezu die kritischen und opponierenden Fragen, die die heranwachsende Generation an ihre Väter und Großväter hatte. Die Auseinandersetzung mit dem Nazi-Deutschland und mit der Rolle, die die Eltern und Großeltern während der Hitler-Diktatur eingenommen hatten, beherrschten denn auch vor allem die junge Literatur der frühen sechziger Jahre (z.B. *Peter Weiss*: Abschied von den Eltern, 1961), aber auch die wissenschaftliche Essayistik (z.B. *Alexander* und *Margarete Mitscherlich:* Die Unfähigkeit zu trauern, 1967).

Aus der Sicht der jungen Generation diente der Kulturbegriff der Adenauer-Zeit nicht der Aufarbeitung einer schwierigen Vergangenheit, sondern allein der Festigung bestehender Herrschaftsverhältnisse. Als Beleg zog sie die bereits 1937 entstandene Schrift *Herbert Marcuses* „Über den affirmativen Charakter der Kultur" (*Marcuse* 1965) heran, in der geradezu prophetisch die Kritik der sechziger Jahre vorausschauend beschrieben wurde. Als „affirmativ" bezeichnete *Marcuse* „jene der bürgerlichen Epoche angehörige Kultur (...), welche im Laufe ihrer eigenen Entwicklung dazu geführt hat, die geistig-seelische Welt als ein selbständiges Wertreich von der Zivilisation abzulösen und über sie zu erhöhen. Ihr entscheidender Zug ist die Behauptung einer allgemein verpflichtenden, unbedingt zu bejahenden, ewig besseren, wertvolleren Welt, welche von der tatsächlichen Welt des allgemeinen Daseinskampfes wesentlich verschieden ist, die aber jedes Individuum ‚von innen her' ohne jene Tatsächlichkeit zu verändern, für sich realisieren kann. Erst in dieser Kultur gewinnen die kulturellen Tätigkeiten und Gegenstände ihre hoch über den Alltag emporgesteigerte Würde: ihre Rezeption wird zu einem Akt der Feierstunde und Erhebung" (*Marcuse* 1965:63f.).

Marcuse warf der bürgerlichen Kultur vor, die drängenden Fragen der Zeit durch eine idealistische und die bestehende Ordnung bejahende Kultur überdeckt zu haben. „Auf die Not des isolierten Individuums antwortet sie mit der allgemeinen Menschlichkeit, auf das leibliche Elend mit der Schönheit der Seele, auf die äußere Knechtschaft mit der inneren Freiheit, auf den brutalen Egoismus mit dem Tugendreich der Pflicht. Hatten zur Zeit des kämpferischen Aufstiegs der neuen Gesellschaft alle diese Ideen einen fortschrittlichen, über die erreichte Organisation des Daseins hinausweisenden Charakter, so treten sie in steigendem Maße mit der sich stabilisierenden Herrschaft des Bürgertums in den Dienst der Niederhaltung unzufriedener Massen und der bloßen rechtfertigenden Selbsterhebung: sie verdecken die leibliche und psychische Verkümmerung des Individuums" (ebda. 66).

Hermann Glaser weist in seiner „Kulturgeschichte der Bundesrepublik Deutschland" darauf hin, daß *Marcuses* Schrift „Ende der sechziger Jahre als Schlüsselwerk für die Entlarvung des bürgerlichen Kulturanspruchs empfunden wurde" (*Glaser* 1991:299). Aus der Sicht der jungen Studenten und Intellektuellen verdeutlichte die Schrift *Marcuses*, daß in einer affirmativ ausgerichteten Kultur „die geistig-seelische Welt.... als ein selbständiges Wertreich von der Zivilisation abgelöst und über sie erhöht" (ebda.) werde. Angesagt war aber statt dessen eine Kultur, die Kunst und Alltag wieder miteinander in Beziehung setze und Kultur aus den Bedürfnissen und Erfahrungen des Alltags heraus entstehen ließ. Den Nöten und Fragen des Alltags sollten nicht länger hehre Ziele und hohe Werte, ausgerichtet an *Goethe* und *Schiller*, tröstend und vernebelnd entgegengestellt werden, sondern diese Nöte und Fragen sollten unmittelbar kulturell durchlebt und bearbeitet werden.

Da dies der bürgerlich-restaurative Kulturbegriff der fünfziger und frühen sechziger Jahre weder zu leisten bereit noch in der Lage war, fanden die kulturellen Bedürfnisse der Jugend ihre Befriedigung zunächst in einer sich schnell herausbildenden Subkultur-Szene, die sich – nach amerikanischem Vorbild – als alternative Kultur bezeichnete. Eine solche „alternative Kultur ist Reaktion und Antwort auf krisenhafte Entwicklungen (in) der Gesellschaft" (*Schmidt* 1993:41). Während bürgerliche Teile der Gesellschaft darauf hofften, daß der „Spuk" irgendwann vorüber sein werde, entwickelte sich über die Kultur der Jugend eine breite Rezeption nicht-bürgerlicher Kultur und Kulturtheorie (vor allem *Adorno, Horkheimer, Marcuse, Benjamin, Krakauer, Lukàcs, Brecht* u.a.). Es zeichnete sich deshalb bald ab, daß eine so breit angelegte alternative Kultur, wie es sie Ende der sechziger Jahre gab, auch zu einer darüber hinausgehenden kulturpolitischen und gesellschaftlichen Veränderung führen würde.

Es würde zu weit führen, in diesem Zusammenhang auf die sich anschließenden Protestbewegungen des Jahres 1968 einzugehen (vgl. hierzu ausführlich *Hoffmann/Klotz* 1987). Festzuhalten gilt aber, daß die alternative Kultur und die Protestbewegungen durchaus ihren kulturpolitischen Niederschlag fanden, wenn auch um einige Jahre zeitlich versetzt. Unmittelbare Auslöser hierfür waren in der Kommunal- und Kulturpolitik aber weniger die Bedürfnisse der Alternativszene als vielmehr die sich mehr und mehr aufdrängende Erkenntnis, daß der Wiederaufbau der Städte nicht zu der angestrebten Lebensqualität führte, sondern – ganz im Gegenteil – zu einer „Destruktion von Urbanität" (*Glaser* 1987:70). Für die Städte, die seit Anfang der fünfziger Jahre zu den maßgeblichen Trägern öffentlicher Kulturangebote geworden waren, stand deshalb auch nicht so sehr die erwähnte Schrift von *Herbert Marcuse* im Vordergrund, sondern vielmehr die Kritik, die *Alexander Mitscherlich* 1965 in einem Pamphlet veröffentlichte. Darin beklagte er „die Unwirtlichkeit unserer Städte" und frug provozierend: „Machen nicht unsere Städte, so wie sie wiedererstanden sind, wenn man nicht in ihnen zwischen Büro, Selbstbedienungsladen, Friseur und Wohnung funktioniert, sondern wenn man sie betrachtet, als spaziere man in der Fremde umher und sehe sie zum ersten Mal – machen sie dann nicht depressiv?" (*Mitscherlich* 1965:13).

Der Deutsche Städtetag griff die Kritik auf und stellte die Hauptversammlung des Jahres 1971 unter das Motto: „Rettet unsere Städte jetzt!" (Deutscher Städtetag 1971). Hier wurde die Situation zwar keineswegs beschönigt, doch statt neuer städtebaulicher Programme wurde die Kultur zum Reparaturbetrieb auserkoren. Kulturelle Strukturen sollten helfen, soziale Strukturen dort zu erhalten und wieder aufzubauen, wo sie durch städteplanerische Kurzsichtigkeit zerstört worden waren. Das allerdings machte eine Kultur erforderlich, die nicht hoch in den Wolken der Kontemplation und schöngeistigen Gehabes schwebte, sondern dort im Alltag ansetzte, wo die Menschen die „Unwirtlichkeit" durchlebten. „An die Stelle eines Kulturbegriffes, der Kunstausübung als Weihestunde verstand, als Andacht in Seelenbadeanstalten, trat die Vorstellung von ‚Soziokultur', die nicht mehr dem Ritual, sondern der Kreativität vertraute. Eine Reihe von Modellen machte deutlich, wohin die neue Denkungsart zielte: Gemeinschaftshäuser, Kommunikationszentren, kommunale Kinos, Kulturläden, Kulturwerkstätten, Kulturtreffs wurden geplant und entstanden (langsam). Mit Stadt- und Stadtteilfesten erhielt Urbanität ein heiteres Gesicht" (*Glaser* 1987:70).

Drei Begriffe beherrschten fortan die kulturpolitische Diskussion: kulturelle Demokratie, Soziokultur und der erweiterte Kulturbegriff. *Willy Brandt* stellte seine erste Regierungserklärung 1969 unter das Leitmotiv „mehr Demokratie wagen", „und er meinte damit, daß Demokratie nicht nur ein Zustand ist, eine Verfassung, sondern eine Lebensweise, eine Tätigkeit und Tugend" (*Dahrendorf* 1992:169f.) und daß zu dieser Lebensweise auch Kultur wesentlich beitragen könne. Kultur sollte nicht länger ein Privileg der Wohlhabenden und des Bildungsbürgertums, sondern sollte „Kultur für alle" sein: „Jeder Bürger muß grundsätzlich in die Lage versetzt werden, Angebote in allen Sparten und mit allen Spezialisierungsgraden wahrzunehmen, und zwar mit zeitlichem Aufwand und einer finanziellen Beteiligung, die so bemessen sein muß, daß keine einkommensspezifischen Schranken aufgerichtet werden. Weder Geld noch ungünstige Arbeitszeitverteilung, weder Familie oder Kinder noch Fehlen eines privaten Fortbewegungsmittels dürfen auf die Dauer Hindernisse bilden, die es unmöglich machen, Angebote wahrzunehmen oder entsprechende Aktivitäten auszuüben" (*Hoffmann* 1979:11).

Durch eine geschickte Reminiszenz an *Ludwig Erhards* Bestseller „Wohlstand für alle" (1957, Neuauflage 1997) sollte dem Wirtschaftswunder ein „Kulturwunder" folgen; und in der Tat hat das Konzept „Kultur für alle" zu einer einzigartigen Belebung der Kultur in Deutschland beigetragen. Daß sich die politische Linke dazu auch des Argumentationsmusters liberal-konservativer Kräfte bediente (z.B.

auch des Wachstumsfetischismus), ist ihr damals wahrscheinlich nicht einmal bewußt gewesen.

Um „Kultur für alle" allerdings auch „für alle" akzeptabel zu machen, war eine Erweiterung des bürgerlichen Kulturbegriffs unumgänglich. „Unter Erweiterung des Kulturbegriffs ist nicht eine Art Zellteilung oder Vermehrung von Unterbegriffen zu verstehen, sondern Ablösung der Tradition, die den Kulturbegriff ausschließlich an die Institutionen der Kultur bindet, an das Museum, das Theater, das Konzert, die Oper, die Bibliothek" (*Hoffmann* 1979:13). Darin kommt die Distanz zum Kulturbegriff der fünfziger Jahre deutlich zum Ausdruck. Die Alternative der siebziger Jahre wollte die Bindung an die Institutionen überwinden, was nur einen Kulturbegriff in einem weiten anthropologischen Verständnis zur Folge haben konnte, wie dies beispielsweise in einer Definition von *Doris Gau* erkennbar ist. „Unter dem ‚erweiterten' Kulturbegriff wird all das gefaßt, wie der Mensch lebt und arbeitet, wie er wohnt, seine körperlichen und geistigen Fähigkeiten entwickeln kann, welche Kunst ihm zugänglich ist und welche er sich selbst schafft, wie er seine freie Zeit verbringt und wie er seine Beziehungen zu anderen Menschen gestalten kann" (*Gau* 1990: 18f.).

Die Umsetzung des erweiterten Kulturbegriffs sollte in einer Konzeption von Soziokultur erfolgen, wie sie vor allem von *Hermann Glaser* definiert wurde: „Soziokultur (...) ist der Versuch, Kunst als Kommunikationsmedium zu begreifen: als eine und zwar sehr gewichtige Möglichkeit, der pluralen und damit in vielfältige Einzelinteressen, Interessenskonflikte, Verständigungsbarrieren zerklüfteten Gesellschaft eine zusätzliche kommunikative Ebene zu verschaffen. Kultur (Kunst) vermittelt dabei weniger Inhalte für Kommunikation; wohl auch diese; sie stellt vor allem kommunikative Strukturen her; sie fördert

- die Bereitschaft, aus sogenannten Selbstverständlichkeiten herauszutreten und damit Befragungssituationen (Frag-würdigkeiten, Bedenk-lichkeiten) herzustellen;
- die Überwindung der (auch psychosomatisch bedingten) immer wieder sich einstellenden individuellen wie kollektiven Denkträgheit durch Verfremdungen, Anstöße, Provokationen;
- die Vermittlung vielfältiger Wahrnehmungsweisen, wobei die Pluralität der Apperzeption auch zu einer Einsicht in die wechselnde Axiomatik von Standpunkten und Denkpositionen führt.

Kultur als dialektische Kultur (die nicht im Jargon der Eigentlichkeit spricht, aber auch den Jargon der Dialektik meidet) ist in diesem Sinne ideologiekritisch: sie löst den blind an die Gesellschaft verfallenen

Geist von seiner Fixierung und macht ihn wieder ‚zweidimensional'. Emanzipation durch Kultur: das bedeutet die Fähigkeit, sich distanzieren und damit reflektieren zu können; sich, die anderen und das ‚andere' in Frage stellen zu können" (*Glaser* 1974:49).

Es zeigt sich deutlich, daß die Soziokultur im Verständnis von *Hermann Glaser* den Kontext eines bürgerlichen Kulturbegriffs fast völlig verließ. Kunst, der unbestrittene Kernbereich der Kultur der fünfziger Jahre, war nur noch ein „Kommunikationsmedium"; die Inhalte der Kommunikation wurden nur noch bedingt von der Kunst bestimmt. Dazu *Olaf Schwencke*: „Der Leitbegriff und das Zielmotiv in der gegenwärtigen Kulturdiskussion heißt Kommunikation. Gemeint ist eine Kommunikation, die sich nicht allein auf verbale und visuelle, sondern auch auf nichtverbale, auf akustische und haptische Bereiche ausdehnt und von der Struktur her geeignet ist, emanzipatorische Inhalte zu transportieren. Kommunikation ist nicht das Gegenüber zur Ästhetik, sondern ihre praktische Konsequenz, die in Korrelation mit der Linguistik, der Psychologie, der Soziologie u.a. kommunikativen Wissenschaften verwirklicht wird" (*Schwencke* 1974:40).

Der Kulturbegriff verließ damit den angestammten Kontext und begab sich in die Nähe von Wissenschaftsdisziplinen, die dem bisher vorherrschenden Kulturbegriff kaum nahe standen. Waren zuvor die Musik-, Kunst-, Literatur- und Theaterwissenschaften die „natürlichen" Bezugsdisziplinen für jede Form kultureller Praxis, so wurden dies nun Soziologie, Psychologie und Linguistik.

Zusammenfassend standen folglich drei Aspekte im Vordergrund:

- die Erweiterung des Kulturbegriffs auf kommunikative und soziokulturelle Momente unter Einbeziehung der kulturellen Bildung;
- die Einbindung von Kultur in größere Zusammenhänge, z.B. auch des Städtebaus und der Stadtentwicklung;
- eine kulturelle Infrastuktur, die sicherstellte, daß niemand mehr aus sozialen oder geographischen Gründen an der Wahrnehmung kultureller Angebote gehindert werde, Kultur also für alle erreichbar werden sollte.

Diese drei Kernforderungen an den Kulturbetrieb der siebziger Jahre machten allerdings eine erhebliche Erweiterung der Infrastruktur erforderlich. Der Ausbau der kulturellen Bildungsangebote führte zu zahlreichen Neugründungen von Volkshochschulen, Musikschulen und – erstmals auch – Kunstschulen. Das Weiterbildungsgesetz von Nordrhein-Westfalen aus dem Jahr 1976 beispielsweise verpflichtete alle Kommunen, ein Weiterbildungsangebot in Form kommunaler Volkshochschulen bereitzuhalten. In den nun entstehenden Kunstschulen sollten die kulturpädagogischen Vorstellungen der Soziokultur umgesetzt werden. Soziokulturelle Zentren sollten eine offene Kulturarbeit ermöglichen, zu der jeder jederzeit Zugang hatte, ohne Mitglied in einem Verein zu sein oder für Eintrittskarten anstehen zu müssen. In den Stadtteilen der Großstädte entstanden Stadtteil-Kulturzentren (z.B. Kulturläden in Nürnberg), um mit Hilfe kultureller Strukturen die sozialen Folgen einer rein funktionalen Stadtplanung überwinden zu können. Neue Museen wurden gegründet, die über die Kunst- und Kulturgeschichte hinausgingen und die Lebens- und Alltagswelt der Menschen verstärkt einbezogen. In vorhandenen Museen kam es zu einer Neuorientierung: Statt Archivalien erzählten nun Dokumente aus Geschichtswerkstätten (vgl. Oral history) von sozialen und ökonomischen Entwicklungen. Theater- und Museumspädagogen wurden eingesetzt, um kulturelle Inhalte pädagogisch-didaktisch zu vermitteln und so auch Bevölkerungsgruppen mit einer gewissen Distanz zu kulturellen Angeboten den Zugang zu Theatern und Museen zu erleichtern. Darüber hinaus sollte ein Mehr an Angeboten aller Art die Hindernisse überwinden, die sich wegen räumlicher Distanzen der „Kultur für alle" entgegenstellten.

Ein phantastisches und faszinierendes Erneuerungsprogramm für Kultur tat sich auf, das von vielen Künstlern und Kulturvermittlern mit Begeisterung und in einer einzigartigen Aufbruchstimmung mitgetragen wurde. Nie wieder wurde so viel über Kultur und Kulturpolitik diskutiert wie in den siebziger und frühen achtziger Jahren; nie zuvor und auch nicht in den Jahren danach wurde deutlich, wie sehr Kultur das Dynamische in einer gesellschaftlichen Entwicklung sein kann.

Doch im nüchternen Rückblick auf den damaligen Kulturbetrieb muß leider auch festgehalten werden, daß manche Erneuerung nicht zu Ende gedacht wurde bzw. in gewissem Umfang inkonsequent war. Man hatte sich ursprünglich nämlich vorgestellt, die neuen Angebote an die Stelle vorhandener Angebote zu setzen. Die Kunstschulen sollten eigentlich die Musikschulen ersetzen, weil auch die Musikausbildung Gegenstand des Kunstschulangebots sein sollte; die Soziokulturellen Zentren sollten die Theater überflüssig machen, weil natürlich auch in den großen Zentren Theater gespielt werden sollte; die Stadtteilzentren sollten die Stadtteilbibliotheken integrieren usw. Diese und viele andere der geplanten Umstrukturierungen fanden aber nicht statt. Wenn man einmal von Nürnberg absieht, wo die Kulturläden die Idee einer Stadtteilkulturarbeit recht erfolgreich und durchaus integrativ umsetzten, blieben in allen anderen Städten die bereits vorhandenen, traditionellen Kultureinrichtungen nahezu unverändert. Da sich sehr bald politische Fronten zwischen einer traditionell und einer soziokulturell ausgerichteten Kulturarbeit auftaten, führte das Programm der Soziokultur teilweise sogar zu einem Ausbau vorhandener Kultureinrichtungen, weil jede politische Gruppierung peinlich darauf achtete, daß die andere Seite nicht besser gestellt wurde.

Das Ergebnis war ein in seiner Quantität und Vielfalt geradezu traumhaftes Angebot für den Bürger, das aber als Kulturbetrieb – durchaus im betriebswirtschaftlichen Verständnis – immer weniger überzeugen konnte. Die Nachfrage der Bürger nach Kultur wurde bald überlagert durch das Angebot der Kulturpolitiker und Kulturmacher. Statt nachfrageorientiert angelegt zu sein, wie dies beispielsweise noch im 19. Jahrhundert der Fall war, zeigte sich der öffentliche Kulturbetrieb nun angebotsorientiert. Nicht die Frage „Welche Kultur wollen unsere Bürger?" stand im Mittelpunkt, sondern allein das Ziel „Welches Angebot ist für die Bürger die richtige Kultur?" Die Folge waren hervorragend und überzeugend begründete Angebote, über deren Nutzung durch die Bürger man sich aber nur wenig Rechenschaft ablegte. Doch die Kulturausgaben boomten und machten scheinbar den neuen Stellenwert von Kultur in der Stadt deutlich; die Kultur der siebziger Jahre war eindeutig „wachstumsorientiert" (*Klein* 1994:168). Allein von 1975 bis 1985 stiegen die kommunalen Kulturausgaben um 103,7 % (*Klein* 1987:259).

Aus der Sicht der Kulturfinanzierung bedarf es der Anmerkung, daß sich das solchermaßen erweiterte Kulturangebot nur aus öffentlichen Mitteln finanzieren ließ. *Norbert Sievers* spricht deshalb auch völlig zu Recht von einer „etatistischen Konzeption" (*Sievers* 1994:153). Während sich für eine bürgerliche Kunstförderung selbst dann noch Mäzene finden lassen, wenn sich der Kulturbetrieb in der Trägerschaft der öffentlichen Hand befindet, scheidet eine solche private Kulturförderung für die Soziokultur nahezu aus, weil sie weit mehr dem öffentlichen Interesse verpflichtet ist als die auch auf Einzelinteressen ausgerichtete Kunstförderung im engeren Sinne. Trotz einer sozialen Komponente, die in Teilen der Soziokultur zweifelsfrei gegeben ist – man sprach auch von einer sozialen Kulturarbeit bzw. einer kulturellen Sozialarbeit (vgl. z.B. *Ermert* 1986) –, blieb der Neuen Kulturpolitik, wie sie sich im Rückblick gerne nennt (*Sievers* 1988), der Zugang zu den Finanzierungswegen der Sozialpolitik und Sozialarbeit versperrt.

Folgerichtig wäre es demnach gewesen, wenn man die vorhandenen Strukturen und Angebote nach und nach durch soziokulturelle ersetzt hätte, was angesichts der politischen und thematischen Breite der Konzeption durchaus möglich gewesen wäre. Dann wäre die Finanzierung auch auf Dauer leichter gefallen, zumal soziokulturelle Einrichtungen in der Regel weit kostengünstiger betrieben werden können als beispielsweise ein traditionelles Stadttheater. Doch gab es für eine solch radikale Verdrängung vorhandener Strukturen nie eine ernsthafte Chance. Weder hätte dies der Nachfrage des Publikums entsprochen, das nach wie vor die traditionellen Angebote stärker frequentierte als die soziokulturellen, noch war in soziokulturellen Kreisen wohl wirklich der Wille vorhanden, dieses Ziel auch in die Praxis umzusetzen.

Schon Mitte der achtziger Jahre zeichnete sich ab, daß die Soziokultur zwar das kulturelle Angebot erweiterte, sich aber konzeptionell nicht mit letzter Konsequenz durchsetzen werde. Soziokultur war zu einer ergänzenden Alternative geworden, nicht aber – wie ursprünglich geplant – zu einer ersetzenden Alternative. *Hilmar Hoffmann*, der damalige Frankfurter Kulturdezernent mit einem ungewöhnlichen Spürsinn für langfristige Entwicklungen, hatte sich zwar sehr früh an der Diskussion um die Soziokultur beteiligt und auch soziokulturelle Einrichtungen wie beispielsweise die Kommunalen Kinos ins Leben gerufen, hielt sich aber in den achtziger Jahren mit soziokulturellen Programmen auffallend zurück. In seinem 1979 erstmals veröffentlichten Buch „Kultur für alle", das von denen, die es nicht gelesen hatten, gern als Programmschrift der Neuen Kulturpolitik hingestellt wurde, kommt das Wort Soziokultur nur wenige Male und eher beiläufig im Zusammenhang mit einigen „Gegenmodellen zum traditionellen Kulturbetrieb" vor (*Hoffmann* 1979:251–262). Statt dessen ist auf mehr als 300 Seiten von Theatern und Museen, von Bildender Kunst und Musik die Rede. Und das waren ja denn auch die Inhalte seiner Frankfurter Arbeit: kaum ein Kulturdezernent dürfte während seiner Amtszeit so viele Museen gegründet haben wie *Hilmar Hoffmann*. Hier zeigte sich schon deutlich, was bald auch für die meisten Städte wieder galt: die traditionellen Institutionen wie Theater, Museen, Bibliotheken, Volkshochschulen und Musikschulen dominierten bald wieder in der kommunalen Kulturarbeit.

Diese Tendenz wurde in der zweiten Hälfte der achtziger Jahre kraftvoll von kulturökonomischen Argumenten unterstützt. Vor allem das erste Gutachten des Münchner Ifo-Instituts (*Hummel/Berger* 1988) machte Stichworte wie „Kultur als Wirtschaftsfaktor", „Kultur als Standortfaktor" und „Umwegrentabilität" bald außerordentlich populär. Diese kulturökonomischen Berechnungen stützten die traditionellen Institutionen insofern, als sowohl der Wirtschafts- und Standortfaktor als auch die Umwegrentabilität nur in solchen Institutionen von Bedeutung ist, in denen relativ hohe Personalkosten anfallen. Mit Hilfe einer Inzidenz-Analyse kann man nämlich feststellen, daß Löhne und Gehälter der Mitarbeiter einer Institution zum größten Teil wieder in den Wirtschaftskreislauf zurückfließen und dort die Nachfrage beleben. Die Konsumausgaben der Mitarbeiter sowie die dadurch angeregte Nachfrage führen wiederum zu Steuern und Abgaben, die an den Staat zurückfließen. Wenn die Institution zudem noch hohe Besucherzahlen mit einer relativ langen Verweildauer nachweisen kann, wie dies beispielsweise bei Theater- und Festspielbesuchern der Fall ist, entstehen in erheblichem Umfang weitere Konsumausgaben, für die ebenfalls von Dritten Steuern und Abgaben zu leisten sind. Es kann deshalb nicht verwundern, daß gerade die Theater die Gewinner einer ökonomischen Betrachtungsweise waren (*Heinrichsmeyer/Britz/Rau* 1989), während die soziokulturellen Zentren und Kulturläden zur volkswirtschaftlichen Marginalie schrumpften.

Umwegrentabilität, Kultur als Standort- und Imagefaktor und ähnliche volkswirtschaftliche Argumente führten zu einem erneuten Kulturboom. Zwischen 1980 und 1990 stiegen die Netto-Ausgaben der öffentlichen Hand für kulturelle Angelegenheiten von 5,96 Mrd. DM auf 10,26 Mrd. DM oder um mehr als 70 % (Dokumentationsdienst Bildung und Kultur, Heft 70, 1994:17).

Die kulturökonomischen Überlegungen hatten aber nicht nur eine argumentative Unterstützung der traditionellen Institutionen zur Folge, sondern richteten auch verstärkt den Blick auf den privatwirtschaftlichen Kulturbetrieb. Denn die beeindruckenden Zahlen aus dem Ifo-Gutachten von 1988 (682.800 Erwerbstätige im Kulturbereich, 40.070 Mio. DM Bruttowertschöpfung; vgl. *Hummel/Berger* 1988:5) kamen nur deshalb zustande, weil die Gutachter zu den Ausgaben der öffentlichen und gemeinnützigen Kultureinrichtungen auch die Bruttowertschöpfung der kommerziellen Kulturbetriebe (Verlage, Filmbranche, Herstellung und Vertrieb von Phonogeräten usw.) hinzugerechnet hatten. Faßt man nämlich den Kulturbetrieb weit genug und wirft die öffentlichen Kulturausgaben mit den Aufwendungen privater Kulturunternehmen gleichsam in einen Topf, so ergeben sich Steuern und Abgaben für den gesamten (öffentlichen und privaten) Kulturbetrieb, die die Netto-Zahlungen des Staates für kulturelle Aufgaben deutlich übersteigen. Über den Umweg des gesamten Kulturbetriebs und der dort zu leistenden Steuern und Abgaben ergibt sich mithin eine „(Netto)-Übertragung des Kultursektors an den Staat" (*Hummel/Berger* 1988:8) oder eine Umwegrentabilität.

Was in der öffentlichen und kulturpolitischen Diskussion bis dahin fast übersehen worden war, zeigte sich in der volkswirtschaftlichen Erörterung sehr deutlich, daß nämlich der größte Teil des Kulturbetriebs in Deutschland nach wie vor privatwirtschaftlich organisiert ist. Diese gemeinsame und gleichwertige Darstellung öffentlicher und privater Kulturangebote führte zu einer erheblichen Aufwertung des privatwirtschaftlichen Kulturbetriebs. Daß Milliardensummen in Verlagen, in der Filmwirtschaft, in der Tonträgerproduktion, in der Musikinstrumentenherstellung oder im Kunsthandel erwirtschaftet wurden und es sich auch dabei um Kultur handelt, wurde von manchen Kulturpolitikern erst in diesem Zusammenhang wahrgenommen. Die Folge war eine größere Aufmerksamkeit der Politik für die privatwirtschaftliche Produktion und Verbreitung von Kultur und die Bereitschaft, diesen Sektor verstärkt zu unterstützen. Die aus gänzlich anderen Gründen seit Ende der achtziger Jahre entstehenden Multiplex-Kinos und Musical-Theater profitierten unmittelbar von dieser veränderten Bewertung des privatwirtschaftlichen Kulturbetriebs.

Der öffentliche Kulturbetrieb, der sich bis zu dieser Zeit die Aufmerksamkeit der Politiker allein und ausschließlich gesichert hatte, erfuhr nun plötzlich, was man sich unter „Liebesentzug" vorzustellen hatte. In Bremen beispielsweise zwang man 1996 „den dortigen Intendanten durch immer neue Vereinbarungen zu drastischen Einsparungen, die längst die Substanz des Theaters betreffen. Pikanterweise wurde in der nämlichen Senatssitzung, in der eine neue Sparrunde für das Bremer Theater eingeläutet wurde, unter Wirtschaftsförderungsmaßnahmen über die Bereitstellung von 45 Millionen DM für den Bau eines Musical-Theaters diskutiert" (*Klein* 1997:106).

Während aber der neu entdeckte volkswirtschaftliche Kontext zu neuen Legitimationen von Kulturausgaben führte, blieben die aus diesem Kontext erwarteten neuen Finanzierungsquellen weitgehend aus. Das mit großen Hoffnungen verbundene Sponsoring erreichte 1994 nur etwa 500 Mio. DM (einschließlich der betriebsinternen Kulturförderung) und betrug damit weniger als 4 % der Netto-Ausgaben der öffentlichen Hand für den Kulturbereich (*Hummel* 1995:65).

Statt dessen ergab sich erstmals auch im öffentlichen Kulturbereich die Notwendigkeit, mit den vorhandenen Finanz- und Personalressourcen etwas sparsamer umzugehen. Von Effizienz und – zunächst noch sehr vorsichtig – von Produktivität im Kulturbetrieb war bald die Rede. Statt von Kulturpflege, wie noch in den fünfziger Jahren oder von Kulturarbeit, wie in den siebziger Jahren, sprach man nun von Kulturmanagement (*Heinrichs* 1993). In Hamburg, Hagen und Luwigsburg wurden erste Studiengänge für Kulturmanagement eingerichtet, und bald bürgerte sich die Berufsbezeichnung Kulturmanager ein. Die Annäherung an den privatwirtschaftlichen Kulturbetrieb über den volkswirtschaftlichen Blickwinkel einerseits und die Effizienzerwartungen in dem von ersten Finanzkrisen heimgesuchten öffentlichen Kulturbereich andererseits, führten zu einer Ausrichtung des Kulturbegriffs, die in hohem Maße von der betriebswirtschaftlichen Managementlehre geprägt ist. Nach deren Verständnis geht es um Steuerungshandlungen, „die bei der Leistungserstellung und -sicherung in arbeitsteiligen Systemen erbracht werden müssen" (*Steinmann/Schreyögg* 1991:7). Damit kann ein erweiterter Kulturbegriff, der alles das umfaßt, „wie der Mensch lebt und arbeitet" (*Gau* 1990:18), nicht Gegenstand von Kulturmanagement sein. Vielmehr geht es nur um die manageriale Ermöglichung von Kunst und Kultur sowie um die Sicherung von Rahmenbedingungen bzw. einer Infrastruktur, wie sie für die Realisierung von Kunst und Kultur erforderlich sind (*Heinrichs* 1993:9f.). Daß Kulturmanagement darüber hinaus immer im Kontext einer Bezugsdisziplin wie Kunst, Soziologie oder Anthropologie stehen muß (*Heinrichs/Klein* 1996:30), kann nicht über den deutlich anders akzentuierteren Kulturbegriff hinwegtäuschen, der dem Kulturmanagement zugrunde liegt.

Allerdings war und ist der Kulturbegriff des Kulturmanagements nur ein gleichsam technokratischer Kulturbegriff, der demnach nicht ganz in den hier aufgezeigten Kontext paßt. Zutreffender ist deshalb vielleicht auch ein Kulturbegriff der späten neunziger Jahre, der sich einerseits als Kind der Postmoderne zeigt und andererseits durch die Intensität einer medialen Information und Kommunikation bestimmt ist.

Ohne nun auf die philosphische, kunstgeschichtlich-ästhetische und kultursoziologische Entwicklung näher einzugehen, wird hier die Postmoderne mit *Wolfgang Welsch* als diejenige Phase unserer jüngsten Vergangenheit verstanden, „in der radikale Pluralität als Grundverfassung der Gesellschaften real und anerkannt wird und in der daher plurale Sinn- und Aktionsmuster vordringlich, ja dominant und obligat werden" (*Welsch* 1991:5). Daß eine solche Pluralität gerade in der Kulturpolitik und Kulturpraxis nicht zur Beliebigkeit abdriften darf, macht Welsch an anderer Stelle deutlich: „Ich nenne nur einige Gesichtspunkte, kraft derer Kulturarbeit heute der posthistorischen Indifferenz sich entgegenstellen und der postmodernen Pluralität zuarbeiten könnte:

1. Das Erstgebot ist das der Schärfe oder der präzisen Charakteristik. Zu fördern sind vorzugsweise Projekte, die ein klares Profil besit-

zen, von anderen sich abheben, eine entschiedene eigene Konzeption vertreten. (...)

2. Eng damit verbunden ist die zweite Forderung, die der Spezifität. Die verschiedenen Sektoren der Kultur sind gehalten, nicht nach dem zu schielen, was in anderen Sektoren geschieht und Erfolg hat. Derartige Fremdorientierung ist ein wesentlicher Grund der heute zu beklagenden Uniformierung. (...) Man kann diese beiden ersten Gesichtspunkte auch unter dem Stichwort ‚Entzerrung' zusammenfassen. Der Angleichung, die allenthalben – scheinbar von selbst – geschieht, gilt es durch Strategien der Trennung, Schärfung und Profilierung zu begegnen. (...)
3. Zu fördern ist grundsätzlich und überproportional das, was nicht ohnehin schon medial allerorten geschieht. (...) In diesem Sinne gilt neben der zuvor angesprochenen Spezifitätspräferenz eine Präferenz für die Abweichung (*Welsch* 1989:53 ff.)."

„Eine Kulturpolitik, die sich an Maximen der genannten Art orientiert", heißt es dann weiter, „rückt vom Gießkannenprinzip ab, das pluralistisch scheint und es doch nur in der schlechtesten Form ist" (*Welsch* 1989:56). Gerade mit dieser Bemerkung wird erkennbar, daß deutlich zwischen Beliebigkeit und Offenheit in der Postmoderne zu unterscheiden ist. Beliebigkeit im Sinne von Zufälligkeit wird vehement abgelehnt, aber eine Offenheit für alle nur denkbaren Formen von Kultur wird bejaht bzw. eine Einschränkung dieser Offenheit findet nicht statt.

Der Kulturbegriff, der dieser postmodernen Pluralität zugrunde liegt, ist denkbar weit gefaßt, nämlich offen für alle Erscheinungsformen von Kultur. Die Einschränkung – „Spezifität", „Schärfe" und „Profilierung" bei *Welsch* – betrifft dagegen eher die Umsetzung des Kulturbegriffs im Kulturbetrieb. Hier wünscht sich die Postmoderne die Spezifität des Ereignisses und des Ortes, wie sie beispielsweise auch im „genius loci" (*Oswald Mathias Ungers*) oder in der „Analogie des Ortes" (*Aldo Rossi*) in der postmodernen Architektur zum Ausdruck kommt. Damit unterscheidet sich der weite (plurale) Kulturbegriff der Postmoderne in einem entscheidenden Punkt vom erweiterten Kulturbegriff der Neuen Kulturpolitik, nämlich in seiner Operationalisierung. Das Konzept der „Kultur für alle" ging davon aus, daß „jeder Bürger grundsätzlich in die Lage versetzt werden (muß), Angebote in allen Sparten und mit allen Spezialisierungsgraden wahrzunehmen" (*Hoffmann* 1979:11). Dieses Ziel hat das Kulturkonzept der Postmoderne nicht mehr, im Gegenteil, es will Unterschiede deutlich machen: „Der diffuse Kulturbrei ist zu Kristallisation, Ausfällung, Strukturbildung zu bewegen" (*Welsch* 1989:55).

trieb der Museen, Theater usw. erforderlich gewesen wäre, langfristig zur Verfügung zu stellen.

- Nach dem Zweiten Weltkrieg knüpften die Kommunen an den Kulturbegriff und Kulturbetrieb des 19. Jahrhunderts an und versuchten sich in der Rolle mäzenatischer Kulturförderer. Dies führte zur Etablierung und Stabilisierung eines sehr breit angelegten und höchst vielfältigen Kulturangebots.
- In den siebziger Jahren verlangten der erweiterte Kulturbegriff, das Programm einer „Kultur für alle" sowie die soziokulturellen Ziele der sogenannten Neuen Kulturpolitik nach einer erheblichen Ausweitung des Kulturangebots, ohne daß gleichzeitig die – nach damaligen Vorstellungen – überholten Angebote und Einrichtungen abgebaut wurden.
- Ende der achtziger Jahre schaffte „Kultur als Wirtschaftsfaktor" neue Legitimationen, ohne aber in gleichem Umfang zu wirklich neuen Finanzierungsquellen zu führen. Statt dessen kam es in den neunziger Jahren durch die wirtschaftliche Rezession, durch die versäumte Anpassung des Sozialsystems sowie durch die Kosten der Deutschen Einheit zu massiven Einbrüchen in der öffentlichen Kulturfinanzierung.
- Die Liberalisierung des Kulturbegriffs, die traditionsungebundene Wahl des Lebensstils sowie der durch Medien geprägte Event-Charakter von Kultur lassen viele der durch die Neue Kulturpolitik geprägten öffentlichen Kulturangebote unzeitgemäß und überholt erscheinen. Privatwirtschaftliche Kulturausgaben, die den Trends der neunziger Jahre schneller gerecht werden als die in alten Konzepten verharrende öffentliche Hand, gewinnen überraschend schnell an Bedeutung.

Doch muß und sollte dies nicht das Ende der Kulturpolitik sein. Nur wird Kulturpolitik immer weniger zielorientiert im Sinne einer aktiven und gestaltenden Förderung sein, sondern wird statt dessen sich auf ordnende Elemente wie das Setzen von Rahmenbedingungen beschränken müssen. Das aber wird eine weitgehende Umorientierung der kulturpolitischen Themen sowie des kulturpolitischen Diskurses zur Folge haben. Vor allem aber wird sich daraus eine grundsätzliche Veränderung in der Kulturfinanzierung ergeben.

1.2 Kulturpolitik

Das Kulturangebot der öffentlichen Hand wird in starkem Maße von der Kulturpolitik bestimmt, d.h. ein politisches Ziel und eine politische Entscheidung stehen am Beginn eines jeden kulturellen Handelns der öffentlichen Hand. Damit unterscheidet sich der öffentliche Kulturbetrieb deutlich vom Handeln in privaten Kulturbetrieben. In privatrechtlich-gemeinnützigen Vereinen oder Stiftungen beispielsweise wird das Handeln bestimmt vom Vereinszweck oder vom Stifterwillen. In privatrechtlich-kommerziellen Kulturbetrieben steht die Gewinnerzielung im Vordergrund, weil ohne Ausrichtung auf den Profit der Bestand eines kommerziellen Kulturunternehmens nicht gewährleistet werden kann. Zwar verfolgen alle Arten von Kulturbetrieben gleichermaßen den Zweck, Kultur zu ermöglichen, doch sind schon auf der unmittelbar darunter folgenden Ebene die genannten betriebsspezifischen Ziele zu unterscheiden. Das wird in der Gegenüberstellung nochmals deutlich:

Teile des Kulturbetriebs	Öffentlicher Kulturbetrieb	Privatrechtlich gemeinnütziger Kulturbetrieb	Privatrechtlich kommerzieller Kulturbetrieb
Allgemeiner Zweck	Kultur ermöglichen		
Betriebs-spezifische Ziele	Kulturpolitische Ziele umsetzen	Stifterwille bzw. Vereinszweck umsetzen	Gewinne erzielen

Abb. 1: Zielsetzungen im Kulturbetrieb

Der Zweck bezeichnet hier die allgemeine, aber bewußte Absicht eines Tuns, während das Ziel bereits auf einen konkreten, künftigen Zustand ausgerichtet ist. So ist es die allgemeine Absicht (Zweck) eines Verlags, gute Bücher herauszubringen, aber mit dem konkreten Ziel, dadurch Gewinne zu erzielen.

Sieht man Kulturpolitik in diesem Kontext, so ist der Stellenwert, der jeder kulturpolitischen Meinungsbildung und Entscheidung im öffentlichen Kulturbetrieb zukommt, leicht erkennbar. Kulturpolitik steht gleichrangig neben betriebsspezifischen Zielen wie der Umsetzung des Stifterwillens und der betriebswirtschaftlich klaren Vorgabe, Gewinne zu erzielen, ist aber selbst nicht annähernd so eindeutig bestimmt wie die betriebsspezifischen Ziele in den anderen Bereichen. Das hat die Darstellung zum Kulturbegriff und zum Kulturbetrieb bereits gezeigt: gerade der Kulturbegriff, der für den öffentlichen Kulturbetrieb eine wichtige Orientierungshilfe darstellt und häufig in einem kulturpolitischen Diskurs definiert wird, ist höchst unbestimmt und wandelbar, vor allem in der historischen Dimension. Damit zeichnet sich bereits ein erster Gegenstand von Kulturpolitik ab, nämlich den dem Handeln zugrundeliegenden Kulturbegriff zu definieren.

Bezieht man Kulturpolitik zunächst einmal allein auf den öffentlichen Kulturbetrieb, wie dies hier bisher getan wurde, so ist die Frage nach einer gesetzlichen Norm naheliegend. Politisches Handeln ist weniger durch Einzelentscheidungen als vielmehr durch Generalisierungen bestimmt, also durch Gesetze und Verordnungen. Allerdings kennen weder Bund und Länder noch die Kommunen ein Kulturgesetz. Kultur und Kulturpolitik gehören damit zu den wenigen Bereichen des öffentlichen Lebens, die nicht durch ein originäres Gesetz geregelt sind. Das bedeutet allerdings nicht, daß es überhaupt keine entsprechenden rechtlichen Grundlagen gebe, doch betreffen sie den Kulturbetrieb in der Regel nur indirekt oder aus anderen Zusammenhängen heraus (z.B. das Verwertungsrecht für künstlerische Leistungen aus dem allgemeinen Urheberrecht).

Wichtigste gesetzliche Grundlage für den Kunst- und Kulturbereich insgesamt ist der Art.5 Abs.3 des Grundgesetzes, in dem es heißt: „Kunst und Wissenschaft, Forschung und Lehre sind frei." Hierbei handelt es sich um eine objektive, das Verhältnis des Staates zur Kunst regelnde, wertentscheidende Grundsatznorm sowie ein den Künstler individuell schützendes Freiheitsrecht. Diese höchst liberale Position wurde von dem für die Sicherung von Grundrechten zuständigen Bundesverfassungsgericht in mehreren Entscheidungen immer wieder bestätigt. Alle diese Entscheidungen sind von der Überzeugung geprägt, daß ein bestimmtes Produkt, das als Kunst bezeichnet wird, in seiner Herstellung und Verbreitung vor jeglicher staatlicher Reglementierung zu schützen sei. Allerdings haben sowohl der Gesetzgeber als auch das Bundesverfassungsgericht klugerweise darauf verzichtet zu definieren, was denn Kunst sei.

Es ist hier nicht erforderlich, die sich daran anschließenden juristischen und kunstwissenschaftlichen Fragen zu erörtern. Was in diesem Zusammenhang festgehalten werden sollte, ist allein die Liberalität, mit der der Gesetzgeber einen so sensiblen Bereich wie den der Kunst geregelt hat. Daß diese Liberalität nicht nur ein leeres Wort ist, haben die obersten Bundesgerichte in einer Reihe von Urteilen, die sich beispielsweise mit der Abgrenzung zwischen Kunst und Pornographie beschäftigten, immer wieder bewiesen (vgl. z.B. die Urteile zu den Romanen „Josefine Mutzenbacher" – BVerfGE 83,130 – und „Memoiren der Fanny Hill" – BGHSt 23, 40ff.). Einzig dann, wenn die Persönlichkeitsrechte des einzelnen berührt waren und damit Art.1 Abs.1 des Grundgesetzes verletzt schien, hat sich das Bundesverfassungsgericht gegen die Kunstfreiheit ausgesprochen (vgl. das Urteil zum Roman „Mephisto" von *Klaus Mann*, BVerfGE 30,173ff.).

Damit ergibt sich ein weiterer Gegenstand von Kulturpolitik, nämlich die Sicherung der Kunstfreiheit in dem höchst liberalen Sinne des Grundgesetzes. Nicht zufällig hat deshalb beispielsweise die Kunstkonzeption des Landes Baden-Württemberg – eine der wenigen wirklich substantiellen kulturpolitischen Selbstverpflichtungen eines Bundeslandes – die Liberalität zur ersten von vier Prinzipien staatlicher Kunstförderung erhoben (*Rettich* 1990:11). Diesem Prinzip der Liberalität ist grundsätzlich jedes kulturpolitische Handeln verpflichtet. Abgrenzungsprobleme ergeben sich allerdings dort, wo man von einem erweiterten Kunstbegriff ausgeht (ist das, was Teilnehmer in der kommunalen Kunstschule machen, schon Kunst?) oder wo der Kulturbegriff nicht mit dem Kunstbegriff identisch ist (etwa bei der inhaltlichen Gestaltung eines Volkshochschulprogramms). Doch auch wenn in solchen Fällen die strengen Kriterien des Grundgesetzes und der obersten Bundesgerichte nur noch eingeschränkt zur Wirkung kommen können, darf doch der Grundsatz der Liberalität auch in einem weiter gefaßten Kulturbegriff nicht gänzlich übersehen werden. Zum einen bleibt im Kontext des Kulturbetriebs die Kunst immer der Kernbereich der Kultur, zum andern würden Elemente des Innovativen und Experimentellen in der Kultur verloren gehen, wenn man sie normativ einschränken wollte. Hier aber eröffnet sich ein weites Diskussionsfeld, weil Kulturpolitik sich nicht selten an übergeordneten politischen Zielen mit normativem Charakter ausrichtet, und das durchaus nicht nur in sozialistischen Ländern (vgl. auch Kapitel 2).

Damit ist die häufig diskutierte Frage angesprochen, ob es sich beim Prinzip der Kunstfreiheit um die Freiheit der Kunst *vom* Staat im Sinne einer individualrechtlichen Freiheitsgarantie handelt oder eher um die Freiheit der Kunst *durch* den Staat. *Hoffmann* plädierte – im Geist der siebziger Jahre – eindeutig für die zweite Auslegungsform: „Freiheit der Kunst heißt nicht nur Freiheit *vom* Staat, sondern zugleich Freiheit *durch* den Staat. Die Freiheit der Kunst kann der Staat aber nur dann garantieren, wenn er sie behutsam in seine Obhut nimmt. Das Bekenntnis zur freien Entfaltung einer wie immer autonomen Kunst verpflichtet den Staat zur Intervention" (*Hoffmann* 1979:28). *Göschel* dagegen formuliert differenzierter und der Rechtslage weitaus angemessener, wenn er betont, daß „die Ausformulierung dieses Auftrages in der Spannung zwischen staatlichen Abwehrrechten (Freiheit.... *vom* Staat, Kultur als individualrechtliche Freiheitsgarantie) und staatlichen Gestaltungsrechten (Freiheit.... *durch* den Staat) eher in Richtung auf die individuellen Freiheitsrechte, auf gesellschaftliche, nicht auf staatliche Gestaltungsansprüche hin entschieden (ist), obwohl eine weitgehend geteilte Rechtsaufassung die zu sein scheint, daß sich die Freiheitsgarantie der Kunst nicht nur durch ‚Freiheit vom Staat', sondern nur durch den Staat sicherstellen läßt (...). Wird diese Freiheit durch den Staat allerdings auf materielle Förderung ausgedehnt, wie es heute für selbstverständlich gehalten wird, so folgt aus der Notwendigkeit einer Selektion des zu Fördernden – nicht alles Kulturelle oder Künstlerische kann gefördert werden – auch ein kultureller Gestaltungsanspruch des Staates, der allerdings nach bundesdeutschem Verfassungsverständnis die Autonomie der Kultur (nicht nur der Kunst) nicht tangieren darf" (*Göschel* 1994:8f.).

Dieses spezifisch deutsche Verständnis von Freiheit mit seiner Tendenz zur „Freiheit durch den Staat" ist von erheblicher kulturpolitischer Bedeutung und hat maßgebliche Auswirkungen auch auf die Kulturfinanzierung. Es geht zurück auf die Bemühungen *Hegels*, die liberale Position *Kants*, nach der jedes Handeln des Staates an übergeordneten Vernunftgesetzen auszurichten sei, mit der Wirklichkeit staatlichen Handelns in Übereinstimmung zu bringen. *Hegel* schlägt deshalb vor, die individuelle Freiheit in die Wirklichkeit des Staates aufzuheben: „Der Staat ist die Wirklichkeit der konkreten Freiheit; die *konkrete Freiheit* aber besteht darin, daß die persönliche Einzelnheit und deren besondere Interessen sowohl ihre vollständige *Entwickelung* und die *Anerkennung ihres Rechts* für sich (im Systeme der Familie und der bürgerlichen Gesellschaft) haben, als sie durch sich selbst in das Interesse des Allgemeinen teils *übergehen*, teils mit Wissen und Willen dasselbe, und zwar als ihren eigenen *substantiellen Geist* anerkennen und für dasselbe als ihren *Endzweck tätig* sind (...)" (*Hegel* 1821/1955: § 260).

Und in der Schrift „Die Vernunft in der Geschichte" heißt es: „Die wesentliche Bestimmung der Staatsverfassung bei der Mannigfaltigkeit der Seiten des Staatslebens spricht sich in dem Satze aus, daß der beste Staat der sei, in dem die größte Freiheit herrscht. Hier aber erhebt sich die Frage, worin die Freiheit ihre Realität habe. Man stellt sich die Freiheit so vor, daß der subjektive Wille aller Einzelnen an den wichtigsten Staatsangelegenheiten teilnehme. Der subjektive Wille wird hier als das Letzte, Entscheidende betrachtet. Die Natur des Staates aber ist die Einheit des objektiven und des allgemeinen Willen; der subjektive Wille ist dahin erhoben, daß er seiner Besonderheit entsagt" (*Hegel* 1828/1955:142).

Die Freiheit des einzelnen ist nach Hegel immer aufgehoben in der Realität des Staates; nur der Staat sichert seinem Bürger die individuelle Freiheit. „Die Tendenz dieses Denkens war die Betonung der integrativen Aufgaben des Staates angesichts der wachsenden Konflikte zwischen Klassen und Schichten bis hin zur Idee des autoritativen Wohlfahrtsstaates" (*Münch* II 1993:790) oder – um es auf die Kulturpolitik zu übertragen – bis hin zur Idee des mäzenatischen Kulturstaates.

Vor allem die Staatstheoretiker und Historiker Preußens haben diesen Gedanken *Hegels* in den Mittelpunkt ihres Freiheitsbegriffs gestellt. Für *Heinrich von Treitschke* beispielsweise, der einen ganz maßgeblichen Einfluß auf das Selbstverständnis des preußisch geprägten Deutschen Kaiserreichs hatte, ist die „Freiheit im Staat" das entscheidende Kriterium, durch das sich der deutsche Staat vom angelsächsischen Modell eines ökonomischen Liberalismus unterscheidet (ebda. 792). Und in der Tat wird die Bedeutung des deutschen Freiheitsbegriffs erst vollends erkennbar, wenn man ihn in einem internationalen Vergleich sieht. Weder der britische Liberalismus noch der amerikanische Pragmatismus lassen auch nur andeutungsweise einen ähnlichen Freiheitsbegriff erkennen. Dort ist Freiheit immer die „Freiheit vom Staat", was eine entsprechende Staatsferne auch des Kulturbegriffs, der kulturpolitischen Ziele und des Kulturbetriebs zur Folge hat.

Wenn aber in Deutschland ein kultureller Gestaltungsanspruch des Staates gebilligt wird, hat dies auch die Notwendigkeit konkreter Strukturen und Handlungsinstrumente zur Folge. Dieser nach der Bestimmung des Kulturbegriffs und der Sicherung der Kunstfreiheit dritte Gegenstand von Kulturpolitik kommt schon in der kulturpolitischen und -administrativen Gliederung der staatlichen Gewalt zum Ausdruck. Das Grundgesetz bestimmt in Art. 30: „Die Ausübung der staatlichen Befugnisse und die Erfüllung der staatlichen Aufgaben ist Sache der Länder, soweit dieses Grundgesetz keine andere Regelung trifft oder zuläßt." Die Zuständigkeitsvermutung zugunsten der Länder betrifft auch die kulturellen Aufgaben, da das Grundgesetz an keiner Stelle dafür eine andere Regelung trifft. Auf diese Kulturhoheit der Länder, worunter in der Tagespolitik vor allem die Kultushoheit, also die Zuständigkeit für das Schul- und Bildungswesen verstanden wird, haben die Länder immer großen Wert gelegt.

Andererseits sichert das Grundgesetz in Art. 28 Abs. 2 den Gemeinden ein weitgehendes Selbstverwaltungsrecht zu. Es heißt dort: „Den Gemeinden muß das Recht gewährleistet sein, alle Angelegenheiten der örtlichen Gemeinschaft im Rahmen der Gesetze in eigener Verantwortung zu regeln." Dieses Selbstverwaltungsrecht haben die Gemeinden immer sehr weit zu fassen versucht, weil sie gerade kulturelle Aufgaben als „Angelegenheit der örtlichen Gemeinschaft" verstanden haben. Sie werden darin vom Bundesverfassungsgericht unterstützt, das die Angelegenheiten der örtlichen Gemeinschaft als solche Aufgaben definiert, „die in der örtlichen Gemeinschaft wurzeln oder auf die örtliche Gemeinschaft einen spezifischen Bezug haben und von dieser örtlichen Gemeinschaft eigenverantwortlich und selbständig bewältigt werden können" (*Pappermann* 1984:4). Es kann kein Zweifel darüber bestehen, daß unter diese Abgrenzung des Bundesverfassungsgerichts auch viele kulturelle Aufgaben fallen. Ob es – gerade unter dem Gesichtspunkt der Kulturfinanzierung – immer klug war, die „Angelegenheiten der örtlichen Gemeinschaft" auch im kulturellen Bereich so weit wie nur möglich auszudehnen, ist eine andere Frage, über die noch zu sprechen sein wird.

Weitgehend in das kulturpolitische Abseits gedrängt war dagegen lange Zeit der Bund; ihm fiel allein die Zuständigkeit für die auswärtige Kulturpolitik sowie für länderübergreifende Einrichtungen zu (*Heinrichs* 1993:42ff.). Wenn in den letzten Jahren dennoch zunehmend von der Kulturpolitik des Bundes die Rede ist, so sind dafür zwei Gründe entscheidend. Zunächst einmal hat Bundeskanzler *Helmut Kohl* die kulturelle Selbstdarstellung der Bundesrepublik nach innen weit stärker in den Vordergrund gestellt als die meisten seiner Vorgänger dies taten, von *Willy Brandt* vielleicht einmal abgesehen. So entstanden beispielsweise in Bonn in der Trägerschaft des Bundes die Bundeskunsthalle und das Haus der Geschichte, zwei Einrichtungen mithin, die man sich durchaus auch als Gemeinschaftsaufgabe der Länder – beispielsweise über die Kulturstiftung der Länder – hätte vorstellen können. Zum zweiten hat sich der Bund im Rahmen der Deutschen Einheit verpflichtet, einen erheblichen Beitrag zur Sicherung der kulturellen Infrastruktur in den neuen Bundesländern zu leisten. Damit hat der Bund zweifellos in die Zuständigkeiten der Länder eingegriffen – man hätte dies auch über einen zusätzlichen Länderfinanzausgleich regeln können –, doch haben die Länder diesem Verfahren aus naheliegenden Gründen zugestimmt.

Mit Blick auf die aktuelle Leistungsfähigkeit der drei staatlichen Ebenen Bund, Länder und Kommunen ist ein gewisser Bedarf erkennbar, die Zuständigkeiten neu zu regeln. Vor allem im Verhältnis zwischen Bund und Ländern wird dies seit längerem diskutiert (*Fohrbeck/Wiesand* 1989:109ff.); für das Verhältnis der Länder zu den Kommunen wird eine solche Diskussion immer mehr vorstellbar. Zudem zeichnet sich in einer europäische Dimension ein neuer Handlungsbedarf ab, weil vor allem rechtliche Rahmenbedingungen (z.B. Urheber- und Medienrecht) immer stärker auf einer internationalen Ebene geregelt werden müssen.

Der nach der Definition des Kulturbegriffs, der Sicherung der Kunstfreiheit sowie der Abgrenzung der Binnenstruktur des öffentlichen Kulturbetriebs vierte Gegenstand von Kulturpolitik ist der Einsatz operativer Instrumente zur Umsetzung von Zielen. Dazu dienen erstens unmittelbar wirksam werdende Aktivitäten wie beispielsweise die Schaffung von Einrichtungen oder die Durchführung von Veranstaltungen. Ist es beispielsweise das kulturpolitische Ziel eines Landes, die sogenannten neuen Medien in ihrer künstlerischen und kulturellen Dimension zu fördern, so kann es dazu eine entsprechende Einrichtung schaffen, wie dies das Land Baden-Württemberg mit dem Zentrum für Kunst und Medientechnologie sowie der Hochschule für Gestaltung, beide in Karlsruhe, getan hat. Hat eine Kommune andererseits die Absicht, das Musikleben in der Stadt zu fördern, so kann sie beispielsweise entsprechende Konzertreihen, also kulturelle Veranstaltungen, durchführen.

An Stelle unmittelbar wirkender Einrichtungen und Veranstaltungen kann aber auch zweitens die mittelbar wirkende Kulturförderung gesetzt werden. Sie reicht von der Förderung kultureller Vereine und freier Gruppen über die Künstlerförderung etwa in Form von Stipendien und Kunstpreisen bis hin zu Zuschüssen für Projekte Dritter, an denen die öffentliche Hand vielleicht ein besonderes Interesse hat.

Drittens kann sich die öffentliche Hand noch stärker zurücknehmen und nur noch Rahmenbedingungen für kulturelle Aktivitäten bestimmen; die Ausgestaltung dieses Rahmens bleibt dann Sache der einzelnen Kulturanbieter, seien sie nun Teil des öffentlichen, des gemeinnützigen oder des privatwirtschaftlichen Kulturbetriebs. Solche Rahmenbedingungen sind beispielsweise gesetzliche Vorgaben, die die Gewerbefreiheit von Künstlern und Kulturvermittlern betreffen, das geistige Eigentum der Künstler schützen, steuerliche Anreize schaffen für Kunstsammler oder Kulturmäzene usw. Hier steht der Kulturpolitik ein außerordentlich vielseitiges Instrumentarium zur Verfügung, das nicht zuletzt unter dem Gesichtspunkt der Kulturfinanzierung von großem Interesse sein kann.

Faßt man nun die vier skizzierten Gegenstände von Kulturpolitik zusammen, so zeigt sich, daß einige stärker auf Inhalte ausgerichtet sind als andere. Die Definition des Kulturbegriff, die Sicherung der Kunstfreiheit sowie alle unmittelbaren und mittelbar fördernden Aktivitäten betreffen immer die Inhalte von Kultur. Diese Inhalte werden in einem komplizierten Diskurs erörtert und festgehalten, an dem politisch-parlamentarische Gremien ebenso beteiligt sind wie unterschiedliche gesellschaftliche Gruppen.

Durch die Erörterung der Binnenstruktur des öffentlichen Kulturbetriebs sowie durch das Setzen von Rahmenbedingungen wird dagegen nicht unmittelbar Kultur geschaffen, und es betrifft auch nicht unmittelbar kulturelle Inhalte. Es handelt sich aber dennoch um einen wichtigen Teil der Kulturpolitik, weil hier Ordnungen definiert werden, die – dies sei vorweggenommen – immer auch die Interessen und Rahmenbedingungen des nicht-öffentlichen Kulturbetriebs berühren. Während also die erste Gruppe kulturpolitischer Gegenstände vorrangig allein den öffentlichen Kulturbetrieb betrifft, wirkt die zweite Gruppe über diesen öffentlichen Kulturbetrieb hinaus. Mit Blick auf eine Neuorientierung der Kulturfinanzierung, die öffentliche und private Kulturbetriebe in einer größeren Einheit zu sehen versucht, dürfte gerade der zweite Bereich von besonderem Interesse sein.

Es sind folglich sowohl politik- als auch kulturpraktische Gründe, die hier eine Unterscheidung von Kulturpolitik in zwei Komplexe ratsam erscheinen lassen. Eine solche Unterscheidung, wie sie schon in *Heinrichs/Klein* 1994:79ff. vorgeschlagen wurde, entspricht durchaus dem mehrdimensionalen Politikbegriff-Verständnis der neueren Politikwissenschaft (*Alemann* 1995:142f.). Kulturpolitik gliedert sich demnach in eine inhaltliche Dimension und eine solche von Rahmenbedingungen, die hier – weil sie formal und materiell ordnend in den Kulturbetrieb eingreift – als ordnende Dimension bezeichnet wird:

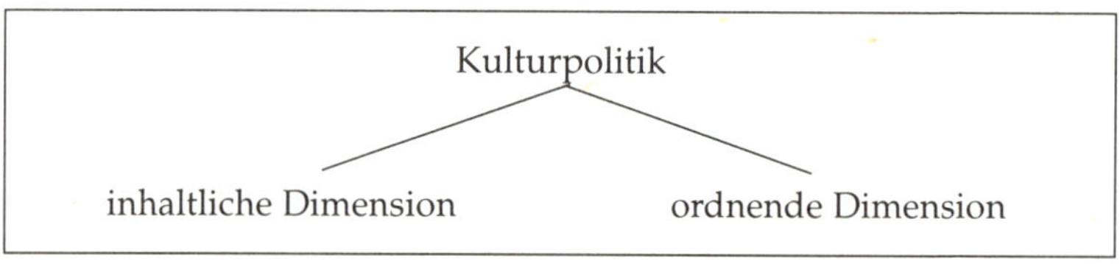

Abb. 2: Dimensionen von Kulturpolitik

Beide Dimensionen von Kulturpolitik entstehen in einem Prozeß des politisches Diskurses. Dabei ist der Diskurs im ersten Bereich weit stärker ausgeprägt als im zweiten, weil die ordnende Dimension weit abstrakter wirkt und in starkem Maße auch durch nicht-kulturelle Aspekte (z.B. rechtliche) bestimmt ist. Auf diese prozessuale Dimension von Politik (*Alemann* 1995:142) soll hier nicht weiter eingegangen werden (vgl. dazu ausführlich *Heinrichs/Klein* 1994:19ff.), sie interessiert hier nur mit Blick auf die am Diskurs Beteiligten, weil durch deren Stellung im Diskurs auch Aussagen über Ziele, Inhalte und Partnerschaften getroffen werden, die für die Kulturfinanzierung von Relevanz sind.

1.2.1 Kulturpolitik in ihrer inhaltlichen Dimension

Spätestens seit den siebziger Jahren steht in Deutschland in der kulturpolitischen Diskussion die inhaltliche Dimension eindeutig im Mittelpunkt des Interesses. Dies zeigen auch die zahlreichen Publikationen zur Kulturpolitik (z.B. Städtische Kulturpolitik 1971; *Schwencke/Revermann/Spielhoff* 1974; *Silkenbeumer* 1980; *Glaser/Stahl* 1983; *Sievers* 1988; *Lipp* 1989; *Frank* 1990; *Hoffmann* 1990; *Sievers/Wagner* 1992), die stets von Begriffen, Zielen, Prozessen und Wirkungen von Kulturpolitik ausgehen, dabei aber ordnungspolitische Themen, die ganz wesentlich die institutionellen Rahmenbedingungen von Kultur gestalten, fast gänzlich außer acht lassen. Im Vordergrund stehen immer Fragen wie beispielsweise: Was ist Kultur? Inwieweit ist Kultur ein Politikbegriff? Welche Funktionen hat Kultur in einem bestimmten gesellschaftspolitischen Kontext? Wie ist zu handeln, um gesellschaftliche, pädagogische, emanzipatorische und andere Funktionen von Kultur zur Wirkung kommen zu lassen? Wie äußert sich Kultur in der kulturpolitischen Reflexion?

Es ist das große Verdienst dieser Phase kulturpolitischer Diskussion, sehr überzeugend den Stellenwert von Kultur als Politik deutlich gemacht zu haben. Selbst Politiker wie der frühere Bundespräsident *Richard von Weizsäcker* ließen sich von der Richtigkeit dieser Zuordnung überzeugen: „Kultur ist kein politikfreier Raum. Kultur ist nicht der Paradiesgarten geistiger und künstlerischer Eliten. Kultur ist Lebensweise der Menschen. Sie ist die Substanz, um die es der Politik zu gehen hat" (*Weizsäcker* 1987:22). Ob die Politiker Kultur immer wirklich als die „Substanz" verstehen, um die es in der Politik zu gehen hat, sei einmal dahingestellt. Entscheidend ist, daß hier Kultur und Politik als eine Einheit verstanden werden, das eine also ohne das andere nicht sein kann.

Die kulturpolitische Diskussion versucht denn auch, diese Einheit immer wieder neu zu unterstreichen. Sie tut dies, indem sie Ziele in den Vordergrund der kulturpolitischen Diskussion rückt, die aus kulturimmanenter Sicht gleichsam nur sekundäre Ziele sind. Dazu gehören beispielsweise emanzipatorische, pädagogische, gesellschaftliche, soziale und ökonomische Ziele. Es geht um eine „produktive Selbständigkeit in Solidarität" (*Klein* 1993:159) als Form der Emanzipation von Frauen, Kindern und ethnischen Minderheiten. Da ist die Rede von „pädagogischen Vorschalteinrichtungen" (*Glaser* 1974:49), mit denen „der Zugang zur Kultur allen gleichermaßen geöffnet werden" (ebda.) soll. Naheliegenderweise rücken vor allem in der Soziokultur die gesellschaftspolitischen Ziele in den Mittelpunkt, d.h. die Soziokultur „versucht, durch konkrete Initiativen und Projekte den Alltag und letztlich auch die Gesellschaft zu verändern" (*Sievers/Wagner* 1992:19). Da geht es aber auch um „gemeinwesenorientierte und lebensbezogene soziale und kulturelle Arbeit (soziokulturelle Arbeit, sozialkulturelle Arbeit, soziale Kulturarbeit....)" (*Oelschlägel* 1992:407), in der die Kultur präventiven Charakter in sozialen Spannungsfeldern erhält. Und da werden Zusammenhänge zwischen Kultur und Wirtschaft hervorgehoben, wenn etwa im zweiten Kulturwirtschaftsbericht NRW thematisiert wird, „welche Bedeutung ein aktives öffentlich gefördertes sowie privat getragenes Kulturleben (...) für die Kultur- und Medienwirtschaft hat" (*Ebert/Gnad/Kunzmann* 1995:316).

Dagegen blieb die künstlerische oder ästhetische Dimension von Kultur in der kulturpolitischen Diskussion lange Zeit fast unbeachtet. Erst in jüngster Zeit rückt dieses Thema wieder stärker ins Interesse, allerdings teils über den kulturpädagogischen Ansatz (z.B. *Zacharias* 1991), teils über den kulturökonomischen Umweg (z.B. *Groys* 1992), über das Lebensstil-Modell (z.B. *Göschel* 1994:47ff.) sowie über staatsrechtliche Überlegungen (*Göschel* 1997).

Ohne nun auf den Stellenwert solcher inhaltlichen Dimensionen von Kulturpolitik im einzelnen einzugehen, ist hier festzuhalten, daß fast alle genannten Aspekte sich in erster Linie an die öffentliche Hand als Gestalter kultureller Inhalte wenden. Der Staat und die Kommunen haben nach diesem Verständnis Einrichtungen und Angebote bereitzuhalten, um Kultur in den Dimensionen von Gesellschaft, Bildung, Emanzipation und Soziales zu ermöglichen. Lediglich die ökonomische Dimension geht über die Konzentration auf die öffentliche Hand hinaus, wenn auch bei weitem nicht mit der Konsequenz wie dies möglich wäre. Gerade eine Argumentation, wie sie in Stichwörtern von der Kultur als Wirtschafts- und Standortfaktor angedeutet ist, bietet sich für eine neue Sichtweise von Kulturpolitik an.

Zweifellos hat es dazu vielversprechende Versuche gegeben: erinnert sei an den Vorschlag von *Jack Lang*, Kultur als Modernisierungsstrategie zu begreifen und einzusetzen (*Hadesbeck* 1991) sowie an das Konzept von *Lothar Späth*, Kultur als Kreativitätspotential (Staatsministerium BW 1990:5) zu instrumentalisieren. Beide Male wurde ein Nutzen von Kultur beschrieben, der über die Aufgaben und Möglichkeiten der öffentlichen Hand hinausgehen sollte und geeignet war, zu einer neuen Sichtweise und Interessenslage von Kulturpolitik zu führen. Doch haben sich beide Konzepte nicht durchsetzen können, was möglicherweise damit zusammenhing, daß beide Protagonisten dieser Konzepte die kulturpolitische Bühne relativ abrupt verlassen mußten. Statt dessen vereinnahmte die öffentliche Hand auch dieses Thema und verkürzte es in der Folge auf lediglich zwei Aspekte.

Zunächst einmal wurde die ökonomische Dimension von Kulturpolitik sehr intensiv als Legitimationsstrategie eingesetzt; vor allem das Argument der Umwegrentabilität und der Standortsicherung wurde hier immer wieder eingebracht.[3] Zweitens wurden zahlreiche Versuche unternommen, aus dieser Argumentation heraus die Wirtschaft zu einem Sponsoring zugunsten von Kultureinrichtungen zu bewegen. So überzeugend gerade der letzte Ansatz auch ist, so grundweg falsch war doch die Vorgehensweise. Sponsoring wurde und wird bis heute von seiten öffentlicher Kultureinrichtungen fast ausschließlich unter dem Gesichtspunkt der Mittelbeschaffung gesehen, um Finanzierungslöcher, die durch den Geldmangel der öffentlichen Hand entstehen, stopfen zu können. Die Marketing-Interessen der Wirtschaft sowie Fragen der Unternehmenskultur blieben fast gänzlich unberücksichtigt. Es kann deshalb nicht verwundern, daß sich die Wirtschaft bald auf ein Sponsoring ohne Beteiligung der öffentlichen Hand konzentrierte, indem sie eigene professionelle Kulturabteilungen einrichtete (vgl. dazu ausführlich Abschnitt 3.1.3).

Damit verpuffte die Chance, wichtige gesellschaftliche Gruppen außerhalb des Kulturbetriebs am kulturpolitischen Diskurs zu beteiligen. Statt dessen blieb der Kulturbetrieb wieder weitgehend unter sich und beschränkte sich darauf, die Wirtschaft mit moralischem Unterton wegen ihrer vermeintlichen Kulturferne anzuklagen (z.B. *Bourdieu/Haacke* 1995; vgl. auch das Gespräch zwischen *Andreas Joh. Wiesand* und *Klaus Staeck* in: Kulturkreis der deutschen Wirtschaft im BDI 1996:25–30).

---

[3] Eine vom Autor in Zusammenarbeit mit *Armin Klein*, *Peter Bendixen*, *Peter Hellmig* und *Alex Sikorski* im Auftrag der *Wüstenrot-Stiftung* 1996/97 durchgeführte große Untersuchung zum Stellenwert von Kultur als Standortfaktor hat ergeben, daß sich die Legitimationsstrategie der späten achtziger Jahre empirisch nicht rechtfertigen läßt. Kulturelle Aspekte sind demnach nur in wenigen, ausgewählten Handlungs- und Entscheidungsbereichen der Wirtschaft von Bedeutung (z.B. im Personalmanagement und in Teilbereichen des Marketings), kaum aber in der Ansiedlung oder Standortsicherung von Wirtschaftsbetrieben.

Dabei bietet sich eine Zusammenarbeit zwischen Kultur und Wirtschaft doch geradezu an. Zu sehr sind Wirtschaft, Gesellschaft, Politik und Kultur miteinander verknüpft, als daß eine strenge Trennung heute noch sinnvoll wäre. Ein Kulturleben ohne Leistungen der Wirtschaft ist undenkbar geworden. Schließlich werden von der Industrie angefertigte Geräte benötigt, um eine Klassik-CD zu hören oder einen Film im Fernsehen zu sehen. Selbstverständlich ist jeder Roman und jeder Lyrik-Band von kommerziellen Verlagen, Buchdruckereien und einem verzweigten Buchhandel hergestellt und vertrieben worden. Und auch die Theater, Museen und Kulturzentren wurden irgendwann einmal von der Bauindustrie errichtet und werden weiterhin baulich unterhalten. Der Kulturbetrieb bietet nicht nur selbst zahlreiche Arbeitsplätze, sondern schafft auch indirekt weitere Arbeitsplätze sowohl in kulturnahen als auch in kulturfernen Teilen der Wirtschaft.

Umgekehrt weiß die Wirtschaft sehr wohl, daß sie Teil der Kultur ist. Wie Menschen miteinander umgehen, wie sie Konflikte lösen, welche Ziele sie sich setzen oder welche Werte für sie im Vordergrund stehen, ist für jeden Wirtschaftsbetrieb von größter Bedeutung. Nicht ohne Grund spricht man von einer Unternehmenskultur, womit „die Verhaltensdimension normativen Managements angesprochen (wird). Werte und Normen tragen das Verhalten der Mitglieder des sozialen Systems Unternehmung. Sie helfen Informationen, Politik, Strukturen, Systeme und Träger auszuwählen und beeinflussen damit die Unternehmensentwicklung" (*Bleicher* 1992:153). Solches Verhalten und solche Wertigkeiten haben unmittelbare Auswirkungen beispielsweise auf das Betriebsklima, die Arbeitsmotivation und das Wettbewerbsverhalten. Der Vergleich mit Japan hat deutlich gezeigt, daß gerade die Unterschiede im kulturell bedingten Verhalten von Managern und Mitarbeitern zu Unterschieden in der Produktivität führen. Kulturell bedingtes Verhalten aber wird durch Kultur erlernt: man sollte die „erzieherische" Wirkung, die ein Theaterstück hat oder den sozialisierenden Einfluß, der vom Zusammenspiel in der Musikschule ausgeht, nicht unterschätzen.

Manager der Wirtschaft wissen dies, weit mehr übrigens, als viele Künstler und Kulturvermittler vermuten. Das bekannte Bonmot von *Jean Sibelius*, er unterhalte sich lieber mit Bankern als mit Musikerkollegen, weil die Banker über Kunst, die Kollegen aber nur über's Geld redeten, hat durchaus einige Berechtigung. Es ist also naheliegend – gerade auch aus der Sicht der Wirtschaft – Partnerschaften zwischen Kultur und Wirtschaft zu suchen und dazu die Wirtschaft auch stärker in den kulturpolitischen Diskurs einzubinden. Die Erfahrungen von Wirtschaftsmanagern im Umgang mit kulturbedingtem Verhalten und kulturbedingten Werten kann dem Kulturbetrieb nur gut tun; wie umgekehrt die Wirtschaft davon profitieren dürfte, wenn sie in den Diskurs um kulturelle Werte und Ziele frühzeitig eingebunden wird.

Aber es ist nicht nur die Wirtschaft, die bei der Diskussion um kulturpolitische Ziele außen vor gelassen wird, sondern es betrifft in starkem Maße auch die Künstler und das Publikum. Schon in anderem Zusammenhang (*Heinrichs* 1993:10ff.) wurde in Anlehnung an *Umberto Ecos* Konzept vom „offenen Kunstwerk" (*Eco* 1962/1990) darauf hingewiesen, daß Kunst und Kultur nur durch das Zusammenwirken von Autor, Interpret und Rezipient wirklich realisierbar sind bzw. zur Vollendung gelangen. Jedes Kunstwerk wird heute in seinem Gehalt und in seiner Aussage als grundsätzlich offen verstanden, d.h. ein Kunstwerk einer bestimmten Epoche kann in einer anderen gesellschaftlichen und geistigen Konstellation je anders verstanden werden. Das hat sich sehr früh im Theater gezeigt, wo *Leopold Jeßner* schon in den zwanziger Jahren die Klassiker ebenso sehr als Sprecher ihrer wie der gegenwärtigen Generation verstand (*Hermand/Trommler* 1988: 209ff.). In der Musik der fünfziger und sechziger Jahre wird dies noch deutlicher, wenn beispielsweise die Aleatorik die Ausgestaltung einer kompositorischen Idee nicht mehr dem Komponisten, sondern „dem augenblicklichen Belieben des Interpreten" (*Eggebrecht* 1991:819) überläßt; die Komposition wird überhaupt erst mit der (interpretierenden) Aufführung erstmals vollendet.

Dieses postmoderne Verständnis von Kunst und Kultur – nur eine solche Offenheit macht „plurale Sinn- und Aktionsmuster" (*Welsch* 1991:5) möglich – weist der Kultur- und Kunstinterpretation bzw. -vermittlung, also der Position zwischen dem Autor und dem Rezipienten, einen hohen Stellenwert zu. Das wird nicht zuletzt dadurch deutlich, daß kulturvermittelnde und kulturpolitische Aktivitäten in einem solchen Prozeß-Modell vorrangig im Umfeld des Interpreten anzusiedeln sind. Dann ergibt sich – in der unbefriedigenden Verkürzung eines jeden Modells – folgendes Bild:

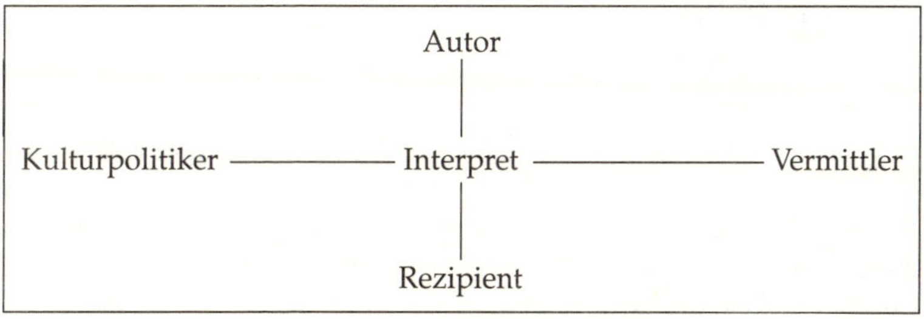

Abb. 3: Koordinaten des Kulturmanagements

Der Vermittler nimmt nicht selten die Position des Interpreten ein (etwa im Ausstellungsbetrieb, im Kunsthandel oder im Klappentext des Verlegers) oder identifiziert sich zumindest stärker mit dem Interpreten als mit dem Autor (beispielsweise im Konzertbetrieb). Der Kulturpolitiker wiederum konzentriert sich ebenfalls auf die mittlere Position, weil sie im Kulturbetrieb weit leichter steuerbar ist (über Einrichtungen wie Theater, Museen, Bibliotheken usw.) als die Position von Autor und Rezipient.

Kulturmanagement – um das Bild abzurunden – wäre dann die Steuerung aller fünf Teile dieses Modells, keinesfalls nur die Position des Vermittlers. Wenn sich einige Kulturmanager anders verhalten und ausschließlich in die Rolle der Vermittlung des Interpreten schlüpfen – erinnert sei an „Die drei Tenöre", wo es allein um die Vermarktung der Interpreten geht, nicht aber um das Werk des künstlerischen Autors –, mindert dies doch nicht die Notwendigkeit, Kulturmanagement in seinen Zielen und Möglichkeiten komplexer zu sehen.

Folgt man dem Modell, so bedarf es keiner großen Anstrengungen mehr, um auch mit Blick auf die Kulturpolitik eine Minderung der Gewichtung von Künstler und Publikum zu entdecken. Und in der Tat ist festzustellen, daß der Künstler am kulturpolitischen Diskurs zumindest innerhalb des öffentlichen Kulturbetriebs kaum mehr beteiligt ist. Wann je hat in den letzten Jahren ein Landtag oder ein Gemeinderat Künstler zu einem Hearing eingeladen? In Beiräten und Beratergremien, in Jurys und Preisgerichten nehmen Künstler häufig nur Alibifunktionen am Rande wahr. Einzig in den Kunstvereinen haben sie bei der Gestaltung der Jahresausstellung noch einen gewissen Einfluß. Allzu häufig wird übersehen, welches Potential an Originalität und unorthodoxem Denken durch solche Ausgrenzung von Künstlern verloren geht. Schließlich dürfte es ein Irrtum sein anzunehmen, das Kulturleben werde durch Kulturpolitiker, -vermittler und -theoretiker vorangebracht; wie Kunst und Kultur morgen aussehen und was sie dann für die Gesellschaft bedeuten werden, bestimmen nach wie vor allein die Künstler.

Nicht unähnlich ist die Situation des Publikums. Daß ein Kulturangebot Bedürfnisse eines Publikums befriedigen soll, wird nicht selten vergessen. Die Kulturpolitik denkt ihre Ziele und ihr Tun vom Angebot her; sie geht nicht von der Nachfrage des Publikums aus. Dies hat *Armin Klein* vor allem für die sogenannte Neue Kulturpolitik überzeugend herausgearbeitet: „Trotz aller gegenteiligen Beteuerungen und programmatischen Erweiterungen hin zu einer ‚Kultur *von* allen' ist dieses Konzept primär angebotsorientiert – und zwar nicht nur in der

Praxis, sondern vor allem in der Theorie" (*Klein* 1995:195). Er zitiert dazu ausführlich *Hilmar Hoffmann* (1979:11), wo unter der Überschrift „Aufgaben der Kulturpolitik" ausschließlich von „Angeboten" die Rede ist. Eine angebotsorientierte Kultur aber geht nicht von den Bedürfnissen des Publikums aus – dann wäre sie nachfrageorientiert –, sondern von Zielen und Vorstellungen, die sich immanent in einem geschlossenen Kontext kulturpolitischer Überlegungen ergeben; das Publikum wird hier nur noch als potentieller Abnehmer von Angeboten in die Überlegungen einbezogen. Die großen Erfolge, die in den letzten Jahren in Musical-Theatern, in Multiplex-Kinos oder mit spektakulären Kunstausstellungen erzielt wurden, sind gewiß weniger ein Ausdruck sinkenden kulturellen Anspruchs als vielmehr ein Zeichen dafür, daß sich dort das Publikum in seinen Bedürfnissen ernstgenommen fühlt (*Krall* 1997, *Irmler* 1997).

Vor allem aber hat die Kulturpolitik lange übersehen, daß sich das Publikum heute in der strategisch günstigeren Position befindet, weil es die Option einer permanenten Wahlfreiheit hat. Bei *Gerhard Schulze* kommt dies einprägsam zum Ausdruck. „Am Entscheidungshorizont eines Großstadtbewohners, der gerade dabei ist, sein Wochenende zu planen, tauchen öffentlich geförderte Erlebnisangebote neben vielen anderen Möglichkeiten auf. Das Theater konkurriert mit der Sportschau, die Oper mit der Disco, das Museum mit dem Freizeitpark, die öffentlich subventionierte Kleinkunstbühne mit dem Kino, der deutsch-türkische Folkloreabend im Kulturzentrum mit dem nächstgelegenen Skigebiet, das kommunale Hallenbad mit dem privaten Fitneßstudio, die Dichterlesung des Kulturpreisträgers mit dem Zeitungskiosk. Nicht von der Herstellungsgeschichte hängt es ab, für welche Möglichkeiten sich der Konsument entscheidet, sondern von der Rationalität der Erlebnisnachfrage" (*Schulze* 1992:507).

Die – zumindest partielle – Ausgrenzung von Künstler und Publikum hat zur Folge, daß im Prozeß der Vollendung eines Kunstwerks die Achse Kulturpolitik/Interpret/Vermittler dominiert, weil die Handelnden auf dieser Achse sich weit näher sind, als es Künstler und Publikum zueinander je sein können. Kulturpolitik wird folglich in hohem Maße aus der Sichtweise der vermittelnden Personen und Institutionen betrieben, also dort, wo das Angebot erstellt wird. Im Bereich der öffentlichen Hand sind die Personen und Institutionen der Kulturvermittlung und der Kulturpolitik sogar weitgehend identisch. Namhafte Kulturvermittler wie *Hilmar Hoffmann* oder *Hermann Glaser* waren als Kulturdezernenten von Frankfurt/Main bzw. Nürnberg natürlich immer auch Kulturpolitiker.

Die Ausrichtung der Kulturpolitik auf den Vermittler und damit auf das von ihm erstellte Angebot hat zur Folge, daß die vermittelte Kultur in ihrer Begrifflichkeit sehr normativ wird. Wer auf Dauer Gelegenheit hat, Angebote zu gestalten, auf die die Künstler und das Publikum immer weniger Einfluß nehmen können, ist in hohem Maße der Gefahr ausgesetzt, das zu normieren, was nach seinem Verständnis Kultur ist. Und in der Tat arbeitete gerade die Kulturpolitik der siebziger Jahre, in der das Verhältnis von Kulturpolitik und Kulturvermittlung enger war als je zuvor, mit einem normativen Kulturbegriff. Trotz aller Beteuerungen vom „erweiterten Kulturbegriff" und einer „Kultur für alle" war doch der Kulturbegriff der siebziger Jahre allein ausgerichtet an gesellschaftspolitischen Zielen und dem gesamtpolitischen Entwurf einer Demokratisierung der Gesellschaft (*Klein* 1994:168).

In einer „Evaluation" kulturpolitischer Konzepte bestätigt *Max Fuchs* noch einmal die gesellschaftspolitische Ausrichtung als entscheidenden Grundgedanken der sogenannten Neuen Kulturpolitik: „Kulturpolitik ist immer Gesellschaftspolitik, weil jede Kulturpolitik mit einem bestimmten Bild von Gesellschaft konform geht. Dies ist banal. Aber: Nicht jede Kulturpolitik ist engagierte Gesellschaftspolitik, die die ehrwürdigen Ziele der siebziger Jahre (Partizipation, soziale Gerechtigkeit, politische Mitgestaltung etc.) noch ernst nimmt. Gefordert ist daher abermals eine Kulturpolitik, die Aussagen über die gewünschte Form von Gesellschaft macht und die nicht bloß der Ermöglichung einer ästhetisch-kulturellen Überformung von ohnehin ablaufenden und für unbeeinflußbar gehaltenen gesellschaftlichen Prozessen dient" (*Fuchs* 1994:172). Kulturpolitik ist nach *Fuchs* ganz wesentlich bestimmt durch „Aussagen über die *gewünschte* Form von Gesellschaft", was doch nichts anderes bedeuten kann, als daß über dieses angestrebte Bild einer künftigen Gesellschaft definiert wird, wie Kultur bzw. Kulturpolitik in ihren Begriffen, Zielen und Umsetzungen auszusehen hat. Folgerichtig konstatiert *Fuchs*: „Offenbar ist Normativität unvermeidbar" (*Fuchs* 1995:220).

Daß dabei die Künste zwangsläufig auf der Strecke bleiben würden, konnte kaum übersehen werden (*Göschel* 1994). „Reduziert auf den Grad ihrer Vermittelbarkeit, wird Kunst zu einem vermeintlich sozial nützlichen Transportgefährt: Sie wird demokratisch instrumentalisiert und geht damit ihres Kunstcharakters verloren" (*Kolbe* 1996:128). *Fuchs* spricht deshalb von den Künsten nur noch als von einem „Medium des Diskurses" und einem „Mittel der Kulturpolitik" (*Fuchs* 1995:221). Eine solche Einschränkung der Künste auf eine nur noch instrumentelle politische Funktion übersieht aber, daß die Künste ganz erheblich dazu beitragen, Lebenswirklichkeit zu gestalten, wie nicht zuletzt das Modell der Lebensstile mit seiner „Ästhetisierung der Lebenswelt“ (*Flaig/Meyer/Ueltzhöffer* 1994:11ff.) immer wieder zeigt.

Um es noch einmal festzuhalten: der Prozeß der Vollendung eines Kunstwerks über die Phasen des (produzierenden) Autors, des (reproduzierenden) Interpreten sowie des (nach-schöpferischen) Rezipienten, der zwar im Kontext der Postmoderne neu an Plausibilität gewonnen hat, eigentlich aber bereits in der generellen Offenheit eines jedes Kunstwerks angelegt ist, wird im kulturpolitischen Verständnis der Neuen Kulturpolitik auf die mittlere Phase der Vermittlung verkürzt. Der produzierende und reproduzierende Künstler ist mit seinem Werk nur noch „Medium des Diskurses“; der Rezipient ist nur noch passiver Adressat einer angebotsorientierten Vermittler- bzw. Verteilertätigkeit. Von der mittleren Position aus aber wird ein Kulturbegriff politisch umgesetzt, der von gesellschaftspolitischen Aspekten dominiert wird und als solcher eindeutig normativ ist.

Eine solche, normativen Zielen unterworfene Kultur ist allerdings der Gefahr ausgesetzt, statisch zu werden, weil die normativen kulturpolitischen Ziele sich zwangsläufig von der Dynamik der Künste und dem Entwicklungsprozeß des Publikums immer weiter entfernen werden. „Wo (kultureller) Stillstand herrscht, versteinert Kultur, historisiert sie sich selbst, wird sie zur ausgestellten Vitrinenkultur. (...) Kultur ist, anders ausgedrückt, permanente Transformation, weshalb auch die Frage nach einer anderen Kultur, die die eigene ersetzen könnte, oder die Frage, wohin die Kultur geht, im Grunde falsch gestellt ist. Was seinem Wesen nach Veränderung ist, hat keine ‚absoluten‘ Haltepunkte, auch keine definierten oder determinierten Ziele“ (*Mittelstraß* 1995:507f.).

Jede Kulturpolitik, die einen normativen Kulturbegriff zugrunde legt, wählt nicht nur aus, sondern grenzt auch aus. Je enger der normative Kulturbegriff gefaßt ist, desto größer wird der Kulturbereich, der außerhalb dieser Norm liegt. Eine Kulturpolitik des normativen Kulturbegriffs ermöglicht nicht nur Kultur, sondern verhindert sie auch. Dies wird spätestens in der konkreten Kulturförderung deutlich, die eben nicht nur bewilligt, sondern – angesichts knapper Finanzmittel – auch verweigert. Jede Kulturförderung ist „eine gestaltende Selektion, die dann problematisch wird, wenn das Geförderte tatsächlich (...) moralisch-normative Implikationen hat, die Selektion also die gesellschaftliche Pluralität des Normendiskurses deformieren würde“ (*Göschel* 1994:9). Dem widerspricht es keineswegs, daß die Neue Kulturpolitik ihre Angebote dem traditionellen Kulturbetrieb nur additiv hinzufügen konnte. Hierin zeigt sich lediglich die bereits angesprochene Inkonsequenz in der kulturpraktischen Umsetzung. Der dem Grundsatz nach normative und damit ausgrenzende Charakter der Neuen Kulturpolitik wird dadurch nicht aufgehoben.

Der ökonomische Liberalismus weist deshalb immer wieder darauf hin, daß „von staatlicher Seite beeinflußte oder gesteuerte Kunst immer einen unangenehmen Beigeschmack" habe, weil man befürchten müsse, „daß der Staat versucht, über bürokratische Interventionen Einfluß auf die Inhalte der Kunst zu nehmen. Auf diese Weise wird die wichtigste Grundlage künstlerischer Arbeit, die Freiheit der Kunst, gefährdet" (*Pommerehne/Frey* 1993:17).

Doch diesem Einwand kann man nicht gänzlich folgen, wenn man – wie es hier getan wird – in der Kunstfreiheitsgarantie des Grundgesetzes auch einen Gestaltungsanspruch des Staates sieht, weil es eben nicht nur um die Freiheit *vom* Staat, sondern auch um die Freiheit *durch* den Staat geht. Damit reduziert sich die Frage nach der Norm in der Kulturpolitik auf eine graduelle Frage, die vielleicht am besten mit der liberalen Formel beantwortet wird: Sowenig Staat wie möglich und soviel Staat wie nötig!

Für die Kulturfinanzierung hatte die an einen normativen Kulturbegriff ausgerichtete Neue Kulturpolitik vor allem zur Folge, daß sich der Diskurs nur noch im öffentlichen Kulturbetrieb abspielte und nur noch auf eine Umsetzung der kulturpolitischen Ziele innerhalb dieses Bereichs konzentrierte. Folglich konnten auch die Finanzierungsmittel für eine solche Kulturpolitik nur aus öffentlichen Haushalten stammen. Wie schon der Blick auf die Entwicklung des Kulturbetriebs seit den siebziger Jahren gezeigt hat (Abschnitt 1.1.2), wurde das Kulturangebot erheblich ausgeweitet, aber eben – aus den genannten Gründen – ausschließlich zu Lasten der öffentlichen Haushalte. Oder um es einmal etwas deutlicher zu formulieren: die Kulturtheoretiker setzten die Ziele, wie Kultur in Zukunft sein und werden solle und bewilligten sich als Kulturpolitiker und Kulturvermittler die Gelder für ihre Programme gleich selbst. Auf diese Weise konnte die Frage nach einem „Bedarf" (im Sinne einer Nachfrage des Publikums) – sie wird in der Tat an keiner Stelle der maßgeblichen Schriften auch nur angesprochen – großzügig übergangen werden. So ist es auch verständlich, warum Fragen der strukturellen und ordnungspolitischen Rahmenbedingungen von Kultur (vgl. Abschnitt 1.2.2) nicht erörtert wurden. Sie hätten zu sehr auf einen Kulturbetrieb gezielt, der außerhalb der eigenen Einflußsphäre liegt und dessen Finanzierung in der Regel mit anderen als öffentlichen Mitteln erfolgt.

Hält man sich noch einmal den dreiphasigen Prozeß der Vollendung eines Kunstwerks sowie den kritisierten aktuellen Status der Vermittler vor Augen, so muß man feststellen, daß durch die Neue Kulturpolitik die Vermittlerrolle in der mittleren Position des Prozesses nicht wirklich überzeugend wahrgenommen worden ist. Weder wurde dem ständig sich wandelnden Bedürfnis des Publikums durch eine nachfrageorientierte Kulturpolitik Rechnung getragen, noch wurden der Kunst und den Künstlern die erforderliche Aufmerksamkeit geschenkt. Vielmehr standen Anfang und Ende des Prozesses unter dem Primat der Umsetzung gesellschaftspolitischer Ziele mit Hilfe von Kultur. Dieser für die Kultur unbefriedigenden Situation können zwei Lösungsvarianten entgegengesetzt werden. Der erste Ansatz ergibt sich aus einer medialen Fortentwicklung der Künste, der zweite aus einem anderen Verständnis von Kulturpolitik.

Die internationale Vernetzung im Internet gestattet eine neue Form der Kunstproduktion und Rezeption. Dazu als Beispiel der „Internet Muser's Service", der von der Hochschule für Gestaltung und dem Zentrum für Kunst und Medientechnologie (ZKM) Karlsruhe entwickelt wurde: „Muser's Service ist eine Art Netzdienst für Tagträumer. Das träumerische Anliegen dieser Arbeit wird in seiner äußeren Präsentationsform gestützt durch das Vorhandensein eines beheizten Wasserbettes. Der Benutzer, bequem auf diesem liegend, hat die Möglichkeit, einen Anfangs- und einen Zielbegriff sowie eine Methode zu deren Verknüpfung zu wählen. Ist der gewählte Anfangsbegriff etwa ‚Liebe' und der Endbegriff ‚Alptraum', so generiert der Computer nun freie textliche Assoziationsketten, die zwischen diesen Begriffen liegen. (...) Zusätzlich kann der Benutzer auch eigene Begriffe und Verknüpfungsmethoden in die Datenbank einspeisen, die später anderen Benutzern zur Verfügung stehen" (*Medosch* 1995:518).

Das hier entscheidende Merkmal steht im letzten Satz, nämlich die Erweiterung und Neugestaltung des vom Künstler – es handelt sich um eine Arbeit von *Daniela Alina Plewe* – geschaffenen Werks durch den Rezipienten. Werke dieser Art „erfüllen die Forderung nach einem ‚offenen Kunstwerk'. Die Künstler leisten nur einen Teil des Beitrags, der Rest muß von den Benutzern eingebracht werden. Der Rezipient wird zum Mitproduzenten. Spätere Rezipienten finden ein aus einer offenen Kommunikationsstruktur gewachsenes System vor. Diese Systeme sind jedoch nicht neutral, denn sonst wären sie nicht Kunst, sondern bloß Varianten von Kommunikationssystemen. Die Systeme strukturieren die Information und leiten den Rezipienten zu bestimmten Formen des Umgangs mit Information bis hin zur aktiven Partizipation" (*Medosch* 1995:518).

Sollte sich das Verhältnis von Autor und Rezipienten irgendwann in solcher Weise verdichten, würde die Rolle des Vermittlers überflüssig; kulturelle Praxis fände hier ohne einen Vermittler statt. Vor allem aber würde dies dazu führen, daß ein Diskurs über kulturpolitische Inhalte, wie er hier beschreiben wurde, obsolet werden würde; Künstler und Publikum würden sich über die Inhalte verständigen, ohne daß es dazu noch eines politischen Diskurses über den Kulturbegriff, über die Ziele von Kulturpolitik usw. bedürfte.

Eine solche Verkürzung des künstlerischen Prozesses und eine solche Ausgliederung von Kulturpolitik ist für weite Bereiche der kulturellen Praxis sicherlich noch ferne Illusion. Deshalb zeitnäher und folglich konkreter hier die zweite Variante, nämlich eine konsequente Liberalisierung der Kultur.

Nicht die Kulturpolitik und mit ihr die Rolle der Vermittler müssen im Mittelpunkt stehen, sondern die Künstler und das Publikum. Die vermittelnde Position muß wieder eine dienende Funktion einnehmen (*Heinrichs* 1993:190), die allein von dem Ziel bestimmt ist, Kultur zu ermöglichen. Für eine gesellschaftliche Entwicklung unter kulturellen Vorzeichen, wie sie die Neue Kulturpolitik seit den siebziger Jahren propagiert, ist die Sensibilität der Künstler und deren Vermögen, Veränderungen zu erahnen und einzuleiten, weit entscheidender als jede noch so fundierte Begründung gesellschaftspolitischer Norm.

Doch die kulturpolitische Diskussion drängt Künstler und Publikum immer mehr an den Rand. Die Folge ist eine Musealisierung von Kultur. „Die Wirklichkeit der Kultur in unserer Welt ist weit mehr durch statische als durch dynamische Momente gekennzeichnet, durch Erinnerung, nicht Konstruktion, durch Bewahrung, nicht Veränderung. Das Lob des Museums ist auffälliger als das Lied der Avantgarde. Diese hat sich entweder zu weit von unserer Welt entfernt, so daß wir sie nicht mehr hören können, oder sie hat sich zu früh einholen lassen. Der Erfolg großer Kunstausstellungen wie der van-Gogh-Ausstellung oder der Staufer-Ausstellung ist (auch) beunruhigend: Kultur wendet sich Bewährtem, Beurteiltem, Vergangenem, Klassischem zu. Versöhnung steht auf ihrer Stirn geschrieben, nicht Veränderung oder Zukunft, statt Igel herrschen Kuscheltiere" (*Mittelstraß* 1995:508).

Schon *Jacob Burckhardt* stellte den „stabilen Potenzen" Staat und Religion die „spontane" Potenz Kultur gegenüber und nannte Kultur „die ganze Summe derjenigen Entwicklungen des Geistes, welche spontan geschehen und keine universale oder Zwangsgeltung in Anspruch nehmen. Sie wirkt unaufhörlich modifizierend und zersetzend auf die beiden stabilen Lebenseinrichtungen ein, – ausgenommen insofern dieselben sie völlig dienstbar gemacht und zu ihren Zwecken eingegrenzt haben" (*Burckhardt* o.J./1905:80). Nach diesem Verständnis sollten Inhalte von Kultur möglichst wenig Gegenstand politischer Diskurse sein; die Kultur und zumal die Kunst wird ihre Rolle im Spiel der drei Potenzen schon wahrnehmen. Dem Staat fallen nur die Aufgaben zu, die Freiheit von Kunst und Kultur zu sichern – wie das Grundgesetz und (dem folgend) die obersten Bundesgerichte dies tun – sowie rechtliche, institutionelle und organisatorische Rahmenbedingungen zu schaffen, die Kunst und Kultur in Freiheit möglich machen.

1.2.2 Kulturpolitik in ihrer ordnenden Dimension

„Etwas tun, heißt, selbst etwas tun, in freier Assoziation mit anderen. Es führt zur bunten Welt der freiwilligen Verbände und Organisationen, dann auch zu den autonomen Institutionen. Es führt also zur Bürgergesellschaft. Sie ist das Medium des Lebens mit Sinn und Bedeutung, der erfüllten Freiheit. Aber sie erfordert einen Rahmen" (*Dahrendorf* 1992:279).

In den kulturpolitischen Diskussionen der siebziger und achtziger Jahre, die zum Teil bis heute weitergeführt werden, wurden die ordnenden Rahmenbedingungen für den Kulturbetrieb kaum thematisiert. Wenn etwa von rechtlichen Rahmenbedingungen die Rede war, beschränkten sich die einschlägigen kulturpolitischen Veröffentlichungen auf die Kunstfreiheitsgarantie nach Art. 5 Abs. 3 des Grundgesetzes und auf kulturverfassungsrechtliche Überlegungen zu der Frage, ob Kultur als eine kommunale Pflichtaufgabe definiert werden kann (vor allem *Haeberle* 1979, aber auch *Hoffmann* 1979:21–34). Selbst der einleitende Beitrag in *Pappermann/Mombaur/Blank* (1984:3–11) befaßt sich unter der erwartungsvollen Überschrift „Rahmenbedingungen kommunaler Kulturarbeit" fast ausschließlich mit der „kommunalen Kulturhoheit" und dem „kommunalen Kulturauftrag", also mit kommunalverfassungsrechtlichen Fragen. Dagegen wird man größere Beiträge zum kulturrelevanten Urheberrecht, Steuerrecht oder Erbschaftsrecht – um nur drei wichtige Bereiche zu nennen – in den bekannteren Publikationen zur Kulturpolitik vergeblich suchen. Auch in der sehr verdienstvollen und mit etwa 2.000 Titeln recht umfangreichen Bibliographie zur Neuen Kulturpolitik (*Wagner* 1993) wird man kaum fündig; weder das Thema insgesamt noch die eben genannten drei Stichwörter im einzelnen kommen im Inhaltsverzeichnis vor. Lediglich unter der Überschrift „Kulturpolitik des Bundes" (55ff.) findet man einige Beiträge zum kulturrelevanten Steuerrecht und zur Buchpreisbindung sowie im Kapitel „Soziale Lage der Künstler" (323ff.) einige Veröffentlichungen über die Künstlersozialversicherung aufgelistet sowie einen kurzen Aufsatz aus dem Jahr 1970 über Urheberrecht (*Olenhusen* 1970).

Allein die kulturpolitisch durchaus relevante Ordnungsfrage der Verteilung von Entscheidungs- und Handlungskompetenzen zwischen Bund, Ländern und Kommunen wird bis heute immer wieder und in den verschiedensten Zusammenhängen angesprochen, da sie gerade aus kommunaler Sicht von großem Interesse sein kann. Erinnert sei hier nur daran, daß in den süddeutschen Bundesländern Kulturausgaben in erheblichem Umfang von den Ländern geleistet werden, die anderswo allein von den Kommunen zu tragen sind. Auch zeigt diese Ordnungsfrage praktische Wirkung bei der Kulturfinanzierung in den neuen Bundesländern, wo der Bund kulturelle Aufgaben der Kommunen und Länder finanzieren hilft (vgl. Abschnitt 1.2). Doch hinsichtlich der rechtlichen Rahmenbedingungen außerhalb von Zuständigkeitsfragen gewann das Thema in der Fachliteratur erst Ende der achtziger Jahre an Bedeutung. Hierzu haben vor allem Veröffentlichungen des Ifo-Instituts für Wirtschaftsförderung (z.B. *Hummel/Brodbeck* 1991: 187ff.) sowie des Zentrums für Kulturforschung (z.B. *Fohrbeck/Wiesand* 1989:116ff.) beigetragen.

Anfang der neunziger Jahre wurden die Verwaltungsstrukturen und die administrativen Rahmenbedingungen als Themen entdeckt; von Budgetierung und dezentraler Ressourcenverantwortung ist nun allenthalben die Rede. Selbst die Kulturpolitische Gesellschaft erkannte, daß hier die ordnende Dimension die inhaltliche Dimension erheblich beeinflussen kann. Sie bietet deshalb seit einigen Jahren zu diesem Themenkomplex Seminare und Veröffentlichungen an (z.B. *Richter/Sievers/Siewert* 1995).

Trotz einer erkennbaren Bereitschaft, sich diesem Thema nun zumindest partiell zuzuwenden, wird bis heute zweierlei übersehen. Erstens wird offensichtlich nicht erkannt, daß über die ordnende Dimension die Ermöglichung (oder Verhinderung) von Kultur weit effektiver und effizienter gesteuert werden kann als über die inhaltliche Dimension. Um ein einfaches Beispiel zu nennen: Die im Theater so beliebte Neubearbeitung von tantiemenfreien Klassikern durch die Regisseure hat – neben dem lobenswerten Anspruch, ein Stück sprachlich und thematisch zu aktualisieren – für den Bearbeiter den angenehmen Nebeneffekt einer nicht unwesentlichen Einnahmenquelle. Für eine solche Bearbeitung stehen dem Regisseur nämlich Tantiemen zu, deren Höhe in einer sogenannten Regelsammlung, die vom Verband der deutschen Bühnenverleger und dem Deutschen Bühnenverein ausgehandelt wurde, festgelegt ist (*Schulze* 1994:33ff. und 166f.). An einem Stadttheater mittlerer Größe und bei vielleicht 15 Aufführungen in der Saison ergeben sich im Schauspiel immerhin etwa 10.000 bis 12.000 DM Nebeneinnahmen aus Tantiemen. Würde man diese Vergütungsregelung im Urheberrecht streichen, hätte dies wahrscheinlich zur Folge, daß weit weniger Klassiker sprachlich und thematisch überarbeitet würden. Damit soll weder den Regisseuren unterstellt werden, sie würden die Bearbeitung nur des Geldes wegen vornehmen, noch soll damit für einen Verzicht auf Bearbeitungen plädiert werden. Es soll lediglich angedeutet werden, daß eine einfache Veränderung des Urheberrechts eine Wirkung erzielen kann, wie sie über eine Diskussion auf der inhaltlichen Ebene kaum möglich wäre. Wenn letzteres zutrifft, wäre es für Kulturpolitiker folglich angebracht, der ordnenden Dimension der Kulturpolitik künftig größere Aufmerksamkeit zu schenken.

Zweitens wird übersehen, daß wichtige Teile der ordnenden Dimension von Kulturpolitik alle Bereiche des Kulturbetriebs gleichermaßen berühren. Während sich nämlich die Diskussion um Inhalte, Ziele und Wirkungsweisen von Kulturpolitik und Kulturarbeit fast ausschließlich auf den öffentlichen Kulturbetrieb konzentriert, sind steuerrechtliche oder urheberrechtliche Fragen sowohl für den öffentlichen und gemeinnützigen als auch für den kommerziellen Kulturbetrieb von Bedeutung. Auch dazu ein Beispiel: Es wäre durchaus im Interesse der Kulturanbieter der öffentlichen Hand, wenn Sponsorenleistungen für die Sponsoren als Betriebsausgaben leichter steuerlich absetzbar wären; dies wird auch immer wieder von öffentlicher Seite gefordert. Doch würde eine solche steuerliche Vergünstigung nicht nur den öffentlichen Kulturbetrieben die Akquisition von Sponsorengeldern erleichtern, sondern natürlich auch den gemeinnützigen Vereinen, Stiftungen usw., die damit weit stärker als bisher in Konkurrenz zu öffentlichen Einrichtungen treten würden. Vor allem aber würde dies den Wirtschaftsunternehmen das betriebsinterne Sponsoring ohne Beteiligung eines Dritten als Kulturveranstalter erheblich erleichtern, das schon jetzt von nicht unwesentlicher Bedeutung ist (*Hummel* 1995:28ff.). Auch hier sei damit nichts darüber gesagt, ob eine solche Regelung wünschenswert ist oder nicht; gezeigt werden soll lediglich, daß die ordnende Dimension der Kulturpolitik fast immer alle Bereiche des Kulturbetriebs gleichermaßen betrifft. Auch dies ist mithin ein gutes Argument für eine intensivere kulturpolitische Beschäftigung mit diesem Thema.

Volkshochschulen als Weiterbildungseinrichtungen der vierte Bildungsbereich sind (neben den allgemeinbildenden Schulen, den Berufsschulen und den Hochschulen), wie es in manchen Weiterbildungsgesetzen der Länder heißt, ist die Frage nach der Zuständigkeit der Länder konsequent und naheliegend. Selbst wenn man nicht für eine vollständige staatliche Übernahme der kommunalen Volkshochschulen plädieren mag – auch hier hat das Argument der freiwilligen Teilnahme Gewicht, zudem noch die häufig fehlende Lernzielorientierung –, spricht doch vieles für eine stärkere Finanzierungsbeteiligung. Erinnert sei nur an das Nachholen von Schulabschlüssen, an Lehrgänge zur Vorbereitung auf Meisterprüfungen sowie Kurse zur Erlangung von bundeseinheitlichen qualifizierten Zertifikaten. Folgerichtig ist in einigen Bundesländern die Bezuschussung der kommunalen (und kirchlichen) Weiterbildungseinrichtungen relativ hoch. Unverständlich bleibt aber vor diesem Hintergrund, warum in anderen Ländern die Förderung dagegen kaum nennenswert ist.

Allein diese beiden Beispiele mögen zeigen, wie wesentlich der Aspekt der Ordnungskonformität für die Finanzierung von Kulturaufgaben sein kann. Den Kommunen ist in diesem Zusammenhang der – schon an anderer Stelle ausgesprochene – Vorwurf zu machen, in guten Jahren zu leichtsinnig Aufgaben übernommen zu haben, für die sich in finanziell schlechten Zeiten kaum ein anderer Träger dürfte finden lassen. Hier tut sich aber für die Zukunft ein interessantes kulturpolitisches Feld auf, denn die zumindest partiell fehlende Ordnungskonformität im Verhältnis zwischen Ländern und Kommunen dürfte sich bald auch in kommerziellen Bereichen thematisieren. Beispielsweise klagen schon heute kleinere kommerzielle Musical-Theater darüber, daß einige Stadttheater nun plötzlich auch verstärkt Musicals anbieten und ihnen damit die Kundenpotentiale, die sie mit unternehmerischem Risiko aufgebaut haben, wieder abwerben, zumal die öffentlich bezuschußten Stadttheater mit weit günstigeren Eintrittspreisen locken. Hier verhält sich der öffentliche Anbieter wohl kaum ordnungskonform, denn einerseits kommt es zu einer Wettbewerbsverzerrung und andererseits gilt in vielen Länderverfassungen und Gemeindeordnungen der Subsidiaritätsvorbehalt, d.h. die öffentliche Hand darf eine Aufgabe nur wahrnehmen, wenn sie nicht von anderer Seite in mindestens gleicher Qualität erledigt werden kann (*Gern* 1994: 389).

(2) Abgrenzung und Bestimmung der Entscheidungs- und Handlungsspielräume

Teilweise in einem unmittelbaren Zusammenhang mit dem Prinzip der Ordnungskonformität steht der zweite Themenbereich der Abgrenzung und Bestimmung der Entscheidungs- und Handlungsspielräume. Hier geht es vorrangig um die Zuständigkeit von Bund, Ländern und Kommunen, zu der es – mit Ausnahme der auswärtigen Kulturpolitik – im Grundgesetz und in den Länderverfassungen wenig eindeutige Aussagen gibt. Die Abgrenzung der Entscheidungs- und Handlungsspielräume unterliegt hier also in hohem Maße einer kulturpolitischen Auseinandersetzung.

Daß die Frage der Zuständigkeiten des Bundes in den vergangenen Jahren mehrfach Anlaß zu Diskussionen gab, wurde bereits erwähnt (bundeseigene kulturelle Einrichtungen in Bonn; Förderungsmaßnahmen des Bundes zur Sicherung der kulturellen Infrastruktur in den neuen Bundesländern). Wie sehr die Abgrenzung zwischen Land und Kommunen sogar von Land zu Land von Bedeutung sein kann, zeigt ein Vergleich der staatlichen und kommunalen Nettoausgaben in Nordrhein-Westfalen (NRW) und Baden-Württemberg (BW) für drei ausgewählte Bereiche (*Heinrichs* 1993:45).

Die Graphik (vgl. Abb. 4), die auf Zahlen aus dem Jahr 1989 basiert (Nettoausgaben in Mio. DM), ist vor allem wegen der erkennbaren Relationen von Interesse. (Die absoluten Zahlen sind hier nur von geringer Aussagekraft, da NRW wesentlich mehr Einwohner hat als BW.) So zeigt sich beispielsweise, daß Ausgaben für Theater und Musik in NRW überwiegend von den Kommunen getätigt werden, während hier das Verhältnis in BW weit ausgeglichener ist. Ähnliches gilt für die Museen und Ausstellungen, weil in BW das Land eigene Theater und Museen unterhält und darüber hinaus erhebliche Zuschüsse an entsprechende kommunale Einrichtungen zahlt. Ganz anders stellt sich die Situation im Weiterbildungsbereich dar; während hier die Ausgabenanteile von Land und Kommunen in NRW gleich sind, liegen in BW die Zuschüsse des Landes erheblich unter den Aufwendungen der Kommunen. Dieses Beispiel zeigt überzeugend, daß die Verteilung von Zuständigkeiten nicht vorgegeben ist, sondern sich aus einer kulturpolitisch getroffenen Abgrenzung ergibt. Diese Abgrenzung aber hat ganz erhebliche Auswirkungen auf die Kulturfinanzierung.

Von ähnlichem Interesse ist das Verhältnis von Kulturausgaben der öffentlichen Hand zu denen privatrechtlich-gemeinnütziger und privatrechtlich-kommerzieller Einrichtungen. Schließlich dürfte es nicht ohne Bedeutung sein, ob der öffentliche Kulturbetrieb auch in Zukunft

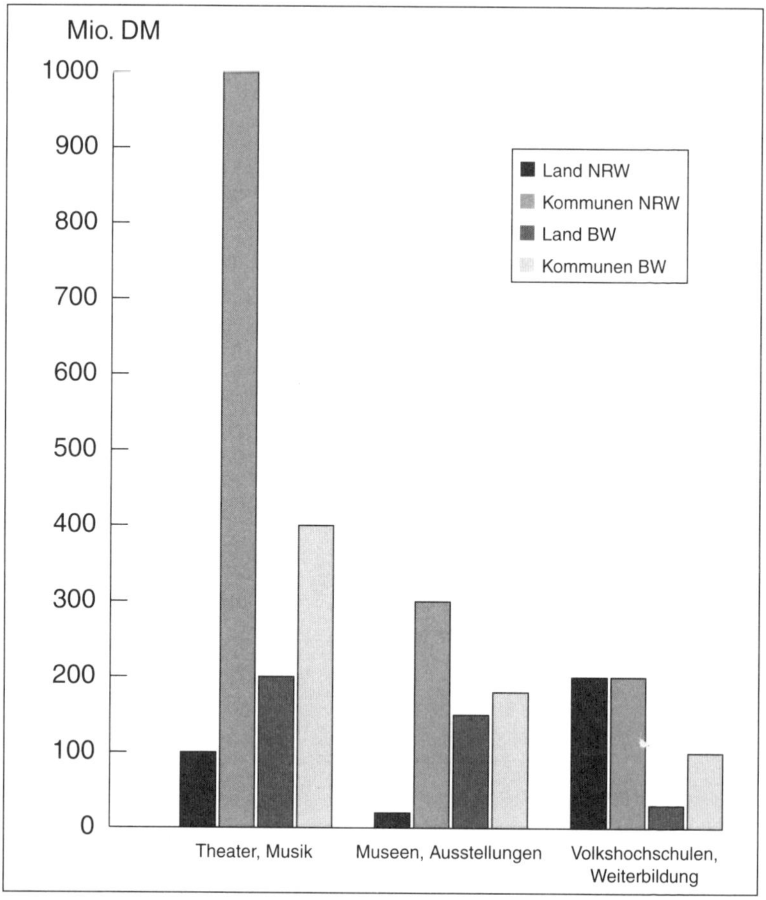

Abb. 4: Vergleich der staatlichen und kommunalen Nettoausgaben in Nordrhein-Westfalen und Baden-Württemberg für drei ausgewählte Bereiche

seine dominierende Rolle behält oder ob er gegenüber dem kommerziellen Bereich ins Hintertreffen gerät. Leider fehlen dazu detaillierte Daten, doch zeigt allein die Gegenüberstellung der vom Ifo-Institut 1984 (*Hummel/Berger* 1988:5) und 1988 (*Hummel/Waldkircher* 1992:9) ermittelten Zahlen über die Bruttowertschöpfung im Kunst- und Kulturbereich interessante Veränderungen. Abbildung 5 übernimmt die vom Ifo-Institut ermittelten Zahlen, wobei unterstellt wird, daß die Zuordnung der Branchen in beiden Erhebungen gleich war (angegeben ist jeweils die Bruttowertschöpfung in Mio. DM).

Zur Erläuterung ist anzufügen, daß als vorgelagerte Bereiche kunst- und kulturbezogene Leistungen u.a. von Druckereien, Bindereien, Pa-

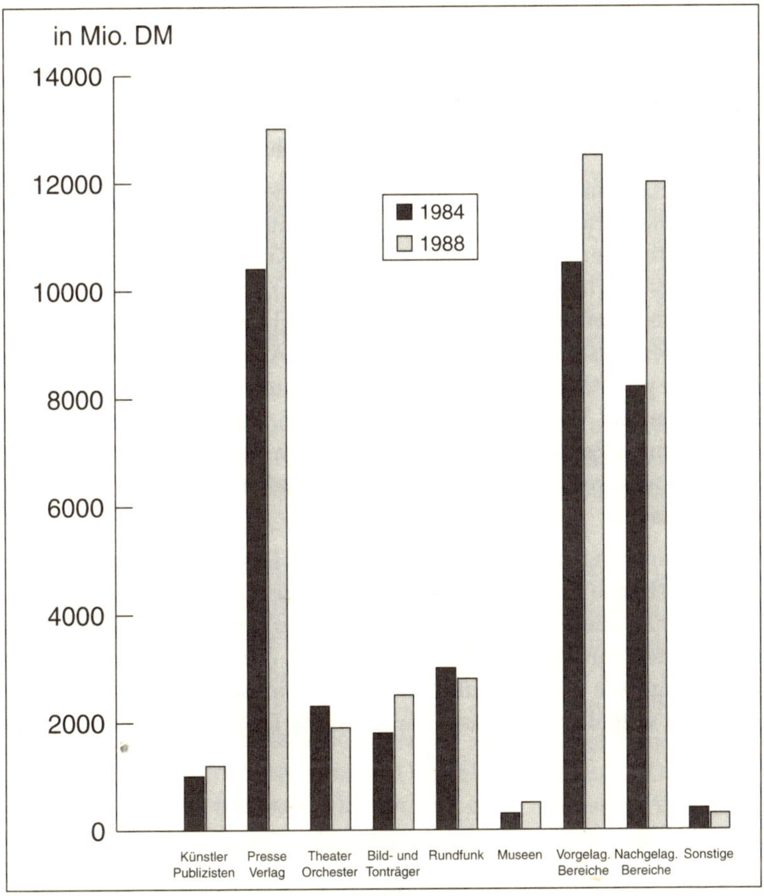

Abb. 5: Bruttowertschöpfung im Kunst- und Kulturbereich 1984 und 1988 in Mio. DM (auf der Grundlage von Erhebungen des Ifo-Instituts)

pierherstellern und filmtechnischen Betrieben, Geräteherstellern, Musikinstrumentenherstellern usw. erfaßt wurden, und unter nachgelagerten Bereichen kunst- und kulturbezogene Leistungen u.a. des Handels mit Büchern, Zeitschriften, Musikalien, Musikinstrumenten, Rundfunk- und Fernsehgeräten sowie Leistungen des Kunsthandels usw. zu verstehen sind. Bemerkenswert ist hier vor allem, daß der privatwirtschaftliche Kulturbereich (vorrangig vertreten in den Rubriken Presse- und Verlagswesen, Bild- und Tonträger sowie vor- und nachgelagerte Bereiche) deutlich erkennbar zugelegt hat, während im traditionell öffentlichen Bereich (Theater, Orchester, Museen, Sonstige, d.h. Kulturverwaltung, Denkmalpflege) nur geringfügige Steigerun-

- Die finanzielle Krise der öffentlichen Hand zwingt zunehmend zu einer Konzentration von Aufgaben. Vor allem dort, wo freiwillige Leistungen in Konkurrenz zu Sozial- und Umweltaufgaben treten, wird die Bestandssicherung immer schwieriger werden. Inhaltliche Argumente geraten damit gegenüber einer Gestaltung von Rahmenbedingungen, die sich im Zusammenhang mit anderen Maßnahmen politisch-technokratisch umsetzen lassen, deutlich ins Hintertreffen. Die inhaltliche Diskussion führt, wie die Vergangenheit immer wieder gezeigt hat, zur Aufgabenerweiterung und -vermehrung, während das Setzen von Rahmenbedingungen den Staat in seinen unmittelbaren Aufgaben entlasten kann.
- Und nicht zuletzt ist unübersehbar, daß die kommerziellen Kulturanbieter zunehmend auf den Markt drängen und dank eines großen Publikumszuspruchs auch die erforderliche Rückendeckung in der Bevölkerung erlangen. Sie werden deshalb verstärkt darauf bestehen, daß die Rahmenbedingungen für ein kommerzielles Kulturangebot, z.B. im Steuerrecht, deutlich verbessert werden. Dies wird u.a. zur Folge haben, daß die öffentliche Hand die unmittelbare Kulturförderung (auch in Form einer Fehlbedarfsfinanzierung eigener Einrichtungen) wird zurückschrauben müssen, da sie für indirekte Subventionen durch steuerliche Erleichterungen einen Ausgleich durch Rücknahme der direkten Bezuschussung benötigt.

Dies alles spricht dafür, daß die inhaltliche Dimension von Kulturpolitik an Stellenwert verlieren wird; zumindest in absehbarer Zeit wird sie auch nicht andeutungsweise jene Bedeutung zurückerlangen, die sie in den siebziger Jahren einmal hatte. Statt dessen wird die Diskussion um eine ordnende Dimension von Kulturpolitik an Stellenwert gewinnen. Allerdings besteht die Gefahr, daß diese Diskussion außerhalb des Kulturbetriebs geführt und von juristischen, finanztechnischen oder betriebswirtschaftlichen Argumenten beherrscht werden wird. Dem gilt es entgegenzuwirken, was bedeutet, daß sich der kulturpolitische Diskurs nicht länger ausschließlich auf die inhaltliche Dimension konzentrieren darf, sondern endlich auch die ordnende Dimension verstärkt einbeziehen muß.

2 Kulturpolitik und Kulturfinanzierung im internationalen Vergleich

Der Blick auf Begriff, Betrieb und Politik von Kultur dürfte deutlich gemacht haben, daß die Situation in Deutschland in starkem Maße geprägt ist von einer Tradition der Begriffe und Werte, von gesellschaftlichen Entwicklungen und politisch-ökonomischen Konstellationen. Diese Prägung spricht für eine gewisse Singularität des kulturellen Systems innerhalb eines politisch, ökonomisch und sozial abgegrenzten Raums, woraus die banale Schlußfolgerung zu ziehen ist, daß die kulturellen Begriffe, Strukturen und Systeme in einem Raum mit anderen politischen, ökonomischen und sozialen Bedingungen und Traditionen eben anders sein müssen. Doch auch diese Erkenntnis ist nur von geringem Wert, solange mit ihr nicht auch die Feststellung verbunden ist, daß das Vorhandensein eines bestimmtes Systems nicht vorgegeben, sondern von Entscheidungen abhängig ist. Gerade am Beispiel des Auflebens der bürgerlichen Kultur im 19. Jahrhundert und des Wiederaufbaus des Kulturbetriebs nach dem Zweiten Weltkrieg ist aber erkennbar, daß in diesen und in anderen Phasen in Deutschland Entscheidungen für ein bestimmtes Kulturangebot und für eine bestimmte Form von Kulturbetrieb getroffen wurden, ohne daß diese Entscheidungen zwingend gewesen wären.

Will man nun die Systeme des Kulturbetriebs und der Kulturfinanzierung für verschiedene Staaten miteinander vergleichen, so ist die bloße Gegenüberstellung der Verschiedenartigkeit wenig hilfreich; zu vieles in einer solch pauschalen Betrachtung entzieht sich einer wirklichen Vergleichbarkeit. Vielmehr sollte deutlich zwischen zwei Aspekten unterschieden werden:

Zunächst einmal verfügt jedes Land, das sich als weitgehend homogene Nation versteht, über eine eigene Tradition der kulturellen Begriffe und Ziele. Man könnte dies als kulturelle Identität einer Nation bezeichnen. Damit ist weniger das künstlerische oder kulturelle Erbe gemeint als vielmehr eine Tradition des Denkens und Verhaltens, wie sie sich in kulturellen und sozialen Begriffen niederschlägt. Solche Spezifika, die Gegenstand der vergleichenden Kulturwissenschaften sind, können in einem internationalen Vergleich nur beschreibend nebeneinander gestellt werden; ihre bewertende Gegenüberstellung sollte nicht ernsthaft in Erwägung gezogen werden.

Daneben kennt jedes Land aber auch Ordnungen und Instrumente, mit deren Hilfe die Gestaltung des Kulturbetriebs erfolgt. Zwar prägen die traditionellen Werte und Begriffe bis heute den Kulturbetrieb und die Kulturpolitik, doch sind sie für die jeweiligen Ordnungen, Strukturen und Instrumente keine notwendige Bedingung. Vielmehr besteht eine gewisse Offenheit und Freiheit der Entscheidung, weshalb die Ordnungen und Instrumente auch weit stärker einem Wandel unterworfen sind als die traditionellen Werte und Begriffe. Ein internationaler Vergleich mit dem Ziel, den Kontext von Kulturpolitik, Kulturbetrieb und Kulturfinanzierung zu diskutieren, um daraus Anregungen für die Gestaltung von Kulturfinanzierungssystemen zu finden, kann sich folglich immer nur auf den zweiten Bereich beziehen. Hierbei sind die übergeordneten kulturpolitischen Ziele von vorrangigem Interesse, denn sie bestimmen in ihrer inhaltlichen und ordnenden Dimension Gegenstand und Strukturen des Kulturbetriebs und der Kulturfinanzierung.

Dieser Vorgabe gemäß gliedern sich die folgenden Abschnitte jeweils in zwei Themenkomplexe, wobei der zweite, der hier im Vordergrund steht, nochmals untergliedert wird:

1. *Kulturelle Traditionen und Werte*
2. *Ordnungen und Instrumente des Kulturbetriebs*

2.1 *Kulturpolitische Ziele*
2.2 *Strukturen des Kulturbetriebs*
2.3 *Instrumente der Kulturfinanzierung*

Für die kontrastive Betrachtung wurden die Staaten Frankreich, Schweden, Großbritannien und USA[1] ausgewählt, die politisch, ökonomisch und sozial durchaus vergleichbar sind, in denen die Unterschiede im Kulturbetrieb und in der Kulturfinanzierung aber doch so groß sind, daß ein Vergleich mit Gewinn erfolgen kann.

Ziel der Darstellung ist nicht eine möglichst vollständige Beschreibung der Kulturpolitik und des Kulturbetriebs eines Landes, sondern allein die Auswertung von Aspekten, die die Situation in Deutschland anregen und einen Beitrag zur Beantwortung der hier anstehenden Fragen leisten können. Dabei stehen fünf Dichotomien auf drei verschiedenen Handlungsebenen im Vordergrund, an denen sich die spezifische Ausrichtung eines Kulturbetriebs ablesen läßt und die damit gleichsam zu Beurteilungskriterien für die jeweiligen Systeme der Kulturpolitik, des Kulturbetriebs und der Kulturfinanzierung werden.

[1] Übersetzungen französisch-, schwedisch- und englischsprachiger Quellen, soweit nicht anders angegeben, durch den Verfasser.

Auf der **Ebene der Handlungsstrukturen**, die den Kulturbetrieb zwar nur indirekt, aber doch nachhaltig beeinflussen, ist die staatliche Gliederung ein wesentliches Kriterium:

Zentralität – Dezentralität

Die Bedeutung dieser Dichotomie zeigt sich allein schon im Vergleich zwischen Deutschland und Frankreich. Obwohl es sich keineswegs um ein Kriterium des Kulturbetriebs handelt, hat die vorgegebene staatliche Gliederung doch erhebliche Auswirkungen auf die Kultur. Während sich in Frankreich das Kulturleben vorwiegend in Paris konzentriert, findet es in Deutschland weit stärker in verschiedenen Regionen statt und wird auch weit mehr von den Bundesländern und den Kommunen bestimmt.

Auf der **Ebene der Handlungsprinzipien** geht es um Kriterien der Staatsferne oder Staatsnähe. Hier entscheidet sich vor allem, in welchem Maße staatliches oder privates Handeln den Kulturbetrieb dominiert. Dafür stehen zwei weitere Dichotomien:

Staatliche Lenkung – Sich selbst regulierender Kulturmarkt

Während in Deutschland, Frankreich oder Schweden eine wie auch immer geartete staatliche Lenkung akzeptiert wird, wenn nicht sogar willkommen ist, hält man sich in den USA damit auffallend zurück. Damit in engem Zusammenhang steht die dritte Dichotomie:

Staatliche Kulturförderung – Pivate Kulturförderung

Die staatliche Kulturförderung dominiert beispielsweise in Deutschland, Schweden und Frankreich, während in Großbritannien und in den USA Instrumente im Vordergrund stehen, die eine private Kulturförderung der Mäzene, Stifter und Sponsoren anregen.

Auf der dritten **Ebene der Handlungsinhalte** hat man es mit Dichotomien zu tun, die auf die konkrete Umsetzung kulturpolitischer Ziele ausgerichtet sind. Wie allein schon der Blick auf die Entwicklung des Kulturbegriffs und der kulturpolitischen Ziele in Deutschland gezeigt hat, ist die Vielfalt der inhaltlichen Kriterien beachtlich groß. Da diese Vielfalt im internationalen Vergleich kaum noch überschaubar wäre, ist eine Konzentration auf wenige Kriterien erforderlich. Hierfür bieten sich zwei weitere Dichotomien an:

anderes als der deutsche Begriff des Geistes“ (ebda. 560). Die Salons des 18. Jahrhunderts waren Treffpunkte der gebildeten Gesellschaft, in denen die geistreiche Konversation gepflegt wurde. Sie wurden von adligen Frauen geleitet (*saloniere*), in deren Haus man sich regelmäßig an fest vereinbarten Tagen (*jours fixes*) traf. Das Publikum bestand größtenteils aus Gästen, die ständig an den Treffen teilnahmen (*habitués*). Sie gehörten verschiedenen Gesellschaftsschichten und Berufskreisen an; neben Adligen wurden gebildete Bürger wie Wissenschaftler, Geistliche, Literaten, Musiker oder andere Künstler eingeladen. Man sprach bevorzugt über Kunst, Literatur, Philosophie, Musik und auch Politik, wobei ausgewählte *habitués*, die *animateurs*, die Gespräche dominierten. Die intellektuellen Dispute wurden ergänzt durch Dichterlesungen und Theateraufführungen, die häufig auch der Förderung junger Künstler und Literaten dienten. Anders als in den von Männern geleiteten Londoner Clubs kannte man weder feste Mitgliedschaft noch Statuten und führte auch keine praktischen Konversationen, die etwa auf kommerzielle Themen oder auf eine wissenschaftliche Beweisführung ausgerichtet waren. Der Salon erschien als Freiraum des Geistes, in dem ohne Statuten, aber mit festen Konventionen zweckfrei diskutiert wurde (*Bernhardt* 1994).

Die Bandbreite der Themen, die in den Salons diskutiert wurden, ist kennzeichnend für ein weiteres Merkmal französischer Kulturtradition. Im Vordergrund steht nicht der Fachwissenschaftler, sondern der Enzyklopädist, der aus der Fülle der Phänome Zusammenhänge erkennt und verständlich macht. Der enzyklopädisch gebildete Wissenschaftler, der in der Tradition der großen französischen Enzyklopädisten *d'Alembert* und *Diderot* steht, legt gleichsam die Grundlagen des Allgemeinen, aus denen durch Deduktion – in der Nachfolge *Descartes* – das Besondere gefunden werden kann. Es kann nicht überraschen, daß selbstverständlich auch das gebildete Laienpublikum der Salons enzyklopädisch interessiert war; man hatte ein breites Interessensspektrum, das eher einem *studium generale* als einer Fachdisziplin entsprach.

Der Salon erfüllte aber auch noch eine andere Funktion, die für das französische Kultur- und Geistesleben typisch wurde: die Funktion von Öffentlichkeit. Da die geistreiche Idee nicht in der systematischen Denkarbeit der Gelehrtenstube entsteht, sondern im herausfordernden Disput, verlangt sie Öffentlichkeit, d.h. sie braucht Publikum. Diese Öffentlichkeit bot der Salon, wo sich ein ebenbürtiges und gebildetes Publikum fand, um eine Idee im lebhaften Austausch der Argumente zu erörtern.

Die Tradition des Salons hat sich in abgewandelter Form bis heute bewahrt. Auch im 20. Jahrhundert diskutieren in den Cafés von Saint Germain des Prés, den Nachfolge-Institutionen der Salons, Philosophen, Literaten, Künstler, Journalisten, Politiker und Unternehmer vor und mit einem interdisziplinär ausgerichteten Publikum, wie man in *Simone de Beauvoirs* Roman *Les Mandarins* eindrucksvoll nachlesen kann. *Jean Paul Sartre,* vielleicht der Inbegriff des französischen Intellektuellen des 20.Jahrhunderts, belegt seine Interdisziplinarität allein schon durch die von ihm ausgeübten Berufe: er war Philosoph, Roman- und Dramenautor, Gymnasialprofessor, Journalist und Zeitungsherausgeber, Politiker und Parteifunktionär.

Die intellektuelle Einzelleistung auf der Basis eines enzyklopädischen Wissens ist gleichzeitig auch Ursache des Individualismus, wie er in Frankreich als Ausdruck kultureller Freiheit gesehen wird. „Das Leben selbst wird zum Kunstwerk. Es kommt nicht nur darauf an, was man tut, sondern auch wie man es tut. Die Ästhetisierung des Lebens achtet besonders auf die Feinheiten: auf die richtige Adresse, auf den Stil des Wohnens, auf den Genuß des Kaffees, auf den Stil der Kleidung, der Haltung, der Sprache, auf das Vergnügen am Gespräch. Die Bohème bringt die individualistische Ästhetisierung des Lebens, die sich von aller bürgerlichen Konvention absondert, am reinsten zum Ausdruck" (*Münch* 1993:614).

Diese Differenzierung der Alltagskultur als Ausweis eines persönlichen Stils und Handhabung eines individuellen Codes gehört sicherlich zu jenen Besonderheiten, die vor allem dem deutschen Besucher in Frankreich sehr bald auffallen, weil er sie im eigenen Land in dieser Ausprägung kaum antrifft. Es ist deshalb erstaunlich, daß *Pierre Bourdieu,* der den genannten „feinen Unterschieden" (*Bourdieu* 1979/1982) der französischen Alltagskultur in einer umfangreichen empirischen Untersuchung nachgegangen ist, in Deutschland in so hohem Maße rezipiert wird.

Angesichts dieser Tendenz zum Individualismus muß es zunächst überraschen, daß man in Frankreich auch einen ausgeprägten Hang zum Etatismus, also zu einer Stärkung der zentralen Staatsgewalt, kennt. Doch ist auch hierin eine Folge des Rationalismus zu sehen, der eben nicht nur die Intellektualität des Individuums ermöglicht, sondern auch als funktionaler Rationalismus im Sinne einer Beherrschung des Machbaren eine administrative Technik hervorbringt. Strukturen und Systeme, sofern sie „klar und deutlich" erkannt sind, werden technokratisch und instrumentell eingesetzt. Dieser Etatismus, der im französischen Zentralstaat am deutlichsten zum Ausdruck kommt und der noch im 18. Jahrhundert im Merkantilismus seine wirtschaftspolitische Entsprechung fand, führt zu einer fast unbegrenzten staatlichen Handlungsfähigkeit.

Stützendes Leitbild des Etatismus ist die Nation. Weit mehr als in anderen europäischen Staaten kann man in Frankreich von einer „Identifikation von Staat und Nation" (*Große/Lüger* 1996:3) sprechen. Dem Nationalgedanken dienen nicht zuletzt auch kulturpolitische Programme, wie beispielsweise die staatliche Filmförderung und der Schutz der heimischen Filmwirtschaft vor amerikanischen Einflüssen immer wieder zeigen. Bei den Verhandlungen über das Allgemeine Zoll- und Handelsabkommen (GATT) des Jahres 1993 herrschten zwischen Frankreich und den USA vorübergehend sogar „kriegsähnliche Zustände" (*Bierkandt* 1995:173), weil die USA ein Subventionsverbot für Dienstleistungen durchsetzen wollten. Dies hätte das Ende der französischen Filmwirtschaft zur Folge gehabt, die zur Zeit nur dank einer großzügigen finanziellen Unterstützung durch den Staat überleben kann, und hätte damit dem amerikanischen Film Tür und Tor geöffnet. Frankreich setzte sich letztlich durch und feierte den Sieg symbolhaft mit der aufwendigen Premiere des Films *Germinal* von *Claude Berri*, der als französisches Gegenstück zu *Steven Spielbergs Jurassic Park* geadelt wurde. „Selbst der Präsident ließ es sich nicht nehmen, im Sonderzug zur Premiere nach Lille zu fahren. *Claude Berris Germinal* schaffte es – zumindest suggerieren dies die meisten der französischen Medien – die Franzosen in einer Art nationaler Erhebung gegen die amerikanische Übermacht aufstehen zu lassen" (*Bierkandt* 1995:174).

Individualität, Etatismus und Nationalgedanke verbinden sich in gewisser Weise in der Elite. Schon *Voltaire* forderte eine Geistesaristokratie von etwa vierzigtausend Weisen, in denen sich die Intellektualität der Individuen mit der Funktionalität der Regierung und Verwaltung des Staates verbinden sollte. Im Ergebnis kennt Frankreich heute die *Grandes écoles* (*Große/Lüger* 1996:252ff.), die Eliteschulen wie beispielsweise die *Ecole polytechnique*, die *Ecole nationale d'administration* oder die *Ecole normale supérieure*, an denen die Führungskräfte für Politik und Verwaltung ausgebildet werden. Die Absolventen dieser Schulen dominieren das öffentliche Leben, von der Ministerialbürokratie über die Armee bis hin zur Kulturadministration.

Die starke Verankerung des Staates im Bewußtsein der Öffentlichkeit und die hohe Effektivität und Effizienz der von einer Elite geführten Administration lassen einem ökonomischen Liberalismus, wie er im 19. Jahrhundert in England entwickelt wurde, kaum Chancen. „Es haben sich in Frankreich weder Theorien noch Träger des Liberalismus in einem Maße gefunden, wie wir dies von England und Amerika kennen. Dementsprechend gibt es auch eine viel schwächer entwickelte Praxis der ökonomischen Freiheit. Wo man dort auf die Kräfte des Marktes vertraut, zieht man hier die Regulierung und die Planifikation des Staates vor" (*Münch* 1993:631). Dies zeigt sich gerade im Kulturbetrieb sehr deutlich, wo die staatliche Steuerung und Förderung gegenüber den sich selbst steuernden Kräften des Marktes bevorzugt wird. „Dem offenen Wettbewerb wird die Tradition vorgezogen, der privaten Initiative die staatliche Verantwortung und der gegenseitigen Interessenabstimmung die Regulierung durch staatliche Behörden" (ebda. 641).

Zusammenfassend zeigen sich heute im französischen Kulturleben verschiedene Besonderheiten, die man als Folge einer kulturellen und geistesgeschichtlichen Tradition sehen muß:

- Im Vordergrund steht die intellektuelle Einzelleistung als Ausdruck von Esprit und rationalem Denken, aber auf der Basis eines enzyklopädischen Wissens. In dieser von *Descartes* und seinem Rationalismus ausgehenden Tradition sehen sich französische Künstler und Intellektuelle noch heute.
- Des weiteren hat sich bis heute die Rückkoppelung an ein Publikum erhalten. Nicht nur für Wissenschaftler, sondern ganz wesentlich auch für Schriftsteller ist die Orientierung am Publikum ein prägendes Element. „Hohe Kultur ist keine reine Fachkultur, sondern Kultur mit Publikum, ohne allerdings Massenkultur im amerikanischen Sinn zu werden" (ebda. 604).
- Drittens zeigt sich die funktionale Rationalität im Etatismus und in der Rolle, die die Eliten darin einnehmen. Etatismus und Eliten prägen auch den Kulturbetrieb, und das weit mehr als in allen anderen hier zur Erörterung stehenden Staaten.
- Die Delegation von persönlicher Initiative an den Staat und die ihn tragenden Eliten hat nicht zuletzt zu einer hohen Bereitschaft geführt, staatliche Reglementierung und Planung einem ökonomischen Liberalismus vorzuziehen. So sehr Frankreich als das Land der großen Revolution vom Ende des 18. Jahrhunderts eines der Ursprungsländer der individuellen Freiheitsrechte ist, hat sich der darin zum Ausdruck kommende Liberalismus doch immer nur auf die rechtlichen, nicht aber auch auf die ökonomischen Aspekte bezogen.

Für ein Land, das wie Frankreich über eine so reichhaltige Kultur in Vergangenheit und Gegenwart verfügt, mag die Verkürzung kultureller Traditionen, Begriffe und Werte auf nur wenige Aspekte unangemessen erscheinen. Dennoch soll es – nicht nur aus Platzgründen – bei dieser Beschränkung bleiben, weil die hier genannten Gesichtspunkte ausreichen dürften, um als pars pro toto die Traditionsgebundenheit französischer Kulturpolitik und Kulturfinanzierung zu zeigen.

(2) Ordnungen und Instrumente des Kulturbetriebs

Wie jedes Politikfeld ist auch die Kulturpolitik in Frankreich in hohem Maße abhängig von der Besonderheit einer „ausgesprochen zentralistischen Organisiertheit, mit der bis in die entlegensten Orte des Landes von der Hauptstadt Paris aus geplant und entschieden wird" (*Große/Lüger* 1996:1). Die Strukturen unterhalb der Zentralregierung sind nur schwach ausgeprägt; die 95 Départements sind keineswegs mit den deutschen Bundesländern vergleichbar, sondern entsprechen eher größeren Regierungsbezirken. Erst mit den Dezentralisierungsgesetzen von 1982 kam es zu einer Lockerung des strengen Zentralismus. Die schon von *de Gaulle* und *Pompidou* gebildeten Regionen – Zusammenschlüsse von je drei oder vier benachbarten Départements – wurden in autonome Gebietskörperschaften umgewandelt; gleichzeitig entfiel die von der Zentralgewalt ausgeübte Verwaltungskontrolle durch den Präfekten (ebda. 32f.).

Zwar wurden auch die Kompetenzen der Kommunen erweitert, doch zu einer der deutschen kommunalen Selbstverwaltung vergleichbaren Situation kam es nicht. Eine solche Dezentralität scheitert allerdings nicht nur am zentralistischen Prinzip, sondern auch an der Leistungsfähigkeit der Kommunen. Immerhin kennt man in Frankreich mehr als 36.000 Städte und Gemeinden, von denen etwa 22.000 nicht mehr als 500 Einwohner zählen. (Zum Vergleich: im wesentlich dichter besiedelten Deutschland zählt man nur 15.770 selbständige Städte und Gemeinden.)

Diese Ausgangssituation hat zur Folge, daß Kulturpolitik und der Kulturbetrieb der öffentlichen Hand immer von der Zentralgewalt ausgehen und auf den unteren Ebenen nur umgesetzt werden, während in Deutschland die Entscheidungs- und Handlungsprozesse genau umgekehrt verlaufen. Die Programme kommunaler Kulturpolitik sind in Frankreich – trotz der Dezentralisierungsgesetze von 1982/83 – „von oben" verordnete oder zumindest angeregte Konzepte; sie entstehen nicht wie in Deutschland – vgl. das Beispiel der Neuen Kulturpolitik – „von unten". Die Selbstverwaltung der kommunalen Ebene bezieht sich in Frankreich allein auf Einzelmaßnahmen und Projekte.

(2.1) Kulturpolitische Ziele

Die kulturpolitischen Ziele der letzten Jahrzehnte stehen in einem engem Zusammenhang zu den traditions- und strukturbedingten Besonderheiten Frankreichs. Ohne auf eine Chronologie im Detail einzugehen, zeichnen sich seit 1959, dem Jahr, in dem erstmals ein Kultur- bzw. Kunstministerium in Frankreich errichtet wurde, folgende übergeordneten Ziele ab:

Kunstförderung

1959 wurde der Schriftsteller *André Malraux* zum ersten Kunstminister der 5. Republik berufen; er blieb dies bis 1969. Für *Malraux* stand die Förderung der Künste im Mittelpunkt, um so an die große Kulturtradition seines Landes anzuknüpfen. Allerdings strebte er keine Renommierobjekte an, wie dies später mit den *Grands Projets* erfolgte, sondern wollte – durchaus als Frühform einer Dezentralisierung und Demokratisierung von Kultur – den Zugang aller Bürger zur Kunst erleichtern. Er entwickelte dazu das Konzept der *Maisons de la culture*, das vorsah, in jeder der 22 Regionen des Landes mindestens ein Haus der Kultur zu errichten. Diese „Kathedralen des 20. Jahrhunderts", wie *Malraux* sie anspruchsvoll nannte, sollten große Zentren mit Theater, Museen, Konzertsälen und Bibliotheken sein, in denen die Künste in der Tradition des französischen Kulturlebens gefördert werden sollten. Insgesamt 20 dieser großen und sehr kostenaufwendigen Kulturhäuser wurden gebaut. Sie trugen ganz wesentlich dazu bei, die bis dahin ausschließlich auf Paris konzentrierten Kulturangebote auch außerhalb der Hauptstadt zugänglich zu machen.

Dezentralisierung

Die bereits angesprochenen Dezentralisierungsgesetze von 1982 wurden teilweise auch kulturpolitisch begründet. Durch eine Verlagerung von Kulturaktivitäten auf die regionale und später auch lokale Ebene sollte der ethnisch-sprachlich-kulturellen Vielfalt des Landes Rechnung getragen werden (vgl. elsässische, flämische, bretonische, baskische, katalanische und korsische Regionalsprachen; die Unterscheidung von *langue d'oil* und *langue d'oc*, *Große/Lüger* 1996:11ff.). Die kulturelle Dezentralisierung sollte ein Auseinanderdriften der Nation verhindern.

Zur Umsetzung der kulturellen Dezentralisierung wurden neben den bereits seit *Malraux'* Zeiten bestehenden *Maisons de la culture* ab 1982 weitere *Centres d'action culturelles* eingerichtet. Dabei handelt es sich um wesentlich kleinere, örtliche Kulturzentren, die etwa deutschen Stadtteil-Kulturzentren oder Kulturläden entsprechen. Durch Gesetz vom Juni 1983 gingen viele lokale kulturelle Einrichtungen (Bibliotheken, Museen, Archive) in die Trägerschaft der örtlichen Gebietskörperschaften über, doch verblieb die Fachaufsicht beim zentralstaatlichen Ministerium.

Darüber hinaus kennt man seit den späten siebziger Jahren eine Reihe von Institutionen, die ausschließlich der Förderung von Kunst und Kultur außerhalb der Haupstadt dienen (siehe unten).

Kultur als Modernisierungsstrategie

„In Frankreich existieren in einem spannungsgeladenen Nebeneinander zwei Volkswirtschaften, eine moderne, die zum größten Teil seit dem Kriege von den Technokraten und einigen wenigen großen privaten und staatlichen Unternehmungen aufgepfropft wurde, und darunter eine alte brüchige Infrastruktur, die sich auf Handwerk, niedrigen Absatz bei hohen Gewinnspannen und das Ideal des kleinen Familienbetriebs gründet" (*Ardagh* 1969:27).

Dieser Befund aus den späten sechziger Jahren zeigt eine ökonomische Struktur, die sich während der wirtschaftlichen Krisensituationen der siebziger Jahre (z.B. „Ölschock" 1973) als besonders anfällig erwies. Man glaubte folglich „Modernisierungsrückstände" (*Große/Lüger* 1996: 116) zu erkennen, die durch eine umfassende staatliche Modernisierungsstrategie behoben werden sollten. Um mit globalen technischen und sozialen Entwicklungen Schritt halten zu können, sollte sich Frankreich verstärkt als „Wettbewerbsstaat" (*Ziebura* 1996:29) verstehen. Zwar hatte es ähnliche Strategien bereits früher gegeben (*Kuiser* 1993; *Ross* 1995), doch bemerkenswert an der Modernisierungsstrategie der achtziger Jahren (der IX. Plan der Jahre 1984 – 89) ist die Tatsache, daß sie in hohem Maße kulturpolitisch ausgerichtet wurde. Das zeigt sich beispielsweise in der recht selbstbewußten Vereinnahmung des Themas durch den damaligen Kulturminister *Jack Lang*: „Wir haben eine internationale Wirtschaftskrise? … ein Grund mehr, der Kultur jenen Platz zu geben, der ihr gebührt: den ersten" (zitiert nach *Fohrbeck/Wiesand* 1989:33).

Für *Mitterrand* sollten drei kulturpolitische Aspekte im Mittelpunkt dieser Modernisierungsstrategie stehen: „Erstens ist die Kultur wichtig als Wirtschaftsfaktor im konkreten Sinne, zweitens soll die Kultur dazu beitragen, die allgemeine Kreativität zu steigern und drittens darüber hinaus in der Gesellschaft eine Sinnstiftungsfunktion üben" (*Hadesbeck* 1991:237). Da dies einerseits der Markt allein nicht zu leisten in der Lage sein dürfte und andererseits die kreativen Potentiale der Kultur dem Markt wieder zugute kommen würden, ging die Strategie mit einem erheblichen Ausbau der staatlichen Kulturförderung einher. Dieser Ausbau betraf sowohl die staatlichen und kommunalen Kultureinrichtungen, die durch eine Reihe zentralstaatlicher Förderprogramme (siehe unten) erheblich gestützt wurden, als auch unmittelbar die Kulturindustrie, die als Zukunftsindustrie bezeichnet wurde. Dabei wurde der Begriff Kulturindustrie sehr weit gefaßt; er schloß ausdrücklich auch Betriebe aus dem Umfeld der Neuen Medien (Video, Computer usw.) mit ein, woraus sich die Zukunftsorientierung erklärt.

Dieses Modernisierungsprogramm wurde mit einem erheblichen Aufwand propagiert; „Kultur (wurde) als permanente Öffentlichkeitsarbeit" (*Beyme* 1990:119) verstanden. Vor allem *Jack Lang, Mitterrands* rühriger Kulturminister, verstand es, die kulturellen Projekte immer wieder medienwirksam ins rechte Licht zu rücken. „Mehr als technische oder finanzielle Maßnahmen zählt das Klima" (zitiert nach *Beyme* 1990:119), war denn auch einer der Leitsätze der Lang'schen Kulturpolitik.

Die Förderung der Kultur und der Kulturindustrie hatte eine erhebliche Steigerung kultureller Nachfrage zur Folge. „Während 1960 ca. 5,1 Millionen Eintrittskarten der Nationalen Museen verkauft wurden, waren es 1970 ca. 6,7 Millionen, 1984 bereits 10,6 Millionen, 1985 11,6 Millionen. Die Ausgaben der (privaten, W.H.) Haushalte für Bildung, Freizeit und Kultur sind von 6 % des verfügbaren Einkommens 1970 auf 7,3 % im Jahre 1987 gestiegen (inflationsbereinigt). Immerhin gaben die Franzosen 1987 mehr für die Kultur aus (3,4 % ihres Budgets) als für ihr Kraftfahrzeug (2,9 %)" (*Hadesbeck* 1991:238). Nicht zuletzt in solchen Zahlen kommt zum Ausdruck, wie wirkungsvoll zentralstaatliche Programme in Frankreich sind, weil sie alle Kräfte hinter einer Idee bündeln und die Programme dann mit großer administrativer Professionalität umgesetzt werden.

Kulturförderung als Marktregulierung

Wie bereits in anderem Zusammenhang erwähnt, ist das Vertrauen in die selbstregulierenden Kräfte des Marktes in Frankreich nicht sehr stark ausgeprägt. Vielmehr ist die französische Wirtschaftsordnung als eine „Marktwirtschaft mit indikativer staatlicher Planung" (*Große/Lüger* 1996:146) zu bezeichnen. Die seit 1946/47 eingeführte mittelfristige

Wirtschaftsplanung (*planification*), die nicht mit zentraler Planwirtschaft verwechselt werden darf sowie die sich immer wieder abwechselnden Phasen von Verstaatlichung (Nationalisierung) und Privatisierung (ebda. 130ff.) machen deutlich, wie sehr die französische Wirtschaftspolitik vom Konzept des ökonomischen Liberalismus angloamerikanischer Prägung entfernt ist.

Aus dieser wirtschaftspolitischen Haltung heraus wird verständlich, warum der französische Staat immer wieder regulierend eingreift, um Kunst- und Kulturangeboten ihre Position am Markt zu sichern. Bestes Beispiel ist hier die bereits erwähnte Stützung der französischen Filmwirtschaft gegenüber amerikanischen Marktführern. Frankreich ist das einzige Land in Europa, dessen eigene Kinoindustrie 30 bis 40 % Marktanteil hält (zum Vergleich: in Deutschland liegt der Anteil deutscher Produktionen am Verleihumsatz bei 10 % (Kultur in Deutschland 1994:280), allerdings mit steigender Tendenz). Dies muß vor dem Hintergrund gesehen werden, daß der französische Film in den vergangenen zehn Jahren fast zwei Drittel seiner Zuschauer verlor; ohne eine massive staatliche Stützung würde die nach wie vor sehr umfangreiche Filmindustrie jegliche Existenzfähigkeit verlieren (*Bierkandt* 1995).

Eine Marktferne wird sogar als Vorteil gesehen, wie das Beispiel des internationalen Kunstmarktes zeigt. Hier sind französische Künstler der Gegenwart kaum noch vertreten. „In den siebziger Jahren hat man das Talent besessen, sich aus jeder Marktentwicklung herauszukatapultieren. Wieso? Weil es zwar eine anspruchsvolle Theoriebildung in den Humanwissenschaften und entsprechend in den Künstlerkreisen gab, eine hochstilisierte Umgangssprache im Bereich der kulturellen Medien, einen hohen Diskussionsstand auf der Ebene der Kunstzeitschriften – aber keine zweisprachigen Kataloge, keine Monatsschriften mit englischer Übersetzung, keine nach außen gewendete Galeriepolitik. Und dies in einer Zeit, als es geboten gewesen wäre, in einem bestimmten Kommunikationsnetz, das aus einer durchaus überschaubaren Anzahl von Informationsträgern und Kommunikatoren bestand, die Plätze zu besetzen" (*Syring* 1995:162). Bemerkenswerterweise fährt die Autorin nach dieser vernichtenden Analyse aber dann fort: „Ich betrachte es als Vorteil, daß es so gekommen ist. Nur dadurch hat sich die Kunst in Frankreich ihre Besonderheit bewahrt" (ebda.). Ergänzen müßte man wohl, daß diese Entwicklung nur möglich war, weil der Staat durch ein gewaltiges Ankaufprogramm (FNAC, FRAM und FRAC, siehe unten) den Markt in weiten Teilen ersetzt hat.

Auf ganz besondere Verwunderung stieß im Ausland eine weitere protektionistische Maßnahme, die im Land selbst zwar nicht mit Begeisterung, aber durchaus als konsequent aufgenommen wird. Seit dem 1. Januar 1996 müssen französische Rundfunkanstalten zwischen 6.30 Uhr und 22.30 Uhr mindestens 40 % französische Unterhaltungsmusik und Chansons senden, davon die Hälfte von Nachwuchstalenten. Dadurch soll der auch in Frankreich vorherrschende amerikanische Musikimport eingeschränkt und die französische Musikindustrie unterstützt werden. Eine ähnliche Regelung gibt es bereits seit einigen Jahren für die fünf nationalen Fernsehprogramme. Sie müssen in der Hauptsendezeit mindestens 60 % europäische und davon wiederum mindestens zwei Drittel französische Produktionen zeigen. Der inzwischen eingestellte private Fernsehkanal „Cinq" machte nicht zuletzt diese Regelung für sein Scheitern verantwortlich. Amerikanische Billigserien hatten angesichts der strengen Quotierung keinen Platz mehr im Programm, statt dessen mußten wesentlich teurere europäische Serien angekauft werden. „Diese Protektionsstrategie, die von Jack Lang einst salonfähig gemacht wurde, bedeutet in Frankreich weder linke noch rechte, sondern nationale Politik, die in allen Lagern Anhänger hat" (FAZ vom 6.1.96).

Förderung der kulturellen Identität Frankreichs

Diese und ähnliche marktregulierenden und marktersetzenden Maßnahmen stehen häufig in einem engen Begründungszusammenhang mit der Förderung der kulturellen Identität Frankreichs. Das wird gerade im Bereich des Films deutlich, wo es nicht nur um die Erhaltung einer kreativen Kunstsparte und eines nicht unwesentlichen Wirtschaftsbereichs geht, sondern immer auch um die Abwehr vor allem amerikanischer Kultur. Gleich nach dem Wechsel von *Giscard d'Estaing* zu *Mitterrand* hat der damalige Kulturminister *Jack Lang* 1981 die Förderung des französischen Films mit der Begründung verstärkt, man wolle die „kulturelle Identität Frankreichs gegen die Überflutung durch minderwertige Produkte der US-amerikanischen Kulturindustrie" (*Bierkandt* 1995:175 Anm.6) verteidigen.

„In Frankreich herrscht nach wie vor ein ungebrochenes Nationalbewußtsein, das auf einem breiten Konsens beruht" (*Jurt* 1996:61). Da sich dieses Nationalbewußtsein nicht zuletzt auf eine kulturelle Identität stützt, stehen kulturelle Prestigeprojekte von nationalem Rang in hohem Ansehen. Dies zeigt sich am deutlichsten am Beispiel der sogenannten *Grands Projets* oder – wie sie auch genannt werden – *Grands Travaux*, einer Reihe herausragender Bauten, die seit den späten siebziger Jahren errichtet wurden und die vorwiegend (mit Ausnahme von *La Défense*) kulturellen Zwecken dienen. Gemeinsame Merkmale sind eine beeindruckende Größe und eine durchaus mutige bis avantgardistische Architektur sowie die Eigenschaft, nicht zu übersehende Zeichen zu setzen. Die Reihe wurde noch vom Nachfolger *de Gaulles, Georges Pompidou*, mit dem nach ihm benannten *Centre National d'Art et de Culture Georges Pompidou* (1977), dann unter *Giscard d'Estaing* fortgesetzt und vor allem durch *François Mitterrand* abgeschlossen (z.B. der Ausbau *La Grande Louvre* mit der Glaspyramide von *Ieoh Ming Pei*, die *Opéra de la Bastille*, die *Cité des Sciences* und die *Cité de la Musique* im neuen Stadtpark *La Vilette* oder – zuletzt eröffnet – die *Bibliothèque Nationale de France*).

Die Dimensionen der großen Projekte mögen aus deutscher Sicht gigantisch erscheinen, und man mag auch einwenden, daß die Konzentration des staatlichen Kulturetats auf wenige Projekte zwangsläufig zu Lasten einer kulturellen Breitenarbeit gehen muß. Im Konzept einer Modernisierungsstrategie, einer Kultur als Standortfaktor sowie einer Förderung der kulturellen Identität bis hin zu einer Festigung des Nationalbewußtseins, sind die *Grands Projets* nicht ohne Überzeugungskraft. Vor allem aber setzen sie Zeichen für die Kultur. Daß solche Symbole in Deutschland kaum denkbar wären – der Bund der Steuerzahler hätte den größten Auftritt seiner Geschichte –, weil Symbole hier ihre Kraft und weitgehend auch ihre Wirkung verloren haben, spricht noch nicht gegen die Tatsache, daß sie in Frankreich offensichtlich sehr überzeugen.

(2.2) Strukturen des Kulturbetriebs

Das aus deutscher Sicht auffallendste Strukturmerkmal im öffentlichen Kulturbetrieb Frankreichs ist zweifellos der ausgeprägte Zentralismus. Im Mittelpunkt aller öffentlichen Strukturen steht ein zentrales Kulturministerium, das alle Bereiche des öffentlichen Kulturbetriebs umfaßt und aus folgenden Fachabteilungen besteht:

- Direktion Archive,
- Direktion Museen,
- Direktion Buchwesen und Bibliotheken,
- Direktion Kulturelles Erbe (Denkmäler, historische Stätten),
- Direktion Hauptverwaltung,
- Fachabteilung Entwicklung und Bildungswesen,
- Direktion Theater und Bühnen,
- Direktion Musik und Tanz,
- Fachabteilung Bildende Kunst,
- Fachabteilung Film und das nationale Filmzentrum (CNC).

Den einzelnen Direktionen und Fachabteilungen sind die nationalen Einrichtungen und Dienststellen unmittelbar unterstellt, wie beispielsweise der *Grand Louvre* und die 35 nationalen Museen, die nationalen Theater, Konservatorien und Kunsthochschulen sowie natürlich die Nationalbibliothek. Davon ausgenommen sind das Nationale Kunst- und Kulturzentrum *Centre Georges Pompidou* sowie die *Grands projets*, die sich in der direkten Zuständigkeit des Ministers befinden.

Zur Direktion Hauptverwaltung gehören nicht nur Abteilungen für allgemeine Verwaltung, Personal-, Finanz- und Rechtsfragen, sondern eine Studien- und Entwicklungsabteilung (*Département des études et de la prospective*), die sich mit Kulturstatistiken, Publikationen und Publikumsforschung beschäftigt, sowie eine technische Abteilung, die Informations- und Bilddatenbanken betreibt. Der Hauptverwaltung angegliedert sind die Regierungskommissare für Kultur in den 22 Regionen (*Directions régionales des affaires culturelles – DRAG*), die wiederum Vorgesetzte der Inspektoren für Museen, Buchwesen und Bibliotheken, Denkmalpflege, Theater, Musik und Tanz, Bildende Kunst usw. sind, die es in allen Regionen gibt. Zudem übt das Ministerium die Aufsicht aus über eine Vielzahl regionaler oder lokaler Kultureinrichtungen (Hunderte von Archiven, Museen, Bibliotheken, Musikschulen, Kunstschulen usw.). Nicht zuletzt bezuschußt das Ministerium eine kaum noch zu überblickende Anzahl von regionalen und lokalen Einrichtungen und übt damit indirekten Einfluß aus.

Wie in Behörden dieser Größenordnung üblich, wird die vertikale Struktur ergänzt durch eine Reihe von Querschnittseinrichtungen (Presse- und Informationsstelle, Interministerielle Koordination usw.). Interessant sind auf dieser Ebene vor allem zwei Einrichtungen, nämlich die Abteilung für internationale Angelegenheiten (*Département des affaires internationales*), die – in enger Abstimmung mit dem Außenministerium – einerseits die Verbreitung der französischen Kultur im Ausland fördert, andererseits aber auch die Vermittlung ausländischer Kulturen in Frankreich (z.B. durch das *Institut de monde arabe*) unterstützt. Zweite Auffälligkeit ist die Abteilung für die französische Sprache (*Délegation générale à la langue française*), die – gerade im Vergleich zu Deutschland – noch einmal den zentralistischen und etatistischen Ansatz der französischen Kulturpolitik deutlich macht.

„Das Ministerium steht – trotz aller Dezentralisierungmaßnahmen – als administrative ‚Superstruktur' an der Spitze aller öffentlichen Kulturaktivitäten und -einrichtungen. Der Minister fällt seine kulturpolitischen Entscheidungen im wesentlichen allein. Ein System unabhängiger oder quasi-unabhängiger Kontrolle in der Form von Beiräten oder Ausschüssen kennt das französische System (...) nicht" (Österreichische Kulturdokumentation 1995:45). Zweifellos ist das französische „Kulturverwaltungssystem das zentralisierteste Europas" (ebda.); doch angesichts des hohen Prestigewerts, den die Kultur in Frankreich genießt, und des allgemein akzeptierten etatistischen Systems, ist die Kritik an der zentralistischen Struktur vergleichsweise gering.

Diesen ausgeprägten Zentralismus haben auch die Dezentralisierungsgesetze von 1982/83 nicht beseitigt. Diese Dezentralisierung ist dadurch gekennzeichnet, daß sie nicht Freiräume schafft, die auf den unteren staatlichen Ebenen mittels einer wirklichen Selbstverwaltung gefüllt werden können, sondern es ist eine Dezentralisierung „von oben". Während in Deutschland die Kommunen aus ihrem grundgesetzlich verbrieften Selbstverständnis heraus kulturelle Aufgaben wahrnehmen und auch aus eigenen Mitteln finanzieren, werden in Frankreich staatliche Aufgaben auf eine regionale und lokale Ebene durch vertragliche Vereinbarungen delegiert und für diese Aufgaben Finanzmittel von staatlicher Seite zur Verfügung gestellt. Allein zwischen 1982 und 1984 wurden 425 Abkommen solcher Art zwischen dem Zentralstaat und 36 Départements, 24 Gemeindeverbänden und 237 Kommunen geschlossen (siehe unten).

Interessant ist nun allerdings, wie diese Dezentralisierung administrativ umgesetzt wird, d.h. welche strukturellen Instrumente hierfür geschaffen wurden. Hier zeigt sich wiederum eine der großen Stärken des Zentralstaats sowie die wirklich erstaunliche Kompetenz der administrativen Elite.

Diese Steuerung zur Dezentralisierung verlief über zwei Schienen. Zunächst einmal wurden Zuständigkeiten auf die regionale und lokale Ebene verlagert; man blieb mithin innerhalb der vorhandenen Strukturen. So wurden beispielsweise die bisherigen Zuständigkeiten der Gemeinden ergänzt um den „Bereich des nationalen Erbes (historische Bauten, Inventar, Archäologie)" sowie die der Départements um „die Verantwortung für die Zentralen Leihbibliotheken und die Archive" (*Rizzardo* 1994:9). Ergänzt wurde das regionale und kommunale Kulturangebot durch die bereits erwähnten *Centres d'action culturelles*. Diese von *Jack Lang* in den achtziger Jahren initiierten Kulturzentren befinden sich teils in kommunaler, teils in vereinsähnlicher Trägerschaft, werden aber direkt aus staatlichen Mitteln bezuschußt. Zudem haben die Départements sogenannte polyvalente Kultureinrichtungen gegründet, um vor allem im ländlichen Raum eine Musikschul- oder Bibliotheksarbeit zu ermöglichen.

Die zweite Schiene aber überlagert die vorhandenen Strukturen, indem landeseinheitliche Institutionen geschaffen wurden, die unabhängig von vorhandenen hierarchischen Ebenen tätig werden können. Dazu wurden Fonds mit Stiftungscharakter gegründet, die aus Mitteln des Zentralstaats gespeist werden, über eine eigene, weitgehend unabhängige Verwaltung verfügen und eine einheitliche, von den regionalen und örtlichen Bedingungen autonome Aufgabenstellung haben. Zu diesem System einer staatlichen Umsetzung der kulturellen Dezentralisierung gehören folgende Institutionen:

- DRAC *(Direction régional des affaires culturelles)* - Regionaldirektionen für Kultur in den 22 Regionen; diese DRAC unterstehen den Regierungskommissaren in den Regionen, wodurch deren Anbindung an den Zentralstaat erkennbar wird. Sie verwalten und verteilen die finanziellen Zuwendungen des Ministeriums für regionale Kulturaufgaben, einschließlich der Mittel für den FRAC.
- FIC *(Fonds d'innovation culturel)* – ein 1994 eingerichteter Fonds zur Förderung kultureller Innovationen auf regionaler und lokaler Ebene; die Zahlung von Zuschüssen aus diesem Fonds erfolgt nur ergänzend, d.h. sie ist abhängig von einer entsprechenden Eigenbeteiligung der regionalen und lokalen Gebietskörperschaften.
- FNAC *(Fonds national d'art contemporaine)* – staatlicher Fonds zum Ankauf von Kunstwerken zeitgenössischer Kunst in staatlichen Museen.
- FRAC *(Fonds régionaux d'art contemporaine)* – regionaler Fonds zum Ankauf von Kunstwerken zeitgenössischer Kunst und zum Aufbau von Kunstsammlungen in den Museen der Region; organisatorisch eine Untergliederung von FNAC.
- FRAM *(Fonds régionaux d'acquisition des musées)* – regionaler Fonds zum Ankauf von Exponaten verschiedener Art und zum Aufbau von Sammlungen in den Museen der Region.
- CDN *(Centres dramatique nationaux)* – staatlich geförderte, aber privatrechtliche Theaterzentren in den 22 Regionen (zuzüglich 6 Zentren für Kinder- und Jugendtheater), die auch als Gastspieltheater tätig werden und damit den deutschen Landesbühnen vergleichbare Aufgaben übernehmen. Die ersten CDN wurden bereits 1946 gegründet, von *Malraux* in den sechziger Jahren teilweise in die neuen *Maisons de la culture* integriert und in den achtziger Jahren von *Jack Lang* ausgebaut.

Soweit die bekanntesten nationalen Institutionen mit dezentraler Orientierung. Während sich die staatlichen Fonds und Institutionen vorwiegend der Förderung der etablierten Spitzenkultur annehmen, wird die Breitenkultur über die *Centres d'action culturelles* gefördert. Durch ihre häufig vereinsähnliche Struktur können sie auf Bedürfnisse der örtlichen Bevölkerung weit unmittelbarer reagieren als die großen Fonds.

Dieses interessante System hat sich vielfach bewährt, weil sich die Fonds nicht nur darauf beschränkt haben, ihrer unmittelbaren Aufgabe nachzukommen, sondern auch Partnerschaften mit den Départements und Kommunen eingegangen sind und dadurch die örtlichen Kulturzentren lokale Kulturinitiativen aufgreifen und schnell umsetzen können. Folglich entstand in relativ kurzer Zeit eine sehr lebendige Kunst- und Kulturszene fern von Paris, wie man dies noch in den siebziger Jahren kaum für möglich gehalten hätte.

(2.3) Instrumente der Kulturfinanzierung

Es war stets das Ziel des Kulturministers *Jack Lang*, mindestens 1 % des staatlichen Gesamtetats für Aufgaben des Kulturministeriums bereitzuhalten. Lag der Anteil 1981 im Jahr des Regierungsantritts der Sozialisten noch bei 0,47 %, so war 1996 die magische Grenze von 1 % mit einem Budget von 15,5 Mrd. FF[2] endlich überschritten, allerdings wurden dem Kulturministerium auch neue Aufgaben zugewiesen, die bisher in anderen Ministerien angesiedelt waren, so daß die Zahlen über die Jahre hinweg nicht ganz vergleichbar sind.

Vom Haushalt des Kulturministeriums des Jahres 1994 mit insgesamt 13,5 Mrd. FF entfielen folgende Anteile auf die einzelnen Sparten:

Arbeitsbereiche/künstlerische Sparten	**prozentuale Anteile**
Allgemeine Verwaltung	9,0
Kulturelle Entwicklung	9,0
Theater und Musik	31,0
Museen und Bildende Kunst	22,0
Denkmalpflege	16,0
Archive und Buchförderung	9,0
Film und audivisuelle Medien	4,0

Tab. 1: Haushalt des französischen Kulturministeriums 1994 nach Förderungsschwerpunkten in Prozent (Mini-Chiffres clés 1994:13)

[2] französischer Franc (FF) entspricht 0,30 DM (Stand Januar 1997).

Die Ausgaben für die *Grands Projets*, die etwa 20 % des Etats des Ministeriums ausmachen – mit rückläufiger Tendenz – sind entsprechend der Spartenzuordnung in die Anteile einbezogen. Von den Gesamtkulturausgaben der öffentlichen Hand von ca. 50 Mrd. FF entfallen etwas mehr als ein Drittel auf den Zentralstaat und nicht ganz zwei Drittel auf regionale und lokale Gebietskörperschaften (Österreichische Kulturdokumentation 1995:49).

Ebenen	**prozentuale Anteile**	
Territoriale Ebene	61,8	
davon:		
Gemeinden		50,8
Departements		8,5
Regionen		2,5
Staatliche Ebene	38,2	
davon:		
Kulturministerium		21,9
andere Ministerien		16,3

Tab. 2: Kulturausgaben in Frankreich 1990 nach Verwaltungsebenen in Prozent (Mini-Chiffres clés 1994:12)

Die finanzielle Bezuschussung regionaler und lokaler Kulturprojekte durch Mittel des Zentralstaats erfolgt in Form der bereits erwähnten „Abkommen zur Kulturförderung". „Ein Abkommen ist dabei eine Art Grundsatzerklärung, in der die örtlichen Verantwortungsträger Vorhaben, Ziele und Investitionen beschreiben, die sie verwirklichen wollen, während die staatliche Seite die Höhe der Mittel festlegt, die sie für die Umsetzung dieser Projekte gewährt. Das Ministerium leistet Hilfe bei den Investitionen, übernimmt Teile der Personal- und Betriebskosten" (Österreichische Kulturdokumentation 1995:49f.).

Bereits im Zusammenhang mit der Filmförderung wurde auf die protektionistischen Tendenzen in der französischen Kulturförderung hingewiesen. Sie belegen den geringen Stellenwert, den man zumindest von staatlicher Seite dem privatwirtschaftlichen Kulturengagement zumißt. Selbst dort, wo eine privatwirtschaftliche Struktur besteht, greift der Staat teilweise massiv durch Förderungsinstrumente ein. Dies gilt in ähnlicher Weise auch für den Literaturmarkt und das Verlagswesen. 1981 wurde – ähnlich wie in Deutschland bereits seit 1957 – auch in Frankreich eine Preisbindung für Bücher sowie der halbierte

Umsatzsteuersatz für Verlagserzeugnisse eingeführt. Gleichzeitig wurden aber auch – ähnlich wie in Schweden – direkte finanzielle Hilfen für kleinere Buchhandlungen vergeben, um vor allem in den Provinzen die Versorgung mit Buchhandlungen sicherzustellen. Darüber hinaus fördert das *Centre national des lettres*, eine Einrichtung des Kulturministeriums, die Literatur durch Jahresstipendien für Schriftsteller, durch Zuschüsse an Verlage bei der Herausgabe wenig marktkonformer Belletristik sowie an Literaturhäuser (*maisons des écrivains*) und regionale Literaturzentren.

Im Vordergrund steht zweifellos die staatliche Kulturförderung, doch gibt es auch erste Ansätze zur Belebung einer privaten Kulturförderung. So wurden in den Steuergesetzen von 1982, 1983 und 1987 Möglichkeiten eingeräumt, Spenden für bestimmte Zwecke (Kultur, Soziales, Sport u.a.) bis zum Höchstbetrag von 1,25 % des zu versteuernden Einkommens steuerlich abzusetzen. Handelt es sich um Zwecke, die als gemeinnützig anerkannt sind, erhöht sich der Betrag auf 5 % des zu versteuernden Einkommens.

Seit Beginn der achtziger Jahre kennt man auch in Frankreich ein Sponsoring für kulturelle Zwecke. Dazu wurde von den Unternehmen ein Verein zur Entwicklung der Industrie- und Handelskulturförderung (*Association pour le dévelopement du mécénat industriel et commercial* – ADMICAL) eingerichtet. Die dem Verein angehörenden Unternehmen konzentrierten sich zunächst nur auf die Künste, fördern inzwischen aber auch den Naturschutz, wissenschaftliche Projekte sowie humanitäre und soziale Aufgaben. „Nach einer Schätzung von ADMICAL beläuft sich das Budget für Kulturförderung von mehr als 1.000 Unternehmen auf 800 Mio. FF" (*Essig/de la Taille Rivero* 1993:99). Der Staat hat das unternehmerische Engagement für Kultur und andere gemeinnützige Aufgaben erst relativ spät anerkannt. Erst ein Gesetz über die Entwicklung der Kulturförderung vom 4. Juli 1990 hat es möglich gemacht, Sponsoringbeiträge als Werbungskosten steuerlich abzusetzen.

Entsprechend zögerlich liefen denn auch unternehmerische Aktivitäten an. Zunächst waren es vor allem ausländische Unternehmen wie *IBM France*, *Fiat France* oder *Olivetti*, die über Sponsoring ein „vorbildliches staatsbürgerliches Verhalten" (ebda. 100) demonstrieren wollten. Später kamen auch französische Unternehmen hinzu, die hier eine gute Chance für einen Imagetransfer sahen. Die mit der Wirtschaftskrise verbundenen Zweifel an der Effektivität und Effizienz staatlichen Handelns führten in der Folge allerdings auch dazu, daß das unternehmerische Know-how verstärkt nachgefragt wurde. Dies zeigte sich vor allem im sozialen und humanitären Bereich, aber auch bei kulturellen Aufgaben. „Die *Fondation Electricité de France* (beispielsweise) setzt ihre Schwachstromingenieure bei der Restaurierung archäologischer Funde ein" (ebda. 101).

Die Einbindung der Unternehmen durch ihr Know-how führt allerdings auch dazu, daß die Sponsoren sich in Inhalte der geförderten Projekte weit stärker einbringen, als dies in Deutschland üblich ist oder auch nur denkbar wäre. Man legt Wert darauf, Partner zu sein, und will diese Partnerschaft auch mit Inhalten füllen. „Jenseits der begrifflichen Moden deutet die Vorliebe für die Partnerschaft zumindest auf zwei Tendenzen der Kulturförderung hin:

- den Willen, sich überhaupt auf der Zeitschiene anzusiedeln und im Rahmen von gemeinsam erarbeiteten Projekten dauerhafte Verbindungen über drei oder mehr Jahre einzugehen;
- die Entscheidung, sich immer aktiver an den Vorgängen zu beteiligen und auf Inhalt und Methoden Einfluß zu nehmen.

Das Unternehmen ist nicht mehr der *sleeping partner* des Kulturzentrums (...). Es bringt sich ins Projektmanagement mit ein" (ebda. 102 f.).

Bemerkenswert ist auch die Bereitschaft französischer Unternehmen, sich einem Sponsoren-Pool anzuschließen. In ganz Frankreich gibt es etwa 30 Vereine, in denen sich Unternehmen zusammengeschlossen haben, um gemeinsam Kultur zu fördern. Auf diese Weise können vor allem kleinere und mittlere Unternehmen weit mehr bewirken, als wenn sie allein auftreten würden. Vor allem in einem lokalen Umfeld haben sich für soziale und kulturelle Einrichtungen solche „Clubs" gebildet, die sich „ihrer" Institution eng verbunden und verpflichtet fühlen.

Der Staat unterstützt inzwischen das unternehmerische Sponsoring nicht nur durch steuerliche Vergünstigungen, sondern auch durch einen 1991 eingerichteten Beratungsdienst für Unternehmenskulturförderung, der bei der *Fondation de France*, einer öffentlich-rechtlichen Stiftung, angesiedelt ist.

Zuletzt zu nennen ist in diesem Zusammenhang das Stiftungsrecht, das durch das zweite Kulturförderungsgesetz vom 4. Juli 1990 auch für die Kulturförderung geöffnet wurde. Demnach ist es für Unternehmen möglich, entweder eine als gemeinnützig anerkannte Stiftung oder eine Unternehmensstiftung einzurichten, was etwa den auch in Deutschland geltenden Regelungen entspricht. Drittens aber haben die Stifter auch Möglichkeiten, den Stiftungsbetrag der bereits erwähnten *Fondation de France* zukommen zu lassen. Diese vom Staat eingerichtete Stiftung ist eigentlich nur ein „Stiftungs-Dach", unter dem sich zahlreiche Einzelstiftungen verbergen. Die eingebrachte Einzelstiftung erhält zwar einen eigenen Namen, wenn auch ohne Rechtspersönlichkeit, doch kann der Stifter die Verwendung seiner Mittel innerhalb der *Fondation de France* frei bestimmen. Dadurch entfällt einerseits die Verwaltung zahlreicher einzelner Stiftungen, andererseits bildet sich ein Pool, der wesentlich leistungsfähiger auch bei größeren Aufgaben eingesetzt werden kann (ebda. 98f.).

Kulturpolitik, Kulturbetrieb und das System der Kulturfinanzierung haben in Frankreich in den letzten beiden Jahrzehnten eine erstaunliche Wandlung erfahren. Zwar dominiert nach wie vor der Staat mit einem starken und weit verästelten Kulturministerium, doch haben sich durch die Dezentralisierungsgesetze wie auch durch die Kulturförderungsgesetze in erstaunlich kurzer Zeit neue Strukturen gebildet, die den Kulturbetrieb von heute kaum noch mit dem der fünfziger Jahre vergleichbar machen. Dennoch wurde das französiche Kulturleben nicht gänzlich auf den Kopf gestellt. Nach wie vor wird die Kulturpolitik bestimmt von Traditionen, Werten und Verhaltensweisen, die sich über Jahrhunderte gebildet und gefestigt haben und die heute maßgeblich die kulturelle Identität Frankreichs bestimmen. Nach wie vor ist auch die Dominanz und damit die Verantwortlichkeit des Staates für kulturpolitische Ziele und kulturelle Angebote unbestritten. Kulturpolitik wird immer auch als eine langfristig wirkende Strategie zur Umsetzung auch nicht-kultureller, politischer und ökonomischer Ziele gesehen. Gerade das Modernisierungsprogramm unter der Präsidentschaft *François Mitterrands* hat bewiesen, wie flexibel sich französische Kulturpolitik zwischen kultureller Identität und zukunftsorientierten Strategien bewegen kann.

2.2 Schweden: Kultur im Wohlfahrtsstaat

Eine keineswegs systematische, aber dennoch vielleicht nicht ganz uninteressante Anküpfung an den vorausgegangenen Abschnitt über Frankreich bietet die Erinnerung an den großen französischen Philosophen *René Descartes*, der 1649 auf Einladung der schwedischen Königin *Christine* nach Stockholm reiste. *Christine von Schweden* (1626–1689), eine der eigenwilligsten und bemerkenswertesten Frauen des 17. Jahrhunderts, interessierte sich sehr für die modernen Wissenschaften und lud daher gern bedeutende Gelehrte zu sich nach Stockholm ein. Schon 1647 hatte sie brieflich Kontakt zu *Descartes* aufgenommen und ihn zu sich gebeten, was diesem offensichtlich sehr geschmeichelt haben muß, denn er bekundete schon bald seine Bereitschaft, der Einladung zu folgen. Am 1. September 1649 kam *Descartes* in Stockholm an und wurde sehr bald von der Königin zwei- bis dreimal wöchentlich zu Gesprächen über Philosophie empfangen. Es wird berichtet, daß die Königin, „die mit Besorgung der Reichsangelegenheiten beständig dergestalt beschäftigt war, daß sie zu ihrem Vergnügen in den Wissenschaften nur diejenige Zeit anwenden konnte, die sie von ihrer Ruhe abbrach, den Cartesius täglich die Stunde von 5 Uhr des Morgens sich mit ihm in ihrer Bibliothek zu unterreden beschieden hatte" (*Arkenholz* 1751:230). Doch die Treffen zu unchristlicher Stunde während des kalten Stockholmer Winters bekamen dem körperlich wenig robusten *Descartes* nicht; er zog sich eine Lungenentzündung zu und starb nach kurzer Krankheit am 11. Februar 1650 in Stockholm. Der Chronist stellt lapidar fest, „es mag nun die Veränderung seiner Lebensart, oder die rauhe Jahreszeit und Himmelsgegend daran Schuld gewesen seyn" (ebda. 232).

(1) Kulturelle Traditionen und Werte

Dieses tragische Ereignis, daß nicht nur die Philosophiegeschichtsschreibung angeregt hat (es wurde vorübergehend behauptet, der katholische *Descartes* sei von schwedischen Protestanten vergiftet worden), sondern auch immer wieder als wohlfeile Bestätigung des Vorurteils vom unwirtlichen hohen Norden Europas herhalten muß, ist doch nicht untypisch für die Geistesgeschichte Schwedens. Anders als Frankreich mit *Descartes* und *Rousseau*, Deutschland mit *Kant* und *Hegel* oder England mit *Locke* und *Hume* hat Schweden keinen eigenen wirklich großen Philosophen hervorgebracht, hatte aber großen Anteil an der Rezeption und Fortführung der europäischen Philosophie (z.B. durch *Swedenborg, Boström, Liljequist*). Der Gedankenaustausch mit zentraleuropäischen Entwicklungen – dies zeigt das Beispiel *Descartes'* – hatte und hat in Schweden immer einen hohen Stellenwert.

Die Großen des schwedischen Geisteslebens und Wissenschaftsbetriebs waren dagegen entweder mystisch orientiert, wie z.B. die *Heilige Birgitta* (1303–1373) und der bereits erwähnte *Emanuel Swedenborg* (1688–1772), oder sie traten als ordnende und systematisierende Wissenschaftler hervor, wie beispielsweise der Naturforscher *Carl von Linné* (1707–1778), der Begründer der biologischen Systematik, oder der Chemiker *Jöns Jakob Berzelius* (1779–1848), der die heute gebräuchliche Symbolsprache der Chemie einführte und damit die Grundlagen für das periodische System der Elemente schuf. Über *Linné* schrieb *August Strindberg*: „Er versank nicht in kleinliche Einzelheiten, sondern überschaute all die unzähligen Lebewesen des Naturreiches und erkannte deren Zusammenhang. Er ordnete das Chaos und blies lebendigen Geist in die trockenden Herbarien, in die ausgestopften Tiere, in die toten Steine" (*Strindberg* 1881/1942:143).

Es ist diese Gegensätzlichkeit zwischen einer Neigung zur tiefgründigen Betrachtung und einer Begabung zur nüchternen Analyse, die das schwedische Geistes- und Kulturleben bis heute auszeichnet. Um es etwas plakativ und vordergründig zu sagen: *Ingmar Bergmans* Filme sind so selbstverständlich und „typisch" schwedisch wie das funktionale Anbauregal des Einrichtungshauses IKEA. Werke von großer Eindringlichkeit und melancholisch düsterer Stimmung kennzeichnen vor allem Literatur und Film, während helles Design, funktionale Architektur oder Städtebau ein ganz anderes Bild von Schweden wiedergeben.

Wenn man in Deutschland eine gewisse Theorielastigkeit beklagen kann, die eine Vorliebe für Begriffsdefinitionen und für grundsätzliche Erörterungen zur Folge hat, kann man in Schweden eher „Theoriedefizite" (*Henningsen* 1986:358) ausmachen. Dort wird „immer wieder (...) selbstkritisch konstatiert, daß den geistigen Auseinandersetzungen die theoretische Stringenz und die intellektuelle Schärfe fehle. Insbesondere die Geisteswissenschaftler, die Vertreter der in Schweden sogenannten *Humaniora*, beklagen sich immer wieder über die Geringschätzung und die Theoriedürftigkeit ihrer Fächer" (ebda. 358, mit Berufung auf *Nilsson* 1983). Allerdings stehen dem Theoriedefizit eine ausgeprägte Sensibilität für soziale und kulturelle Stimmungen und Veränderungen sowie eine auffällige praktische Begabung gegenüber. Das 1847 von dem italienischen Chemiker *Ascanio Sobrero* (1812–1888) entdeckte Nitroglycerin, das als extrem explosiver Stoff kaum von praktischem Nutzen ist, wurde 1867 von *Alfred Nobel* mit Kieselgur vermischt und findet seither als Dynamit vielfache Anwendung. Während man sich in Mitteleuropa heftige Theoriegefechte über Sozialismus und Kapitalismus lieferte, praktizierten die Schweden höchst erfolgreich einen „mittleren Weg“ (*Childs* 1936/1974), ohne daß man genau zu sagen wüßte, worin dieser dritte Weg exakt besteht (*Henningsen* 1986:224).

Die durchaus sozialistisch ausgerichtete Wirtschaftspolitik der schwedischen Sozialdemokraten, die das Land seit den dreißiger Jahren fast ununterbrochen regieren, akzeptiert sehr wohl großkapitalistische Strukturen auf seiten der Kapitaleigner. Nach wie vor sind nur etwa 12 % aller schwedischen Unternehmen in staatlichem Besitz, während allein 15 Familien und zwei Großbanken mehr als ein Drittel der gesamten Industriewertschöpfung kontrollieren (ebda. 223f.). Der „Ausgleich“ nach sozialistischem Muster erfolgt über das Steuersystem und hohe Sozialleistungen auf der Einkommensseite, nicht aber durch eine Sozialisierung der Produktionsmittel, weshalb man auch von einer „Einkommenssozialisierung“ (*Lindbeck* 1979:256) spricht. Dennoch findet auch eine Sozialisierung des Eigentums statt, um dessen Sozialbindung zu unterstreichen. Der schwedische Ökonom *Gunnar Adler-Karlsson* entwickelte dazu das Modell des „funktionalen Sozialismus“ (*Adler-Karlsson* 1973), was besagt, daß die Verfügung über das Eigentum sozialisiert wird, ohne daß es aber zu Verstaatlichungen wie im formellen Sozialismus kommt.

Eine solche auf die Sozialisierung von Eigentum und Einkommen ausgerichtete Ordnung entspricht der schwedischen Neigung, Konflikte möglichst im Einvernehmen zu lösen (*samförståndslösningen*). Selbst als die Krise des Sozialstaats Anfang der neunziger Jahre drastische Einschnitte in das soziale Netz unvermeidbar machte, einigten sich Regierung und Opposition überraschend schnell auf eine gemeinsame Lösung. Die grundsätzliche und womöglich auch noch ideologisch geprägte Überzeugung hat keinen so hohen Stellenwert wie eine praktische Lösung, die zu einem Interessenausgleich führt. Das darf keinesfalls mit Opportunismus verwechselt werden, sondern bringt nur einfach die Fähigkeit zum Ausdruck, deutlich zu unterscheiden, wann das Erstürmen von Barrikaden unvermeidbar ist und wann nicht.

Die hier überwiegend in einem wirtschaftspolitischen Zusammenhang angesprochenen Verhaltensweisen sind sehr wohl auch von gesellschaftspolitischer Bedeutung. Die Vorliebe für das Praktische, für einen solidarischen Interessenausgleich, für eine kooperative Konfliktlösung oder für systematische Ordnungen findet sich nämlich mehr oder weniger deutlich in der Idee des „Volksheims“ wieder, hinter der sich das seit den dreißiger Jahren dominierende Modell schwedischer Gesellschafts-, Sozial- und Kulturpolitik verbirgt.

Der frühere Ministerpräsident *Per Albin Hansson* gebrauchte diesen Begriff erstmals 1928 im Parlament: „In einem guten Heim sind Gleichheit, Rücksicht, Zusammenarbeit und Hilfsbereitschaft die Hauptregeln. Wenn man dies alles auf das Heim einer Nation und eines Bürgers überträgt, dann bedeutet dies das Verschwinden der sozialen Barrieren, die heute die Bürger trennen“ (zitiert nach *Henningsen* 1996:313f.). Das Leitmotiv des „Volksheims“ führte zu jener Offenheit und Toleranz, die viele ausländische Besucher an der schwedischen Gesellschaft schätzen. Man hat keine Geheimnisse voreinander, weshalb beispielsweise Vorhänge vor den Fenstern verpönt sind. Allerdings schlägt diese Offenheit bisweilen auch wieder in ihr Gegenteil um, wenn sie nämlich zu einem unumstößlichen Verhaltenskodex wird: Man kann es sich nicht leisten, die tolerante Freimütigkeit auch einmal in der Weise zu interpretieren, daß man sich vielleicht doch Vorhänge vor das Fenster hängt. Andererseits hat das „Volksheim“ auch zu einem geringen Formalisierungsgrad im persönlichen Umgang geführt. Man verwendet einheitlich das vertrauliche Du und meidet hierarchische Merkmale. Das hat beispielsweise zur Folge, daß bei Vorstellungsrunden deutsch-schwedischer Gremien „eine Relation von 5:1 Minuten Deutschland-Schweden beim zeitlichen Aufwand für die Präsentierung der eigenen Person“ (*Opitz* 1996:7) beobachtet wurde.

Aus dem etwas kleinbürgerlich wirkenden „Volksheim“, das ein wenig an *Carl Larssons* „Haus in der Sonne“ erinnert, entwickelte sich nach dem Zweiten Weltkrieg der moderne schwedische Wohlfahrtsstaat, der sich vor allem durch eine breit angelegte Umverteilung von Einkommen auszeichnet. Der Spitzensteuersatz lag vorübergehend bei 80 %, während andererseits die Sozialleistungen so umfassend waren, daß kaum jemand gänzlich auf staatliche Hilfen verzichten mußte.

„Heute ist die Ansicht verbreitet, daß das Reformtempo etwa um das Jahr 1970 zu sehr beschleunigt wurde. Der Anteil der öffentlichen Ausgaben am Bruttosozialprodukt begann damals steil anzusteigen, 1993 lag er nach der Statistik der OECD bei 71,8 %. Das war der höchste Anteil unter allen OECD-Ländern, deren Durchschnitt 42 % betrug“ (*Johnsson* 1995:144). Wegen der wirtschaftlichen Rezession Anfang der neunziger Jahre, die Schweden mit einer ungewöhnlich hohen Arbeitslosigkeit überraschte, wurden die Sozialleistungen deutlich zurückgefahren, um die staatlichen Ausgaben zu reduzieren.

Gleichzeitig wurden die Steuern gesenkt – der Spitzensteuersatz beträgt heute „nur“ noch 51 % –, um dadurch die private Nachfrage zu beleben. Man ist der Überzeugung, daß durch solche Maßnahmen „der schwedische Wohlfahrtsstaat überleben wird, wenn auch in etwas schlankerer Form“ (ebda. 146).

(2) Ordnungen und Instrumente des Kulturbetriebs

Der schwedische Wohlfahrtsstaat, der zwar erst in den dreißiger Jahren als Modell entstand und vorwiegend in den sechziger und siebziger Jahren umgesetzt wurde, ist kein rein ökonomisches Modell, sondern fußt auf traditionellen Verhaltensweisen und Bedürfnissen, die in Schweden sehr stark ausgeprägt sind. Es kann deshalb nicht verwundern, daß auch die Kulturpolitik am Modell des Wohlfahrtsstaats orientiert ist. Einerseits ist sie vom funktionierenden Wohlfahrtsstaat direkt abhängig, beispielsweise mit seiner großzügigen individuellen Künstlerförderung, andererseits stützt die Kulturpolitik auch den Wohlfahrtsstaat, wenn etwa über Angebote der kulturellen Bildung die Chancengleichheit aller Bürger verbessert werden soll.

Mit Blick auf die Kulturpolitik und den Kulturbetrieb darf allerdings nicht übersehen werden, daß der Wohlfahrtsstaat neueren Datums ist, in der Kultur aber auch Strukturen vorhanden sind, die zum Teil schon wesentlich länger Bestand haben. Drei Aspekte sind hier nennen:

Zunächst einmal ist in Erinnerung zu rufen, daß Schweden traditionell ein Einheitsstaat ist. Die ausgeprägte landsmannschaftliche Bindung an die 25 Provinzen (*landskap*) und die administrative Gliederung in 24 Bezirke (*län*) mit ihren Provinziallandtagen (*landsting*) darf nicht mit einer föderalistischen Struktur verwechselt werden. Vielmehr wird das Land seit jeher zentral regiert, was – ähnlich wie in Frankreich und Großbritannien – eine starke Stellung der Hauptstadt zur Folge hat. Hier befinden sich denn auch die großen kulturellen Einrichtungen, die vielfach noch Gründungen der Monarchie sind, wie beispielsweise die Königliche Oper (*Kungliga Operan*), das Königliche Dramatische Theater (*Kungliga Dramatiska Teatern*), die Königliche Hofkapelle (*Kungliga Hovkapellet*) oder die Nationalbibliothek (*Kungliga Biblioteket*). Andere nationale Einrichtungen von ähnlicher Bedeutung kamen später hinzu (z.B. das staatliche schwedische Tourneetheater – *Svenska Riksteatern*).

Zweitens ist festzuhalten, daß Schweden noch bis zum Ende des 19. Jahrhunderts überwiegend ein Agrarstaat war und auch heute noch der dünn besiedelte ländliche Raum den bei weitem größten Teil des

Landes ausmacht: 85 % der Bevölkerung wohnen im südlichen Drittel des Landes; nur etwa 1,5 Millionen Einwohner verteilen sich auf 300.000 qkm der nördlichen zwei Drittel, also auf eine etwa der Größe der Bundesrepublik Deutschland vergleichbare Fläche. Diese ländlichen Gebiete, die es im übrigen durchaus auch im Süden des sehr weiträumigen Landes gibt, bedürfen nicht nur besonderer Anstrengungen bei einer dezentralen Versorgung mit kulturellen Angeboten, sondern erheben auch Anspruch auf eine gleichberechtigte Förderung ihrer volkstümlichen Kultur. Und in der Tat haben beispielsweise Volksmusik und Volkstanz oder die Pflege der Volkskunst in Schweden einen gänzlich anderen Stellenwert als in Deutschland. Sie gehören hier so selbstverständlich zum Kulturangebot wie klassische Musik oder Ballett und haben bei weitem nicht den etwas spießigen Anstrich, den beispielsweise die Volksmusik – gerade auch in ihrer medialen Vermarktung – in Deutschland hat.

Drittens sollte berücksichtigt werden, daß die Industrialisierung des 19. Jahrhunderts in Schweden keineswegs mit der britischen oder deutschen verglichen werden kann. Zwar wurde auch hier 1846 die Gewerbefreiheit eingeführt, in deren Folge es zu Industrieansiedlungen und der Gründung von Handelsunternehmungen kam. Doch war die Wirtschaft der gleichzeitig einsetzenden Landflucht nicht gewachsen, weshalb es immer wieder zu Phasen großer Armut kam; zwischen 1876 und 1889 wanderten mehr als eine halbe Million Schweden – 20 % der damaligen Bevölkerung – nach Nordamerika aus. Die im 19. Jahrhundert aufgebaute Industrie befand sich in Händen weniger, teils adliger Familien, so daß es keine breite bürgerliche Gesellschaft gab, die zum Aufbau einer bürgerlichen Kultur hätte beitragen können. Insofern gib es im Vergleich zu Deutschland eine entwicklungsgeschichtliche Lücke im (bürgerlichen) Kulturbetrieb, die erst mit dem Aufblühen des Wohlfahrtsstaats in den sechziger und siebziger Jahren geschlossen wurde.

(2.1) Kulturpolitische Ziele

Die ersten kulturpolitischen Programme der Sozialdemokraten von 1938 gingen noch von einem bürgerlichen Kulturbegriff und von der Vorstellung aus, daß sich ein solches Kulturleben in einer Gesellschaft von selbst realisieren werde, sobald der wirtschaftliche Wohlstand alle Bevölkerungsschichten erreicht hat (*Fischer* 1990:150). Von wenigen Initiativen abgesehen (beispielsweise wurde 1937 ein Nationaler Kunstrat gegründet und eine staatliche Förderung öffentlicher Bibliotheken bewilligt), fand Kulturpolitik in dieser Zeit gleichsam nicht statt. Erst 1959 erkannte man, daß dieses Konzept kulturpolitischer Passivität nicht aufgehen werde. In den sechziger Jahren wurden deshalb erstmals ein Kulturministerium und landesweite Förderinstitutionen (z.B. das Schwedische Filminstitut und der Schwedische Rat für Musik und Theater) eingerichtet. Diese und andere Initiativen lösten eine kulturpolitische Debatte aus, die 1972 zu einem Kommissionsbericht über „Die neue Kulturpolitik" (*ebda.* 147) führte, der wiederum einen Reichstagsbeschluß von 1974 über grundsätzliche kulturpolitische Ziele im schwedischen Wohlfahrtsstaat zur Folge hatte. Darin wurde ein „weiter Kulturbegriff propagiert, der Kultur mit Sozial-, Bildungs- und Raumordnungspolitik verband" (ebda. 150), sowie im einzelnen folgende kulturpolitischen Ziele festgehalten:

- die Bedingungen für eine freie Meinungsäußerung sichern,
- individuelle Möglichkeiten für eine kreative Arbeit und Gestaltung schaffen,
- negativen Auswirkungen der Kommerzialisierung in der Kultur entgegenwirken,
- die Dezentralisierung von Entscheidungsprozessen und künstlerischen Aktivitäten fördern,
- den Erfahrungen und Bedürfnissen benachteiligter Gruppen gerecht werden,
- die Künste und verwandte kulturelle Aktivitäten beleben,
- die Erhaltung und Pflege des kulturellen Erbes garantieren,
- Erfahrungen und Ideen über sprachliche und nationale Grenzen hinweg austauschen (Swedish Cultural Policy 1994:11).

Der Reichstagsbeschluß war fast zwei Jahrzehnte lang unumstößliche Richtschnur aller kulturpolitischen Entscheidungen und Maßnahmen. Er enthält Ziele, die man auch aus Deutschland oder Frankreich in ähnlichen Formulierungen kennt (z.B. Förderung der Künste, Pflege des kulturellen Erbes, internationaler Kulturaustausch oder auch – vor allem der französischen Kulturpolitik vergleichbar – marktregulierende Maßnahmen).

Daneben nennt er aber auch Ziele, die eher als schwedische Besonderheiten zu werten sind. So überrascht es beispielsweise, daß das Recht der freien Meinungsäußerung in diesem Zusammenhang aufgeführt wird, obwohl auch die schwedische Verfassung von 1974 in Kapitel 2, § 1, Ziffer 1 eine „Rede- und Pressefreiheit" und in Ziffer 2 sogar ein „Recht auf Information" kennt. Dazu ist anzumerken, daß die neue Verfassung fast gleichzeitig mit dem Katalog kulturpolitischer Ziele verabschiedet wurde, in der bis dahin geltenden Verfassung von 1809 aber die Rede- und Pressefreiheit nicht als Grundrecht verankert war (dazu bestand ein eigenes Pressegesetz). Zudem wird hier ein gegenüber Deutschland anderer Kulturbegriff erkennbar, nach dem nämlich Presse und Medien als Teil der Kultur gesehen werden, mithin die Sicherung der Presse- und Meinungsfreiheit ein kulturpolitisches Anliegen ist. So wird auch verständlich, warum aus dem schwedischen Kulturetat Zuschüsse an kleinere Zeitungen sowie an Buchverlage und Buchhandlungen gezahlt werden (siehe unten).

In der kulturellen Förderung sozial benachteiligter Gruppen (Kinder, Behinderte, ausländische Mitbürger usw.) sowie im Ziel einer dezentralen Kulturförderung in den dünn besiedelten Regionen kommt zwar das bekannte Konzept einer „Kultur für alle" zum Ausdruck, gleichzeitig wird hier aber auch die Verknüpfung kulturpolitischer mit allgemein gesellschaftspolitischen Zielen deutlich. Kulturelle Angebote sollen die Chancengleichheit aller erhöhen und für einen solidarischen Ausgleich unterschiedlicher Lebensbedingungen im Sinne des Konzepts des Wohlfahrtsstaats sorgen. Kultur wird damit zu einem wichtigen Instrument, um das übergeordnete Ziel einer Wohlfahrt für alle zu realisieren.

Nach schwedischem Verständnis wird die Chancengleichheit nicht zuletzt durch Angebote der kulturellen Bildung gesichert. Mit Bibliotheken und Volkshochschulen, die traditionell einen hohen Stellenwert haben, werden gleich mehrere kulturpolitische Ziele umgesetzt (Chancengleichheit, dezentrale kulturelle Versorgung, Förderung der individuellen künstlerischen Betätigung, Sicherung von Informations- und Meinungsfreiheit). Bevorzugt wird die Form der Heimvolkshochschulen, wo die Teilnehmer während des Kursbesuchs auch wohnen, was sich bei der überwiegend dünnen Besiedlung des Landes sehr bewährt hat. Getragen werden die Heimvolkshochschulen von zehn gemeinnützigen Organisationen, die entweder mit Gewerkschaften und Kirchen oder mit den politischen Parteien eng verbunden sind. Volkshochschulen in den Städten werden – wie in Deutschland – in der Regel von den Kommunen getragen.

Eine Anmerkung verdient auch das Ziel, „negativen Auswirkungen der Kommerzialisierung in der Kultur entgegenzuwirken", also gezielt marktregulierende Maßnahmen einzuleiten. Dieses Ziel ist aus der französischen Filmförderung und den Eingriffen in die Rundfunkprogramme bestens vertraut (vgl. Abschnitt 2.1), doch gibt es zu Schweden einen interessanten Unterschied. Während nämlich die marktregulierenden Maßnahmen in Frankreich vorwiegend mit nationalen Argumenten verteidigt werden, spricht man in Schweden lediglich von der Sicherung einer „Qualitätskultur" (*Fischer* 1990:151). Dieses Argument ist aus schwedischer Sicht insofern verständlich, als hier der Absatzmarkt für kulturelle Produkte eine andere Größenordnung hat als in Frankreich. Das zeigt sich am deutlichsten an der Literatur: nur etwa 10 Millionen Menschen in Schweden und Südwest-Finnland sprechen Schwedisch als Muttersprache, und die Zahl derer, die Schwedisch außerhalb Skandinaviens als Fremdsprache sprechen, ist – im Vergleich zum Französischen – verschwindend gering, weshalb der Markt für anspruchsvolle schwedische Literatur äußerst klein ist. Ohne eine entsprechende staatliche Unterstützung könnte diese Literatur kaum überleben.

Die wirtschaftliche Entwicklung Ende der achtziger und Anfang der neunziger Jahre sowie der bereits angesprochene Umbau des Wohlfahrtsstaats haben allerdings auch eine Neuorientierung der kulturpolitischen Ziele erforderlich gemacht. In einem Grundsatzpapier vom 29. Januar 1996 macht der schwedische Kulturrat der Regierung folgende Vorschläge für ein neues Profil kulturpolitischer Ziele (Statens Kulturråd 1996:36ff.):

- Die Kulturpolitik an national einheitlichen Zielen orientieren:
  Die staatlichen kulturpolitischen Ziele sollen bindend sein auch für die Provinziallandtage (*landsting*), die Kommunen sowie alle kulturellen Organisationen. „Die Absicht ist, daß die Kultur auf eine völlig andere Weise als früher die Gesellschaft prägen sollte" (ebda. 37).
- Regionale und lokale Kulturinstitutionen stützen und vitalisieren:
  Durch eine Veränderung des Zuschußsystems sollen verstärkt künstlerische und kulturelle Qualität gefördert, unterschiedliche Besuchergruppen angesprochen, die regionale Verantwortung gestärkt sowie die Zusammenarbeit der verschiedenen Kulturbereiche gestärkt werden.
- Neue Medien und Informationstechniken in die Kulturpolitik einbeziehen:
  „Obwohl die Medien im Prinzip zum kulturpolitischen Umfeld gehören, war es eine Schwäche der Kulturpolitik, daß sich dies nicht in der praktischen Politik niedergeschlagen hat. Kulturpolitik und Medienpolitik haben sich in unterschiedliche Richtungen entwickelt" (ebda. 38). Der Kulturrat plädiert deshalb für eine „integrierte Kultur- und Medienpolitik" (ebda.). Dazu gehören nach Ansicht des Rats auch Multimedia und die neuen Informationstechniken. Angesichts der EU-Mitgliedschaft müßten alle Kultureinrichtungen in der Lage sein, über die neuen Informationstechniken ihre internationale Zusammenarbeit zu betreiben.
- Die beratenden Funktionen des Kulturrats bei der Förderung von Entwicklungs- und Veränderungsarbeiten stärken:

Die spartenspezifische Kompetenz des Kulturrats soll durch die Einrichtung von spartenorientierten Teilräten (z.B. Museumsrat) gestärkt werden.

Zusammen mit einer Reihe von Einzelmaßnahmen („Neue Prioritäten und Reformen") zeichnet sich damit eine Tendenz ab, die zentratstaatliche Steuerung – wenn auch über das Organ des Kulturrats – zu verstärken. Zwar sollen die kulturellen Aktivitäten in den Regionen und Kommunen des Landes verstärkt werden und beispielsweise neben Stockholm auch die Zentren Göteborg, Malmö und Umeå ausgebaut werden (ebda. 44), doch wird die Steuerung zentral beim Kulturrat verbleiben, womit das System eher dem Frankreichs mit der Organisation DRAC gleicht als der föderalen und kommunalen Dezentralität in Deutschland.

(2.2) Strukturen des Kulturbetriebs

Das zuletzt genannte kulturpolitische Ziel betrifft bereits die Strukturen des Kulturbetriebs in Schweden. Diese Strukturen sind vor allem bestimmt einerseits durch den Zentralstaat und andererseits durch Dezentralisierungprogramme in einer geographisch schwierigen Situation.

Eine einheitliche Besonderheit der staatlichen Verwaltung ist eine Aufgabenverlagerung von den Ministerien auf fachspezifische Zentralbehörden und auf die Bezirksverwaltungen/Provinziallandtage in den Regionen; selten einmal hat ein Ministerium mehr als 100 Mitarbeiter. Das trifft auch für das Kulturministerium zu, das nur etwa 30 Mitarbeiter umfaßt. Es konzentriert sich auf kulturpolitische Fragen und arbeitet dazu eng mit dem Kulturausschuß des Reichstags zusammen. Weiter erstellt es allgemeine Richtlinien für die Umsetzung kulturpolitischer Ziele und verwaltet das Budget für die Kulturförderung. Dagegen ist es dem Ministerium untersagt, qualitative Entscheidungen zu einzelnen Themen von Kunst und Kultur zu treffen, um damit Einfluß auf Inhalte zu nehmen.

Inhaltliche Fragen, wie sie beispielsweise immer in die Beurteilung von Zuschußanträgen einfließen, darf allein der Staatliche Kulturrat (*Statens Kulturråd*) erörtern. Diese bereits mehrfach erwähnte halbstaatliche Behörde untersteht unmittelbar dem Kulturministerium, genießt in der praktischen Arbeit aber große Freiheiten. Zwar ist der Rat an die vom Reichstag vorgegebenen kulturpolitischen Ziele und die vom Kulturministerium erlassenen Richtlinien gebunden, hat aber sowohl in Personal- und Managementfragen als auch in der Entscheidung über einzelne Fördermaßnahmen und Zuschußanträge gegenüber dem Ministerium freie Hand. Darüber hinaus erstellt der Kulturrat Gutachten und kulturpolitische Konzepte, berät den Reichstag und das Ministerium in kulturpolitischen Fragen und informiert die Öffentlichkeit durch eine selbständige Presse- und Öffentlichkeitsarbeit sowie durch eine Reihe von Publikationen.

Der Kulturrat besteht aus einem Vorsitzenden und zwölf Mitgliedern, die von der Regierung für die Dauer von drei Jahren ernannt werden; er kann weitere Fachleute hinzuziehen. Der Rat wird unterstützt von einem Verwaltungsapparat mit einem Direktor und wenig mehr als 50 Angestellten (Swedish Cultural Policy 1994:26f.).

Die Administration gliedert sich in sechs Abteilungen, aus denen sich die Arbeitsgebiete des Kulturrats ablesen lassen:

- Theater, Tanz, Musik;
- Bildende Kunst, Museen, Ausstellungen;
- Literatur, Öffentliche Bibliotheken und kulturelle Zeitschriften;
- Entwicklung (Statistik) und multikulturelle Angelegenheiten;
- Presse- und Öffentlichkeitsarbeit;
- zentrale Verwaltung.

Diesen Abteilungen sind nationale Einrichtungen nachgeordnet, wie beispielsweise die nationalen Theater, Orchester, Museen und Bibliotheken. Denkmalpflege und historische Museen (*Riksantikvarieämbetet och statens historika museer*), Archivwesen (*Riksarkivet*) und der Film (*Svenska Filminstitutet*) kennen eigene Institutionen, die zwar wesentlich kleiner, dem Kulturrat in seiner selbständigen Stellung aber vergleichbar sind.

Kommt vor allem in der Institution von *Statens Kulturråd* das zentrale Element zum Ausdruck, so findet die Dezentralität ihren Ausdruck in regionalen und kommunalen Zuständigkeiten. Wie schon erwähnt, ist die Dezentralisierung der staatlichen Daseinsvorsorge ein „Leitmotiv" (*Austrup* 1988:97) schwedischer Innenpolitik. Dabei geht es zunächst einmal um die Sicherung der Chancengleichheit auch in Regionen, die – wie der Norden Lapplands – mehr als 1.000 Straßenkilometer von der Hauptstadt entfernt sind, was eine kulturelle Versorgung beispielsweise mit Theater- und Orchestergastspielen nicht leicht macht. Mit einer kulturellen Daseinsvorsorge in den ländlichen Regionen verbinden sich aber auch wirtschaftspolitische Ziele, da die in den rohstoffreichen Regionen des Nordens dringend benötigten Arbeitskräfte häufig nur mit einem umfangreichen Kultur-, Bildungs- und Freizeitangebot gehalten werden können. Hier hat das dezentrale Kulturangebot seit den achtziger Jahren den Stellenwert eines Standortfaktors bekommen, was auch in kulturpolitischen Programmen immer wieder betont wird (*Fischer* 1990:148).

Für die Umsetzung der Dezentralisierung sind die Provinziallandtage und Bezirksverwaltungen zuständig, die nur eine begrenzte eigene Kompetenz besitzen und deshalb eher den deutschen Landkreisen als den Bundesländern vergleichbar sind. (Dafür spricht auch die Tatsache, daß die Zuständigkeiten sowohl der Provinziallandtage als auch der Kommunen seit 1992 im neuen Kommunalgesetz gemeinsam geregelt sind.) Doch unterhalten die Bezirke eigene Provinztheater, Provinzmuseen und Provinzmusikinstitute mit Orchestern. Auf der örtlichen Ebene gliedert sich das Land in 286 selbständige Kommunen, die u.a. auch für das Schulwesen und die Kultur zuständig sind. Doch sowohl den Provinziallandtagen als auch den Kommunen werden sehr viele Aufgaben von staatlicher Seite vorgegeben; sie können häufig nur noch über die Art und Weise der Ausführung der Aufgaben selbst entscheiden.

Eine schwedische Besonderheit sind staatliche Organisationen, die ausschließlich für dezentrale Zwecke geschaffen wurden und die organisatorisch an den staatlichen Kulturrat angebunden sind. Dazu gehören das Schwedische Tourneetheaterzentrum (*Svenska Riksteatern*), das Schwedische Konzertinstitut (*Svenska Rikskonserter*) sowie das Zentrum für Wanderausstellungen (*Riksutställningar*). Diese Institute haben die Aufgabe, vorrangig in den Provinzen aufzutreten, damit auch dort ein qualitativ hochwertiges Programm angeboten werden kann. Während in Frankreich (z.B. FRAC, FRAM und CDN) oder in Deutschland (z.B. die Landesbühnen) die dezentral orientierten Institutionen fest in der Region verankert sind, wird Schweden gleichsam von Stockholm aus bedient, was angesichts der geringen Besiedlung des Landes sicherlich auch sinnvoll ist.

Doch darf nicht übersehen werden, daß der Kulturbetrieb nicht nur aus staatlichen Initiativen besteht, sondern auch über ein reiches kommunales und auch frei organisiertes Kulturangebot verfügt (*Heinrichs* 1995:18ff.). In allen selbständigen Kommunen gibt es gute öffentliche Bibliotheken, die häufig noch durch Fahrbibliotheken ergänzt werden. Volkshochschulen – sie wurden schon erwähnt – gehören schon seit den dreißiger Jahren zum festen Bestand kommunaler Kulturangebote. Zahlreiche Heimatmuseen, die von örtlichen Vereinen geführt werden, und bemerkenswert gut ausgestattete Bezirksmuseen (*Länsmuseum*) ergänzen die kulturelle Grundversorgung. Zudem zählt man 26 feste Theaterhäuser, neben den genannten staatlichen Theatern, sowie etwa 40 weitere Häuser freier Theatergruppen. Ähnliche Größenordnungen, die ein breit gefächertes Kulturangebot belegen, ließen sich auch für den Musik- und Kunstbereich nennen.

Der kommerzielle Kulturbetrieb konzentriert sich vorrangig auf das Film- und Videoangebot, die Herstellung und den Vertrieb von Tonträgern, die Produktion und den Handel mit Musikinstrumenten und Musikalien, den Buchmarkt sowie den Kunsthandel. Doch werden auch diese Bereiche – anders als in Deutschland – teilweise sehr stark aus öffentlichen Mitteln gefördert, um auch hier das Ziel einer dezentralen Kulturpolitik umsetzen zu können.

In jüngster Zeit gibt es auch in Schweden Bestrebungen, die betrieblichen Strukturen öffentlicher Kultureinrichtungen effizienter zu gestalten. Neben einer verbesserten Steuerung über Instrumente der Bezuschussung (z.B. Projektförderung), wie sie 1996 von *Statens Kulturråd* vorgeschlagen wurden (Statens Kulturråd 1996:38f.), wird vor allem auf eine formelle Privatisierung gesetzt. Bevorzugt wird hier die Umwandlung der staatlichen und kommunalen Regiebetriebe in Aktiengesellschaften (*AB = aktiebolag*), da nach schwedischem Recht bereits ein Aktienkapital von 50.000 SEK[3] für die Errichtung einer Aktiengesellschaft ausreicht (in Deutschland 100.000 DM). So wurde beispielsweise das Stadttheater Malmö 1992 umgewandelt in die *Malmö Musik och Teater AB*. 1994 wurde das Theater einer Holding zugeführt mit den Tochtergesellschaften Sinfonieorchester, Musiktheater, Schauspiel und Messehalle (*Sjögren* 1994:113f.). Doch zeigen sich bereits die ersten Probleme einer rein privatwirtschaftlichen Betriebsform. Das Königliche Dramatische Theater Stockholm (*Dramaten*), das ebenfalls als Aktiengesellschaft geführt wird, hat Kredite im Umfang von 30 Mio. SEK (etwa 6,9 Mio. DM) aufgenommen, um teure Inszenierungen finanzieren zu können. Im Sommer 1995 lag der Schuldenstand bereits siebenhundertfünzigmal höher als das Eigenkapital, das – so der Kommentar einer Wirtschaftszeitung – dem einer „Wurstbude“ entspricht (FAZ vom 11.9.96). Im April 1997 mußte denn auch der Staat mit einem Kredit über 5,5 Mio. DM einspringen, um die Aktiengesellschaft vor dem drohenden Konkurs zu bewahren (FAZ vom 15.4.97). Es bleibt abzuwarten, welche Erfahrungen man in Schweden mit dieser radikalen Privatisierung macht; im Augenblick jedenfalls kann sie kaum als Anregung für eine Reform der Theaterbetriebsformen dienen.

(2.3) Instrumente der Kulturfinanzierung

Angesichts der dominierenden staatlichen Kulturförderung und der zentralistisch ausgerichteten Steuerungsinstrumente kann es nicht überraschen, daß der öffentlichen Kulturfinanzierung in Schweden ein

[3] 1 schwedische Krone (SEK) entspricht 0,23 DM (Stand Januar 1997).

hoher Stellenwert zukommt. Insgesamt stellte die öffentliche Hand in Schweden im Rechnungsjahr 1993/94 (1.7.–30.6.) ca. 12 Mrd. SEK für kulturelle Aufgaben (einschließlich Rundfunk und Pressemedien) bereit. Diese Summe verteilte sich wie folgt:

Staatliche/kommunale Ebene	**Beträge in Mio. SEK**	**Anteile in vom Hundert**
Zentralstaat	3.900	32,4
Bezirksverwaltung/Provinziallandtage	1.145	9,5
Kommunen	6.995	58,1
Summen	**12.040**	**100,0**

Tab. 3: Kulturausgaben der öffentlichen Hand in Schweden 1993/94 (Swedish Cultural Policy 1994:23)

Von den staatlichen Ausgaben entfallen etwa 80 % auf zentralstaatliche Einrichtungen, 20 % dienen der Kulturförderung in den Provinzen. Etwa ein Drittel der staatlichen Kulturausgaben wird von *Statens Kulturråd* verwaltet. Um den begünstigten Kultureinrichtungen wenigstens eine mittelfristige Finanzsicherheit zu gewährleisten, wird ein Bezuschussungsplan jeweils für einen Zeitraum von drei Jahren vorgelegt und vom Reichstag verabschiedet (letzter Dreijahresplan für den Zeitraum 1997–1999, Statens Kulturråd 1996). Dadurch können sprunghafte Veränderungen in der Finanzsituation der Kultureinrichtungen, wie sie in letzter Zeit in Deutschland immer wieder zu beklagen sind, weitgehend vermieden werden. Zudem enthält jeder Dreijahresplan einen ausgeklügelten Schlüssel zur Mittelverteilung, der zwar wenig den Vorstellungen von einer flexiblen Verwaltung entsprechen mag, aber sich doch sehr gut in die schwedische Tradition systematischer Stringenz und Ordnung einfügt.

Von den 3.900 Mio. SEK zentralstaatlicher Mittel entfallen mehr als 600 Mio. SEK auf die staatlichen Theater *Operan, Dramaten* und *Svenska Riksteatern*; ca. 370 Mio. SEK fließen als Zuschüsse an andere Theater. Damit erfolgt die Theaterfinanzierung in hohem Maße aus staatlichen Mitteln; im kommunalen Haushalt fallen die Theater dagegen nicht so sehr ins Gewicht. In den Kommunen dominieren die Ausgaben für Bibliotheken (38 %) und Musikschulen (16 %), was wiederum die Bedeutung der kulturellen Bildung in der schwedischen Kulturpolitik unterstreicht (zum Vergleich: in den kommunalen Kulturetats in Deutschland stehen die Theater eindeutig an der Spitze der Ausgabenpositionen; ihr Anteil am Kulturetat beträgt nach der Statistik der Kultusministerkonferenz mehr als 40 %).

Von den übrigen Ausgabepositionen im Etat von *Statens Kulturråd* sind noch zu nennen 500 Mio. SEK an Museen und Ausstellungen sowie fast 200 Mio. SEK an einzelne Künstler und Schriftsteller. Letzteres gehört wieder zu den – bereits erwähnten – schwedischen Besonderheiten: Angesichts des relativ kleinen schwedischen Marktes unterstützt der schwedische Staat jährlich etwa 150 freischaffende Künstler, Komponisten und Schriftsteller mit sogenannten Künstlerehrengehältern. Darüber hinaus kennt man auch in Schweden Bibliotheksabgaben und Verwertungsrechte aus dem Urheberrecht zur Sicherung des Einkommens von Schriftstellern, Komponisten und Musikern.

Die dezentral ausgerichtete Kulturförderung bezieht sich nicht nur auf staatliche und kommunale Einrichtungen, sondern auch auf privatwirtschaftliche Kulturbetriebe. Um auch im ländlichen Raum eine Versorgung mit Buchhandlungen sowie mit Zeitungen und Zeitschriften sicherzustellen, werden Buchläden, die anspruchsvolle schwedische Literatur führen, mit jährlich 5 Mio. SEK unterstützt. Außerhalb dezentral ausgerichteter Programme kennt man auch eine Förderung kommerzieller Verlage. Weil Buchveröffentlichungen für den kleinen schwedischen Markt sich nur selten allein aus Verkaufserlösen finanzieren lassen, unterstützt der schwedische Staat die Publikation schwedischer Bücher mit jährlich 33 Mio. SEK (pro Buch etwa 5000 DM). Dieser unmittelbare staatliche Eingriff in den Buchmarkt ist die schwedische Alternative zum deutschen System der Buchpreisbindung, die 1970 in Schweden aufgegeben wurde. Leider hat sich dieser Weg aber als wenig sinnvoll erwiesen; trotz hoher staatlicher Subventionen sind schwedische Bücher – so der Informationsdienst *Books abroad* – die teuersten Bücher der Welt.

Um so mehr muß es überraschen, daß man in Schweden angesichts eines kaum lebensfähigen Buchmarktes die verbindlichen Vereinbarungen zwischen Autoren- und Verlegerverband, wie man sie auch in Deutschland kennt, aufgekündigt hat. Autoren drucken und verlegen ihre Werke nun teilweise selbst; die Direktbestellung beim Autor ersetzt vielfach schon den Buchhandel. Die FAZ spricht bereits vom „Wilden Westen des Verlagsgewerbes" (FAZ vom 21.1.97), weil Strukturen zusammenbrechen und Buchverlage Konkurs anmelden müssen. Einem gedeihlichen und auf Dauer angelegten Literaturbetrieb dürfte dieses Prinzip des Jeder-gegen-Jeden kaum von Nutzen sein.

Die Subventionierung der kommerziellen Kulturwirtschaft dient nicht zuletzt der bereits angesprochenen Qualitätsförderung. Das zeigt sich vor allem auch im Bereich Rundfunk und Pressewesen. Von den mehr als 600 Mio. SEK, mit denen *Statens Kulturråd* u.a. den staatlichen Hörfunk unterstützt, fließt auch ein erheblicher Anteil in den privatwirtschaftlichen Zeitungs- und Zeitschriftenmarkt (alle Angaben nach Swedish Cultural Policy 1994:22ff.).

Die großzügige finanzielle Förderung des kulturellen Lebens schlägt sich entsprechend in einer gesamtwirtschaftlichen Rechnung nieder. Nach Berechnungen von *Statens Kulturråd* werden 30 % aller Umsätze im kulturellen Bereich aus öffentlichen Mitteln finanziert (Swedish Cultural Policy 1994:22f.). Das ist ein recht hoher Anteil, wenn man berücksichtigt, daß in diese volkswirtschaftliche Gesamtrechnung auch das privatwirtschaftliche Verlagswesen, der Buchhandel, die Filmwirtschaft, die Produktion und der Handel mit Musikinstrumenten sowie aller vor- und nachgelagerten Bereiche der Industrie und des Handels einbezogen werden. Nach vorsichtigen Schätzungen liegt der Vergleichswert in Deutschland bei etwa 15 % (*Heinrichs* 1993:74), macht also gerade einmal die Hälfte des schwedischen Anteils aus.

Alle Angebote in öffentlichen Kultureinrichtungen werden überwiegend aus Zuschüssen der staatlichen und kommunalen Haushalte finanziert. Die Nutzung der Bibliotheken, Museen, Volkshochschulen und Musikschulen ist frei oder steht gegen eine vergleichsweise geringe Gebühr zur Verfügung. Andere Einnahmequellen gibt es kaum, was angesichts der großzügigen Finanzierung durch Staat und Kommunen auch nicht verwundern kann.

Einem Sponsoring oder anderen Formen einer privaten Finanzierung steht man noch relativ zurückhaltend gegenüber. Zwar wird die Notwendigkeit für Sponsoring und beispielsweise für Kulturstiftungen erkannt, doch sind die bestehenden Steuergesetze noch wenig geeignet, Anreize für ein privatwirtschaftliches Engagement zu bieten. *Statens Kulturråd* fordert deshalb eine Änderung der Steuergesetze und des Stiftungsrechts. Ausdrücklich macht man darauf aufmerksam, daß eine steuerliche Begünstigung von Kulturstiftungen kostenneutral verlaufen würde, weil die steuerlichen Mindereinnahmen zu Mehreinnahmen bei den begünstigten Kultureinrichtungen führen würden (Statens Kulturråd 1996:46f.).

Trotz relativ unbefriedigender Rahmenbedingungen haben sich Wirtschaft und Kultur inzwischen zu einem „Verein für Kultur und Wirtschaft" (*Föreningen Kultur och Näringsliv*) zusammengschlossen, der auch Mitglied in der europäischen Organisation CEREC (*Comité Européen pour le Rapprochement de l'Economie et de la Culture*) ist. Die 150 Mitglieder des Vereins haben 1995 insgesamt etwa 150 bis 175 Mio. SEK an Kultursponsoring aufgebracht (briefliche Auskunft der Geschäftsführerin *Carin Adlén* vom 26.2.97).

Zusammenfassend kann man festhalten, daß die schwedische Kulturpolitik sehr stark von übergeordneten Ziele bestimmt ist. Im Vordergrund steht einerseits der Erhalt bzw. der weitere Ausbau des Wohlfahrtsstaats sowie andererseits die Sicherung von Chancengleichheit in dem sehr weiträumigen und dünn besiedelten Land. Der hohe Stellenwert von Angeboten der kulturellen Bildung wird dadurch ebenso verständlich wie die staatliche Förderung kommerzieller Verlage und Buchhandlungen.

Strukturell ist die Mittelinstanz von *Statens Kulturråd* in dem zentralistisch regierten Land von besonderem Interesse. Durch diese weitgehend selbständige und von Weisungen der Regierung unabhängige Instanz kann die Freiheit von Kunst und Kultur auf vorbildliche Weise gesichert werden. Während Reichstag und Reichsregierung die kulturpolitischen Ziele im Sinne eines strategischen Managements vorgeben, ist *Statens Kulturråd* selbständig für die operative Umsetzung der strategischen Ziele verantwortlich. Durch die verbindliche Vereinbarung von Dreijahresplänen kann zudem eine mittelfristige Finanzsicherheit gewährleistet werden.

Das ist der entscheidende Unterschied zu den Mittelinstanzen, wie man sie auch in Frankreich kennt (DRAC, FRAC, FRAM, CDN usw.): Zwar sind die französischen Organisationen „vor Ort" vertreten und damit näher am dezentralen Geschehen, aber der schwedische Kulturrat besitzt den unschätzbaren Vorteil einer größeren Staatsferne. Während nämlich die französischen Instanzen unmittelbar dem Kulturministerium unterstehen und an Weisungen gebunden sind, ist *Statens Kulturråd* ausdrücklich von Weisungen frei. Er bildet damit eine vorbildliche Mittelinstanz zwischen den politischen Interessen der Regierung und den kulturellen Interessen der Künstler, der kulturellen Einrichtungen und des Publikums.

Bedenklich stimmt dagegen die aktuelle Tendenz zu einer recht radikalen Privatisierung großer Kultureinrichtungen. Ohne eine entsprechende „Abfederung" durch die öffentliche Hand wird die Umwandlung beispielsweise von Theatern in privatrechtliche Aktiengesellschaften kaum von dauerhaftem Erfolg sein können. Da man sich zudem erst spät – mit zeitlicher Verzögerung gegenüber anderen Staaten – dem Bereich privater ergänzender Finanzierung durch Sponsoring, Fund raising usw. zu öffnen scheint, dürfte die Kulturfinanzierung in Schweden noch etliche Jahre im wesentlichen davon abhängen, ob die schwedische Wirtschaft nach den steuerlichen und sozialrechtlichen Reformen der frühen neunziger Jahre wieder Tritt fassen wird. Das aber erschwert die für ein Kulturleben unverzichtbare Kontinuität kultureller Einrichtungen und Angebote.

2.3 Großbritannien: Das Prinzip der Armlängen-Distanz

Weit stärker als alle anderen der hier im Kontext von Kulturpolitik und Kulturfinanzierung beschriebenen Staaten ist Großbritannien zumindest auf den ersten Blick durch Tradition und die Pflege des kulturellen Erbes bestimmt. Relativ starre gesellschaftliche Zuordnungen, tradierte Wert- und Verhaltensmuster sowie ein in Jahrhunderten erworbenes Selbstbewußtsein bestimmen das Bild, das der Fremde mitbringt oder auch bei seinen ersten Besuchen in der Regel aufnimmt. Doch damit ist das Land nur zur Hälfte charakterisiert, denn Großbritannien ist auch das Land der Industrialisierung des 19.Jahrhunderts, des ökonomischen Liberalismus, der modernen naturwissenschaftlich-empirischen Forschung sowie – diesen Akzent sollte man vielleicht aus kulturellem Blickwinkel setzen – das Ursprungsland der Pop- und Beatmusik.

Großbritannien – und hier vor allem der englische Teil – zeichnet sich aus durch eine belebende Spannung zwischen Tradition und Moderne, wobei das für den Fremden Angenehme und Reizvolle wohl darin bestehen dürfte, daß diese Spannung nicht immer und überall ausgetragen werden muß. Tradition und Moderne passen weit besser zusammen, als dies der Außenstehende vermuten wird. Folglich verstößt die Verleihung eines hohen aristokratischen Ordens an einen Pop-Star aus den Arbeitervierteln von Liverpool nicht gegen irgendwelche ungeschriebenen Gesetze.

Dieses Nebeneinander von Tradition und Moderne schlägt sich auch in der Kulturpolitik und im Kulturbetrieb nieder. Geschichtsträchtigen Schlössern und Gärten stehen postmoderne Bauten von *James Stirling* gegenüber; die mit Inbrunst gepflegte Kunst der walisischen Männerchöre schreckt nicht zurück vor einer florierenden Musical-Szene.

(1) Kulturelle Traditionen und Werte

Ähnlich wie in Frankreich ist auch in Großbritannien die im Wissenschafts-, Bildungs- und Kulturbetrieb gepflegte Denkweise durch den Beginn der Moderne bestimmt. Wird in Frankreich vor allem *Descartes* als der Begründer des modernen Rationalismus gesehen, so steht in Großbritannien *David Hume* (1711–1776) für neuzeitliche Entwicklungen. Während aber *Descartes* sich auf die Deduktion, die geistvolle und intellektuelle Erschließung eines Gedankens aus dem Allgemeinen konzentrierte, lehnte *Hume* jede Erkenntnis ab, die sich nicht auf wiederholte Erfahrung stützt. Vielmehr komme es darauf an, aus empirisch gefundenen Erscheinungen auf wenige unableitbare Ursachen zu schließen, also induktiv aus dem Besonderen einer Vielzahl von Erscheinungen das Allgemeine zu folgern. Im berühmten Schlußsatz seiner „Untersuchung über den menschlichen Verstand" fordert *Hume* den Leser auf, irgendein beliebiges Buch der Schulmetaphysik oder der Gotteslehre aus dem Bücherregal zu greifen und zu fragen: „Enthält er irgend einen abstrakten Gedankengang über Größe oder Zahl? Nein. Enthält er irgend einen auf Erfahrung gestützten Gedankengang über Tatsachen und Dasein? Nein. Nun, so werft ihn ins Feuer, denn er kann nichts als Blendwerk und Täuschung enthalten" (*Hume* 1748/1973:193).

Hume und das in seiner Tradition stehende wissenschaftliche Denken stützen sich auf einen empirisch fundierten Rationalismus und unterscheiden sich damit deutlich sowohl von der intellektuellen Rationalität, wie sie in Frankreich gepflegt wird, als auch von der abstrakten Vernunft, wie sie in der deutschen Wissenschaftstradition im Vordergrund steht. „Das englische Verständnis der Rationalität ist weit entfernt von philosophischer Abstraktion, Systematik und Deduktion, aber auch von schöpferischer Originalität. Das kommt schon im englischen Begriff *Reason* zum Ausdruck. Er bezeichnet weder eine ideelle und universelle Vernunft noch eine deduktive und scharfsinnig vorgehende noch eine rein technische Rationalität. *Reason* beruht mehr auf dem Gebrauch der praktischen Erfahrung und auf dem gemeinhin Einsichtigen. Prüfungskriterium ist nicht die logische Beweisbarkeit einer These und ihre Universalisierbarkeit, sondern die gemeinsame Erfahrung innerhalb einer Kommunikationsgemeinschaft" (*Münch* 1993:197).

Die von *Hume* bevorzugte induktive Methode ist die Grundlage der empirischen Naturwissenschaften. Es kann deshalb kaum überraschen, daß vor allem im 19.Jahrhundert britische Forscher die Naturwissenschaften dominierten. Bekanntester Vertreter ist hier sicherlich *Charles R. Darwin* (1809–1882), der seine Evolutionstheorie aus systematischen Beobachtungen der Tierwelt entwickelte. Dagegen haben sich hermeneutische Methoden, wie sie in Deutschland in den Geisteswissenschaften bevorzugt werden, im britischen Wissenschaftsbetrieb nie wirklich durchsetzen können. Geisteswissenschaften „werden als *Liberal Arts* deutlich von den *Sciences* getrennt. Die Kultivierung des Menschen steht ihnen näher als die Erkenntnis einer abstrakten Wahrheit. Charakteristisch für die empirische Orientierung des englischen Denkens ist auch die Art und Weise, in der heute die Philosophie betrieben wird. Der *Ordinary language approach* interessiert sich nicht für abstrakte Ideen, sondern für die Sprache des Alltags.

Auch die Soziologie ist seit ihren Anfängen bis heute, empirische, auf Statistik aufbauende und praktischen Problemen, z.B. der Lage der Arbeiterklasse, zugewandte Soziologie" (ebda. 200). Es ist sicherlich nicht überzogen, wenn man die hervorragende Ausstattung des *British Museum* in London und anderer bedeutender Museen in Großbritannien mit der Neigung zur empirischen und systematischen Erfassung von Phänomenen in Zusammenhang bringt.

Neben der Bevorzugung induktiver und empirischer Methoden ist noch eine andere Besonderheit hervorzuheben, die ebenfalls die Denk- und Handlungsweise in Großbritannien bis heute maßgeblich beeinflußt, nämlich der ökonomische Liberalismus. Im auf *David Hume* zurückgehenden, vor allem aber von *Adam Smith* (1723–1790), *John Stewart Mill* (1806–1873) und anderen entwickelten klassischen Liberalismus „ist ein freier Leistungswettbewerb die dominierende gesellschaftliche Anreiz-, Steuerungs- und Kontrollinstitution. Die klassische Lehre (entstand) in der Auseinandersetzung mit dem Absolutismus des 18. Jahrhunderts und seiner Wirtschaftspolitik des Merkantilismus" (Vahlens Kompendium II/1995:245). Darin wurde „der Wohlstand eines Volkes gleichgesetzt mit dem Reichtum, der Macht und dem Ansehen seines Herrschers" (ebda.).

Smith und *Mill* fordern statt dessen, daß sich der Staat – vor allem in wirtschaftlichen Angelegenheiten – möglichst nicht einmischen sollte. „Im allgemeinen gibt es niemanden, der so geeignet ist, ein Geschäft zu leiten oder zu bestimmen, wie oder durch wen es geleitet werden soll, als diejenigen, die an ihm persönlich interessiert sind. Dies Prinzip verurteilt die einst so häufigen Eingriffe der Gesetzgebung oder der Vertreter der Regierung in die gewöhnlichen Arbeitsgänge der Industrie" (*Mill* 1859/1969:131). „Der Staat hat also vor allem Schutzfunktionen für die Wirtschaft; nicht sie ist für den Staat da, sondern der Staat für sie" (*Noack* 1978:76).

Nach dem Verständnis des ökonomischen Liberalismus kommt dem Staat allein die Aufgabe zu, Rahmenbedingungen zu schaffen, um beispielsweise die Gewerbefreiheit zu sichern oder Regeln für die Abfassung und Einhaltung von Verträgen aufzustellen. Dagegen sollte sich der Staat aus Entscheidungen und Handlungen, die unmittelbar den Wirtschaftsprozeß betreffen, weitgehend heraushalten.

Wie sich noch zeigen wird, hat sich diese wirtschaftliche Maxime auch auf den Kulturbetrieb niedergeschlagen. Auch hier hält sich der Staat weit mehr zurück, als man dies aus Deutschland, Frankreich oder Schweden kennt. Die britische Kulturpolitik ist vorrangig darauf ausgerichtet, Rahmenbedingungen für privatrechtliche Strukturen im

Kulturbetrieb zu schaffen; eine Umsetzung inhaltlicher kulturpolitischer Ziele durch staatliche Einrichtungen steht ihr weitgehend fern.

Zu den Traditionslinien, die den heutigen Kulturbetrieb Großbritanniens beeinflussen, gehört auch der Puritanismus. Die englischen Puritaner waren Anhänger einer kirchlichen Reformbewegung, die ab der Mitte des 16. Jahrhunderts versuchte, die anglikanische Kirche von katholischen bzw. papistischen Elementen zu reinigen. Sie waren zunächst schweren Verfolgungen ausgesetzt, weshalb es zu großen Auswanderungswellen nach Nordamerika kam. Doch mit dem Sieg des Puritaners *Oliver Cromwell* (1599–1658) über das britische Königshaus erlangten sie großen politischen Einfluß, der zwar während der Restauration unter *Maria Stuart* (1542–1587) zurückgedrängt wurde, nach dem Toleranzedikt von 1689 aber wieder auflebte.

Der Puritanismus ist vor allem durch eine strenge und gottesfürchtige Ethik geprägt, die zur Erlangung des Heils von den Menschen Selbstzucht und Enthaltsamkeit verlangt. Eine solche Grundhaltung schließt selbstverständlich jede Form von Unterhaltung aus, weshalb Theater, Tanz, unterhaltende Musik und eine dekorative oder sogar sinnenfrohe Malerei entschieden abgelehnt wurden. Für *Johann Calvin* (1509–1564), auf den sich der Puritanismus vor allem beruft, bestand kein Unterschied zwischen „der Anbetung eines Bildes und dem Wohlgefallen an einem Kunstwerk" (*Hauser* 1953:403). Die geradezu fanatische Ablehnung vor allem des Theaters zwang selbst Shakespeare dazu, vorübergehend sein Theater zu schließen (ebda. 441). Lediglich die Porträtmalerei der Alten Meister fand als einzige Kunstform Gnade vor der strengen puritanischen Ethik.

Wie das zuvor vorgestellte Schweden ist auch Großbritannien eine Monarchie. Doch anders als in Schweden, wo der Adel unterhalb der Ebene des Königshauses selbst in der sogenannten „Regenbogenpresse" kaum noch eine Rolle spielt, sind im Vereinigten Königreich die adligen Familien nach wie vor im öffentlichen Leben präsent. Das mag einerseits damit zusammenhängen, daß man in Großbritannien das *House of Lords* als zweite parlamentarische Kammer kennt, wie es sie in Schweden nicht gibt, dürfte andererseits aber auch in der britischen Pflege von Traditionen begründet sein. Dem britischen Adel ist es gelungen, seine Position als gesellschaftliche Oberschicht bis heute zu bewahren und sich durch Vermögen, Einfluß und Lebensstil weitgehend von den anderen Gesellschaftsschichten abzusetzen.

Eine Einschränkung ist zu dieser Feststellung lediglich insofern zu machen, als es dem mit der Industrialisierung im 19. Jahrhundert aufkommenden Großbürgertum zumindest teilweise gelungen ist, mit der herausgehobenen Position des Adels gleichzuziehen. Die reichen bürgerlichen Großindustriellen übernahmen im 19. Jahrhundert den Lebensstil des Adels und wurden damit zu einer Art „Geldadel", während umgekehrt der Adel zur Sicherung seines Vermögens vom Bürgertum das liberale und pragmatische Wirtschaften übernahm. Im Bild des *Gentleman*, der immer auch Geschäftsmann ist, sind die aristokratische Lebenshaltung und der ökonomisch-pragmatische Rationalismus am deutlichsten vereinigt.

Gestützt wird diese gesellschaftliche Dominanz von Aristokratie und Großbürgertum durch ein zweigeteiltes Schul- und Bildungssystem mit öffentlichen (vor allem als *Comprehensive School*) und privaten Schulen (*Public School*). „'Klasse' wird in Großbritannien weniger durch den Beruf als durch Sprache, Schule und Universität geprägt. Wer die herausragende Rolle der Privatschulen nicht kennt, kann die englische Klassengliederung nicht verstehen. In diskreter Umkehrung der Tatsache, daß sie privat sind und sehr hohe Schulgebühren erfordern, wird die Elite unter den zumeist als Internate geführten Privatschulen aus historischen Gründen *Public Schools* genannt. Sie verbinden die Exklusivität des plutokratischen Prinzips sehr hoher Studiengebühren mit der Exzellenz des meritokratischen Prinzips strenger Aufnahmeprüfungen. Tagesschüler zahlen zwischen 6.000 und 12.000 DM Schulgeld jährlich, Internatsschüler, die hier den Oberklassenakzent erlernen und Freundschaften für das *Old Boys' Network* ihres Lebens knüpfen, das Doppelte" (*Döring* 1993:43).

Das Bildungssystem hat eher konservative Gesellschaftsstrukturen zur Folge; es ist mehr auf den Erhalt der Strukturen als auf deren Veränderung ausgerichtet. Aus der deduktiv gewonnenen großen Idee kann der Funke zur Revolution entstehen, aber aus der empirischen Beobachtung von Phänomen wohl kaum. „Auch die Industrielle Revolution, die das Land an die Spitze des damaligen Fortschritts gebracht hat, verlief im Vergleich zu anderen Ländern, die Großbritannien nachfolgten, eher gemächlich. Großbritannien war ein träger Pionier der industriellen Moderne und hat vormoderne Elemente vielfach bewahrt. Darin liegen seine Probleme und inneren Widersprüche, darin liegt aber auch sein Erfahrungsreichtum" (*Niedhart* 1992:35).

Die konservativen Strukturen führen zu einer Festigung von Klassenunterschieden. Auch im heutigen Großbritannien ist das Erkennen der Oberklasse (Aristokratie, Großbürgertum), der Mittelklasse (mittleres Management, Selbständige, Akademiker) und der Arbeiterklasse selbst für einen Ausländer relativ leicht. Sie unterscheiden sich deutlich durch ihr Auftreten, ihren Habitus und nicht zuletzt durch ihre

Sprache und ihren Akzent. Für die kulturellen Interessen und Verhaltensweisen ergibt sich daraus eine klare Trennung zwischen einer Elitekultur und einer Massenkultur. Während die Ober- und Mittelschicht Theater, Kunst und Literatur sowie Sportarten wie Reiten, Kricket und Tennis bevorzugen, favorisiert die Arbeiterschicht Männergesangvereine, Fußballspiel, Brieftaubenzucht und Windhunderennen (*Münch* 1993:241). In keinem der hier vorgestellten Länder ist die Trennung der Klassen in der unterschiedlichen Kultur- und Freizeitgestaltung so deutlich wie in Großbritannien.

Allerdings sind die Klassen wiederum nicht so stark voneinander getrennt, daß es zu unüberbrückbaren sozialen Spannungen kommen oder man sogar von einer „Ausbeutung" der Arbeiterklasse sprechen könnte. Dem steht das Erziehungswesen entgegen, das ganz wesentlich auf ein *fair play* ausgerichtet ist. Im Verständnis der Oberschicht steht auch der Arbeiterschaft ein fairer Anteil am gesellschaftlichen Wohlstand zu. „Lohnpolitik und Sozialpolitik sind daran orientiert. Sie zielen nicht auf vollkommene Gleichheit, sondern auf Verbesserungen des Lebensstandards der unteren Schichten im Sinne ihres fairen Anteils am gesellschaftlichen Reichtum" (*Münch* 1993:248). Daß es dennoch immer wieder zu Arbeitskämpfen mit langen Streiks kommt, widerspricht zwar nicht der – aus deren Sicht – fairen Einstellung der Oberschicht, macht aber doch deutlich, wie groß das soziale Gefälle in Wirklichkeit ist.

„Historische Tradition versus Modernisierung – dies ist eine Problemstellung, die Großbritannien anders als zum Beispiel die Bundesrepublik seit dem Zweiten Weltkrieg vor große Herausforderungen gestellt hat. Lange stand Großbritannien an der Spitze der Weltentwicklung, lange konnte man vom historischen Kapital zehren. Wenn aber historisch vertraute und eingeübte Antworten und Methoden (Pragmatismus statt Systemdenken, fallweise Entscheidungen und *muddling through* statt Planung) versagen, kann Geschichtsbewußtsein zum ‚Eskapismus' werden, kann Großbritannien ‚Opfer der Kontinuität' werden. Ruhmreiche Vergangenheit, aus der Selbstbewußtsein erwächst, und ‚englische Krankheit' (niedrige und nicht immer qualitätvolle Produktivität, Militanz in den Arbeitsbeziehungen) hängen offensichtlich zusammen" (*Niedhart* 1992:34f.).

(2) Ordnungen und Instrumente des Kulturbetriebs

Der kurze Blick auf Traditionen und Wertekategorien hat gezeigt, daß die traditionellen Klassenstrukturen relativ fest gefügt sind und damit ein breites und für alle Bevölkerungsschichten einheitliches Kulturinteresse nicht besteht. Vielmehr konzentrieren sich Adel und Oberschicht auf die Pflege der Künste, was nicht zuletzt in der Denkmalpflege der zahlreichen Schlösser und Herrenhäuser zum Ausdruck kommt, während die Arbeiterschaft an einer Kultur teilhat, die die sozialen Elemente unterstreicht und in hohem Maße von der Eigenorganisation und der ehrenamtlichen Mitarbeit lebt.

Kann aus dieser Konstellation schon kaum eine Nachfrage entstehen, so fördert das Selbstverständnis des Staates andererseits auch kein Angebot. Der ökonomische Liberalismus sieht es nicht als Aufgabe des Staates an, in Angelegenheiten von Kunst und Kultur selbst handelnd tätig zu werden. Hinzu kommt, daß auch der Puritanismus, der in England lange Zeit großen Einfluß auf das öffentliche Leben hatte, Kunstformen wie Theater und Ballett sowie einer dekorativen Malerei ablehnend gegenüberstand. Es gab folglich kaum einen Anlaß, Kunst und Kultur von staatlicher oder kommunaler Seite zu fördern. Und in der Tat ist die heutige, im Vergleich zu Frankreich, Deutschland und Schweden eher bescheidene öffentliche Kulturförderung Großbritanniens im wesentlichen erst nach dem Zweiten Weltkrieg entstanden, als die hier genannten Traditionslinien zumindest ansatzweise ein wenig von ihrer übergroßen Dominanz einbüßten.

Einzig das Museumswesen hat in der öffentlichen Kulturförderung schon immer eine gewisse Bedeutung gehabt. Das ist erstens auf das persönliche Interesse des Adels zurückzuführen, dem die Pflege des von seinen Vorfahren geschaffenen kulturellen Erbes schon immer ein Anliegen war. Zweitens entspricht vor allem das naturkundliche und ethnologische Museum sehr genau dem empirisch geprägten britischen Wissenschaftsverständns. Drittens war das Sammeln Alter Meister oder von Exponaten aus der Geschichte der Völker eine der wenigen Praktiken im Kulturbetrieb, die nicht auf den Widerstand der Puritaner stießen. Und nicht zuletzt eigneten sich die Museen im 18. und 19. Jahrhundert hervorragend zur Dokumentation und Zurschaustellung der Rolle Großbritanniens als führende Kolonialmacht. Es kann deshalb nicht überraschen, daß in der britischen Kulturförderung die Museen sowohl in ihrem Stellenwert als auch im Umfang der Bezuschussung an der Sitze aller Kultursparten stehen, während dieser Platz in anderen Ländern in der Regel vom Theater eingenommen wird (*Becker* 1996:2).

Aus dieser Konstellation, die kaum mit der in Frankreich, Schweden oder Deutschland vergleichbar ist, ergeben sich zwangsläufig Konsequenzen für die kulturpolitischen Ziele, für die Strukturen des Kulturbetriebs sowie natürlich auch für die Instrumente der Kulturfinanzierung.

(2.1) Kulturpolitische Ziele

Wenn es in Großbritannien überhaupt eine Kontinuität kulturpolitischer Ziele gibt, dann betrifft dies zuerst die Denkmalpflege der zahlreichen Schlösser, Herrenhäuser und Parkanlagen, in denen die Geschichte Großbritanniens und seiner aristokratischen Gesellschaft zum Ausdruck kommt. Hier verbinden sich folglich die Interessen des Adels, also die der Eigentümer und Bewohner dieser Liegenschaften, mit denen des Staates, was angesichts der aristokratischen Strukturen nicht überraschen kann. Das kommt schon allein darin zum Ausdruck, daß das 1992 gegründete Kulturministerium den Titel *Department of National Heritage* trägt. (Darin klingt eine gewisse Parallelität zum deutschen Begriff *Kulturpflege* an, der nach 1945 und bis Mitte der sechziger Jahre gebräuchlich war – vgl. Abschnitt 1.1.2 –, allerdings mit dem wesentlichen Unterschied, daß sich „Kulturpflege" in Großbritannien immer auf materielle Güter bezieht, während man im West-Deutschland der Nachkriegszeit eher immaterielle Werte pflegen wollte.)

Der Denkmalpflege relativ nahe steht die Förderung der Museen. Auch sie dokumentieren die bedeutende Geschichte des Vereinigten Königreichs in Großbritannien und in aller Welt und belegen die naturwissenschaftlichen Forschungen britischer Wissenschaftler. Gleiches gilt auch für die Einrichtung und Förderung der großen Bibliotheken, die nicht – wie in Deutschland – als Quellen der Ideengeschichte, sondern als eine Dokumentation des empirisch gesammelten Wissens verstanden werden. Zudem passen Museen und Bibliotheken noch am ehesten in das Bild des eher passiven, nur den Rahmen bereitstellenden Staates des ökonomischen Liberalismus.

1753 wurde das *British Museum* gegründet, 1824 die *National Gallery*, 1897 die *Gallery of British Museum*, die später nach dem Mäzen des Museumsgebäudes *Henry Tate* den Namen *Tate Gallery* erhielt. Die *British Library*, eine der bedeutendsten Bibliotheken der Welt, war ursprünglich eine Abteilung des *British Museum*; erst 1973 wurde sie zu einer eigenständigen Bibliothek ausgebaut.

Vor allem hier hat relativ früh eine staatliche Förderung eingesetzt, die allerdings in ihrer Größenordnung sehr begrenzt und fast immer gekoppelt war an eine Partnerschaft mit privaten Mäzenen. Sowohl die *National Gallery* (1824) als auch die spätere *Tate Gallery* (1897) wurden erst vom Staat finanziell unterstützt, nachdem von privater Seite eine Zusage zur Finanzierung der Museumsgebäude vorlag. Erst ab Mitte des 19. Jahrhunderts wurden auch die Kommunen vom Staat ermächtigt, Kulturförderung zu betreiben, allerdings wiederum beschränkt auf Museen und Bibliotheken (*Bennett* 1995:19).

Eine Förderung der darstellenden Künste wie Schauspiel, Oper oder Ballett erfolgte erst nach dem Zweiten Weltkrieg. Die Theater-Gesetze von 1660 oder 1737 dienten nicht der Förderung, sondern der Restriktion des Theaters. Mit dem Gesetz von 1737 wurde sogar eine Zensur eingeführt, nach der alle neuen Theaterstücke von einem Regierungsbeauftragten genehmigt werden mußten. Dieses Gesetz wurde erst 1968 außer Kraft gesetzt (ebda.). Unschwer ist hier die puritanische Tradition erkennbar.

Eine erste Änderung der sehr restriktiven Kulturpolitik zeichnete sich erst mit der Gründung des britischen Rundfunks im Jahr 1927 ab (*British Broadcasting Corporation, BBC*). Da der *BBC* Musikeinspielungen benötigte, wurden über die Rundfunkanstalt erstmals Orchester und Opernhäuser indirekt aus öffentlichen Mitteln gefördert. Mit dem *City of Birmingham Symphony Orchestra* wurde in den zwanziger Jahren erstmals auch ein Orchester von kommunaler Seite unterstützt.

Ähnlich „durch die Hintertür" erfolgte denn auch der Aufbau der heutigen Förderungsstruktur. Mit Beginn des Zweiten Weltkriegs wurde der *Council for the Encouragement of Music and the Arts (CEMA)* gegründet, dessen Aufgabe darin bestand, mit Theateraufführungen und Konzerten „die Moral der Zivilbevölkerung zu Hause zu stützen" (ebda. 20). Dieses Programm erwies sich als so erfolgreich, daß man *CEMA* nach Ende des Krieges 1946 in den *Arts Council of Great Britain* umwandelte. Erst jetzt war davon die Rede, kulturelle Angebote bereitzuhalten, die unabhängig von geographischen und sozialen Bedingungen von allen Bürgern genutzt werden konnten. Dies erfolgte nicht zuletzt durch einen erheblichen Ausbau der nationalen Strukturen wie auch durch eine Reihe von Gesetzen, die regionale und lokale Institutionen ermächtigten, selbständig und eigenverantwortlich Kulturförderung zu betreiben.

Die von den Labour-Regierungen betriebene öffentliche Kulturförderung näherte sich Ende der siebziger Jahre durchaus mittel- oder nordeuropäischem Standard; neben der staatlichen Förderung war ein dichtes Netz kommunaler Kultureinrichtungen sowie öffentlicher und privater Förderinstrumente entstanden. Ähnlich wie in Schweden wurde die kulturelle Daseinsvorsorge in einem engen Zusammenhang mit der Gestaltung des Wohlfahrtsstaats gesehen (*Domdey* 1993:82). Mit dem Wechsel zur konservativen Regierung *Thatcher* trat allerdings eine entscheidende Wende ein. Zusammen mit der Privatisierung vieler Staatsbetriebe setzte *Margaret Thatcher* auch eine weitgehende Privatisierung der Kulturförderung durch. Schon im ersten Regierungsjahr 1979 wurden die staatlichen Zuschüsse an den *Arts Council* um 1,1

Mio. £[4] reduziert (ebda. 83f.). Die Regierung forderte nun, „mehr Gewicht auf privatwirtschaftliche Kulturfinanzierung zu legen, stärkeren Gebrauch von Management-Praktiken des privaten Sektors zu machen, sich mehr auf selbstgeschaffenes Einkommen als auf Unterstützung aus der öffentlichen Kasse zu verlassen und dem Marketing mehr Aufmerksamkeit zu widmen" (*Bond* 1995:2).

(2.2) Strukturen des Kulturbetriebs

Es wurde bereits erwähnt, daß erst 1992 ein eigenständiges Kulturministerium unter der Bezeichnung *Department of National Heritage* eingerichtet wurde. Zwar gab es schon seit 1945 einen *Minister of the Arts*, doch handelte es sich dabei um einen sogenannten *Junior Minister*, der dem Ministerium für Erziehung und Wissenschaft zugeordnet war und damit etwa die Position eines deutschen Staatssekretärs hatte (*Becker* 1996:4). Das neue Ministerium hat einen höchst heterogenen Zuständigkeitsbereich; Bibliothekswesen, Bildende Kunst, Museen, Film und Denkmalpflege zählen ebenso dazu wie Tourismus, Sport, Rundfunk oder die königlichen Schlösser und Gärten (*Bond* 1995:3).

Die Errichtung eines eigenständigen Kulturministeriums war der Versuch der Regierung *Major*, die höchst unübersichtliche Zuständigkeitsregelung für Kultur in der britischen Regierung zu beseitigen. Bis dahin waren neun Ministerien für einzelne kulturelle Aufgaben zuständig. Die Regierung *Thatcher* hatte es bereits mit einer Zwischenlösung versucht, indem sie 1980 ein *Office of Arts and Libraries (OAL)* einrichtete, das für die zentrale Verwaltung aller Fördergelder der Regierung verantwortlich war.

Entscheidend für die Kulturförderung in Großbritannien ist aber weniger das staatliche Kulturministerium als vielmehr eine Reihe von Institutionen halb-staatlicher Art. Man spricht von einem *System of Intermediaries*, also von Vermittlern, die zwischen dem Staat und den Kulturveranstaltern und Künstlern stehen. Auf diese Weise soll die Kultur – um es mit einem sprachlichen Bild zu sagen – um eine Armlängen-Distanz vom Staat entfernt sein, weshalb die halb-staatlichen Institutionen auch als *Arm's Length Bodies* bezeichnet werden. Dadurch soll sowohl eine direkte Einflußnahme des Staates auf kulturelle Inhalte vermieden als auch signalisiert werden, daß die Förderung des kulturellen Lebens nach britischem Verständnis nicht vorrangig Aufgabe des Staates ist. Zweifellos sind die *Arm's Length Bodies* weniger Aus-

[4] ein britisches Pfund (£) entspricht 2,68 DM (Stand Januar 1997).

druck eines besonders sensiblen Umgangs mit dem Prinzip der Kunstfreiheit – dem würde die puritanische Tradition entgegenstehen –, als vielmehr ein Zeichen für die fortwährenden Prinzipien des ökonomischen Liberalismus. Kulturförderung gehört nach diesem Verständnis eben nicht zu den primären Aufgaben des Staates, sondern sollte statt dessen der privaten Initiative überlassen werden. Wie immer man die restriktive Politik von *Margaret Thatcher* gegenüber der Kultur beurteilen mag, eine gewisse Konsequenz im Sinne der politischen und ökonomischen Tradition wird man ihr kaum abstreiten können.

Mit dem Beginn einer systematischen Kulturförderung nach dem Zweiten Weltkrieg wurde ein ganzes Netz von *Arm's Length Bodies* aufgebaut. Erste und nach wie vor bedeutendste Institution ist der bereits erwähnte *Arts Council of Great Britain.* „Der regierungsunabhängige *Arts Council* definiert seine Zielsetzungen in der Verbreitung von Kenntnis, Verständnis und Praxis von Kunst. Er will Kunst der breiten Öffentlichkeit zugänglich machen und Regierungsbehörden auf nationaler, regionaler oder kommunaler Ebene bei diesen Zielsetzungen beraten bzw. mit ihnen zusammenarbeiten" (Österreichische Kulturdokumentation 1995:59). Dem *Arts Council* unterstanden zunächst auch der *Scottish Arts Council* und der *Welsh Arts Council*, doch seit 1994 sind der walisische und schottische Kunstrat den Ministerien für Schottland und Wales zugeordnet. Der Kunstrat für den nordirischen Teil des Vereinigten Königreichs unterstand von Anfang an dem Ministerium für Nordirland. Der *Arts Council of Great Britain* heißt deshalb seit 1994 offiziell nur noch *English Arts Council.*

Dem *Arts Council* unterstehen *Regional Arts Boards (RAB)*, die für die dezentrale Verwendung der Mittel verantwortlich sind. Oberstes Entscheidungsgremium des *Arts Council* ist ein Rat, der sich zusammensetzt aus den Vorsitzenden der Regionalausschüsse und den Vertretern der Kunstsparten; sie stützen sich auf eine Reihe ehrenamtlich tätiger Beiräte. Der Vorsitzende und der Generalsekretär des *Arts Council* werden unmittelbar vom Ministerium bestellt. Damit ist ein System der Selbstverwaltung und der relativen Staatsferne gegeben, das andererseits aber über die Person des Vorsitzenden und des Generalsekretärs wiederum eine Rückbindung in den politischen und ministeriellen Raum kennt. Gerade letzteres wird aber häufig als eine schwerwiegende Abweichung vom Prinzip der Staatsferne gesehen, die die Unabhängigkeit solcher *Arm's Length Bodies* gefährden würde (*Bond* 1995:4).

Neben dem *Arts Council* und den entsprechenden Räten für Wales, Schottland und Nordirland gibt es noch eine Reihe weiterer Vermittler-Institutionen auf der gleichen strukturellen Ebene. Es sind dies das *Bri-*

tish Film Institute, der *Crafts Council,* die *Museums and Galleries Commission* sowie einige in der Struktur vergleichbare Institutionen wie *The English Heritage, The English Tourist Board* oder *The Sports Council.* Sie alle zählen zu den *Arm's Length Bodies* und erhalten demnach ihre öffentlichen Mittel über das *Office of Arts and Libraries (OAL)* beziehungsweise über das neue Kulturministerium und leiten sie teils direkt an die Kultureinrichtungen und Künstler, teils an die *Regional Arts Boards (RAB)* weiter.

Neben den staatlichen Institutionen und halb-staatlichen Einrichtungen kennt man auch in Großbritannien regionale und lokale Ebenen. Die regionale Ebene wird von den *Counties* gebildet (die in Schottland *Regions* heißen), die etwa den deutschen Regierungsbezirken oder größeren Landkreisen entsprechen. Unterhalb dieser regionalen Ebene folgt die kommunale Ebene, auf der – im Vergleich zur deutschen kommunalen Selbstverwaltung – nur bedingt ein selbständiges politisches Handeln möglich ist. In vielen Fällen findet eine Delegation von Aufgaben statt, deren Ziele von der Zentralregierung definiert und für die auch vom Staat die finanziellen Mittel bereitgestellt werden. Dennoch haben die Kommunen die Möglichkeit, kulturelle Aufgaben in eigener Verantwortung wahrzunehmen, sofern sie generell durch ein staatliches Gesetz dazu ermächtigt wurden. Solche Gesetze liegen beispielsweise vor für Museen (durch Gesetz aus dem Jahr 1845), für Öffentliche Bibliotheken (1845), für Kulturveranstaltungen wie Konzerte usw. (1948) sowie für die Nutzung von Bibliotheken, Museen und Kunsthallen für kulturelle Veranstaltungen (1964). Diese wenigen Beispiele zeigen, daß eine kommunale Kulturpolitik nach deutschen Muster in Großbritannien nicht besteht. Vielmehr kann die Kommune immer nur nach allgemeiner staatlicher Genehmigung tätig werden.

Dies hängt mit der Geschichte der staatlichen Verwaltung und der Kommunalverwaltung zusammen, die eine völlig andere Entwicklung nahm als in Deutschland. „Als Ergebnis der beiden Revolutionen im 17. Jahrhundert wurde die königliche Zentralbürokratie zerschlagen (...). Sie sollte nicht so wie auf dem Kontinent in Verbindung mit dem römischen Recht zum Instrument eines fürstlichen Absolutismus werden. Anders als auf dem Kontinent traten führende Parlamentarier und nicht etwa Beamte des Monarchen in die Regierung ein. Die Lokalverwaltung wurde von ehrenamtlichen Notablen versehen, die den gleichen sozialen Kreisen wie die Parlamentarier angehörten. In der Zentralverwaltung wurden die Ämter an vielversprechende Dilettanten vergeben, die Parteigänger der Regierung waren. Ein professionell geschulter *Civil Service* wurde erst in der zweiten Hälfte des 19. Jahrhunderts, im Jahr 1867, nach dem Muster der Kolonialverwaltung in Indien eingeführt" (*Döring* 1993:61). Das hat dazu geführt, daß auf kommunaler Ebene auch heute noch ehrenamtlich tätige Mitglieder des Gemeinderats erheblichen Einfluß auch auf die Verwaltungsgeschäfte haben. Das dient zwar demokratischen Zielen, beeinträchtigt aber bisweilen die administrative Professionalität auf der lokalen Ebene. Die Zentralregierung in London hat es in einer solchen Konstellation relativ leicht, Zuständigkeiten an sich zu binden und die nachgeordneten Ebenen über unmittelbare Weisungen zu steuern. Dennoch sind die Kommunen im Rahmen der ihnen überlassenen Spielräume sehr aktiv und haben – vorwiegend seit 1945 – Bibliotheken und Museen, Kunsthallen und Galerien sowie Theater und Kulturzentren eingerichtet.

Neben den genannten staatlichen, halb-staatlichen und kommunalen Institutionen gibt es in Großbritannien auch sehr traditionsreiche gemeinnützige Einrichtungen, die wichtige nationale Aufgaben wahrnehmen, aber ohne öffentliche Mittel auskommen. Dazu gehört an erster Stelle *The National Trust for Places of Historic Interest and National Beauty*, eine Art privatrechtlicher Stiftung zur Förderung des baulichen kulturellen Erbes. Der *National Trust* wurde schon 1895 von einem Freundeskreis um *Octavia Hill* mit dem Ziel gegründet, einerseits die Schlösser, Herrenhäuser und Parks zu erhalten und andererseits vor allem die weitläufigen Parkanlagen breiten Bevölkerungsschichten als Erholungsraum zugänglich zu machen. Er zählt heute 2,2 Mio. Mitglieder und 30.000 ehrenamtliche Mitarbeiter; zum Besitz gehören 223 Schlösser und Herrenhäuser, 162 Parks und mehr als 9.000 Gemälde und Skulpturen. Er wird nach wie vor ausschließlich aus privaten Mitgliedsbeiträgen und privatwirtschaftlichen Erträgen finanziert (*Waterson* 1995).

(2.3) Instrumente der Kulturfinanzierung

Entsprechend dem Prinzip relativer Staatsferne ist das System öffentlicher Kulturfinanzierung in Großbritannien bei weitem nicht so differenziert ausgebaut wie in Deutschland. Es werden einerseits weit weniger Mittel zur Verfügung gestellt, andererseits ist – vor allem seit der Regierung *Thatcher* – die Erwartung an die einzelnen Kultureinrichtungen, ihre Ausgaben zu einem erheblichen Teil aus Eigeneinnahmen zu decken, ungleich größer als in Deutschland. Zudem hat das mäzenatische Spenden im Inselreich eine andere Tradition als in Deutschland und wird folglich auch ganz anders gepflegt. Damit einher geht auch der Ausbau des Sponsorings, der in Großbritannien weit professioneller und mit staatlicher Hilfe betrieben wird als in Deutschland.

Um einige Größenordnungen zu nennen: „Im Haushalt 1991/92 hatte die *Office of Arts and Libraries (OAL)* insgesamt 559 Mio. £ veranschlagt. Davon flossen etwa 35 % direkt in elf bedeutende Museen, Galerien und Theater in England. Über den *Arts Council of Great Britain* (...) sollten 40 % in England, Schottland und Wales verteilt werden (...). Weitere 11 % der 559 Mio. £ waren für die *British Library* bestimmt, der Rest für andere übergeordnete Kulturorganisationen wie den 1980 gegründeten *Crafts Council* (...), das *British Film Institute* (...) und den *National Heritage Memorial Fund*. Zusätzliche Ausgaben von 690 Mio. £ planten die lokalen Verwaltungen in England, Wales, Schottland und Nordirland" (*Domdey* 1993:87). Umgerechnet ergibt sich daraus ein Gesamtbetrag staatlicher und kommunaler Kulturförderung von ca. 3.350 Mio. DM; dem standen in der alten Bundesrepublik im Haushaltsjahr 1991 ca. 10.100 Mio. DM gegenüber.

Angesichts einer ähnlich dichten kulturellen Versorgung – man zählt beispielsweise in Großbritannien etwa 300 Theater, was der Größenordnung auch in Deutschland entspricht –, ist in der Tat zu erwarten, daß verstärkt andere Quellen zur Kulturfinanzierung herangezogen werden. Dies wird sehr anschaulich, wenn man einen Blick auf unterschiedliche Finanzierungsstrukturen in einzelnen Sparten wirft. Aus den Angaben des Deutschen Bühnenvereins und des *Department of National Heritage* ergeben sich beispielsweise für die Theaterfinanzierung die in Tabelle 4 genannten Vergleichsgrößen.

Auffallend ist hier zunächst einmal der wesentlich höhere Anteil der selbst erwirtschafteten Einnahmen. Er ergibt sich allerdings weit weniger aus höheren Eintrittsgeldern als vielmehr aus mehr Spieltagen als in vergleichbaren deutschen Theatern sowie aus erheblich höheren Einnahmen aus anderen Quellen. Das *Royal National Theatre* beispielsweise deckt mehr als die Hälfte seiner Ausgaben aus eigenen Einnahmen. Davon wiederum entfallen 29 % auf den Verkauf von Eintrittskarten und 27 % auf Einnahmen aus dem gastronomischen Angebot (einschließlich eines à la carte-Restaurants); an dritter Stelle folgen Einnahmen aus Vermietungen (für Empfänge, Ausstellungen, Verkaufsstände usw.) sowie sonstige Einnahmen wie beispielsweise aus dem Merchandising (*Becker* 1996:48).

Ursache einer so kommerziellen Ausrichtung ist einerseits die bereits mehrfach erwähnte britische Tradition, privates Engagement staatlicher Zuständigkeit vorzuziehen. Darüber hinaus handelt es sich aber auch um Folgerungen aus den rigorosen Sparmaßnahmen und Mittelbeschränkungen der Regierung Thatcher. Britische Kultureinrichtungen standen in den achtziger Jahren unter einem so massiven finanzi-

Einnahmen	Vom *Arts Council of Great Britain* geförderte Theater	Öffentliche Theater in Deutschland
Eigene Einnahmen (Eintrittsgelder, Programm- und Anzeigenerlöse, Rundfunkerträge etc.)	42 %	12 %
Private Mittel	9 %	0,2 %
Öffentliche Mittel	48 % (42 % *Arts Council)*	87 %
Insgesamt*	100 %	100 %
nachrichtlich: Öffentliche Zuschüsse pro Besucher	37,30 DM	191,90 DM
* Differenzen in den Kommastellen sind rundungsbedingt		

Quelle: *Becker* 1996:47 (mit geringfügigen Änderungen)

Tab. 4: Einnahmenstruktur öffentlich geförderter Theaterunternehmen in Großbritannien und Deutschland (1993/94)

ellen Druck, daß ihnen keine andere Wahl blieb, als sich selbst um neue Einnahmequellen zu bemühen. Dies ist zwar durchaus gelungen, doch dürfen die nackten Prozentzahlen nicht darüber hinwegtäuschen, daß die Kultureinrichtungen in Großbritannien mit ernsthaften Existenzproblemen zu kämpfen haben (*Bennett* 1995:15f.). Dies hat u.a. zu einer äußerst strengen Kostenbewirtschaftung geführt, weshalb britische Theater mit weit weniger Mitteln auskommen als vergleichbare deutsche. Bleiben die Einnahmen aus Eintritten trotz geringerer Ausgaben aber erhalten, ergibt sich zwangsläufig eine wesentlich günstigere prozentuale Relation.

Die großen Finanzierungslücken in den britischen Kultureinrichtungen haben nicht nur zur Anwerbung von Spenden und Sponsorengeldern durch die einzelnen Theater, Museen usw. geführt, sondern auch – und das ist ein entscheidender Unterschied zu den Verhältnissen in Deutschland – zu einer staatlichen Steuerung der Akquisitionen von Sponsoren und Spendern. Mit staatlicher Unterstützung wurden Organisationen eingerichtet, die bei der Beschaffung von Sponsorengeldern behilflich sind, bzw. Anreizsysteme geschaffen, um Kultureinrichtungen das Anwerben von Spenden interessanter zu machen.

„Bereits 1976 gründeten mehrere große Unternehmen die *Association for Business Sponsorship of the Arts (ABSA)* als nationale Interessenvertretung und Bindeglied zwischen Kunst, Regierung und Wirtschaft. (...) *ABSA* konnte 1990 über 250 Mitglieder zählen und vereinte Großbritanniens bekannteste Namen aus Industrie, Handel und Dienstleistung. Aus der Vereinigung mit Sitz in Londons krisengeschütteltem Eastend ist mittlerweile die weltweit größte Institution für kommerzielle Kunstförderung geworden. Auf ihre Initiative läßt sich zu einem großen Teil der Anstieg der Sponsorengelder von 5 Mio. £ im Jahre 1971 auf fast 35 Mio. £ zwanzig Jahre später zurückführen" (*Domdey* 1993:90). Für 1994 wird sogar von 57 Mio. £ berichtet, nun allerdings mit stagnierender Tendenz (*McIlroy* 1995:41).

Eine vergleichbare Institution gibt es in Deutschland nicht; der „Kulturkreis der Wirtschaft" (*Willnauer* 1993) erfüllt nur sehr bedingt ähnliche Funktionen. Um so mehr wäre es zu wünschen, wenn seitens der Bundesregierung oder – angesichts der in diesem Falle hinderlichen föderalen Struktur – seitens der vorhandenen, länderübergreifenden Konferenzen dazu die Initiative ergriffen würde.

Welche Auswirkungen ein solchermaßen positiv gefördertes Klima für Sponsoring auf die Kulturfinanzierung hat, machen Vergleichszahlen deutlich, die vom *Comité Européen pour le Rapprochement de l'Economie et de la Culture* (CERES), einer europäischen Organisation für Sponsorship, erhoben wurden. Demnach werden in Deutschland 250 Mio. DM (als betriebsexterne Kulturförderung) und in Großbritannien 200 Mio. DM an Sponsorship-Mitteln aufgebracht. Bezogen auf die Einwohnerzahl stehen 3,10 DM in Deutschland 3,50 DM in Großbritannien gegenüber. Noch deutlicher wird die Relation, wenn man sie auf das Bruttosozialprodukt bezieht; dann entfallen in Großbritannien immerhin 0,012 % auf Sponsoring, in Deutschland aber nur 0,0075 % (*Becker* 1996:49f.).

Neben der Förderung des Sponsorings wurden in Großbritannien auch verschiedene Anreizsysteme zur Spendenakquisition geschaffen. Ende der achtziger Jahre wurde ein Prämien-Förderprogramm (*Incentive Funding Scheme*) eingeführt, aus dem die Einrichtungen belohnt werden, denen es gelingt, ihre finanzielle Existenzfähigkeit und Selbständigkeit zu verbessern. Ein ähnliches Programm dient der Leistungssteigerung (*Enhancement Funding Scheme*), wobei es nicht ganz einfach sein dürfte, qualitativ bessere Leistungen zu messen und zu vergleichen (*Bond* 1995:5f.).

Ein in den letzten Jahren bevorzugtes Anreizsystem sind die sogenannten *Matching Funds*. Hier soll, wie der Name schon sagt, Gleiches oder Passendes gefunden werden, nämlich privates zu öffentlichem

Geld. Demnach erhält eine Institution aus einem bestimmten Programm einen staatlichen Zuschuß, wenn sie mindestens einen gleich hohen Betrag eines privaten Zuschußgebers nachweisen kann. Dieses System, das auch mit großem Erfolg für die Kunststiftung Baden-Württemberg praktiziert wird (*Rettich* 1990:276), schafft Anreize für Innovationen und ermuntert zur Eigeninitiative, weil jedes von einem Mäzen gespendete Pfund am Ende zwei Pfund wert ist. Auf das System der *Matching Funds* hat sich inzwischen auch die oben erwähnte *Association for Business Sponsorship of the Arts (ABSA)* eingestellt. Über das von ihr verwaltete *Business Sponsorship Incentive Scheme* werden Mittel angeworben, die dann mit staatlichen Geldern aufgestockt werden (*Becker* 1996:5).

Dadurch entsteht eine *Public-Private-Partnership* der Kulturfinanzierung, die so erfolgreich verläuft, daß sogar eine Plafonierung der staatlichen Mittel eingeführt werden mußte (ebda. 50). (Eine ähnliche Plafonierung der öffentlichen Mittel wurde übrigens vor Jahren auch schon für die Kunststiftung Baden-Württemberg verfügt, weil der Erfolg des Programms die Kalkulierbarkeit des Haushalts in Frage stellte.)

1994 hat das *Department of National Heritage* eine staatliche Lotterie eingeführt, aus deren Überschüssen u.a. auch Kulturausgaben mitfinanziert werden sollen. Man rechnete damit, daß jährlich etwa 1,4 Mrd. £ aus der *National Lottery* für gemeinnützige Zwecke zur Verfügung stehen werden, von denen – nach einer Anlaufphase von einigen Jahren – etwa je 300 Mio. £ auf die allgemeine Kulturarbeit sowie auf Denkmalpflege und Museen entfallen werden. (Der Rest geht an den Sportbereich und andere Zwecke.) Doch so optimistisch der Ansatz klang, so wurde er von der Realität dennoch übertroffen; schon 1996 erreichte die *National Lottery* einen Jahresumsatz von 5,3 Mrd. £ und konnte davon 2,3 Mrd. £ für gemeinnützige Zwecke zur Verfügung stellen (*Kerber* 1996:5). Allerdings werden auch diese Überschüsse aus der Lotterie nur vergeben, wenn die antragstellende Institution entsprechende private Fördermittel nachweisen kann. Darüber hinaus wird aus den Lotteriemitteln ein *Millenium Fund* gespeist, aus dem herausragende Projekte anläßlich der Jahrtausendwende finanziert werden (*Becker* 1996:5 und *Bond* 1995:19f.).

Ohne nun auf weitere Einzelheiten einzugehen, dürfte deutlich geworden sein, daß sich die Ziele und Strukturen der Kulturpolitik und Kulturfinanzierung in Großbritannien teilweise ganz erheblich unterscheiden von den zuvor vorgestellten Zielen und Strukturen in Deutschland, Frankreich und Schweden. Hatte man es bisher mit eher graduellen Unterschieden zu tun, führt die relative Staatsferne der Kultur in Großbritannien zu gänzlich anderen Strukturen und Problemlösungen. Dabei überzeugt – zumindest auf den ersten Blick – vor allem das Prinzip der *Arm's Length Bodies*, weil es zur Sicherung der Kunstfreiheit und zur Vermeidung von staatlichen Eingriffen in die inhaltliche Dimension von Kultur hervorragend geeignet sein dürfte. Daß besonders die Regierung *Thatcher* die Unabhängigkeit der vermittelnden Institutionen dennoch für eine direkte Einflußnahme genutzt hat, widerspricht zwar noch nicht dem Prinzip, läßt aber erkennen, daß über institutionalisierte Schutzmechanismen nachgedacht werden muß.

Für die Kulturfinanzierung erweisen sich die zahlreichen Anreizsysteme als interessant, weil sie die Eigeninitiative der kulturellen Einrichtungen fördern. Allerdings sind auch diese *Matching Funds* nur dann gutzuheißen, wenn sie nicht als „goldener Zügel" mißbraucht werden und damit zu Opportunismus verführen. Ein wirklich unabhängiger *Arm's Length Body* könnte aber helfen, die *Matching Funds* zu allseits akzeptierten und wirkungsvollen Instrumenten der Kulturfinanzierung werden zu lassen.

Das Beispiel Großbritannien zeigt, daß selbst unter der erschwerten Voraussetzung einer am ökonomischen Liberalismus orientierten Kulturpolitik ein vielfältiges und belebendes Kulturangebot entstehen kann, für das öffentliche und private Finanzmittel gleichermaßen zur Verfügung gestellt werden. Die Ursache der zu Recht seit den siebziger Jahren beklagten Engpässe und Schwierigkeiten des Kulturbetriebs in Großbritannien dürfte weniger im System als vielmehr in einer dem System nicht mehr angemessenen Handhabung zu suchen sein.

2.4 USA: Vorrang der privaten Kulturförderung

Während die Konzepte und Praktiken von Kulturpolitik und Kulturfinanzierung in Deutschland, Frankreich und Schweden viele Gemeinsamkeiten (aber mit interessanten Nuancen) aufweisen, weichen die Strukturen und Handlungsmaximen in Großbritannien davon zum Teil erheblich ab. Noch deutlicher werden diese Abweichungen von kontinentaleuropäischen Konzepten und Praktiken in den Vereinigten Staaten von Amerika, in denen angelsächsische Traditionen zwar fortleben, aber im Laufe der Zeit von eigenen Wertebegriffen und Handlungsmaximen überlagert wurden. Es gibt damit nochmals bemerkenswerte Unterschiede nicht nur zu den kontinentaleuropäischen Staaten, sondern auch zum angelsächsischen „Verwandten" Großbritannien. Auf die gesamte hier vorgestellten Reihe von fünf Staaten bezogen, sind die Differenzen zwischen den Extrempositionen des tendenziell etatistischen Kulturbetriebs in Frankreich und des fast ausschließlich privatwirtschaftlichen Kulturbetriebs in den USA zweifellos am größten.

Nicht ohne Berechtigung könnte man deshalb fragen, ob die Einbeziehung US-amerikanischer Konzepte und Praktiken in den hier erörterten Kontext überhaupt noch sinnvoll ist. Schließlich sind die Unterschiede beispielsweise im Selbstverständnis als Kulturstaat so groß, daß ein Austausch einzelner Bausteine nur schwer vorstellbar ist. Wenn die USA dennoch in gleicher Ausführlichkeit wie Frankreich, Schweden und Großbritannien vorgestellt werden, so erfolgt dies aus zwei Gründen. Zunächst einmal läßt sich durch den Vergleich mit den USA überzeugend zeigen, wie eng Strukturen und Instrumente im Kulturbetrieb und in der Kulturfinanzierung mit den Zielen und Wertigkeiten der Kulturpolitik zusammenhängen. Die vorwiegend private und mäzenatische Kulturfinanzierung in den USA läßt sich eben nicht ohne weiteres in ein Land mit anderen Traditionen und kulturpolitischen Wertemustern übertragen.

Auf der anderen Seite aber – und das ist der zweite Grund – kann man nicht übersehen, daß die Vereinigten Staaten den permanenten kulturellen Wertewandel, wie es ihn in jedem Land und zu jeder Zeit gibt, zumindest im Westen und Norden Europas zur Zeit am stärksten beeinflussen. Etwa 80 % aller in deutschen Kinos gezeigten Filme sind US-amerikanische Produktionen; deutlich geringer, aber keineswegs unwesentlich ist der Anteil der Spielfilme und Serien in den wichtigsten Fernsehkanälen. Von den etwa 30 Fernsehprogrammen, die man in Deutschland per Kabel oder über Satellit empfangen kann, kommen mehrere direkt aus den USA. Über die Medien und über eine gezielte

Werbung finden Moden und Verhaltensweisen in Mittel- und Nordeuropa fast so schnell Verbreitung wie in Übersee, ob es sich um Inline-Skating oder um die inzwischen allgegenwärtige Baseball-Kappe handelt. Die englische Sprache nimmt mit einem vorwiegend amerikanisch geprägten Vokabular immer breiteren Raum ein und beeinflußt nicht nur die Wissenschafts- und Fachsprachen, sondern auch die Alltagssprache aller europäischen Nationalsprachen. Trotz aller Bemühungen französischer Sprachpuristen um den *ordinateur*, dürfte sich doch am Ende der Begriff *computer* durchsetzen. Nicht zuletzt wird die Ökonomie in Lehre und Praxis zunehmend amerikanisch geprägt, und dies beeinflußt ganz wesentlich auch den Kulturbetrieb in seinem ökonomischen Umfeld. Die inzwischen weitgehend akzeptierte Adaptation von Begriffen wie Kulturmanagement, Kulturmarketing oder Kultursponsoring belegt nur, wie selbstverständlich englischsprachige ökonomische Fachbegriffe amerikanischer Provinienz auch in den kontinentaleuropäischen Kulturbetrieb übernommen wurden.

Es wäre eine Illusion anzunehmen, daß eine solch bereitwillige Akzeptanz amerikanischer Medienangebote, Moden, Verhaltensweisen und Fachtermini nicht auch zu einer schrittweisen Übernahme von Konzepten, Wertemustern und Handlungsmaximen führen wird. Um so mehr ist es notwendig, auf grundsätzliche Unterschiede und verschiedenartige Ausgangsbedingungen hinzuweisen, damit die sich abzeichnende Übernahme amerikanischer Praktiken nicht zu einer vordergründigen Kopie gerät.

(1) Kulturelle Traditionen und Werte

1620 landeten bekanntlich die Pilgerväter mit der „Mayflower" an der nordamerikanischen Ostküste; kurze Zeit später folgten ihnen weitere Gruppen puritanischer Auswanderer. Sie gründeten dort die ersten Kolonien, aus denen sich in weniger als 170 Jahren die Vereinigten Staaten von Amerika entwickelten.

Sowohl die besondere Situation der Kolonialisierung eines völlig fremden und – nach europäischen Maßstäben – wenig erschlossenen Landes als auch die puritanische Herkunft sind bis heute für die Kultur Nordamerikas prägend geblieben. Es ging um die Erschließung der „Wildnis" ohne die Unterstützung eines Staates oder eines geordneten Gemeinwesens; eine Aufgabe, die nicht nur eine besondere Herausforderung darstellte, sondern bei der auch ein jeder der Neuankömmlinge gleiche Chancen hatte. Dabei half nicht zuletzt auch der puritanische Glaube an den Wert selbstloser Pflichterfüllung.

Begriffe wie Freiheit oder Gleichheit, die in Europa als große Begriffe der Geistesgeschichte vielfach reflektiert und immer wieder neu definiert wurden, haben in Nordamerika ihre Bedeutung in der praktischen Situation der Kolonisation erhalten. „Freiheit ist immer mit der ursprünglichen Situation rückgebunden geblieben, daß alle Einwanderer Menschen waren und sind, die ihr Leben selbst in die Hand genommen haben und in eigener Verantwortung ihr Glück machen wollen" (*Münch* 1993:257). Die offensichtlich prägende Situation der Kolonisation und der Erschließung der „Wildnis" hatte aber nicht nur ein Verständnis von Freiheit zur Folge, das an den „Duft von Abenteuer" erinnert, sondern auch einen Freiheitsbegriff, der sich heute mühelos auf wirtschaftliche Bedingungen übertragen läßt. „Freiheit ist (...) in Amerika keine philosophisch entwickelte Idee, sondern eine Idee mit eminent praktischer Bedeutung. Man findet weniger eine Theorie als eine Praxis der Freiheit. Freiheit heißt: sein Glück selbst in die Hand nehmen zu können (...). Der Idealtypus dieser situativen Freiheit ist die Freiheit des Marktes in Verbindung mit der Eigentumsfreiheit und der Vertragsfreiheit" (ebda. 370).

Aus diesem praktischen Verständnis von Freiheit leitet sich auch ein ebenso praktischer Gleichheitsbegriff ab, denn die Freiheit der Kolonisation wie die des Marktes gibt jedem, der dort sein Glück versucht, eine gleiche Chance. „Die Amerikaner wollen die Gleichheit der Startchancen in einem gesellschaftlichen Rennen, das die mehr oder weniger Erfolgreichen auch mehr oder weniger belohnen soll. Sie tun alles, um die Gleichheit der Chancen zu verbessern, und nur ganz widerwillig etwas für diejenigen, die dennoch im Wettbewerb auf der Strecke geblieben sind. (...) Das unterscheidet die Vereinigten Staaten grundsätzlich von den europäischen Wohlfahrtsstaaten, in denen der Glaube in die ungleiche Leistungsfähigkeit tief verwurzelt ist und deshalb die meiste Energie auf die Verwirklichung von Gleichheit im nachträglichen Ausgleich der Ergebnisse des gesellschaftlichen Wettbewerbs durch Wohlfahrtspolitik verwendet wird" (ebda. 416f.).

Der „Ursprungsmythos" (*Ostendorf/Levine* 1992:521) vom Amerikaner, der, auf sich selbst gestellt, seine Chance nutzt und allen Widerständen entschlossen entgegentritt, ist bis heute in fast allen kulturellen Gattungen präsent: ganz gleich, ob es gerade *High Noon* oder *Independence Day* ist. Der „Ursprungsmythos" hat sich aber auch niedergeschlagen in dem Bewußtsein, daß Aufgaben, die nicht zum Funktionieren oder gar Überleben eines Staates dringend erforderlich sind, zunächst einmal nicht Sache des Staates sind, sondern vorrangig nur diejenigen betreffen, die hier besondere Erwartungen und Wünsche haben.

Auf den Kulturbetrieb konkretisiert, bedeutet dies, daß Kultur eine Sache jedes einzelnen ist, aus der sich der Staat herauszuhalten hat. Zudem findet Kultur auf einem Markt statt, wo jeder, der Kultur anbietet oder nachfragt, gleiche Chancen hat. Eine Förderung von Künstlern aus sozialen Erwägungen, wie dies beispielsweise in Schweden häufig geschieht, ist vor dem Hintergrund eines solches Freiheits- und Gleichheitsbegriffs ausgeschlossen.

Dennoch ist die US-amerikanische Gesellschaft keine Ansammlung von Individualisten oder gar Egoisten. Doch erfolgt die soziale Bindung auf freiwilliger Basis und nicht über einen verfassungsrechtlich geordneten und verordneten Wohlfahrtsstaat. „In den Vereinigten Staaten ist der Wohlfahrtsstaat nie als notwendiger Bestandteil eines entwickelten Begriffs der Staatsbürgerrechte akzeptiert worden" (*Dahrendorf* 1987:59). Im Mittelpunkt steht hier die Vereinigungsfreiheit, die es jedem Bürger erlaubt, sich zur Wahrnehmung gemeinsamer Aufgaben oder zur Vertretung gemeinsamer Interessen zusammenzuschließen. Von diesem Freiheitsrecht – und es wird zu allererst als Freiheit verstanden – wird in zahlreichen Religionsgemeinschaften, in Gewerkschaften und gemeinnützigen Organisationen lebhaft Gebrauch gemacht. Auch kulturelle Aufgaben und Interessen werden über die Vereinigungsfreiheit wahrgenommen, was zu einer großen Zahl von Fördervereinen für Museen, Bibliotheken, Theater und Orchester geführt hat. In der Vereinigungsfreiheit sieht der Nordamerikaner die Möglichkeit, einerseits seine individuellen Freiheitsrechte zu wahren und jedwede Bevormundung durch den Staat auszuschließen, wie andererseits die Chance, sich für die Gemeinschaft zu engagieren und – wie in der Kolonialzeit – dort anzupacken, wo es notwendig erscheint. Angesichts der (gewünschten) Zurückhaltung des Staates in gemeinnützigen (sozialen wie kulturellen) Angelegenheiten, haben die aus der Vereinigungsfreiheit entstandenen gemeinnützigen Organisationen einen hohen Stellenwert erhalten, mit dem auch ein entsprechendes gesellschaftliches Ansehen einhergeht.

Wie sehr Nordamerika auf einer eigenen Tradition geistesgeschichtlicher Schlüsselbegriffe besteht, zeigt sich auch am Beispiel des Rationalismus. Während der Rationalismus *Descartes'* in der „klar und deutlich" durch rationales Denken entwickelten Idee begründet ist und der rationalistische Empirismus von *David Hume* von der Erfahrbarkeit der Dinge ausgeht, ist der amerikanische Pragmatismus auf die zukünftige Wirkung von Hypothesen ausgerichtet. *Charles S. Peirce* (1839–1914), der Begründer des Pragmatismus, kritisierte, daß beide europäischen Formen des Rationalismus bei der (durch Gedanken oder Anschauungen gewonnenen) Gegenwart der Dinge stehenblieben, ohne an die weitere Entwicklung zu denken. Er forderte deshalb: „Erwäge, welche Wirkungen, die eine denkbare praktische Tragweite haben, wir unserem Objekt beilegen. Dann ist unser Begriff dieser Wirkungen die Gesamtheit unseres Begriffs vom Gegenstand" (*Peirce* 1931:5.391, 5402; zitiert nach: *Raeithel* II/1995:220). „Klarheit über unsere Vorstellungen erhalten wir weder durch radikale Zweifel wie im Rationalismus noch durch die Sinneserfahrung wie im Empirismus. (...) Sinn und Bedeutung eines Gedankens erschließen sich aus der Handlungsweise, die er hervorruft" (*Raeithel II*/1995:220). Damit ist der Pragmatismus weitaus zukunftsorientierter und an der Praxis des Handelns ausgerichtet als jede Form des europäischen Rationalismus. „Das pragmatische Wechselspiel zwischen Denken und Handeln, Handeln und Denken führt(e) zu einer Vorwärtsorientierung und nicht zu einer retrospektiven Einstellung wie im britischen Empirismus. Das Objekt und sein Begriff sind nicht identisch, die Dinge verändern sich durch das Gewußtwerden" (ebda. 227).

Wirklichkeit ist immer im Wandel begriffen; alle Hypothesen müssen sich deshalb fortwährend einer sich wandelnden Wirklichkeit anpassen. „Wahrheiten" können folglich nicht in stillen Studierstuben gefunden werden, sondern nur dort, wo sich der Wandel von Wirklichkeit auch zeigt. Die auffallende Bereitschaft amerikanischer Wissenschaftler, sich auch mit (noch unfertigen) Arbeitshypothesen einer öffentlichen Diskussion zu stellen, wird hier verständlich, ebenso die Neigung, statt umfangreicher Bücher lieber kurze Aufsätze zu veröffentlichen, weil so die Beteiligung an der wissenschaftlichen Diskussion mit aktuellen Beträgen leichter möglich ist.

Vor diesem Hintergrund kann es nicht mehr verwundern, daß auch der Kulturbegriff in den USA ein anderer ist als in Deutschland. Es fehlt ihm die Verinnerlichung und Vergeistigung, die der europäischen Kultur als Ausdruck einer Geschichte des Geistes immer anhaftet. *Norbert Elias* hat darauf hingewiesen, daß das deutsche Bürgertum des späten 18. Jahrhunderts von einer Teilhabe an der ständischen Kultur ausgeschlossen war, aus der Not fehlender Partizipation aber eine Tugend machte, indem es seinerseits die Welt der praktischen Alltagsgestaltung als Zivilisation aus seinem Kulturbegriff ausschloß (*Elias* 1939/1995). „Zunächst erklärte es die äußerliche höfische Zivilisation, damit später aber auch alles Technische und Politische, und schließlich den ganzen Bereich der instrumentellen Vernunft für minderwertig, ja lebensfeindlich im Vergleich zur Kultur der lebendigen Innerlichkeit" (*Ostendorf/Levine* 1992:519).

Die Vereinigten Staaten, die eine feudale oder ständische Gesellschaft nie gekannt haben und deren Bürgertum folglich den eigenen Kulturbegriff auch nicht von einem ständischen absetzen mußte, trennen deshalb nicht zwischen der (Geistes-)Kultur im Sinne des europäischen Bürgertums und der Zivilisation; *Culture* meint immer beides. Damit kommt der amerikanischen Kultur auch nicht die Aufgabe zu, distinktiv zu wirken und sichtbares Zeichen eines gehobenen Bildungsstandes oder einer bestimmten Sozialschicht zu sein. In Europa und vor allem in Deutschland dagegen ist Kultur immer auch ein Erkennungszeichen des Bildungsbürgertums, was spätestens dann zum Ausdruck kommt, wenn zwischen hoher Kultur und Populärkultur, zwischen E- und U-Kultur unterschieden wird. In den USA aber kennt man diese Unterscheidung nicht, weil sie nie notwendig war. Die große italienische Oper gehört hier ebenso zur Kultur wie die Popmusik, und selbstverständlich ist auch *Disney-Land* ein Teil des Kulturbetriebs.

Zwei Besonderheiten des US-amerikanischen Kulturbegriffs sind dennoch zu vermerken. Zunächst einmal werden zur Kultur immer auch die Geisteswissenschaften (*humanities*) gerechnet, was nicht nur in der manchmal synonymen Verwendung der Begriffe *humanities* und *arts* (nur im Plural) zum Ausdruck kommt, sondern sich auch beispielsweise in der Parallelität der beiden großen Bundesstiftungen zeigt (siehe unten). Diese Eigenart ist sicher dadurch zu erklären, daß die puritanischen Siedler allein das Buch als Form von Kultur anerkannten, weil das geschriebene Wort weit weniger als Theater, Musik, Tanz und Malerei von strenger Selbstzucht und einem gottgefälligen Leben ablenkt. Zwar hat die Einbeziehung der Geisteswissenschaften heute keine Auswirkungen mehr auf die inhaltliche Dimension von Kultur im engeren Sinne, doch werden in Statistiken häufig noch Kultur und Geisteswissenschaften gemeinsam erfaßt.

Zum zweiten ist festzuhalten, daß Kultur im US-amerikanischen Verständnis immer nur die Künste meint und zwar – wie schon erwähnt – sowohl in den Formen elitärer als auch populärer Künste. Zum Kulturbegriff zählt aber auch die Dokumentation der Kultur im Museum, wobei hier der Begriff sehr weit gefaßt ist. Eine Alternativ- oder Soziokultur, wie sie in Europa in fast allen Ländern auch Gegenstand der Kulturpolitik ist, ist zwar auch in den USA vorhanden, findet dort aber keinen Widerhall in der Kulturpolitik. Soziokultur ist nach amerikanischem Verständnis der Sozialarbeit zu nahe, als daß sie in kulturpolitischen Programmen ihren Niederschlag finden könnte.

In Nordamerika ist nicht die Definition des Kulturbegriffs von Interesse, sondern – durchaus im Sinne des Pragmatismus – der praktische und zukunftsgerichtete Gebrauch von Kultur. Da die Kultur in Deutschland für die Entwicklung der bürgerlichen Gesellschaft und damit auch des republikanischen Staates von großer Bedeutung war, hat sie bis heute einen stark normativen Charakter; im Verständnis des Kulturstaats ist sie eine der tragenden Säulen der staatlichen Ordnung (*Göschel* 1997). Diesen Stellenwert oder diese Bürde kommt der Kultur in den USA nicht zu. Kultur ist dort etwas weitaus Individuelleres, das nicht der Sphäre des Staates, sondern der Privatsphäre des einzelnen zuzurechnen ist. Der Staat engagiert sich deshalb nur sehr zurückhaltend in kulturellen Fragen und überläßt das kulturelle Leben fast ausschließlich den Interessen der Individuen und den Mechanismen des Marktes.

(2) Ordnungen und Instrumente des Kulturbetriebs

In der zurückhaltenden staatlichen Kulturpolitik und der privatwirtschaftlichen Form des Kulturbetriebs treffen sich sowohl Elemente des Pragmatismus als auch des amerikanischen Freiheits- und Gleichheitsbegriffs. Das aus der Vereinigungsfreiheit hervorgegangene gemeinnützige Engagement bildet einen Rahmen für ein unmittelbares praktisches Handeln, ohne die individuellen Freiheitsrechte einzuschränken. Die Übernahme des britischen ökonomischen Liberalismus Ende des 19. Jahrhunderts tat zudem ein übriges, um Kultur als Gegenstand des Wirtschaftens und des Marktes und nicht als Aufgabe des Staates zu verstehen. Aus der Summe solcher Traditionen und Werte entstanden eine Kulturpolitik und ein System der Kulturfinanzierung, die sich fast zwangsläufig von kontinentaleuropäischen Strukturen und Konzepten unterscheiden mußten.

(2.1) Kulturpolitische Ziele

Der Rückblick in die relativ kurze Geschichte der Vereinigten Staaten von Amerika zeigt, daß Kulturpolitik im Sinne eines staatlichen Diskurses über Ziele und Handlungsinstrumente zur Förderung von Kultur bis in die sechziger Jahres unseres Jahrhunderts nicht stattgefunden hat. Die wenigen Ausnahmen, zu deren Anlaß sich Kongreß oder Regierung dennoch mit kulturpolitischen Fragen beschäftigten, bestätigen eher den Unwillen als die Bereitschaft, sich mit diesem Thema auseinanderzusetzen. Als beispielsweise der britische Chemiker *James Smithson* den USA ein riesiges Vermögen zur Errichtung eines Kultur- und Forschungszentrums vermachte, zögerte der Kongreß lange, dies anzunehmen, weil er befürchtete, sich damit in eine Verantwortung für einen Aufgabenbereich zu begeben, für den er sich nicht zuständig fühlte. Erst nach fünfzehnjähriger Diskussion stimmte man 1846 der Schenkung zu und errichtete die heute sehr angesehene *Smithsonian Institution* in der Hauptstadt Washington. Noch 1954 lehnte der Kongreß mehrere Gesetzesvorlagen zur kulturellen Förderung ab, in denen staatliche Zuwendungen für kulturelle Projekte gefordert worden waren. Einzig während des *New Deal* (1933–1941) entschloß sich der Staat zu einer indirekten Kulturförderung über das Arbeitsbeschaffungsprogramm *Works Progress Administration*. „Bei Massenprojekten auf Bundesebene in Kunst, Literatur und Theater fanden Tausende von Leuten Arbeit, und sie halfen den Zugang zur Kultur zu verbessern. (...) So innovativ viele dieser Projekte auch waren, so hatten sie doch wenig Einfluß auf nachfolgende Regierungsentscheidungen und Maßnahmen" (*Wheatley* 1992:579).

Erst Präsident *Lyndon B. Johnson* bezog in sein Programm der gesellschaftlichen Erneuerung (*Great Society;* 1964–69) erstmals auch die Kultur mit ein. Er gründete dazu 1965 zwei Bundesstiftungen zur Förderung der Geisteswissenschaften (*National Endowment for the Humanities*) und der Künste (*National Endowment for the Arts*), die seitdem zu den wichtigsten bundesstaatlichen Einrichtungen der Kulturpolitik und Kulturförderung geworden sind.

Bereits aus diesem kurzen Rückblick auf die Entwicklung der sehr bescheidenen kulturpolitischen Ansätze läßt sich das wichtigste Prinzip US-amerikanischer Kulturpolitik erkennen, nämlich die unbedingte Staatsferne. Von der Staatsgründung an bis heute gilt der Grundsatz, daß sich der Staat soweit wie möglich in seinen Aktivitäten einzuschränken und aus Aufgaben, die dem individuellen Engagement der Bürger überlassen werden können, herauszuhalten habe. Auch wenn es heute durchaus sowohl im Zentralstaat als auch in den Bundesstaaten Programme zur Kulturförderung aus öffentlichen Finanzmitteln gibt, darf doch nicht übersehen werden, daß diese kulturpolitischen Aktivitäten nicht annähernd mit denen in europäischen Staaten vergleichbar sind.

Diese kulturpolitische Zurückhaltung ist aber nur möglich, weil es für die US-Amerikaner eine große Tradition gibt, sich für gemeinnützige Aufgaben persönlich zu engagieren. Dies gilt zwar in erster Linie für soziale und religiöse Angelegenheiten, betrifft aber seit dem Ende des 19. Jahrhunderts auch die Kultur. Damals nutzten viele in der industriellen Gründerzeit reich gewordenen Unternehmer das private Vermögen für gemeinnützige Zwecke, um dadurch auch „soziale und kulturelle Führerschaft geltend zu machen" (*Wheatley* 1992:578). Wer seitdem Anspruch auf eine herausgehobene gesellschaftliche Stellung erhebt, muß dies durch eine entsprechende Philanthropie (*philanthropic giving*) untermauern. Die Kulturpolitik des Staates ist darauf ausgerichtet, diese Philanthropie ideell zu unterstützen, indem die Bedeutung einer solchen Mitwirkung auch seitens der Staatsführung immer wieder unterstrichen wird. Die in der praktischen Freiheit zum Ausdruck kommende Individualität findet durch das Konzept des Gemeinwohls oder der Philanthropie ein angemessenes Gegengewicht, weshalb man von einem „situativ angepaßten Individualismus" (*Münch* 1993:415) sprechen kann.

Es kann nicht überraschen, daß auch das Sponsoring von Wirtschaftsunternehmen sehr stark am Grundmuster der Philanthropie ausgerichtet ist. „Wie Staatsbürger klassischer Prägung suchen die Unternehmen als Glieder der Gesellschaft nach Wegen, ihr Eigeninteresse mit dem größeren Ziel Gemeinwohl in Einklang zu bringen" (*Smith* 1994:105). Selbst in der heute vorherrschenden Marketingorientierung von Sponsoring ist es unverzichtbar, philanthropische Motive erkennen zu lassen.

Mit der größtmöglichen Staatsferne und der Förderung des privaten Engagements geht ein weiteres Ziel einher, das sich als eine kulturpolitische Gestaltung von Rahmenbedingungen erweist. Anzusprechen sind hier zunächst einmal die vertragsrechtlichen, gewerberechtlichen und steuerrechtlichen Vorschriften, die absichtlich so gefaßt sind, daß sie das philanthropische Engagement unterstützen. Spenden von Privatpersonen und Stiftungen sowie Sponsoring von Wirtschaftsunternehmen können sehr großzügig steuerlich abgesetzt werden. Ähnlich entgegenkommende Regelungen kennt man auch für die Vermögensteuer, von der Immobilien kultureller Organisationen und Einrichtungen freigestellt sind. Nachlässe und Schenkungen zugunsten kultureller und anderer gemeinnütziger Einrichtungen können ebenfalls ohne Einschränkungen abgesetzt werden. Weitere Steuervorteile gibt es für Stiftungen und Sachspenden (*Toepler* 1991:37ff.).

Eine weitere, den erstgenannten Zielen sehr entgegenkommende Rahmenbedingung ist das sehr liberale Wirtschaftssystem, das sich am ökonomischen Liberalismus Großbritanniens orientiert. Die Mentalität des *business* dominiert seit den zwanziger Jahren die Grundeinstellung aller im Wirtschaftsleben Tätigen. „Der geschäftliche Erfolg, die Ideale des Unternehmertums, die Mentalität des *get-rich-quick* entwickelten sich zu einer Art Nationalreligion, und wer dagegen aufbegehrte, geriet in den Verdacht, aus Neid zu argumentieren oder aus Enttäuschung, aus Unfähigkeit *to make good* wie die Erfolgreichen. Es sei an der Zeit, hieß es nach dem Krieg, daß ein anständiger Mann auch einen anständigen Profit einstecken dürfe" (*Raeithel* 1995/II:333). Zwar wird in *Francis Scott Fitzgeralds* Roman *The Great Gatsby* (1926) der Mythos vom amerikanischen Weg zu persönlichem Erfolg und Reichtum entlarvt, doch ist der Glaube an die sich selbst regulierenden Kräfte des Marktes fast ungebrochen. Steuernde und regulierende Maßnahmen, wie man sie in Europa aus sozialen Erwägungen kennt, sind in den USA nur sehr begrenzt ausgebildet, regulierende Maßnahmen im Kultursektor, wie sie vor allem in Frankreich und Schweden gepflegt werden, sind gänzlich ausgeschlossen. Im Vordergrund steht die Freiheit des Marktes, die auch wesentlich Angebot und Nachfrage von Kunst und Kultur regelt. Ein Eingriff des Staates durch kulturfördernde Maßnahmen und kulturpolitische Entscheidungen findet nur höchst zuürckhaltend und indirekt statt.

(2.2) Strukturen des Kulturbetriebs

Während vor allem in Deutschland, Frankreich und Schweden die Strukturen im öffentlichen Kulturbetrieb sehr differenziert ausgebaut sind und auch Großbritannien in den *Arm's Length Bodies* ein abgestuftes System von halb-staatlichen Strukturen kennt, sucht man vergleichbare Bedingungen in den USA vergebens.

Auf Bundesebene wird die Kulturförderung fast ausschließlich geprägt von den beiden bereits erwähnten Stiftungen *National Endowment for the Arts* (NEA) und *National Endowment for the Humanities* (NEH). Es handelt sich um Stiftungen, die mit zentralstaatlichen Dotationen eine Kulturförderung Dritter betreiben. Sie werden von einem Vorsitzenden (*chair*) geleitet, der unmittelbar vom Präsidenten der Vereinigten Staaten ernannt wird. Ihm zur Seite stehen verschiedene Ausschüsse (*panels*), die mit Fachleuten der einzelnen Kunstsparten bzw. – im NEH – mit Fachwissenschaftlern besetzt sind. Die *panels*, deren Mitglieder maximal drei Jahre im Amt bleiben, erarbeiten für den Vorsitzenden Vorschläge über die Vergabe der einzelnen Fördermittel.

Beide Stiftungen stehen formal unter der Aufsicht der *National Foundation for the Humanities and the Arts*, der wiederum ein *National Council on the Arts* sowie ein *National Council on the Humanities* angegliedert sind. Über die nationalen Räte werden vor allem Vertreter der großen Kultur- und Wissenschaftseinrichtungen sowie prominente Privatpersonen in die Arbeit der beiden Stiftungen eingebunden (*Wheatley* 1992:581).

Es handelt sich folglich um eine Struktur, die denen des *Arts Council of Great Britain* (heute: *Arts Council of England*) oder *Statens Kulturråd* nicht unähnlich ist. Gemeinsame Merkmale sind eine gewisse Staatsferne und das Recht, unabhängig von politischen Opportunitäten zentralstaatliche Mittel für eine Kunstförderung bereitzustellen. Dabei scheint es allerdings, daß die Unabhängigkeit des NEA größer ist als die der vergleichbaren Institutionen in Schweden und Großbritannien, weil die Anbindung an das zuständige Ministerium in den USA geringer ist. Dafür sorgt einerseits die Ernennung des Vorsitzenden durch den Präsidenten sowie die Aufsicht durch eine unabhängige Kommission, deren Stärke aus dem öffentlichen Ansehen ihrer Mitglieder erwächst. „Die NEA (soll) vornehmlich auf eine Verbesserung des kulturellen Umfeldes hinwirken, aber keinesfalls durch die Festlegung ästhetischer Normen oder inhaltliche Einflußnahme die Freiheit der Kunst beeinträchtigen. Das staatliche Engagement hat in Ergänzung der privaten Initiative bestimmte Aufgaben zu übernehmen, die auf privater Ebene nicht oder nur bedingt zu leisten sind, wie z.B. die auf Dauer angelegte Verbesserung der finanziellen Basis der amerikanischen Kulturorganisationen. Ein Subventionssystem nach europäischem Vorbild wurde als den amerikanischen Traditionen widersprechend gar nicht in Betracht gezogen" (*Toepler* 1991:19).

Auf der Ebene der Bundesländer gibt es ähnliche Förderstiftungen, die zum Teil ihre Mittel aus der Bundeskasse erhalten – 20 % des Etats des NEA sind für die Projektförderung der Bundesländer reserviert –, zum Teil aber auch aus dem Haushalt des Bundeslandes ergänzen (*Toepler* 1993:74). Ein ähnliches Verfahren gilt auch für die Zusammenarbeit mit den Kommunen, in die ebenfalls Mittel aus der NEA fließen. „Die kommunale Kulturförderung favorisiert gerne solche Projekte, die gleichzeitig weitere kommunale Aufgaben, also etwa in der Erziehung, der Stadtplanung oder dem Tourismus, wahrnehmen" (*Wheatley* 1992:583). Weder die NEA noch die entsprechenden Stiftungen auf der Ebene der Bundesstaaten unterhalten eigene Einrichtungen; die Stiftungsmittel werden ausschließlich zur Förderung von Einrichtungen und Projekten vergeben, die sich in der Trägerschaft Dritter, vor allem privatrechtlicher Organisationen, befinden.

Hier zeigt sich denn auch, daß der privatrechtliche Bereich von weit größerer Bedeutung für den US-amerikanischen Kulturbetrieb ist als der öffentlich-rechtliche. Innerhalb des privatrechtlichen Kulturbetriebs sind vor allem die privatrechtlich-gemeinnützigen Einrichtungen, die sogenannten Nonprofit-Organisationen, hervorzuheben. Allein schon quantitativ dominieren sie deutlich gegenüber öffentlichrechtlichen und kommerziellen Kulturanbietern. „Von schätzungsweise 1.500 Symphonieorchestern sind drei Viertel auf Nonprofit-Basis organisiert, ein Fünftel ist öffentlich (überwiegend Schul- und Hochschulorchester), und drei bis fünf Prozent arbeiten als kommerzielle Organisationen. Unter den großen und bedeutenden Orchestern herrscht die Nonprofit-Form nahezu ausschließlich vor, ähnliches gilt für *Opera Companies* und Theater. Von den Kunstmuseen sind drei Viertel nicht-kommerziell. Das verbleibende Viertel besteht aus Museen in staatlicher Trägerschaft, von denen allerdings viele keine eigenständige Kulturinstitutionen im europäischen Sinne, sondern an das öffentliche Bildungswesen angegliederte Organisationen sind" (*Toepler* 1993:73).

Auch dies ist eine weitere Besonderheit des US-amerikanischen Kulturbetriebs, daß nämlich viele Theater, Orchester und Museen staatlichen und privaten Universitäten und Colleges angeschlossen sind. Sie stellen „in weiten Teilen der USA mit ihren Kunstsammlungen, Theater- und Musikangeboten das einzige örtliche Kulturangebot zur Verfügung" (ebda.). Dabei darf allerdings nicht übersehen werden, daß die Versorgung mit kulturellen Angeboten in den USA weitaus spärlicher ist als in den meisten europäischen Staaten. Das hängt einerseits mit der anderen kulturellen Tradition zusammen – die puritanischen Siedler des 17. und 18. Jahrhunderts hielten die Künste bekanntlich eher für etwas Verwerfliches –, andererseits aber auch mit der Besiedlungsstruktur des weiträumigen Landes. Die in weiten Teilen des Landes nur geringe Besiedlung macht ein flächendeckendes Kulturangebot nahezu unmöglich. Einzig die Museumsdichte ist mit 7.000 Einrichtungen (*Wheatley* 1992:585) etwa der in den großen europäischen Ländern in Relation zur Bevölkerungszahl vergleichbar. Hier zeigt sich eine weitere Parallelität zum britischen „Mutterland", die zwar nicht aus der aristokratischen, aber aus der gemeinsamen puritanischen Tradition heraus zu erklären ist.

Da die Nonprofit-Organisationen auf Gründungen von Mäzenen und Stiftern zurückgehen und nicht im politischen Umfeld staatlicher Ebenen entstanden sind, unterscheiden sich auch die Binnenstrukturen der privaten Kultureinrichtungen deutlich von denen der öffentlichen Hand. Langfristige Entscheidungen, alle Finanzfragen und auch die Außenwirkung sind Angelegenheit eines Kuratoriums oder Beirats, dem gesellschaftlich prominente und wohlhabende Bürger angehören. Der Tradition des Gemeinschaftsgeistes entsprechend, gehört es zu den unausgesprochenen Pflichten führender Persönlichkeiten der Wirtschaft und des öffentlichen Lebens, sich für die Mitarbeit in solchen Kuratorien zur Verfügung zu stellen. Für die administrativen und praktischen Aufgaben der Nonprofit-Organisation ist ein professioneller Mitarbeiterstab zuständig, der die vom Kuratorium vorgegebenen Ziele umsetzt.

(2.3) Instrumente der Kulturfinanzierung

Im Gegensatz zur Situation in Deutschland, Frankreich oder Schweden, wo alle öffentlich-rechtlichen, aber auch viele gemeinnützigen Kultureinrichtungen von einer überwiegenden Finanzierung aus öffentlichen Mitteln ausgehen können, muß man in den USA auf ein gemischtes und pluralistisches System der Kulturfinanzierung zurückgreifen. Ein fiktives, aber doch wohl typisches Beispiel für ein städtisches Kunstmuseum macht dies deutlich (*Wheatley* 1992: 580f.).

Einnahmen	**in US-$***
Zuwendungen des Bundes (NEA)	200.000
Zuwendungen des Bundesstaates bzw. der Kommune	200.000
Zinserträge aus Stifungsfonds	50.000
Einzelspenden	300.000
Erlöse aus Eintrittskarten	200.000
Erlöse aus Gastronomie, Museumsshop usw.	250.000
Gesamteinnahmen	1.200.000

* ein amerikanischer Dollar ($) entspricht 1,63 DM (Stand Januar 1997)

Tab. 5: (Fiktives) Finanzierungsbeispiel eines städtischen Kunstmuseums in den USA

Hier zeigt sich die pluralistische oder mehrdimensionale Finanzierung sehr deutlich; nur ein Drittel der Einnahmen stammt aus öffentlichen Haushalten, etwas weniger als ein weiteres Drittel aus Spenden und Stiftungen sowie fast 40 % aus selbst erwirtschafteten Erträgen. Zum Vergleich sei dem ein etatmäßig etwas kleineres städtisches Museum in Baden-Württemberg gegenübergestellt; dort kennt man im Haushalt 1994 nur drei verschiedene Einnahmepositionen (tatsächliche Haushaltspositionen nach telefonischer Auskunft der Museumsleitung):

Einnahmen	**in DM**
Erlöse aus Katalogverkäufen	900
Zuweisungen des Landes	7.400
Fehlbedarfsfinanzierung der Kommune	1.151.700
Gesamteinnahmen	1.160.000

Tab. 6: (Tatsächliches) Finanzierungsbeispiel eines städtischen Museums in Baden-Württemberg

Da weder Eintritte erhoben werden noch ein Museumsshop besteht, wird das Museum zu fast 100 % aus öffentlichen Mitteln finanziert. Eine solche Finanzierungsstruktur ist in vielen Museen dieser Größenordnung zwar nicht die Regel, aber nach wie vor keineswegs ungewöhnlich.

Charakteristisch für US-amerikanische Finanzierungsstrukturen ist die Ausrichtung auf eine mehrdimensionale Finanzierung, d.h. es sind nicht nur verschiedene Finanzierungsquellen möglich oder erwünscht, sondern sie sind vielfach zwingend erforderlich. Der NEA beispielsweise gewährt Zuwendungen vor allem in der Form des auch aus Großbritannien bekannten Systems der *Matching Funds* (vgl. Seite 129 ff.), d.h. staatliche Zuwendungen werden nur in der Höhe gewährt, in der auch private Mittel akquiriert werden können (z.B. die Einzelspenden im obigen Beispiel). „Auch wenn die Statistiken auf diesem Gebiet sehr unsicher sind, so kann man doch in etwa sagen, daß von Regierungen, Unternehmen und Stiftungen etwa gleich große Beträge an kulturelle Organisationen gehen (...): etwa 400 Mio. US-$ aus jedem Bereich. Diese Beträge stellen insgesamt zwischen 30 und 60 % der Unterstützung für nicht-kommerzielle kulturelle Institutionen dar (...). Die übrigen Mittel stammen aus individuellen Spenden, Eintrittskarten (...), Gewinnen aus Stiftungskapital (in sehr wenigen Fällen) und Einkommen aus anderen Dienstleistungen. (...) Etablierte Organisationen und Institutionen finanzieren aus Regierungsmitteln häufig Projekte. Bei kleineren und neueren Organisationen – wie Avantgarde oder ethnischen Programmen – macht der Regierungsanteil gewöhnlich einen viel größeren Teil der Finanzierung aus und läßt zumeist Überleben oder Untergang davon abhängen" (*Wheatley* 1992: 580).

Die Größenordnung von 400 Mio. US-$ zeigt noch einmal die erstaunlich niedrige Finanzierungsbeteiligung der öffentlichen Hand; immerhin bezieht sich die Zahl auf ein Land mit 250 Mio. Einwohnern. Vergleicht man diese Größenordnung mit den öffentlichen Kulturausgaben in Deutschland, so wird deutlich, wie schwierig und unangemessen jeder Vergleich ist: den – umgerechnet – 650 Mio. DM der US-amerikanischen staatlichen Kulturförderung stehen allein in dem mit 10 Mio. Einwohnern relativ kleinen Baden-Württemberg Netto-Ausgaben von ca. 600 Mio. DM (Haushaltsjahr 1993, ohne Kunsthochschulen) gegenüber. Dabei handelt es sich ausschließlich um Landesmittel; Bundes- und kommunale Mittel sind hier nicht eingerechnet.

Von den etwa 400 Mio. US-$ aus öffentlichen Haushalten entfielen im Rechnungsjahr 1995/96 162 Mio. US-$ auf den *National Endowment for the Arts* (NEA). Für 1996/97 (der Beginn des Haushaltsjahrs ist jeweils der 1.10.) wurde dieser Betrag auf 110 Mio. US-$ gekürzt (IAM 9/1995, S.4), was vor allem die kleineren Einrichtungen, die von den Zuwendungen des NEA besonders abhängig sind, in große Schwierigkeiten gebracht haben dürfte. Trotz des relativ geringen Gesamtbetrags ist der Einfluß des NEA auf das Kulturleben dank flankierender Faktoren relativ groß. „Erstens: NEA und NEH befinden sich als größte einzelne Förderer auf diesem Gebiet in einer Position, die es ihnen erlaubt, Künstler, Unternehmungen und Organisationen anzuerkennen und zu legitimieren. Zweitens: Da ein großer Teil der Unterstützung, den diese Behörden gewähren, die Aufbringung ergänzender Mittel durch die nutznießenden Körperschaften erfordert, üben diese Behörden einen größeren Einfluß auf die Künste aus, als es ihrer tatsächlichen Mittelzuweisung entsprechen würde. Drittens: Durch die Rekrutierung der Ausschuß- und Komiteemitglieder genießen sie die Aufmerksamkeit eines bedeutenden Teils der aktiven Geisteswissenschaftler und Künstler der Nation. Schließlich hat (...) die Schaffung dieser Bundesstiftungen die Einrichtung von ähnlichen einzelstaatlichen und städtischen Körperschaften angeregt" (*Wheatley* 1992:582). Wegen seiner Abhängigkeit von der aktuellen Etatsituation ist der NEA neuerdings dazu übergegangen, auch seinerseits Finanzmittel aus privaten Quellen zu akquirieren. Dazu wurde 1996 eigens ein *Office of Enterprise Development* eingerichtet, das schon im ersten Jahr einen Mitteleingang von mehr als 500.000 US-$ verzeichnen konnte (*Art in America*, Heft 11/1996, S. 27).

Innerhalb des NEA sind drei Arten von Fonds zu unterscheiden, aus denen ausschließlich an öffentliche oder gemeinnützige Organisationen, nicht aber an kommerzielle Kulturanbieter Zuwendungen gezahlt werden (*Toepler* 1991:20f.):

- Der Programmfonds macht den größten Teil aus. Aus ihm erfolgen die Förderungen an Nonprofit-Organisationen in Form von *Matching Funds* sowie die bereits erwähnten Zuschüsse an die Förderorganisationen einzelner Bundesländer und Kommunen. Daneben werden aus dem Programmfonds auch sogenannte *Fellowships* (Stipendien) an außergewöhnlich begabte Künstler gezahlt.
- Der *Treasury Fund*, der vom Finanzministerium verwaltet wird, ist eine besonders ausgeklügelte Form von *Matching Funds*. Über diesen Fonds können Privatpersonen die Zuwendungen an Organisationen und Künstler, die bereits aus dem Programmfonds von der NEA gefördert werden, durch Regierungsgelder aufstocken. Der *Treasury Fund* erhöht die private Spende um einen gleich hohen

Betrag, wenn es der begünstigten Organisation oder Person gelingt, einen den privaten und staatlichen Mitteln entsprechend hohen Betrag selbst aufzubringen. Während dieser Zeit verbleibt die private Spende im *Treasury Fund* als Pfand. Auf diese Weise wird die Spende des privaten Mäzens vervierfacht, indem sie nämlich zunächst aus dem *Treasury Fund* verdoppelt wird und dann die Spende und staatliche Ergänzung nochmals durch von der Organisation selbst aufgebrachte Mittel verdoppelt werden. Das schafft einerseits erhebliche Anreize für den Spender und erleichtert andererseits den Begünstigten die eigene Beschaffung von Mitteln, weil jeder Dollar, den sie selbst akquirieren, gleich verdoppelt wird. Dennoch zahlt der NEA in diesem Finanzierungssystem nur ein Viertel des Gesamtbetrags.

- Die dritte Form von Fonds sind die *Challenge Grants*, die an Einrichtungen gezahlt werden, die wegen avantgardistischer oder experimenteller Angebote besondere Schwierigkeiten haben, zu einer finanziellen Stabilität zu gelangen. Auch die *Challenge Grants* erfolgen als *Matching Funds*, und zwar ausnahmsweise sogar im Verhältnis eins zu drei, d.h. am Ende stammt immer nur maximal ein Viertel der Finanzmittel aus staatlichen Haushalten.

Wenn die direkten Kulturförderungen relativ niedrig erscheinen, darf allerdings nicht übersehen werden, daß es in den USA beträchtliche Möglichkeiten der indirekten Förderung gibt, wie sie in Deutschland nur andeutungsweise bekannt sind. Dazu zählen vor allem die steuerlichen Vergünstigungen für Spender. Schätzungen gehen davon aus, daß über die Steuervorteile nochmals bis zu einer Milliarde Dollar indirekt aus öffentlichen Haushalten in den Kultursektor fließen (*Toepler* 1991:37). Ohne nun auf alle Details einzugehen (vgl. dazu ausführlich *Toepler* 1991:37ff.), seien hier kurz einige Steuerbegünstigungen im Zusammenhang mit Kulturfördermaßnahmen aufgelistet:

- Spenden an gemeinnützige Einrichtungen wie Universitäten, Krankenhäuser, Kirchen und Kultureinrichtungen konnten früher bis zur Höhe von 50 % des Einkommens von der Einkommensteuer abgesetzt werden; durch den *Tax Reform Act* 1986 wurde dieser Höchstsatz auf zunächst 38,5 % und ab 1988 auf 28 % herabgesetzt (*Boochs/Ganteführer* 1992:150) (zum Vergleich: in Deutschland bis max. 5 % des Einkommens, zugunsten öffentlicher Einrichtungen bis maximal 10 %); die Höhe der tatsächlichen steuerlichen Ersparnis hängt – wie in Deutschland auch – vom jeweiligen Höchststeuersatz ab.
- Bei kleineren Spenden ist ein Einzelnachweis nicht erforderlich, es kann auch eine Spendenpauschale geltend gemacht werden.

- Spenden an private Stiftungen, die als Finanzintermediäre für gemeinnützige Kultureinrichtungen tätig werden, können bis zur Höhe von maximal 20 % des zu versteuernden Einkommens abgesetzt werden.
- Unternehmen können Spenden an gemeinnützige Einrichtungen bis zur Summe von 10 % ihres Gewinns von der Körperschaftsteuer absetzen (zum Vergleich: in Deutschland 5 bzw. 10 % des Gewinns oder bis zu 0,2 % des Umsatzes).
- Sachspenden von Privatpersonen oder Unternehmen können zum aktuellen Marktwert bis zu einer Höhe von 30 % des Einkommens bzw. des Gewinns steuerlich abgesetzt werden; übersteigt der Marktwert den Anschaffungspreis, wird auch die Wertsteigerung der Sachspende nicht versteuert.
- Nachlässe und Schenkungen sind von der Erbschaft- und Schenkungsteuer befreit, wenn sie nicht-kommerziellen kulturellen Einrichtungen zugute kommen. Dies gilt auch für die Überlassung von einzelnen Kunstwerken an öffentliche oder gemeinnützige Museen.

Durch diese großzügigen steuerlichen Regelungen wird die Bereitschaft zu spenden naturgemäß deutlich erhöht. Die Bereitschaft ist um so größer, je höher der Spitzensteuersatz liegt. Da man in den achtziger Jahren aus wirtschaftlichen Erwägungen den Spitzensteuersatz von ursprünglich 50 % auf heute 39,6 % (Stand März 1997) gesenkt hat, ist zumindest für die oberen Einkommensgruppen der steuerliche Anreiz etwas gesunken.

Spenden werden von den Kultureinrichtungen entweder als Einzelspenden gesammelt oder aber über ein systematisches *Fund raising* akquiriert. Darunter ist ein nach Marketing-Gesichtspunkten ausgerichtetes, systematisches Spendensammeln zu verstehen, das vor allem von den größeren Kulturinstitutionen mit eigenen, professionell ausgestatteten Abteilungen betrieben wird.

Eine andere Form des Spendensammelns erfolgt über Stiftungen, die als sogenannte Finanzintermediäre auftreten. Darunter sind Stiftungen zu verstehen, die sich die Förderung einzelner oder bestimmter Gruppen von Kultureinrichtungen zur Aufgabe gemacht haben. Auch diese Stiftungen sammeln nach dem System des *Fund raisings* Spenden, die sie dann an die ihnen zugeordneten Einrichtungen nach Bedarf weiterleiten. Für den Spender ergibt sich der steuerliche Vorteil, daß er die Spende unabhängig vom aktuellen Bedarf der zu fördernden Einrichtung an die Stiftung zahlen und auch steuerlich geltend machen kann.

Überhaupt spielen private Stiftungen im US-amerikanischen System der Kulturfinanzierung eine große Rolle. Die bereits erwähnten Stiftungen zur intermediären Finanzierung mit einem relativ offenen Kreis zu begünstigender Einrichtungen machen von der Anzahl her den größten Teil aller Stiftungen aus. Man könnte sie als betriebsferne Stiftungen bezeichnen, weil sie dem begünstigten Kulturbetrieb nicht unmittelbar verbunden sind. Der Vorteil dieser Stiftungen besteht darin, daß sie einerseits Adressaten für die unterschiedlichsten Stifterpersonen sind und andererseits durch das akkumulierte Stiftungsvermögen über relativ große Mittel verfügen, um die verschiedensten Projekte unterstützen zu können.

Daneben kennen große Kultureinrichtungen wie beispielsweise die *Metropolitan Opera New York* betriebsnahe Stiftungen, die ihre Ausschüttungen nur der ihr nahestehenden Kulturinstitution zukommen lassen. Stifter, die ihr Vermögen diesen spezifischen Stiftungen in Form von Zustiftungen vermachen, entscheiden sich also sehr konkret für einen bestimmten Kulturbetrieb. Diese sogenannten *community foundations* sind nicht zuletzt aus dem Bildungssektor bekannt. Allein die Stiftung der *Harvard University* verfügt inzwischen über ein Vermögen von 8,81 Mrd. US-$, in *Yale* sind es 4,85 und in *Princeton* 4,47 Mrd. US-$. Die großen Theater und Museen verstehen die Erfolgsstory der Universitäten durchaus als Vorbild und Anreiz. Doch bemerkenswert ist in diesem Zusammenhang auch, daß zunehmend selbst kleinere Kultureinrichtungen versuchen, wenigstens einen Teil ihres Etats über Ausschüttungen aus betriebsnahen Stiftungen abzudecken. So berichtet die in New Orleans erscheinende *The Times-Picayune* (vom 3.11.96), daß die *New Orleans Opera* 1990 einen *Endowment fund* eingerichtet hat, der inzwischen (1996) bereits über ein Vermögen von 3 Mio. US-$ verfügt, woraus eine jährliche Ausschüttung von 200.000 US-$ zu erzielen ist. Bis zum Jahr 2000 ist ein Ziel von 5 Mio. US-$ angepeilt mit einer jährlichen Ausschüttung von 350.000 US-$.

Drittens gibt es große Privatstiftungen wie die *Ford*-Stiftung, die *Rockefeller*-Stiftung oder die *Getty*-Stiftung. Sie verfügen zum Teil über ein schwindelerregendes Stiftungsvermögen; beispielsweise konnte die *Packard*-Stiftung des Elektronikkonzerns *Hewlett-Packard* nach einem Bericht der *New York Times* (vom 6.5.96) ihr Vermögen auf inzwischen 7,2 Mrd. US-$ aufstocken. Allein die *Ford*-Stiftung konnte 1991 die beachtliche Summe von 315,9 Mio. US-$ ausschütten (*Toepler* 1996:212). Diese Stiftungen stellen allerdings nicht nur Fördermittel für Dritte zur Verfügung, sondern unterhalten auch eigene Kultureinrichtungen, wie beispielsweise das Getty-Museum in Santa Monica in Südkalifornien. Da sie dank ihrer Größe auch über ein erhebliches manageriales Know-how verfügen, haben sie ganz wesentlich zur Professionalisierung des US-amerikanischen Kulturbetriebs beigetragen. Das Engagement der *Bertelsmann*-Stiftung in Deutschland für Kulturmanagement kann durchaus in der Tradition dieser großen amerikanischen Stiftungen gesehen werden.

Zuletzt ist noch das Sponsoring der Unternehmen zu nennen. Es hat vor allem seit den sechziger und siebziger Jahren deutlich zugenommen und erreicht heute in der Höhe die Zuwendungen des Staates und der Regierung. Wie noch zu zeigen sein wird (vgl. Abschnitt 3.1.3), wird der kunstfördernde Aspekt der Spende beim Sponsoring gleichberechtigt ergänzt durch einen Marketing-Aspekt. 1994 haben amerikanische Unternehmen aus ihren Marketingbudgets 2 Mrd. US-$ für soziale, künstlerische und andere gemeinnützige Zwecke ausgegeben (*Smith* 1994:104). Allerdings ist das Sponsoring als Marketingstrategie eng gebunden an werbewirksame Aktionen, weshalb die Projektförderung eindeutig Vorrang hat vor jeder institutionellen Förderung. Das setzt beispielsweise die Museen stark unter Druck, weil sie, statt kontinuierlicher Forschungs- und Entwicklungsarbeit, immer wieder öffentlichkeitswirksame Events produzieren müssen, um die notwendigen Gelder von ihren Sponsoren zu erhalten (*Wheatley* 1992:586).

Obwohl Sponsoring gerade in den USA in den letzten Jahren sehr an Bedeutung gewonnen hat, ist doch die Spende das dem amerikanischen Gemeinschaftsgeist „typischere" Finanzierungsinstrument. In der Summe von Einzelspenden, Fund raising oder intermediären Förderstiftungen ist das Spendenaufkommen nach wie vor größer als das Aufkommen aus dem Sponsoring. Das zeigt noch einmal Tabelle 7 über durchschnittliche Einkommensstrukturen amerikanischer Museen (*Toepler* 1993:77).

Höhe der Gesamtausgaben	Bund	Bundesstaat	Kommune	Unternehmen	Private Spenden	Finanzanlagen	Umsatzerlöse	Summe
mehr als 50 Mio US-$	1,5	2,0	20,5	6,0	31,0	16,0	23,0	100,0
weniger als 50 Mio US-$	4,5	3,0	17,0	8,5	29,5	17,0	20,5	100,0

Tab. 7: Einnahmenstrukturen amerikanischer Museen (in Prozent; geringfügig überarbeitet)

Nach dieser Tabelle stammt nur weniger als ein Viertel der durchschnittlichen Einnahmen aller Museen aus öffentlichen Haushalten. Größte Position ist das Aufkommen aus privaten Spenden, aus Finanzanlagen wie beispielsweise betriebsnahen Stiftungen oder Bankguthaben sowie aus eigenen Umsatzerlösen (Eintritte, Museumshop, Merchandising usw.). Das Aufkommen aus dem Sponsoring (hier in der Spalte „Unternehmen") ist dagegen vergleichsweise gering. Beherrschendes Merkmal der Finanzierungsstruktur ist aber in jedem Fall die mehrdimensionale oder pluralistische Finanzierung, die sich doch erheblich von der Finanzierungsstruktur deutscher Kultureinrichtungen unterscheidet.[5]

Damit kann zusammenfassend festgehalten werden, daß das in den Vereinigten Staaten vorherrschende Prinzip relativer Staatsferne gerade auch für kulturelle Aufgaben konsequent durchgehalten wird, trotz einiger Änderungen, die es hier seit Mitte der sechziger Jahre gegeben hat. Kultur ist, wie vieles andere in den Vereinigten Staaten auch, Privatsache, der sich der Bürger im Rahmen seiner Verpflichtungen für das Gemeinwohl anzunehmen hat. Dazu stehen ihm zahlreiche Wege zur Verfügung, vom unmittelbaren persönlichen Engagement in den zahlreichen gemeinnützigen Einrichtungen über die Mitarbeit in den vielen Kuratorien und *panels* bis zur finanziellen Unterstützung durch Spenden und Zustiftungen. Öffentliche Kulturförderung, soweit sie stattfindet, erfolgt immer nach dem Prinzip des *Matching Funds,* was letztlich wiederum allein der Mitwirkung der Bürger dient. Daß dieses System mindestens so stark von wirtschaftlichen Konjunkturbewegungen abhängt wie die vorwiegend öffentliche Kulturfinanzierung in Deutschland, haben gerade die finanziellen Einbrüche in den letzten Jahren gezeigt. Auch ist fraglich, ob ein solches System noch funktionieren würde, wenn das kulturelle Angebot so dicht wäre wie in Deutschland, also das Finanzaufkommen um ein Vielfaches höher sein müßte. An eine emphatische Übernahme US-amerikanischer Modelle ist deshalb keineswegs zu denken.[6] Dennoch ergeben sich auch aus dem US-amerikanischen System der Kulturfinanzierung interessante Anregungen, die bei einer Neustrukturierung der Kulturfinanzierung in Deutschland berücksichtigt werden sollten.

[5] Vgl. dazu auch die materialreiche Untersuchung von *Victoria B. Alexander* (1996), in der die Finanzierungsquellen „Reiche Individuen", „Korporationen", „Regierung" und „Stiftungen" unterschieden werden.

[6] Vgl. hierzu die Diskussion zwischen *Heinz Josef Herbort* und *August Everding* in der ZEIT vom 22.3.96 und der Süddeutschen Zeitung vom 30.3.96.

2.5 Staatsnähe oder Staatsferne

Der vergleichende Blick in die Ziele und Strukturen von Kulturpolitik, Kulturbetrieb und Kulturfinanzierung in vier ausgewählten Staaten hat gezeigt, daß es ein für alle Verhältnisse gleichermaßen ideales System sicherlich nicht gibt. Vielmehr dürfte deutlich geworden sein, daß kulturpolitische Ziele, Strukturen des Kulturbetriebs und Instrumente der Kulturfinanzierung in hohem Maße abhängen von landesspezifischen Traditionen, Wertemustern und Verhaltensweisen.

Einleitend zum zweiten Kapitel wurde ein Prüfraster vorgestellt, das geeignet schien, die wichtigsten Unterscheidungskriterien für einen internationalen Vergleich bereitzustellen, ohne zwangsläufig zu Bewertungen zu führen. In Abbildung 6, die sich am vorgestellten Prüfraster orientiert, sind die wichtigsten Ziele und Strukturen der Kulturpolitik und Kulturfinanzierung im internationalen Vergleich nochmals stichwortartig festgehalten.

Wenn man sich zudem noch die in der Abbildung nicht berücksichtigten traditionellen Werte und Verhaltensmuster in Erinnerung ruft, dürfte erkennbar sein, mit welcher Zurückhaltung man mit bewertenden Ergebnissen umgehen sollte in dem Sinne, daß diese Strukturen und Instrumentarien besser seien als jene und diese Ziele positiver zu bewerten seien als andere. Dennoch dürfte der Vergleich einige interessante Einzelergebnisse erbracht haben, die für eine Neuorientierung der Kulturpolitik und Kulturfinanzierung in Deutschland von Interesse sein könnten. Bei aller Vorsicht hinsichtlich einer Übertragbarkeit kann man doch vielleicht folgende Ergebnisse festhalten:

(1) Die Bedeutung zentralstaatlicher Strukturen für Kulturpolitik und Kulturfinanzierung

Welche Möglichkeiten zentrale Steuerungsstrukturen bieten, zeigt gerade das Beispiel Frankreich im Vergleich zu Deutschland. Die Chance, relativ kurzfristig Zeichen zu setzen und die Symbolkraft der Kultur zu nutzen (z.B. in Form der *Grands Projets*) oder Kultur für mannigfaltige Zwecke gezielt einzubinden (z.B. Kultur als Modernisierungsstrategie oder Standortfaktor) ist in einem zentralistisch gesteuerten Land weit leichter gegeben als in der Bundesrepublik Deutschland. So ist beispielsweise die sogenannte Neue Kulturpolitik der siebziger Jahre, die in Deutschland aus kommunalpolitischen Initiativen hervorgegangen war, zwar dort verankert, wo man sich frühzeitig in die Diskussion eingeschaltet hatte, doch ist es dennoch nie zu einer wirklich breiten und einheitlichen kulturpolitischen Konzeption ge-

	Frankreich	Schweden	Großbritannien	USA
Ebene der Handlungsstrukturen				
Zentralität – Dezentralität	zentralistische und etatistische Strukturen; Dezentralität wird zentralistisch gesteuert;	Zentralstaat mit relativ selbständigen Regionen und Kommunen; Dezentralität im Kulturangebot wird durch zentrale Einrichtungen (z.B. *Riksteatern*) sichergestellt;	Zentralstaat mit relativ schwach ausgebildeten Regionen und Kommunen, deren Aufgaben und Möglichkeiten stark von zentralstaatlichen Vorgaben abhängen;	dezentraler Bundesstaat, doch in der Kulturpolitik von zentralstaatlichen Institutionen geprägt (vor allem *National Endowment for the Arts*);
Ebene der Handlungsprinzipien				
Staatliche Lenkung – sich selbst regulierender Kulturmarkt	Kulturpolitik als landesweite Umsetzung zentraler Programme mit gezielten marktregulierenden Maßnahmen (z.B. Film, Rundfunk);	es überwiegt die staatliche Steuerung; erhebliche Anstrengungen zur Stärkung schwach ausgeprägter Strukturen mit marktkorrigierenden Maßnahmen (z.B. Buchmarkt, Film);	der Staat hält sich möglichst zurück; nach dem Prinzip des ökonomischen Liberalismus hat der Markt Vorrang;	der Staat beschränkt sich auf wenige anregende und stützende Maßnahmen; es dominieren die Nonprofit-Organisationen und der kommerzielle Kulturmarkt;
Staatliche Kulturförderung - Private Kulturförderung	staatliche Kulturförderung dominiert; erst in jüngster Zeit strukturelle und steuerliche Anreize für eine private Kulturförderung;	es überwiegt die staatliche Kulturförderung; private Kulturförderung ist nur von marginaler Bedeutung;	staatliche Förderung über halbstaatliche Einrichtungen (sog. *Arm's Length Bodies*); zahlreiche Anreize für eine private Kulturförderung (*Matching Funds*); ausgebautes System privater Kulturförderung (z.B. *National Trust*);	staatliche Kulturförderung als differenziert ausgebaute Anschubfinanzierung (*Matching Funds*); zahlreiche steuerliche Anreize für eine private Kulturförderung; mäzenatisches Spendenaufkommen und Stiftungserträge haben höchsten Anteil an der Finanzierung;
Ebene der Handlungsinhalte				
Kontinuität – Innovation	Kulturpolitik steht zwar in der Tradition, die Identität Frankreichs zu fördern, enthält aber auch immer wieder Maßstäbe setzende innovative Elemente (z.B. die *Maisons de la Culture*);	auffallende Kontinuität in der Volkskultur; sonst überwiegt die Ausrichtung auf aktuelle Bedürfnisse des Wohlfahrtsstaats;	auf Kontinuität angelegte Kulturförderung überwiegt (Denkmalpflege, Museen usw.);	das gemeinnützige Kulturangebot ist stark geprägt durch traditionelle Werte (z.B. Museen); aber der kommerzielle Kulturmarkt (Film, Musical, Popmusik) ist international innovativ führend;
Spitzenkultur – Breitenkultur	im internationalen Blickwinkel überwiegt die Spitzenkultur (z.B. die *Grands projets*), dennoch sind wirkungsvolle Strukturen zur Förderung der Breitenkultur vorhanden (z.B. die *Centres d'Action culturelles*);	der Staat fördert Spitzenkultur und greift dazu erheblich in den Markt ein; Breitenkultur wird über eine gut ausgebaute und am Wohlfahrtsstaat orientierte Dezentralität sichergestellt;	es überwiegt die Förderung der Spitzenkultur; Breitenkultur im privaten Umfeld (z.B. Gesangvereine) oder zur Stützung der Sozialarbeit;	gut ausgebaute Finanzierungsstrukturen für Spitzenkultur (reiche Stiftungen, hohes Spendenaufkommen); Breitenkultur in zahlreichen Nonprofit-Organisationen (7.000 Museen!) und Angeboten des Kulturmarktes (z.B. in Freizeitparks)

Abb. 6: Ziele und Strukturen der Kulturpolitik und Kulturfinanzierung im internationalen Vergleich (Zusammenfassung)

kommen. Länder wie Baden-Württemberg oder auch zahlreiche einzelne Städte, denen die Neue Kulturpolitik zu sehr sozialdemokratisch ausgerichtet schien, haben sich dieser Entwicklung mehr oder weniger verweigert.

Der Föderalismus und das Selbstverwaltungsrecht der Kommunen, wie man dies in Deutschland in einer kaum vergleichbaren Ausprägung kennt, haben zweifellos große Vorteile für die Anbindung von Politik an die unmittelbaren Bedürfnisse der Bürger. Dennoch wäre ein zentralistisches Element, mit dem große Projekte oder langfristige Konzeptionen umgesetzt werden könnten, durchaus wünschenswert. Doch weder die von *Willy Brandt* initiierte Nationalstiftung noch die von *Helmut Kohl* nur zum Teil umgesetzten Bundesprojekte haben zu einer spürbaren Veränderung der Strukturen geführt.

Wie sehr Deutschland diesbezüglich außerhalb eines vergleichbaren Rahmens liegt, zeigt der vom Europarat erstellte Vergleich der Kulturausgaben nach den drei staatlichen Ebenen (Zentralstaat, Länder/Regionen, Kommunen) in sechs europäischen Staaten (Abb. 7).

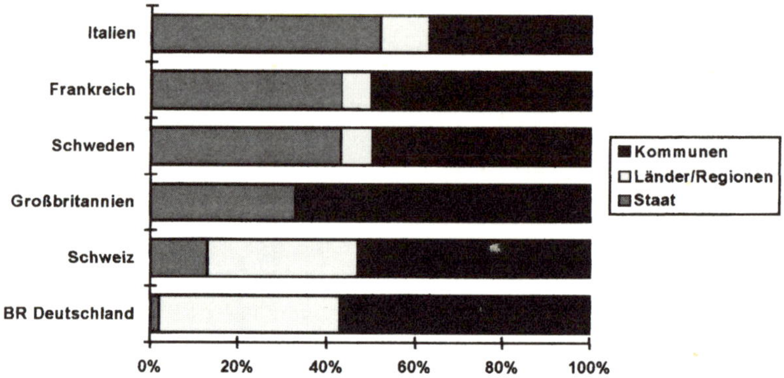

Quelle: Conseil de l'Europe, Programme européen d'évaluation: La politique de la France. Rapport du groupe d'experts européens dirigé par *Robert Wangermée*. Rapport national par *Bernard Gournay*, Paris 1988

Abb. 7: Vergleich der Kulturausgaben der staatlichen Ebenen in sechs europäischen Staaten

Anzumerken ist, daß für Großbritannien zwischen den lokalen und regionalen (*counties*) Ausgaben nicht unterschieden wurde. Geht man von den Ausgaben des Zentralstaats aus, so zeigt sich, daß Deutschland hier unangefochten den prozentual niedrigsten Betrag zur Verfügung stellt; lediglich die mit starken Kantonen ausgestattete Schweiz kommt ebenfalls zu einem relativ geringen zentralstaatlichen Anteil, der aber immer noch sechsmal höher als in Deutschland ist.

Daß eine stärkere zentralstaatliche Steuerung nicht zwangsläufig nur in einem Zentralstaat möglich ist, zeigt im übrigen das Beispiel der USA. Entscheidend ist nicht die zentralstaatliche oder föderalistische Ausrichtung, sondern allein die Art der Steuerungsinstrumente, derer man sich bedient.

(2) Halbstaatliche Einrichtungen zur Umsetzung kulturpolitischer Ziele

Sowohl in Schweden, in Großbritannien als auch in den USA kennt man Institutionen, die auf einer zentralstaatlichen Ebene angesiedelt sind, aber nur einen halbstaatlichen Status haben. Nach britischem Sprachgebrauch bezeichnet man sie als *Arm's Length Bodies*, weil sie vom Staat im engeren Sinne – bildlich gesprochen – um eine Armlänge entfernt sind. Diese Institutionen erfüllen unmittelbar staatliche Aufgaben, indem sie beispielsweise von der Zentralregierung formulierte Ziele umsetzen und dem Parlament (Schweden) oder dem Staatsoberhaupt (USA) Bericht erstatten. Sie kennen aber auch eine wesentlich engere Anbindung an die Künstler und den Kulturbetrieb, weil diese in die entscheidenden oder beratenden Gremien eingebunden sind. Dadurch verfügen sie über unschätzbare Vorteile gegenüber rein administrativ ausgerichteten Behörden. Nicht zuletzt wird auf diese Weise sichergestellt, daß die Kunstfreiheit nicht nur als „Freiheit durch den Staat", sondern auch als „Freiheit vom Staat" gewährleistet ist.

Solche halbstaatlichen Institutionen können unterschiedliche Funktionen wahrnehmen, wie Abbildung 8 zeigt. Dabei werden – um die Bandbreite der Möglichkeiten zu verdeutlichen – auch die französische *Direction régional des affaires culturelles (DRAG)* sowie der Deutsche Kulturrat einbezogen, obwohl sie nur sehr bedingt die Aufgaben eines *Arm's Length Bodies* erfüllen.

Die Übersicht zeigt sehr deutlich, daß die halbstaatlichen Steuerungsstrukturen in Frankreich und Deutschland nur sehr schwach ausgebildet sind. Im Vergleich hierzu verfügen Schweden, Großbritannien und die USA über ein sehr interessantes Instrumentarium, wie man es sich ähnlich durchaus auch für Deutschland vorstellen könnte, falls sich Bund und Länder an der zu errichtenden Institution beteiligen würden. Besonders überzeugend wirkt ein solches Prinzip der *Arm's Length Bodies*, wenn man es auch um Instrumente einer Drittmittelbeschaffung erweitert.

	Deutschland (Deutscher Kulturrat)	**Frankreich (Direction régional des affaires culturelles)**	**Schweden (Statens Kulturråd)**	**Großbritannien (Arts Council)**	**USA (National Endowment for the Arts)**
Einbindung der Künstler und des Kulturbetriebs (Lobby)	Interessenvertretung der Künstler und des Kulturbetriebs; gegliedert in 8 Sektionen nach kunstlerischen Sparten;		der Rat setzt sich aus von der Regierung berufenen Fachleuten des Kulturbetriebs zusammen; er kann von sich aus weitere Personen als Berater hinzuziehen;	dem Rat gehören Vertreter der Kunstsparten sowie ehrenamtliche Beiräte an;	über verschiedene Ausschüsse (*panels*) und den beratenden *National Council* werden Künstler und Kulturvermittler in die Arbeit der NEA eingebunden;
Umsetzung kulturpolitischer Ziele		Umsetzung kulturpolitischer Dezentralisierungsprogramme;	von Parlament und Regierung vorgegebene Ziele sind umzusetzen, wobei der Rat in der Art der Umsetzung weitgehend frei ist;	Vorsitzender und Generalsekretär werden unmittelbar vom Kulturministerium ernannt;	der Vorsitzende der NEA wird unmittelbar vom Präsidenten ernannt; die NEA ist in ihrer operativen Arbeit weitgehend unabhängig;
Rückkoppelung an Parlament und/oder Regierung	berät und informiert Parlament und Regierung;	die DRAC untersteht dem Kulturministerium (Behörde);	der Rat hat der Regierung und dem Parlament regelmäßig zu berichten und berät sie in allen kulturpolitischen Fragen;	die Anbindung an zentralstaatliche politische Ziele ist relativ stark ausgeprägt;	der Vorsitzende der NEA berichtet dem Präsidenten regelmäßig und berät die Regierung in kulturpolitischen Fragen;
Verteilung staatlicher Finanzmittel	über die Sektionen werden Mittel für ausgewählte Projekte in bescheidenem Umfang zur Verfügung gestellt;	Verteilung staatlicher Finanzmittel für die regionale und lokale Kulturarbeit, einschließlich der Mittel für verschiedene dezentrale Fonds;	der Rat verteilt die staatlichen Kulturförderungsmittel; ihm unterstehen die zentralstaatlichen Einrichtungen für eine dezentrale Kulturarbeit (z.B. *Riksteatern*);	der Rat verteilt die zentralstaatlichen Finanzmittel direkt an die Kultureinrichtungen oder leitet sie an die regionalen *Boards* weiter;	die NEA verteilt alle zentralstaatlichen Mittel für Kultur sowie die Bundeszuschüsse an die Bundesstaaten;
Anschubfinanzierung durch *Matching Funds*				verschiedene Finanzierungsprogramme sind als *Matching Funds* angelegt;	bis auf eine unmittelbare Künstlerförderung (*Fellowships*) sind alle Programme als *Matching Funds* angelegt;
Unterstützung bei der Beschaffung privater Drittmittel			Verein für Kultur und Wirtschaft (*Föreningen för Kultur och Näringsliv*), der allerdings unabhängig von *Statens Kulturråd* arbeitet;	die vom *Arts Council* mit initiierte *Association for Business Sponsorship of the Arts* akquiriert Sponsorenmittel und berät und unterstützt Kultureinrichtungen in der Zusammenarbeit mit Sponsoren;	über den *Treasury Fund* werden staatliche Mittel vervielfacht; dabei hilft ein gut ausgebautes System steuerlicher Vergünstigungen;

Abb. 8: Halbstaatliche Steuerungsstrukturen

(3) Das Konzept der Matching Funds

Das Konzept halbstaatlicher Verteiler- und Vermittlerorganisationen eignet sich besonders für eine Kulturfinanzierung nach dem Modell der *Matching Funds.* Diese in Deutschland zwar bekannte (vgl. die Kunststiftung Baden-Württemberg), aber kaum genutzte Finanzierungssteuerung läßt sich kaum über unmittelbare staatliche Institutionen, wohl aber über die halbstaatlichen *Arm's Length Bodies* realisieren, weil die Spendenbereitschaft gegenüber dem Steuern eintreibenden Staat verständlicherweise wenig ausgeprägt ist. Die im Text zitierten Größenordnungen des Spendenaufkommens dürften belegen, daß es sich um eine wirklich interessante Möglichkeit der Kulturfinanzierung handelt. Es unterstützt die Eigeninitiative engagierter Kulturbetriebe, fördert die Mitwirkung und Mitverantwortung der Bürger und nimmt den Staat in die (moralische) Pflicht, Zusagen der ergänzenden Finanzierung auch wirklich einzuhalten. Es ist nicht erkennbar, was dagegen spräche, dieses System möglichst bald auch in Deutschland als Finanzierungsinstrument einzuführen.

(4) Aufbau von Strukturen zur Drittmittelbeschaffung

Ergänzt wird das System der *Matching Funds* in Großbritannien und zum Teil auch in den USA durch Strukturen und Organisationen, die bei der Beschaffung von Drittmitteln behilflich sein können. Vor allem die gemeinsam vom *Arts Council* und der britischen Wirtschaft ins Leben gerufene *Association for Business Sponsorship of the Arts* mit ihrem *Business Sponsorship Incentive Scheme* ist ein bemerkenswertes Instrumentarium, um Sponsorengelder zu akquirieren und die Partnerschaft zwischen Kultur und Wirtschaft beratend zu fördern.

Erste Ansätze zu einer beratenden Mittelinstanz für eine private Kulturförderung sind in Deutschland im Arbeitskreis Kultursponsoring des „Kulturkreises der deutschen Wirtschaft im BDI" (vgl. Kulturkreis der deutschen Wirtschaft im BDI 1996) und in der „Kulturstiftung Haus Europa" (vgl. Kulturstiftung Haus Europa 1996) zu erkennen. Der Arbeitskreis Kultursponsoring versteht sich allerdings ausdrücklich nicht als vermittelnde, sondern nur als beratende Instanz für sponsorwillige Wirtschaftsunternehmen (Abs. 2 des Positionspapiers des Arbeitskreises vom 22.11.96).[7]

[7] Ein internationaler Überblick über Koordinations- und Organisationsbüros der Wirtschaft für Kultursponsoring findet sich in *Grüßer* 1992:191 ff.

(5) Anreize für eine private Kulturfinanzierung

„Niemand sollte erwarten, daß der freiwillige Sektor einfach einspringt, wo der Staat sich zurückgezogen hat; nicht nur die Größenordnung der Bedürfnisse, sondern auch die Tatsache, daß es wenig Reiz hat für Stiftungen und karitative Einrichtungen, als bloßer Staatsersatz herzuhalten, wirkt hier abschreckend" (*Dahrendorf* 1987:145).

Damit es zu einer verstärkten privaten Kulturfinanzierung kommen kann, sind deshalb zusätzliche Anreize für Spenden und Sponsoring zu schaffen. Dazu gehören einerseits steuerliche Anreize für Spenden und Sponsoring, wie sie vor allem am Beispiel der USA aufgeführt wurden, aber auch ein Anreiz durch Strukturen, in die sich die kulturinteressierten Bürger besser einbringen können. Erwähnt wurden hier der *National Trust* in Großbritannien sowie die zahlreichen Nonprofit-Organisationen in den USA. Zudem bieten die privaten Stiftungen die äußerst interessante Möglichkeit einer Finanzierung über Zustiftungen.

Wie bereits erwähnt, denkt auch Schweden über die Schaffung von Anreizsystemen für eine stärkere private Finanzierung nach (Statens Kulturråd 1996:46f.). Zwar geht es noch in erster Linie um steuerliche Aspekte und die Einrichtung von Stiftungen, doch ist dies nur der erste Schritt hin zu Konzepten des *Matching Funds* und Beratungsagenturen für Sponsoring und Fund Raising, wie sie sich im erwähnten Verein für Kultur und Wirtschaft bereits abzeichnen. Angesichts der vorhandenen Struktur einer halbstaatlichen Organisation, die im Prinzip dem britischen *Arts Council* und der US-amerikanischen *National Endowment for the Arts* weit näher steht als dem Deutschen Kulturrat, ist ein solches Vorhaben auch durchaus erfolgversprechend.

Versucht man nun, die in Deutschland bestehenden Strukturen des Kulturbetriebs und der Kulturfinanzierung in diesen internationalen Vergleich einzubringen, so dürfte zweifelsfrei sein, daß Deutschland eher zur Ländergruppe Frankreich und Schweden als zu Großbritannien und USA zu rechnen ist. Während in den anglo-amerikanischen Ländern die private Kulturförderung vorherrscht, die dort auch dem Prinzip des ökonomischen Liberalismus entspricht, dominiert in Frankreich, Schweden und Deutschland die Kulturfinanzierung aus öffentlichen Mitteln.

Etwas differenzierter wird die Zuordnung aber, wenn man nur die zuletzt genannte Ländergruppe als Zuordnungsrahmen nimmt. Zweifellos ist die Dezentralisierung von Kulturpolitik und Kulturbetrieb in keinem Land so stark ausgeprägt wie in Deutschland, weil hier die

Selbstverwaltung der Kommunen eigene, dezentrale Strukturen geschaffen hat, die nicht von zentralstaatlicher Seite gesteuert werden. Dieses Argument verliert aber an Bedeutung, wenn man die Kommunen als untere staatliche Ebene sieht. Dann rückt die Kulturpolitik in Deutschland wieder in eine den französischen Verhältnissen vergleichbare Staatsnähe, ohne aber die dort bestehenden etatistischen Momente in vollem Umfang zu übernehmen. Schweden dagegen hat mit seinem gut ausgebauten Kulturrat ein wichtiges Element der relativen Staatsferne vorzuweisen, so daß man die Situation in Deutschland wohl zwischen Frankreich und Schweden ansiedeln müßte.

Wenn man die Strukturen und Instrumente der Kulturfinanzierung in Deutschland vor dem Hintergrund eines internationalen Vergleichs überdenkt, so sind es allein die Instrumente der privaten Kulturfinanzierung, die als Alternative zu der in Deutschland vorherrschenden staatlichen Kulturfinanzierung in Betracht kommen. Solche Instrumente privater Kulturfinanzierung – das zeigt die Gegenüberstellung sehr deutlich – hängen aber ganz wesentlich von einer relativen Staatsferne des Kulturbetriebs ab. Private Kulturfinanzierung für öffentliche oder gemeinnützige Kulturangebote funktioniert in einem wirklich nennenswerten Umfang nur dort, wo eine erkennbare Staatsferne des Kulturbetriebs gegeben ist, nämlich in den USA und in Großbritannien. Staatsferne des Kulturbetriebs aber bedeutet dort immer auch „Freiheit vom Staat", was den entscheidenden Unterschied zum deutschen Prinzip der „Freiheit durch den Staat" ausmacht (vgl. Abschnitt 1.2). Allein die halb-staatliche Instanz schafft die Staatsferne noch nicht; das zeigt das Beispiel Schweden. Aber es scheint nicht abwegig zu sein, eine operativ leistungsfähige und weitgehend weisungsunabhängige halb-staatliche Instanz als eine wesentliche Voraussetzung für eine größere Staatsferne zu sehen. Damit zeichnet sich ab, daß eine grundlegende Neuorientierung der Kulturfinanzierung in Deutschland im Sinne einer Stärkung der privaten Kulturförderung nur möglich sein wird, wenn entscheidende kulturpolitische (relative Staatsferne) und strukturelle (halb-staatliche Instanz) Bedingungen erfüllt sind.

3 Instrumente und Rahmenbedingungen der Kulturfinanzierung

In den beiden ersten Kapiteln konnte gezeigt werden, wie sehr die Strukturen und Instrumente der Kulturfinanzierung mit einer Ausgangslage zusammenhängen, die sich einerseits über traditionelle Begriffs- und Wertemuster sowie andererseits über kulturpolitische Ziele definiert. Dies hat vor allem der internationale Vergleich deutlich gemacht, wo sich andere Finanzierungssysteme jeweils auch auf eine andere Kulturpolitik und eine andere Ausrichtung des Kulturbetriebs zurückführen lassen. Die notwendige Schlußfolgerung aus dieser Analyse kann nur lauten – das sei nochmals ausdrücklich betont –, daß eine kopierende Übernahme von Finanzierungsinstrumenten, die in anderen Ländern erfolgreich eingesetzt werden, nur bedingt zu einem Erfolg führen kann. Dies gilt beispielsweise für das im deutschsprachigen Raum manchmal als Allheilmittel gepriesene Sponsoring, das auf eine in den USA beheimatete Mischung von traditionellem Gemeinschaftssinn und einem sehr professionellen Event-Marketing zurückzuführen ist, wie dies in Deutschland in vergleichbarer Form nicht gegeben ist.

Grundlegende Änderungen, wie sie im unmittelbar vorausgegangenen Abschnitt angesprochen wurden, müssen aber einhergehen mit einer mittelfristigen Weiterentwicklung vorhandener Finanzierungsinstrumente bzw. finanztechnischer und steuerrechtlicher Rahmenbedingungen. Daß man dabei auf Erfahrungen in anderen Ländern zurückgreifen kann und sollte, ist unbestritten. Doch muß im Vordergrund immer die Bereitschaft stehen, mit dem Betreten neuer Finanzierungswege auch gleichsam einen kulturpolitischen Handlungsbedarf anzuerkennen.

Während vor allem das erste Kapitel dazu diente, den Zusammenhang zwischen Kulturpolitik, Kulturbetrieb und Kulturfinanzierung zu verdeutlichen, soll es hier darum gehen, die Abhängigkeiten zwischen den funktionellen Finanzierungsinstrumenten und den strukturellen und rechtlichen Rahmenbedingungen zu verdeutlichen. Folglich ist dieses Kapitel dreigeteilt: Der erste Teil zeigt die Instrumente der Kulturfinanzierung auf und geht, vor dem Hintergrund internationaler Erfahrungen und kulturbetrieblicher Notwendigkeiten, auf eine denkbare Weiterentwicklung einzelner Finanzierungswege und -mittel ein. Mit dem Begriff ‚Instrument' soll verdeutlicht werden, daß es um mehr geht als nur um einzelne und konkrete Einnahmemittel, nämlich um Komplexe von Einnahmen, die nur in einem Zusammenhang von strukturellen und betrieblichen Voraussetzungen zum Einsatz kommen können. Es steht also beispielsweise nicht die Frage im Vordergrund, welches Unternehmen für welches Projekt als Sponsor in Betracht kommt, sondern es geht darum, Sponsoring als ein denkbares Verfahren für die Finanzierung von Kulturprojekten vorzustellen.

Der zweite Teil stellt die Konzepte und Strukturen vor, die die Kulturfinanzierung in besonderem Maße beeinflussen. Da sowohl Kultureinrichtungen der öffentlichen Hand als auch gemeinnützige Kulturbetriebe ganz auf die öffentlichen Zuwendungen ausgerichtet sind und demnach in ihrer Finanzplanung in der Regel der Kameralistik folgen, wird eine andere Form der Kulturfinanzierung, die stärker auf betriebswirtschaftliche Finanzplanungs- und Kostenrechnungssysteme ausgerichtet ist, zwangsläufig erschwert. Das gilt nicht zuletzt auch für eine partnerschaftliche Kulturfinanzierung, die auch auf die betrieblichen Bedürfnisse und Bedingungen der Partner eingehen muß.

Nach einem kurzen Blick auf einige Formen der Investitionsfinanzierung werden im vierten Teil rechtliche, steuerliche und betriebliche Rahmenbedingungen aufgeführt, die in einem engen Zusammenhang zur Fortentwicklung vorhandener oder zur Einführung neuer Finanzierungsinstrumente zu sehen sind. Gerade die beiden letzten Teile des dritten Kapitels betreffen deshalb die Rahmenbedingungen, von denen im Sinne einer ordnenden Dimension von Kulturpolitik im ersten Kapitel die Rede war.

Wenn hier von Kulturfinanzierung gesprochen wird, so darf dies nicht verwechselt werden mit jenem Begriff von Finanzierung, wie er in der Betriebswirtschaftslehre allgemein Verwendung findet. Dort definiert man Finanzierung üblicherweise als „Maßnahmen der Mittelbeschaffung und -rückzahlung und damit der Gestaltung der Zahlungs-, Informations-, Kontroll- und Sicherungsbeziehungen zwischen Unternehmen und Kapitalgebern" (*Gabler* 1993:1142). Es geht also um all die Dinge, die mit der Beschaffung des Unternehmenskapitals zusammenhängen, sei es, daß es sich um Kapitaleinlagen der Eigentümer oder um Kreditaufnahmen handelt (sog. Außenfinanzierung), sei es, daß zum Zwecke der Kapitalbildung Überschüsse einbehalten werden (sog. Innenfinanzierung). Die Betriebswirtschaftslehre sieht deshalb die Finanzierung immer in einem engen Zusammenhang mit der Investition und zwar einerseits „zur Durchführung der betrieblichen

Leistungserstellung und Leistungsverwertung" (*Wöhe* 1993:773) und andererseits zur Unternehmensgründung, Kapitalerhöhung, Sanierung oder anderer außerordentlicher finanztechnischer Vorgänge (ebda.). (Diesem Verständnis von Finanzierung folgt hier allein Abschnitt 3.3.) Dagegen bezeichnet die Betriebwirtschaftslehre die aus dem Umsatz stammenden Erlöse oder andere Formen von Erträgen (z.B. Mieten und Pachten) nicht als Finanzierung, sondern als Zahlungsbeziehungen zu den sogenannten „Nichtfinanzierungsmärkten" (*Drukarczyk* 1993:3). Das entscheidende Prinzip im finanzwirtschaftlichen Prozeß eines gewinnorientierten Unternehmens besteht nun darin, daß über die Erträge, die selbst nicht Teil der Finanzierung im betriebswirtschaftlichen Verständnis sind, sowohl die Rückzahlung von Kapitalmitteln als auch die Erwirtschaftung von Gewinnen erfolgt. Über den Kapitalrückfluß besteht mithin eine Verbindung zwischen dem Prozeß der Finanzierung und den im Leistungsprozeß erwirtschafteten Mitteln.

In nicht-kommerziellen Kulturbetrieben ist die Situation aber etwas anders. Zwar werden auch hier Investitionen getätigt, die beispielsweise über die Kreditmärkte finanziert werden, doch steht in erster Linie das Problem an, in den nicht-gewinnorientierten und zuschußabhängigen Betrieben zu einer Finanzierung der zu erstellenden Leistungen zu gelangen. Der Unterschied zu einem gewinnorientierten Betrieb besteht folglich darin, daß für große Teile der leistungsorientierten Finanzierung ein Kapitalrückfluß über die Umsatzerlöse nicht erfolgt. Es muß sich folglich um Finanzierungsmittel handeln, für die eine Desinvestition nicht vorgesehen ist.

Ein begrifflicher Unterschied zum kommerziellen Unternehmen ist darin zu sehen, daß die im Wirtschaftsbetrieb übliche Trennung zwischen Finanzierungsmitteln einerseits und aus dem Leistungsprozeß erwirtschafteten Erträgen andererseits nicht erfolgt. Vielmehr werden sowohl die Mittel einer betriebswirtschaftlichen Finanzierung als auch die Umsatzerlöse gleichermaßen als Finanzierungsmittel bezeichnet. Wenn also hier von Kulturfinanzierung in öffentlichen und gemeinnützigen Kulturbetrieben die Rede ist, so sind damit alle Finanzierungsmittel gemeint, die zur Leistungserstellung und Leistungsverwertung herangezogen werden, unabhängig davon, ob es sich um Kapitalfinanzierungen im betriebswirtschaftlichen Sinne oder um Umsatzerlöse und andere Erträge handelt.

Gleichwohl wird in der folgenden Gliederung deutlich nach Herkunft der Mittel unterschieden. Abschnitt 3.1.1 befaßt sich mit den Umsatzerlösen und anderen Erträgen, während die Abschnitte 3.1.2 bis 3.1.5

die Finanzierungsmittel vorstellen, die dem betriebswirtschaftlichen Finanzierungsbegriff am nächsten stehen. Auch dort, wo es sich um investive Maßnahmen im engeren Sinne handelt, also nicht um Mittel zur Finanzierung der unmittelbaren betrieblichen Leistungserstellung, wird mit dem Begriff Investitionsfinanzierung von der übrigen Finanzierung unterschieden (vgl. Abschnitt 3.3).

Mit der Darstellung der Instrumente und Strukturen der Kulturfinanzierung wird nicht die Absicht verfolgt, zu einer detailreichen Vorstellung praktischer Anwendungsmöglichkeiten im Sinne eines Handbuchs der Kulturfinanzierung zu gelangen. Dies wird bereits von den zahlreichen Monographien geleistet, die zu einzelnen Finanzierungsinstrumenten in den letzten Jahren erschienen sind und auf die im Text und im Literaturverzeichnis verwiesen wird. Hier geht es allein darum, vor dem Hintergrund einer veränderten Situation, mögliche Finanzierungsinstrumente vorzustellen und deren Einbindung in einen Zusammenhang von Kulturpolitik, Kulturbetrieb und Kulturfinanzierung zu verdeutlichen.

3.1 Instrumente der Kulturfinanzierung

Wenn von der Suche nach neuen Finanzierungsmitteln und -wegen die Rede ist, wird häufig übersehen, daß auch die Kulturfinanzierung in Deutschland durchaus über ein sehr differenziertes System von Finanzierungsinstrumenten verfügt. Spenden, Sponsoring, Verkaufserlöse, Stiftungserträge usw. sind durchaus als Finanzierungsmittel bekannt, fallen allerdings im Gesamtkomplex der Kulturfinanzierung kaum ins Gewicht. Vorherrschende Finanzierungsmittel in deutschen gemeinnützigen Kulturbetrieben oder solchen in der Trägerschaft der öffentlichen Hand sind die Zuwendungen bzw. Fehlbedarfsfinanzierungen aus öffentlichen Haushalten; alle anderen Einnahmen sind hier häufig nur von marginaler Bedeutung. In vielen Museen, Bibliotheken und Archiven macht der Anteil aus öffentlichen Mitteln mehr als 95 % aus; in den meisten Stadttheatern reicht er an 85 % heran.

Zieht man nun die Kulturfinanzierungssysteme in Großbritannien oder den USA zum Vergleich heran, weil dort der Stellenwert der öffentlichen Mittel ungleich geringer ist, so sind zwei entscheidende Unterschiede festzuhalten. Der erste Unterschied besteht darin, daß dort weit mehr Instrumente gleichrangig und nebeneinander zum Einsatz kommen, als dies in Deutschland bisher üblich ist. Ein wirklich gänzlich anderes Finanzierungsinstrument aber, das in Deutschland nicht einmal in vergleichbarer Form vorhanden wäre, gibt es in den genannten Ländern nicht. Zweitens fällt auf, das man sich um die Finanzierungsmittel, die nicht aus öffentlichen Haushalten stammen, mit einer weit größeren Professionalität bemüht, als dies in Deutschland der Fall ist. Es ist also offensichtlich nicht notwendig, ein gänzlich neues Finanzierungsinstrument zu finden und einzuführen; vielmehr gilt es dafür zu werben, die vorhandenen Möglichkeiten stärker und professioneller zu nutzen.

Daß letzteres nicht mit der wünschenswerten Intensität erfolgt, hat mehrere Ursachen. Zunächst einmal hängt dies sicherlich damit zusammen, daß es bis vor wenigen Jahren einfach nicht erforderlich war, über etwas anderes als den einmal jährlich zu erkämpfenden Zuschuß der öffentlichen Hand lange nachzudenken. Sowohl die Bereitschaft als auch die Zahlungsfähigkeit für großzügige Zuwendungen und Fehlbedarfsfinanzierungen war durchaus gegeben. Heute ist vielleicht noch die Bereitschaft vorhanden, vielfach aber nicht mehr die Fähigkeit. Wenn eine Kultureinrichtung aber jahrzehntelang auf ein bestimmtes, gut funktionierendes Finanzierungsinstrument ausgerichtet war, kann man wohl kaum erwarten, daß eine Umstellung auf andere Finanzierungsmittel problemlos vonstatten gehen kann.

In einem engen Zusammenhang damit steht die zweite Ursache, nämlich die Qualifikation der leitenden Mitarbeiter in den Kulturbetrieben, die bisher wenig auf andere Formen der Finanzierung ausgerichtet war. Sowohl in Stellenausschreibungen als auch in den internen und externen Bewertungen ist immer allein die spartenspezische Kompetenz für die inhaltliche Arbeit das entscheidende Kriterium. Ein guter Museumsleiter muß in erster Linie ein guter Kunsthistoriker sein; seine Fähigkeiten als Finanzmanager seines eigenen Betriebs waren weder gefragt noch bestand irgendeine Chance, solche Qualifikationen in der Ausbildung zu erwerben.

Drittens war der Arbeitsaufwand, der mit der Leitung oder einer leitenden Tätigkeit in einer Kultureinrichtung verbunden ist, immer an der inhaltlichen Arbeit orientiert. Kein Bibliotheksleiter oder Theaterintendant konnte es sich leisten, seine Zeit beispielsweise für die Betreuung von Spendern und Stiftern zu verwenden. Dies war weder in den Stellenplänen noch in den Arbeitsplatzbeschreibungen vorgesehen. Daß es in den USA längst selbstverständlich ist, daß große gemeinnützige Kulturbetriebe eigene Mitarbeiterstäbe für Fund raising beschäftigen, wird zwar inzwischen von den meisten Kulturmanagern in Deutschland als richtig und notwendig eingesehen, hat sich aber bisher noch nirgendwo in einem Stellenplan niedergeschlagen.

Wenn also die Kulturfinanzierung von der bisher gepflegten Eindimensionalität einer Finanzierung allein aus öffentlichen Mitteln umgestellt werden soll auf eine Mehrdimensionalität, so kann dies nicht glücken, ohne gegen die genannten Ursachen vorzugehen. Das aber bedeutet, daß die Träger von Kultureinrichtungen – und d.h. im Klartext häufig: die Kulturpolitiker – nicht nur nach Alternativen in der Kulturfinanzierung rufen dürfen, sondern sowohl die personellen Ressourcen als auch die Möglichkeiten einer entsprechenden Aus- und Weiterbildung bereitstellen müssen.

Wie groß die angesprochene Mehrdimensionalität der Kulturfinanzierung auch in Deutschland heute bereits dem Grundsatz nach ist und folglich auch in der Praxis eines jeden Kulturbetriebs sein kann, zeigt Abbildung 9.

Im Mittelpunkt der Grafik steht der Kulturbetrieb, für den hier deutlich zwischen Produktionsbereich und Zahlungsmittelbestand unterschieden wird. Diese Unterscheidung hat den großen Vorteil, daß das Augenmerk stärker auf den Produktionsbereich gelenkt wird und damit auf die Frage, wie aus dem Absatzmarkt heraus über Erlöse und andere Erträge eine Finanzierung des Kulturbetriebs erfolgen kann. In der oben geschilderten Sichtweise früherer Jahre hat man sich zu sehr

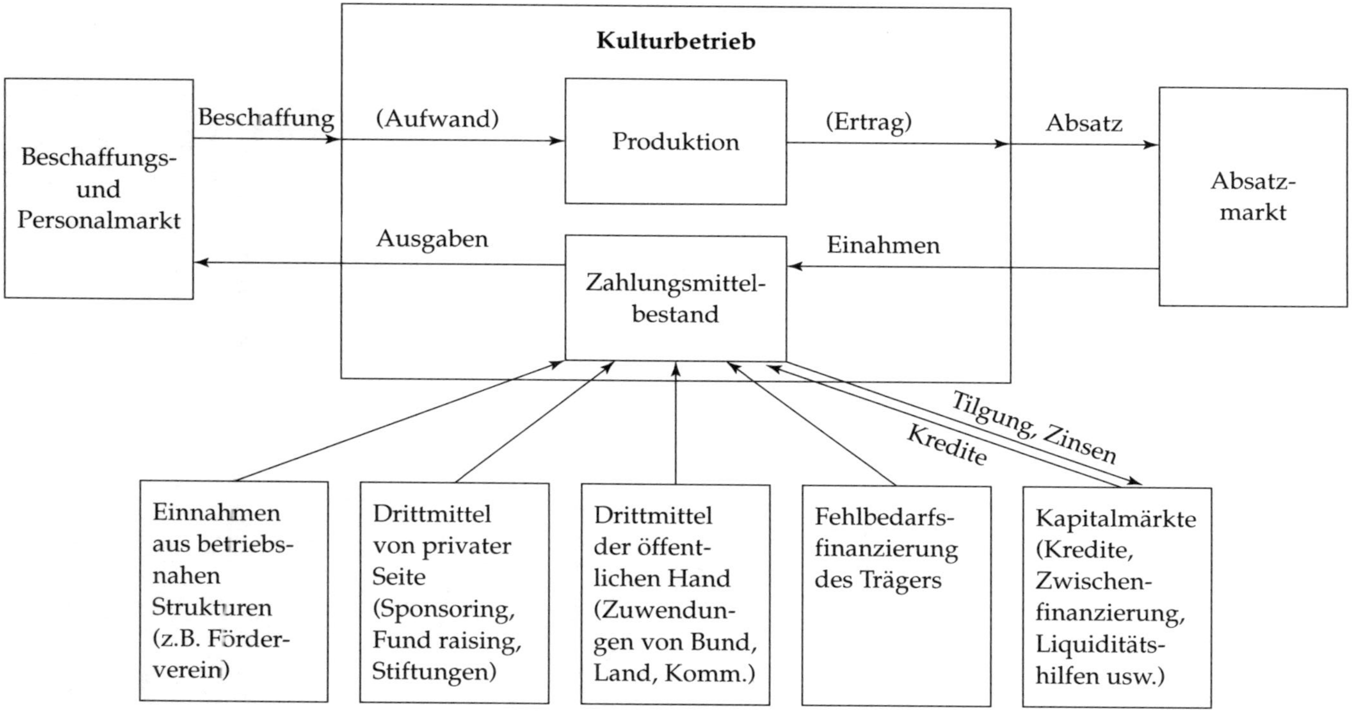

Abb. 9: Gesamtprozeß der Kulturfinanzierung in nicht-kommerziellen Kulturbetrieben

allein auf den Zahlungsmittelbestand konzentriert und dabei weitgehend außer acht gelassen, welche interessanten Möglichkeiten der Finanzierung über eigene Umsatzerlöse (z.B. auch Merchandising) sowie über andere produktionsbedingte Erträge (z.B. Verkauf von Lizenzen) gegeben sind.

Weitgehend losgelöst vom Produktionsbereich steht der Zahlungsmittelbestand, der Aussagen macht über die Liquidität eines Unternehmens und über die Finanzierungsmittel, die außerhalb der Umsatzerlöse zur Gesamtfinanzierung des Kulturbetriebs beitragen. Als Finanzierungsmittel aufgeführt werden zunächst die Einnahmen aus betriebsnahen Strukturen. Hierzu gehören beispielsweise die Mitgliederbeiträge eines Trägervereins, die Spenden eines Fördervereins oder auch die Ausschüttungen aus betriebsnahen Stiftungen (vgl. Abschnitt 3.1.2).

Es folgen die Drittmittel, wobei zu unterscheiden ist zwischen den Zuwendungen der öffentlichen Hand und den Drittmitteln von privater Seite. Zu letzteren sind vor allem Zuschüsse aus dem Sponsoring oder aus einer Public-Private-Partnership zu nennen sowie Einnahmen aus einem systematischen Spendensammeln außerhalb von Fördervereinen, das nach amerikanischem Sprachgebrauch als Fund raising bezeichnet wird. Nicht zuletzt zählen hierzu auch Ausschüttungen aus betriebsfernen Stiftungen (vgl. Abschnitt 3.1.3). Drittmittel der öffentlichen Hand (die sog. Zuwendungen) erfolgen im allgemeinen von einer höheren zu einer niedrigeren staatlichen Ebene (z.B. vom Land an eine Kommune), können aber auch von der öffentlichen Hand an gemeinnützige Vereine (z.B. von einer Kommune an einen Kunstverein) gezahlt werden (vgl. Abschnitt 3.1.4).

Im praktischen Stellenwert vorrangig angesiedelt, in der Systematik aber nur ein Platz neben anderen, folgt die Fehlbedarfsfinanzierung des Trägers, also die Zahlungen, die im allgemeinen – nicht ganz korrekt – als Subventionen bezeichnet werden (vgl. Abschnitt 3.1.5). Zuletzt wird noch die Finanzierung über die Kapitalmärkte aufgeführt. Sie spielt in rein öffentlichen Kulturbetrieben, die unmittelbar in die Trägerstruktur eingegliedert sind (sog. Regiebetriebe), keine Rolle, da dort Kredite nur vom Träger selbst aufgenommen werden können. In gemeinnützigen Kulturbetrieben sind sie zwar möglich, aber doch von geringer Bedeutung, da im allgemeinen die Grundlage für eine Beleihung oder eine sonstige Kreditsicherung nicht gegeben ist.

Schon diese Übersicht zeigt die Vielfalt der Finanzierungsinstrumente, die auch in Kulturbetrieben in Deutschland zur Verfügung stehen. Eine genauere Betrachtung wird zeigen, daß sich unterhalb der systematischen Gliederung noch weit mehr Möglichkeiten verbergen.

3.1.1 Erlöse aus dem Kulturbetrieb

Wie bereits in der Einleitung zum dritten Kapitel dargelegt, gehören die Erlöse aus den Umsätzen des Kulturbetriebs im strengen betriebswirtschaftlichen Sinne nicht zur Finanzierung, sondern sind Zahlungsrückflüsse aus der Leistungsverwertung. Weil aber in nicht-kommerziellen Kulturbetrieben andere Finanzierungsmittel und Umsatzerlöse gleichermaßen zur Finanzierung der Leistungserstellung dienen, werden hier die Erlöse aus dem Kulturbetrieb im Sinne eines weit gefaßten Finanzierungsbegriffs in die allgemeinen Instrumente der Kulturfinanzierung mit einbezogen.

Als Umsatzerlöse bezeichnet man alle Einnahmen aus dem Verkauf von Waren und Dienstleistungen, die typischerweise vom Betrieb produziert bzw. bereitgestellt werden, sowie Mieten und Pachten, die im Rahmen des gewöhnlichen Geschäftsverkehrs anfallen (*Gabler* 1993:3339). Wenn also beispielsweise ein kommunales Kulturzentrum mit multifunktional nutzbaren Räumen einen Saal an einen örtlichen Kulturverein zur Durchführung einer Veranstaltung vermietet, handelt es sich um einen Erlös im Rahmen des gewöhnlichen Geschäftsverkehrs. Wenn dagegen ein Theater sein Foyer ausnahmsweise für eine Modenschau zur Verfügung stellt, wären die Mieteinnahmen als sonstige betriebliche Erträge zu verbuchen, weil sie außerhalb des gewöhnlichen Geschäftsverkehrs entstanden sind (vgl. Abschnitt 3.1.2).

Zu den Erlösen in gemeinnützigen oder öffentlichen Kulturbetrieben sind zunächst einmal die Eintrittsgelder für Veranstaltungen, Kursgebühren in Volkshochschulen oder Schulgebühren in Musikschulen sowie Nutzungsgebühren in Bibliotheken usw. zu rechnen (Erlöse aus Dienstleistungen). Weiter zählen hierzu die Erlöse aus dem Verkauf von Waren, die in engem Zusammenhang mit dem Kulturbetrieb stehen, wie beispielsweise aus einem Merchandising, aber auch natürlich Verkaufsprovisionen aus Kunstausstellungen oder Einnahmen aus dem Verkauf von Lizenzen.

Während in kommerziellen Kulturbetrieben die Erlöse aus dem Verkauf von Waren und Dienstleistungen im Mittelpunkt der Zahlungsströme stehen und in der Regel den bei weitem größten Teil der Erträge ausmachen, finden sie in öffentlichen oder gemeinnützigen Kulturbetrieben häufig nur geringe Beachtung. Zweifellos aber wird man auch hier in Zukunft den Umsatzerlösen weit größere Aufmerksamkeiten schenken müssen, weil es sich um einen der wenigen Bereiche handelt, die die Kulturmanager weitgehend unabhängig von außerbetrieblichen Strukturen und Entwicklungen selbst beeinflussen und gestalten können. Eine Einrichtung, die beispielsweise immer wieder mit zugesagten, aber nicht abfließenden Zuwendungen aus dem Landes- oder EU-Etat zu kämpfen hat, wird sich über kurz oder lang überlegen, ob sie sich nicht durch die Verbesserung der eigenen Erlössituation von solchen Unwägbarkeiten unabhängiger machen sollte. Zweitens besteht vor allem über die Erlöse die Möglichkeit, den zum Teil drastischen Einsparungen in der Fehlbedarfsfinanzierung oder in den Zuwendungen der öffentlichen Hand entgegenzusteuern. Selbstverständlich läßt sich dies nicht über einen einfachen Mechanismus regulieren, indem etwa ein Theater einfach die Eintrittspreise erhöht. Dennoch sind wohl weit mehr Gestaltungsspielräume gegeben, als dies allgemein vermutet und behauptet wird. Hier ist vor allem der Blick auf die Erfahrungen, die kommerzielle Kulturbetriebe mit einer phantasievollen Preisgestaltung und damit auch mit einer Erlösverbesserung gemacht haben, immer wieder von Nutzen.

Grundsätzlich sind in gemeinnützigen und öffentlichen Kulturbetrieben drei Maßnahmen unverzichtbar, um zu höheren Erlösen zu gelangen:

- Zunächst einmal müssen auch solche Waren und Dienstleistungen, die bisher entgeltfrei abgegeben wurden, künftig ihren Preis haben. Dies gilt z.B. für Museumsbesuche[1], für den Ensembleunterricht in der Musikschule, für die Bibliotheksnutzung usw. Damit es nicht zu allzu großen Verärgerungen bei den Besuchern und Nutzern kommt, sollten mit der Einführung von Eintritten und Nutzungsgebühren Umschichtungen im Angebot verbunden werden und das neue Angebot möglichst auch umfassender und besser im Service sein als das bisherige entgeltfreie. So dürfte beispielsweise die Einführung einer Nutzungsgebühr für die Buchausleihe in der Bibliothek leichter akzeptiert werden, wenn man damit das neue Angebot einer elektronischen Literaturrecherche an frei zugänglichen PC-Bildschirmen verbindet.
- Zweitens muß die Palette der angebotenen Produkte, aus denen Erlöse erzielt werden können, deutlich erweitert werden. Dazu zählen nicht nur Museums- und Theatershops, sondern auch beispielsweise Ensembles der Musikschule, die gegen Entgelt bei Betriebsjubiläen und Vereinsfesten auftreten, oder stadtgeschichtliche Führungen durch die Mitarbeiter des Stadtmuseums.

[1] Zur Wirkung von Eintrittspreisen auf das Besucherverhalten in Museen vgl. das umfangreiche Gemeinschaftsgutachten des Ifo-Instituts und des Instituts für Museumskunde (Institut für Museumskunde 1996) sowie das Kapitel „Museen und Galerien" in *Pommerehne/Frey* 1993:65–83.

- Drittens darf der Preis für alle Waren und Dienstleistungen nicht mehr nur als Kostendeckungsmittel gesehen, sondern muß auch als ein wichtiges Marketing-Instrument verstanden werden. So kann beispielsweise durch eine geschickte Rabattierung trotz der Mindereinnahmen im Einzelfall eine Erhöhung der gesamten Umsatzerlöse erreicht werden (vgl. dazu ausführlich *Heinrichs* 1995:15ff.). Leider wird in zu vielen öffentlichen und gemeinnützigen Kultureinrichtungen der Preis für die bereitgestellte Leistung immer noch nur unter dem Gesichtspunkt der Belastung des Bürgers gesehen. Daß er auch ein Steuerungs- und Anreizinstrument sein kann, scheint allzu vielen Kulturmanagern unbekannt geblieben zu sein.

Zu den eben erwähnten neuen Angeboten, die eine positive Auswirkung auf die Erlössituation haben dürften, gehört auch das sogenannte Merchandising. Darunter verstand man früher ausschließlich die Plazierung und Präsentierung von Waren zur Verkaufsförderung, heute denkt man im Kulturbereich dabei eher an den Verkauf von Produkten, die in engem Zusammenhang mit einem Künstler, mit Ensembles oder Kultureinrichtungen stehen (z.B. Künstlernamen und -porträts auf Mützen, Handtüchern, Tüchern, T-Shirts, Posters, Buttons usw.). Sowohl in der Popmusik als auch im Sport hat Merchandising zwischenzeitlich einen solchen Umfang angenommen, daß es in der quantitativen Hierarchie der Einnahmen noch vor den Eintrittsgeldern rangiert. Konsequenterweise wurde beispielsweise die große Europa-Tournee der *Rolling Stones* 1995 schon nicht mehr von einer Konzertagentur, sondern von einer Merchandising-Agentur gemanagt. *Franz Beckenbauer,* der Präsident des FC Bayern München, erklärte anläßlich eines Vortrags in der Münchner Universität im Sommer 1996, sein Verein wolle das Merchandising so weit ausbauen, daß er von den Risiken des Besucherverhaltens finanziell weitgehend unabhängig werde.

Wiewohl dies auch für Top-Gruppen der Rock- und Pop-Musik gelten mag, wird man es für die meisten Kulturbetriebe nicht erwarten können. Dennoch zeigen die Beispiele, daß es sich um eine höchst interessante Einnahmequelle handelt, der zukünftig sicherlich mehr Beachtung geschenkt werden muß. Dies gilt vor allem dann, wenn man als Merchandising nicht nur Logo, Schriftzug oder charakteristische Abbildungen auf unterschiedlichen Trägerobjekten versteht, sondern auch den Verkauf von Objekten, die man mit der Kultureinrichtung in Verbindung bringt, ohne selbst Träger eines Logos oder ähnlicher Merkmale des Corporate Designs zu sein. Beispielsweise verkauft das Haus der Geschichte in Bonn mit großem Erfolg ein Mini-Modell in der Art der Match-Box-Autos vom legendären Dienstwagen *Konrad Adenauers.*

Solche und ähnliche Produkte werden heute schon in vielen Museums- und Theatershops angeboten. Zusammen mit Kunstdrucken von ausgestellten Exponaten (als Karten oder Poster), Katalogen und Fachbüchern oder auch Kopien vor allem von Plastiken bzw. – vorrangig in Theatershops – mit Tonträgern (CD oder MC) bieten viele solcher Shops heute schon ein interessantes Sortiment, das nicht unwesentlich zur Finanzierung des Kulturbetriebs beitragen kann. So soll der Museumsshop der Kunsthalle Bremen einen Überschuß von jährlich mehr als 100.000 DM verzeichnen können, im Von-der-Heydt-Museum in Wuppertal spricht man von gut 200.000 DM, und die Kunsthalle Mannheim berichtet davon, daß die Überschüsse aus dem Museumsshop dreimal höher seien als der Ankaufsetat von 80.000 DM (*Tüpper* 1996:150). In Freiburg/Brsg. wurde inzwischen sogar ein Museumsshop-Versand (*MOMS GmbH*) eingerichtet, so daß die Produkte der Shops auch außerhalb der Museen erworben werden können und damit auf völlig neue Art für ein Museum werben. Auch wurde im Dezember 1996 in Bremen eine europäische Vereinigung für Museumsshops gegründet (*Museumsshop Association Europe/MA Europe)*, die eine eigene Vierteljahresschrift (*Museumsline*) herausgeben wird.

Um die Hürde des wirtschaftlichen Geschäftsbetriebs zu umgehen, die zu einem Verlust der Gemeinnützigkeit bzw. bei öffentlichen Kultureinrichtungen zu erheblichen Steuerverpflichtungen für den gesamten Kulturbetrieb führen würde, bieten sich zwei Möglichkeiten an: Entweder man gliedert den Shop aus dem Kulturbetrieb aus, indem man einen vom gemeinnützigen Teil unabhängigen Wirtschaftsbetrieb einrichtet, der nicht gemeinnützig und damit steuerpflichtig ist (aber eben nur für den wirtschaftlichen Geschäftsbereich), oder man verpachtet den Shop an einen Subunternehmer, der den Verkaufsraum auf eigene Rechnung führt. Das kann – wie im Stadtmuseum Ulm – der Förderverein des Museums, das kann aber auch – wie im Bonner Haus der Geschichte – ein kommerzieller Pächter sein. Selbst die umsatzabhängigen Pachteinnahmen des kommerziellen Betreibers in Bonn sind noch so hoch, daß der Shop für das Museum eine attraktive Finanzierungsquelle bildet.

Es sei nicht verschwiegen, daß Merchandising und Museums- oder Theatershops durchaus auch kritisch beurteilt werden können. Nicht wenige Kunsthistoriker sehen darin eine „schleichende Kommerzialisierung der Museumsvorhöfe“ (ebda.) oder befürchten, daß die Kunst statt Reflektion nur noch Unterhaltung bieten könnte. Sicher wäre es schlimm, wenn die Kunst – ob im Museum oder im Theater – die nur ihr allein eigenen Funktionen verlieren und zu einem beliebigen Produkt des Kommerzes verkommen würde. Doch hat dies niemand weniger in der Hand als die Museumsleiter und Theaterintendanten selbst. Denn so lange ein Museums- oder Theatershop nicht allein dazu dient, unter allen Umständen Gewinne abzuwerfen, sondern Teil einer Konzeption ist, zu der auch qualitativ hochwertige Produkte gehören, die die Erinnerung an den Besuch erleichtern, müßte es möglich sein, den berechtigten Befürchtungen erfolgreich entgegenzuwirken.

Gerade im Museumsbereich, um bei diesem Beispiel zu bleiben, bieten sich weitere Einnahmemöglichkeiten an. So werden beispielsweise die Rechte, über die viele Museen nach dem Urheberrecht verfügen, viel zu selten finanziell ausgeschöpft. Die Vergabe von Lizenzen für die Gestaltung von Uhren, Kalendern oder kunsthandwerklichen Objekten sowie für Kunstdrucke oder Kopien führt, wie immer wieder von Museen zu hören ist, zu erheblichen Einnahmen. Das gilt im Theater- und Konzertbetrieb ähnlich auch für Mitschnitte von Konzerten oder für Hörfunk- und Fernsehaufzeichnungen. Gerade bei der Vermarktung von Rechten – sofern sie nicht an eine Verwertungsgesellschaft übertragen wurden – dürften noch nennenswerte Potentiale gegeben sein, die bisher noch nicht in ausreichendem Maße genutzt werden.

In dieser allgemeinen Form einer spartenunspezifischen Darstellung ist eine weitere Vertiefung des Themas sicherlich nicht möglich; zu sehr würde man bald auf die Besonderheiten einzelner Sparten und Betriebsformen eingehen müssen, wie beispielsweise die Verkaufsprovisionen in kommunalen Kunstgalerien oder die Nutzung von Online-Diensten in Bibliotheken. Dennoch bleibt für alle nicht-kommerziellen Kulturbetriebe gleichermaßen festzuhalten, daß die Finanzierungsmöglichkeiten, die sich durch eine Steigerung von Umsatzerlösen bieten, offensichtlich nicht überall in ausreichendem Maße ausgeschöpft werden. Das zeigt schon der Vergleich von Kulturbetrieben gleicher Sparten: so gibt es Theater mit einem Eigenfinanzierungsanteil von 8 % und solche mit einem Anteil von 40 %. Das hängt zweifellos auch von den jeweiligen Kostenbedingungen ab, dennoch spricht eine so große Differenz auch dafür, daß der Stellenwert der Umsatzerlöse von Betrieb zu Betrieb höchst unterschiedlich sein muß.

Um diese Situation zu ändern, ist aber nicht nur eine Heraufsetzung von Eintrittspreisen gefragt, sondern vor allem die Bereitschaft, den Kulturbetrieb von der Leistung und deren Gegenwert her zu sehen. Erinnert sei hier an die Abbildung 9, die den Gesamtprozeß der Kulturfinanzierung darstellt. Demnach ist es erforderlich, die Finanzierungsmittel, die unmittelbar den Zahlungsmittelbestand betreffen, von den Umsatzerlösen der Produktion zu trennen. Nur so erhalten die Erlöse, die für die Erstellung und Verwertung der Leistung erzielt werden, wieder einen eigenen Stellenwert und d.h., die Finanzierung wird stärker im unmittelbaren Zusammenhang mit der Leistungsproduktion gesehen. Dies ist die Denkweise, die hinter jedem kommerziellen Unternehmen steht; es ist nicht einzusehen, warum sie nicht wenigstens ansatzweise auch für gemeinnützige und öffentliche Kulturbetriebe gelten sollte.

3.1.2 Einnahmen aus betriebsnahen Strukturen

Es wird vorgeschlagen, die Finanzierungsmittel, die neben den Umsatzerlösen zum Einsatz kommen, nochmals hinsichtlich ihrer Anbindung an den einzelnen Kulturbetrieb zu differenzieren. Demnach sollte unterschieden werden zwischen

- den Drittmitteln, die als Zuwendungen der öffentlichen Hand oder beispielsweise als Sponsoring der Wirtschaft fließen,
- der Fehlbedarfsfinanzierung durch den öffentlich-rechtlichen Träger einer Einrichtung sowie
- den Einnahmen, die aus Strukturen erzielt werden, die zwar außerhalb der unmittelbaren Leistungsproduktion liegen und deshalb keine Umsatzerlöse sind, die aber doch mit der spezifischen Situation des konkreten Kulturbetriebs unmittelbar und untrennbar verbunden sind.

Die Betriebswirtschaftslehre bezeichnet letztere als sonstige betrieblichen Erträge, weil sie außerhalb des gewöhnlichen Geschäftsbetriebs liegen. Hierzu sind beispielsweise zu rechnen:

- Einnahmen aus der Verpachtung einer Cafeteria oder eines Restaurants innerhalb einer kulturellen Einrichtung;
- Einnahmen aus der Vermietung von Räumlichkeiten an Nutzer und für Zwecke, die außerhalb der eigentlichen Zweckbestimmung des Kulturbetriebs stehen (z.B. Modenschau im Theaterfoyer, Dreikönigstreffen der F.D.P. im Großen Haus der Stuttgarter Staatstheater usw.);
- Kapitalerträge aus Rücklagen in gemeinnützigen Vereinen; auch Sponsorengelder und Spenden können bis zu einem Jahr angelegt werden, ohne daß damit gegen den „Grundsatz der zeitnahen Mittelverwendung“ der Abgabenordnung verstoßen würde;
- Mitgliederbeiträge aus Trägervereinen, also beispielsweise die Vereinsbeiträge der Mitglieder eines Kunstvereins;

- Mitgliederbeiträge und Spenden aus Fördervereinen, die entweder zur Förderung einer bestimmten Kultureinrichtung gegründet wurden (z.B. Freunde des Ulmer Museums e.V.), oder die sich die allgemeine Förderung des Kulturlebens in einer Stadt zum Ziel gesetzt haben (z.B. Förderverein für Kunst und Kultur in der Stadt Dülmen e.V.) und aus ihrem Beitragsaufkommen gezielt an einzelne Kultureinrichtungen Zuschüsse zahlen;
- Ausschüttungen aus betriebsnahen Stiftungen, deren Zweck ausschließlich auf die Förderung einer bestimmten Kultureinrichtung ausgerichtet ist.

Auf die Finanzierungsmöglichkeiten, die sich durch Vermietung und Verpachtung bieten, wurde schon im vorausgegangenen Abschnitt eingegangen. In der Art des Finanzierungsinstruments ergeben sich keine grundsätzlichen Unterschiede, ob es sich nun um eine Vermietung und Verpachtung innerhalb oder außerhalb des gewöhnlichen Geschäftsbetriebs handelt. Dagegen könnte hinsichtlich einer möglichen Interessenkollision zwischen den Aufgaben der Einrichtung und der Drittnutzung durchaus Diskussionsbedarf gegeben sein. Es ist aber wohl eher eine Frage des Einzelfalls, ob man den Prunksaal eines Schloßmuseums für das Abendessen einer illustren Gesellschaft zur Verfügung stellt oder nicht, weshalb hier von einer grundsätzlichen Erörterung abgesehen werden sollte.

Da Kapitalerträge nur eine geringe Rolle als Finanzierungsinstrument spielen und Mitgliederbeiträge kaum einer weiteren Erläuterung bedürfen, ist hier wohl die Konzentration auf die Themen Förderverein und betriebsnahe Stiftungen angebracht.

(1) Mitgliederbeiträge und Spenden aus Fördervereinen

Fördervereine sind privatrechtliche Körperschaften im Sinne des Vereinsrechts des Bürgerlichen Gesetzbuches, die in ihrer Rechtsform, Organisation und Verfassung anderen Vereinen entsprechen. Während aber z.B. ein Kunstverein Veranstalter von Kunstausstellungen oder ein Volkshochschulverein Träger einer Volkshochschule ist, beschränkt sich der Förderverein – zumindest dem Grundsatz nach – auf die Förderung einer Kultureinrichtung oder eines Kulturangebots, ohne selbst als Träger oder Veranstalter aufzutreten. (Die Durchbrechung dieses Prinzips ist heute aber eher die Regel als die Ausnahme.)

Solche Fördervereine haben in Deutschland eine große Tradition. Wie schon im Abschnitt 1.1 gezeigt werden konnte, wurden vor allem im 19. Jahrhundert zahlreiche Kultur- und Kulturfördervereine gegründet, um das aufstrebende bürgerliche Kulturleben auch verstärkt mit Spenden aus dem Kreis des Bürgertums zu unterstützen. Aus Krefeld beispielsweise wird berichtet, daß dort 1883 ein Museumsverein gegründet wurde, der es sich zur Aufgabe gemacht hatte, den finanziellen Grundstock für ein städtisches Kunstmuseum zu legen. Innerhalb weniger Jahre sammelte man die beachtliche Summe von 400.000 Mark, so daß schon 1897 das noch heute bestehende Kaiser-Wilhelm-Museum eröffnet werden konnte (*Köppen* 1976:43).

Ein Beispiel für einen höchst erfolgreich arbeitenden Förderverein ist der 1979 (neu) gegründete „Verein der Freunde der Nationalgalerie" in Berlin. „Auf Exklusivität angelegt – 1.000 DM Mitgliedsbeitrag vom ersten Tag an (...) –, war die Überlegung der Gründer des Vereins: lieber hundert Leute à 1.000 DM in einem Verein zu sammeln als tausend Leute à 100 DM. (...) Glückliche Umstände führten dazu, daß der Verein schnell wuchs und seit Jahren etwa eine Million DM aus Mitgliedsbeiträgen und Spenden aufbringt" (*Raue* 1993:230).

Daß ein Förderverein aber nicht nur bei großen und renommierten Einrichtungen möglich ist und statt „Exklusivität" auch Breitenarbeit zum Erfolg führen kann, zeigt das Beispiel des Vereins der „Freunde des Ulmer Museums e.V.". Dieser 1982 gegründete Verein erhebt einen Jahresbeitrag von nur 40 DM, kann aber auf eine relativ hohe Mitgliederzahl verweisen. Zudem betätigt er sich eifrig als Spendensammler und betreut ehrenamtlich den kleinen Museumsshop. Aus Mitgliederbeiträgen, Spenden und den Überschüssen des Museumsshops kann der Förderverein dem Museum (nach mündlicher Auskunft der Museumsleitung) immerhin jährlich einen Betrag von 40.000 DM zur Verfügung stellen, der vorwiegend für Ankäufe genutzt wird.

Neben der rechtlich selbständigen Vereinsform sind auch Strukturen unterhalb des Vereinsrechts möglich, wie beispielsweise die Kuratorien. Im ursprünglichen Verständnis sind Kuratorien kollegiale Gremien, die vom Staat zur Aufsicht über gemeinnützige Anstalten und Stiftungen eingesetzt werden. Diese ursprüngliche Bedeutung kommt noch darin zum Ausdruck, daß ein Kuratorium eine Versammlung von Persönlichkeiten sein sollte, die mit ihrer Berufs- und Lebenserfahrung – nicht mit ihren Fachkenntnissen – gemeinnützige Einrichtungen wie Kulturvereine, Kulturstiftungen oder -anstalten begleiten können. Gleichzeitig erwartet man, daß die Mitglieder dieser Runde durch ihr Ansehen und ihren öffentlichen Einfluß den Zweck der Einrichtungen zu fördern verstehen. Drittens – und hier ist die Nähe zu den Fördervereinen gegeben – geht man davon aus, daß sich die Kuratoriumsmitglieder selbst als großzügige Spender hervortun und gleichzeitig wiederum eifrig Spenden sammeln. Mit der letzten Funktion entfernen sich die Kuratorien von der ursprünglichen Absicht, sich vor allem das Ansehen einer Person zunutze zu machen; heute muß das Ansehen noch durch Spendenbereitschaft und -fähigkeit ergänzt werden. So versammelt beispielsweise das Kuratorium der „Ludwigsburger Schloßfestspiele e.V." führende Vertreter aus Industrie, Handel und Banken des Großraums Stuttgart. Der – nie schriftlich fixierte – „Mitgliedsbeitrag" beläuft sich auf jährlich 10.000 DM.

Sind solche Kuratorien und Fördervereine der genannten Art ausschließlich auf „ihre" Einrichtung ausgerichtet (für Theater, Musikschulen, Bibliotheken usw. kennt man ähnliche Vereine), so dienen andere Fördervereine einer allgemeinen Kulturförderung und kommen damit den verschiedensten Einrichtungen und Veranstaltungen zugute. So heißt es beispielsweise in der Satzung des „Fördervereins für Kunst und Kultur in der Stadt Dülmen e.V.":

„Der Verein fördert das kulturelle Leben in der Stadt durch
die Unterstützung kultureller Aktivitäten,
die Förderung heimischer Künstler,
die Pflege heimatlichen Kulturgutes,
die Erhaltung von Kulturdenkmälern,
die Planung und Errichtung von Werken der bildenden Kunst,
die Planung und Durchführung von Kunstausstellungen."

Der Verein erhebt pro Mitglied einen Jahresbeitrag von 60 DM und bemüht sich darüber hinaus intensiv um Spenden. Auf diese Weise können jährlich mehrere eigene Veranstaltungen durchgeführt und Veranstaltungen in anderer Trägerschaft gefördert werden.

Für die Kulturfinanzierung bemerkenswert ist die Tatsache, daß alle Fördervereine zusätzlich zum eigenen Beitragsaufkommen auch Spenden von Dritten akquirieren. Das fällt ihnen insofern leichter als den zu fördernden Einrichtungen selbst, weil sie für Gemeinnützigkeit und Ehrenamt stehen und damit die Gewähr bieten, daß die Spendengelder nicht in aufgeblähten Verwaltungsapparaten verschwinden. Hier zeigt sich eine Verbindung zum Fund raising, wenn man es als systematisches Spendensammeln versteht. Gerade in den USA gehen Fördervereine und Fund raising-Organisationen oft nahtlos ineinander über; es bleibt lediglich der entscheidende Unterschied, daß ein professionelles Fund raising noch stärker an Marketingstrategien orientiert ist als das weitgehend ehrenamtliche Spendeneintreiben der Fördervereine.

Neben dem Aspekt der finanziellen Förderung ist die eigene Veranstaltertätigkeit eines Fördervereins zunehmend von Bedeutung, auch wenn dies dem ursprünglichen Prinzip des ausschließlich fördernden Vereins widerspricht. Das gilt in der Mittelstadt Dülmen beispielsweise für solche Angebote, für die keine „passenden" Strukturen vorhanden sind. Das gilt in der Großstadt Berlin aber auch für Kunstausstellungen, die wegen komplizierter Finanzierungsformen und mangelnder Flexibilität der Kameralistik nicht von der Nationalgalerie, sondern vom Förderverein durchgeführt werden. Hier erweist sich der Verein nicht nur als Finanzierungsinstrument, sondern auch als hilfreiche Managementstruktur.

Zwei Konfliktfelder werden im Zusammenhang mit Fördervereinen immer wieder angesprochen. Das erste betrifft die Einflußnahme des Vereins auf die Arbeit einer Kultureinrichtung. Hier sollte der Grundsatz gelten, daß der Förderverein zwar eigene Vorstellungen entwickeln kann und sollte, aber niemals gegen den Willen der zu fördernden Institution entscheiden darf. Um es hier von vornherein nicht zum Konflikt kommen zu lassen, ist beispielsweise in Berlin der Direktor der Nationalgalerie originäres Vorstandsmitglied des Fördervereins.

Weit bedrohlicher aber sind die Konflikte, die zwischen Förderverein und Träger der zu fördernden Einrichtung auftreten, wenn beispielsweise ein Träger versucht, Mittel unter Hinweis auf die Förderung durch den Verein zu kürzen. „Eine solche Politik wäre (...) Mäzenentödlich, denn der Verein – im Idealfall ein Verein von Mäzenen – will Zusätzliches in das geförderte Haus bringen und nicht den Staat (...) entlasten. Mit Sicherheit würde es die Flügel des Vereins stutzen, wenn man erkennen müßte, daß das private Engagement nur zu einer Reduzierung des staatlichen Zuschusses führt" (*Raue* 1993:231). Es sollte im Gegenteil die Zusicherung gegeben werden, daß staatliche Mittel niemals komplementär zum mäzenatischen Aufkommen gekürzt werden, denn dies hätte die Wirkung eines umgekehrten *Matching Funds*. Ein Förderverein als Finanzierungsinstrument kann nur funktionieren, wenn auch der staatliche Träger der zu fördernden Einrichtung sich zu einer vertrauensvollen Partnerschaft bereit erklärt. Aus diesem Blickwinkel kann der Förderverein auf die öffentliche Finanzierung sogar eine stabilisierende Wirkung ausüben.

Andererseits kann eine zu großzügige finanzielle Ausstattung durch den Träger das Interesse des Fördervereins auch lähmen; wo kein Bedarf für eine finanzielle Unterstützung gegeben ist, dürfte die Bereitschaft, sich auf die Wünsche und Bedürfnisse eines selbständigen Vereins einzustellen, gering sein. Ein typisches Beispiel hierfür ist in der Geschichte des Stadttheaters Malmö in Schweden nachzulesen. Als sich Mitte der vierziger Jahre in den ersten Spielzeiten zeigte, daß die ausschließlich städtischen Mittel für eine Finanzierung des Theaterbetriebs nicht ausreichen würden, entwickelte die Theaterleitung ein Konzept für eine mäzenatische Förderung in Form eines Förderfonds, was letztlich einem Förderverein, wenn auch ohne Vereinsstrukturen, gleichkommt. Zur Zeichnung des Fonds sollten von Privatpersonen mindestens 1.000 SEK, von Industrieunternehmen mindestens 5.000 SEK einzuzahlen sein. Dadurch hoffte man, jährlich 100.000 bis 200.000 SEK einnehmen zu können. Als sich der Staat dann doch noch bereit erklärte, einen sechsstelligen Zuschuß zu leisten, verschwanden die fertigen Pläne wieder in der Schublade; der Förderfonds wurde nie realisiert (*Sjögren* 1994:85f.).

Mäzenatische Förderung ist allerdings nicht so altruistisch angelegt, wie dies gerne dargestellt wird; von einer Leistung ohne Gegenleistungen sind sowohl Fördervereine als auch Kuratorien heute in der Regel weit entfernt. Allerdings besteht die Gegenleistung weniger in einem materiellen Nutzen als vielmehr in Formen persönlicher Bevorzugung und einem individuelleren Service. Dies hat sich vor allem in den USA erwiesen, wo Fördervereine als *association* oder *club* weit mehr verbreitet sind als in Deutschland. Die Spender, Mäzene und Förderer erwarten hier wie dort eine bevorzugte Berücksichtigung bei der Vergabe von Eintrittskarten zu besonders gefragten Veranstaltungen wie Premieren oder Vernissagen, exklusive Begegnungen mit Künstlern (z.B. in Form von VIP-Essen oder -Partys), den vertraulichen „Blick hinter die Kulissen" oder – beispielsweise im Museumsbereich – die kostenlose Beratung in Fragen des An- und Verkaufs persönlicher Kunstgegenstände. Der Förderverein des Ulmer Museums etwa bietet seinen Mitgliedern folgende Leistungen an:

- Einladungen und Informationen zu sämtlichen Veranstaltungen,
- ermäßigten Eintritt zu Sonderausstellungen, Konzerten und Vorträgen im Museum,
- Publikationen des Museums zu reduziertem Preis,
- Auskunft und Beratung in allen künstlerischen Fragen durch die wissenschaftlichen Mitarbeiter des Museums,
- exklusive Sondereditionen,
- geschlossene Führungen durch ausgewählte Wechselausstellungen des Museums,
- Exkursionen zu wichtigen Denkmälern alter und moderner Kunst,
- Besuch von auswärtigen Ausstellungen sowie
- ein jährliches Weihnachtskonzert und Hoffest.

Man sieht, daß nicht so sehr die finanzielle Gegenleistung im Mittelpunkt steht; die Mitgliedschaft sich deshalb kaum „rechnet". Aber es geht um persönlichen Service, um eine gewisse Bevorzugung und um Informationen „aus erster Hand".

Inzwischen haben viele Städte und viele Kultureinrichtungen mit Fördervereinen gute Erfahrungen gemacht. Das gilt nicht nur für die damit verbundene Ergänzung der Kulturfinanzierung, sondern auch für die gesellschaftliche Verankerung von Kultur in einer Stadt. Gerade das amerikanische Vorbild – und bezüglich der Fördervereine kann man wirklich von einem Vorbild sprechen – zeigt sehr deutlich, daß die von den Bürgern eingebrachte Bereitschaft, sich für gemeinnützige und gesellschaftliche Angelegenheiten zu engagieren, zu einem ausgeprägteren Gemeinschaftssinn führt. Wenn Kultur als ein gesellschaftsprägendes Element verstanden wird und über Kultur auch gesellschaftliches Miteinander gefördert werden soll, wie dies nicht zuletzt von der sogenannten Neuen Kulturpolitik eingebracht wurde, dann kann ein Förderverein dazu einen wichtigen Beitrag leisten. Im Förderverein ist mithin eine Schnittstelle gegeben zwischen kulturpolitischen Zielen auf der einen Seite und einer Neustrukturierung der Kulturfinanzierung auf der anderen Seite. Der mehrfach angesprochene Zusammenhang zwischen Kulturpolitik und Kulturfinanzierung ist hier sehr leicht erkennbar.

(2) Erträge aus betriebsnahen Stiftungen

„Stiften heißt, ein Vermögen auf Dauer einem bestimmten Zweck zu widmen. Sehen wir einmal von der Sonderform der Familienstiftung ab, so sind die Zwecke durchweg gemeinnützig. Das bedeutet: Eine Stiftung übernimmt aus eigenem Antrieb, auf der Basis privaten Engagements und völlig freiwillig Aufgaben zum Wohle aller" (*Strachwitz* 1994:41). Stiftungen gewinnen – allerdings erst in jüngster Zeit – im Kulturbereich zunehmend an Bedeutung; zur Zeit sind wenig mehr als 10 % in Deutschland auf den Bereich Kunst und Kultur ausgerichtet. Interessant ist hier aber vor allem, daß der Anteil der Förderstiftungen, also jener Stiftungsart, die in der Kulturfinanzierung allein von Bedeutung ist, kontinuierlich steigt, nämlich von 5,7 % im Jahr 1945 auf 15,6 % im Jahr 1993 (*Toepler* 1996:133). Allein die 50 größten deutschen Stiftungen leisteten 1991 Ausgaben in Höhe von 1.820 Mio. DM; davon entfielen 184 Mio. DM auf den Kunst- und Kulturbereich (ebda. 126).

Von den Stiftungsarten her sind zunächst einmal zu unterscheiden die öffentlich-rechtlichen Stiftungen (wie beispielsweise die Kulturstiftung der Länder) und die – zahlenmäßig bei weitem überwiegenden –

privatrechtlichen Stiftungen. Als Kulturfinanzierungsinstrument sind im Zusammenhang mit Einnahmen aus betriebsnahen Strukturen nur die privatrechtlichen Stiftungen von Interesse. Ohne auf die verschiedenen Rechtsformen und Stiftungsarten im einzelnen einzugehen, sind doch die Förderstiftung und die operative Stiftung oder Projektstiftung deutlich zu unterscheiden:

- „Förderstiftungen vergeben Mittel an Dritte, die sich im Rahmen der generellen rechtlichen Vorschriften und der entsprechenden Satzungsrestriktionen als berechtigte Destinäre qualifizieren" (ebda. 30).
- „Projektstiftungen führen in der Regel selbstentworfene Projekte und Programme aus, mitunter in Kooperation mit anderen Institutionen" (ebda.).

Manche bekannte Stiftungen wie die *Bertelsmann* Stiftung oder die Kulturstiftung *Haus Europa* sind Projekt- oder operative Stiftungen, die zwar als Projektpartner in Frage kommen, nicht aber als Förderer. Innerhalb der Förderstiftungen ist wiederum zu unterschieden zwischen solchen Stiftungen, die einem allgemeinen und häufig verschiedene gemeinnützige Bereiche berührenden Zweck verbunden sind (z.B. die *Thyssen*-Stiftung) und solchen, die allein die Förderung einer bestimmten Einrichtung zum Ziel haben. Letztere sind als betriebsnahe Strukturen hier von besonderem Interesse.

Eine betriebsnahe Stiftung, die allein den Zweck verfolgt, beispielsweise ein großes Theater oder ein Kunstmuseum zu fördern, besteht zunächst einmal aus dem Stiftungsvermögen, das ein oder mehrere Stifter zu diesem Zweck eingebracht haben. Aus diesem Stiftungsvermögen werden Erträge (Zinsen, Dividenden aus Wertpapieren usw.) ausgeschüttet und als Stiftungsmittel (oder Ausschüttungen) für die Förderzwecke eingesetzt. Besonders interessant ist nun noch zweierlei: Zunächst einmal kann die Stiftung wie jeder Verein Spenden annehmen und diese unmittelbar den Stiftungsmitteln zuführen. Darüber hinaus kann die Stiftung aber auch größere Spenden thesaurieren und damit dem Stiftungsvermögen zuführen. Hier unterliegt die Stiftung nicht mehr dem für alle Vereine geltenden „Grundsatz der zeitnahen Mittelverwendung". Solche Thesaurierungen bezeichnet man als Zustiftungen, „wobei die Frage, ob eine Zuwendung als Zustiftung oder als Spende in die Stiftungsmittel angesehen wird, vom Zuwendungsgeber entschieden werden muß. In der Praxis ist es legitime und gängige Praxis, hierüber mit den Zuwendungsgebern zu reden, um diese, falls von der Stiftung gewünscht, zu veranlassen, ihre Zuwendung als Zustiftung zu erklären" (*Strachwitz* 1994:83). Freilich ist hier die Einschränkung zu machen, daß thesaurierte Zustiftungen später selbstverständlich nicht wieder liquide gemacht werden können; sie erhöhen lediglich die Summe der jährlichen Ausschüttungen.

Diese Form von ständig wachsenden Stiftungen, die man auch als „Publikumsstiftung" (ebda. 100) oder „Sammelstiftung" (*Toepler* 1996:156) bezeichnet, weil die Gruppe der Stifter ständig wächst, ist in Deutschland relativ unbekannt. In den USA sind die *community foundations,* wie sie dort heißen, zwar auch noch in der Minderheit – sie machen gerade einmal 1 % aller Stiftungen aus –, doch belaufen sich deren Ausschüttungen auf 11,7 % (641 Mio. US-$) aller Zuwendungen (ebda. 157), also auf mehr als 1 Mrd. DM. Das ist selbst für die große Zahl der auf Stiftungen angewiesenen amerikanischen Kultureinrichtungen ein bemerkenswerter Betrag.

Zu den erfolgreichsten deutschen Publikumsstiftungen zählt die *Marianne Strauß*-Stiftung, der es schon seit einigen Jahren gelingt, „erhebliche Zustiftungen, Vermächtnisse und dergleichen zu akquirieren und damit langfristig ihr Stiftungsvermögen nachhaltig zu stärken" (*Strachwitz* 1994:126). Angesichts der privaten Vermögen, die es in Deutschland gibt und die häufig ohne Erben sind, ist das Stiftungspotential außerordentlich groß. Es müßte deshalb möglich sein, nach dem Vorbild der *Marianne Strauß*-Stiftung auch für den Kulturbereich verstärkt betriebsnahe Stiftungen einzurichten und sie mit Zustiftungen aufzustocken. Was für ein einzelnes, vielleicht nicht allzu üppiges Erbe oder eine einzelne Schenkung keinen Sinn macht, weil der Betrag für eine privatrechtliche Stiftung zu gering erscheint, kann sich in der Summe einer Sammelstiftung als höchst sinnvoll erweisen. Ist erst einmal eine solche Stiftung geschaffen, regt sie zu Zustiftungen und Spenden an und eröffnet damit manchem Mäzen oder Erblasser Möglichkeiten, die er vielleicht vorher nicht gesehen hat.

Gerade die betriebsnahen Strukturen, das haben sowohl die Fördervereine als auch die Sammel- bzw. Publikumsstiftungen deutlich gezeigt, eröffnen neue Möglichkeiten der Kulturfinanzierung, die eine Kultureinrichtung ein Stück weit unabhängiger machen von öffentlichen Geldern und den Schwankungen, die mit konjunkturell und politisch abhängigen Zuwendungen immer verbunden sein können.

3.1.3 Drittmittel von privater Seite

Als Drittmittel bezeichnet man solche Finanzierungsmittel, die weder innerhalb der Kulturbetriebe erwirtschaftet noch von der Trägerinstitution bereitgestellt werden, sondern eben von Dritten stammen. Dazu zählt man einerseits mäzenatisch orientierte Mittel, bei denen die Gegenleistung nur von sekundärer Bedeutung ist und andererseits nutzenorientierte Mittel, denen eine erkennbare und nachvollziehbare Gegenleistung gegenüberstehen muß. Mäzenatisch orientiert sind beispielsweise Spenden, die als Einzelspenden oder über einen Förderverein oder mit Hilfe eines professionellen Fund raisings akquiriert werden sowie Ausschüttungen aus Stiftungen. Ein typisches Beispiel für eine auf erkennbaren Nutzen orientierte Kulturfinanzierung ist das Sponsoring.

(1) Fund raising

Als Fund raising bezeichnet man das systematische und professionelle Sammeln von Spenden für eine bestimmte kulturelle (oder andere gemeinnützige) Einrichtung oder Aufgabe.[2] Häufig wird Fund raising auch als Oberbegriff für alle Zuwendungen von privater Seite verwendet (z.B. *Haibach* 1996), wie umgekehrt auch bisweilen Sponsoring als Oberbegriff verstanden wird (z.B. im schwedischen Sprachgebrauch). Hier allerdings soll deutlich unterschieden und Fund raising durch folgende Merkmale definiert werden:

- Fund raising steht der mäzenatischen Spende näher als dem auf Gegenleistung ausgerichteten Sponsoring.
- Im Gegensatz zur Einzelspende wird Fund raising an einem systematischen Marketing-Konzept ausgerichtet.
- Fund raising richtet sich in erster Linie an individuelle Personen und weniger an Unternehmen; es gilt das amerikanische Prinzip *People give to People.*
- Fund raising ist langfristig angelegt, d.h. es zielt auf den Aufbau von Beziehungen, die über längere Dauer gepflegt und ständig erneuert werden (*Fund raising = Friend raising*).
- Zuwendungen im Rahmen des Fund raisings sind steuerlich als Sonderausgaben und nicht als Betriebsausgaben zu bewerten.

Abbildung 10 macht noch einmal die Unterschiede zwischen Einzelspenden, einem systematischen Fund raising und dem Sponsoring deutlich.

[2] Weit mehr als im kulturellen ist Fund raising im sozialen Bereich verbreitet; die dort gesammelten Erfahrungen können aber zumindest teilweise auf den Kulturbereich übertragen werden (vgl. z.B. die „Leitlinien zur Selbstverpflichtung überregional spendensammelnder Organisationen" des Deutschen Zentralinstituts für soziale Fragen, DZI).

Merkmale	**Art der Förderung**		
	Einzelspende	**Fund raising**	**Sponsoring**
Art des Geldgebers	Privatpersonen Stiftungen	Privatpersonen Unternehmen	Unternehmen
Motiv(e) der Förderung	ausschließlich Fördermotive (altruistisch)	Fördermotiv dominant, evtl. Steuervorteile (Gemeinnutz)	Fördermotiv und Erreichung von Kommunikations-zielen (Eigennutz)
Zusammenarbeit mit Geförderten	teilweise (über Förderbereiche)	nein	ja (Durchführung von Sponsorships)
Medienwirkung	nein (eher privat)	kaum	ja (öffentlich)
Einsatz im Bereich Sport	sehr selten	selten	dominant
Einsatz im Bereich Kultur	dominant	häufig	selten
Einsatz im sozialen Bereich	häufig	dominant	sehr selten
Entscheidungs-träger im Unternehmen	Unternehmer	Unternehmer, Finanzwesen	Vorstand, PR, Marketing, Werbung

Abb. 10: Abgrenzung von Einzelspende, Fund raising und Sponsoring (in Anlehnung an *Bruhn* 1991: 20 und *Bruhn/Mehlinger* 1995/I: 5)

Fund raising ist in aller Regel auf eine bestimmte Einrichtung oder Aufgabe bezogen; man kennt kein Fund raising für eine allgemeine Kulturförderung, sondern nur etwa zur Förderung eines bestimmten Theaters. Damit steht es dem Förderverein nahe und wäre folglich den „Einnahmen aus betriebsnahen Strukturen" zuzurechnen (vgl. Abschnitt 3.1.2). Doch anders als der Förderverein bildet das Fund raising keine feste Struktur, die parallel zum Kulturbetrieb zugunsten der Ziele dieser Institution tätig wird (z.B. durch die Form eines eingetragenen Vereins), sondern versteht sich eher als ein Funktionsbereich, der entweder innerhalb des Kulturbetriebs angesiedelt ist (z.B. in der Marketing-Abteilung) oder aber dem Kulturbetrieb zuarbeitet (z.B. in Form einer rechtlich selbständigen Fund raising-Agentur). Gerade bei solchen Agenturen wird die relative Betriebsferne besonders deutlich, da die Agenturen Fund raising in der Regel für mehrere gemeinnützige Einrichtungen betreiben. Vor allem aber spricht für eine deutliche Unterscheidung zu den betriebsnahen Fördervereinen, daß das Fund raising ausschließlich auf Dritte außerhalb von Kulturbetrieb und Förderverein ausgerichtet ist, während der Förderverein vorrangig die eigenen Mitglieder als Förderer und Spender anspricht. Daß dennoch ein Förderverein auch Spenden Dritter akquirieren kann, zeigt die bei aller systematischen Gliederung doch fließenden Übergänge, denn dann wird der Förderverein gleichsam als Fund raiser tätig.

„Der Begriff Fund raising kommt aus den USA. Er setzt sich zusammen aus dem Substantiv *fund* und dem Verb *to raise. Fund* bedeutet Geld, Kapital; *to raise* heißt *etwas* (z.B. Geld) *aufbringen.* Fund raising bedeutet demnach wörtlich Geldbeschaffung. Doch das amerikanische Konzept von Fund raising umfaßt mehr. Es geht um die Erstellung einer Marketing-Strategie für die Beschaffung von Finanzmitteln, und zwar vor allen Dingen für Mittel, die nicht nach klaren Förderkriterien vergeben werden und nicht regelmäßig fließen" (*Haibach* 1996:14).

Daß dieses System in den USA so verbreitet ist, kann angesichts der dort vorherrschenden Tradition, Gemeinsinn zu pflegen und sich für gemeinnützige Aufgaben persönlich zu engagieren, nicht überraschen (vgl. Abschnitt 2.4). In der Tat ist denn auch die Bereitschaft, im Rahmen des Fund raisings zu spenden, in den USA ungleich größer als in Deutschland (Tab. 8).

Von der Gesamtsumme privater Förderung aus dem Spendenaufkommen entfallen in den USA etwa 7 bis 8 % auf den Bereich Kultur und Geisteswissenschaften, also 1995 eine Größenordnung von etwa 10 bis 11 Mrd. US-$ bzw. 16 bis 17 Mrd. DM. Das ist mehr als in Deutschland

	USA (in US-$) 1995	Deutschland (in DM) 1991
Private Förderung (*philanthropic giving*)	143,9 Mrd. (= ca. 240 Mrd. DM)	4,1 Mrd.
davon: Einzelpersonen Erbschaften/Stiftungen Unternehmen (ohne Sponsoring)	 116,2 Mrd. (80,8 %) 20,3 Mrd. (14,1 %) 7,4 Mrd. (5,1 %)	 2,9 Mrd. (70,7 %) 0,7 Mrd. (17,1 %) 0,5 Mrd. (12,2 %)

Quelle: US-amerikanische Daten lt. BSM[3]-Newsletter 3/96:27; deutsche Daten lt. Statistisches Bundesamt, zitiert nach *Burens* 1995:10

Tab. 8: Privates Engagement für gemeinnützige Zwecke (nicht nur Kultur!) in den USA und in Deutschland (1 $ = 1,63 DM)

[3] BSM: Bundesarbeitsgemeinschaft Sozialmarketing, Oberursel.

allein von der öffentlichen Hand, also dem wichtigsten Kulturförderer, ausgegeben werden. Das Spendenaufkommen zugunsten kultureller Aufgaben liegt in Deutschland übrigens in einer Größenordnung von 250 bis 400 Mio. DM, also in einer zum Gesamtspendenaufkommen prozentual ähnlichen Relation.

Die Gegenüberstellung zeigt, wie wenig die Förderung gemeinnütziger Anliegen in Deutschland bisher ausgeprägt ist. Allerdings darf man daraus wohl nicht schließen, daß in Deutschland entsprechende Potentiale brachliegen würden und einfach nur – wie einst Dornröschen – aus dem Schlaf geweckt werden müßten. Dafür ist die Tradition des Verständnisses von Staat und Gesellschaft in den USA doch eine grundsätzlich andere als in Deutschland. Dennoch darf man aus der Gegenüberstellung wohl schließen, daß eine mittel- und langfristige Ausdehnung der privaten Kulturförderung auch in Deutschland nicht gänzlich Utopie sein muß. Dazu ist es aber wohl erforderlich, einerseits das Engagement für ein *Philanthropic giving* auch durch eine entsprechende öffentliche und politische Aufwertung zu fördern, wie andererseits das Fund raising nach amerikanischem Vorbild zu professionalisieren.

Zur Professionalisierung gehört vor allem die Ausrichtung des Fund raisings auf eine Marketing-Strategie und d.h. die systematische Herstellung und Förderung von Austauschbeziehungen. „Gemeinnützige Initiativen müssen – bezogen auf das Fund raising – geeignete Maßnahmen ergreifen, die sowohl die Verwirklichung der eigenen Ziele als auch die Interessen von Spendern, Stiftern, Sponsoren und freiwilligen Helfern im Auge haben" (*Burens* 1995:42). Das aber setzt ein klares Profil und das Wissen um die gesellschaftliche Relevanz der eigenen Institution und des eigenen Tuns voraus. In den USA beginnt jedes Fund raising-Training mit der Beantwortung von zwölf selbstkritischen Fragen (nach amerikanischen Vorlagen aus einem unveröffentlichten Vortragsmanuskript von *Ellen Lissek-Schütz*, Potsdam 1995):

1. Welches Problem oder welcher gesellschaftliche Bedarf/Bedürfnis steht im Mittelpunkt unserer Aktivitäten?
2. Welche besonderen Angebote machen wir, um auf dieses Problem zu reagieren/um diesen Bedarf zu befriedigen?
3. Warum sind unsere Angebote für dieses Problem wichtig?
4. Haben wir eine „Philosophie", eine „Botschaft"?
5. Für wen machen wir diese Angebote, wen wollen wir vorrangig erreichen?
6. Wie sieht die Nachfrage aus, was sind die Rahmenbedingungen des Marktes für unsere Angebote?

7. Gibt es Mitbewerber mit ähnlichen (oder gar besseren) Angeboten?
8. Wie können wir uns von den Angeboten der Mitbewerber absetzen?
9. Haben wir eine vorzeigbare Selbstdarstellung unserer Ziele und Angebote?
10. Wer sollte unsere Einrichtung bzw. unser Programm unterstützen und warum?
11. Kennen uns die Personen/Institutionen, die wir um Unterstützung bitten wollen und was denken sie von uns?
12. Was können wir diesen Personen, die wir um Unterstützung bitten, als Gegenleistung anbieten?

Dieser Fragenkatalog zeichnet sich dadurch aus, daß er nicht bei der naheliegenden Frage beginnt: Wer kann unserer Kultureinrichtung wieviel geben?, sondern umgekehrt fragt: Gibt es Gründe, weshalb andere Personen unsere Einrichtung für sinnvoll und gerechtfertigt halten könnten? Das unterscheidet sich erheblich beispielsweise von der Selbstgewißheit, mit der deutsche Theater in der Öffentlichkeit auftreten und lautstark behaupten: Theater muß sein!, ohne die Bereitschaft anzudeuten, sich zu der Frage zu äußern, warum es denn sein müsse (*Klein* 1997). Die Erfahrungen selbst in den erheblich spendenfreudigeren USA haben gezeigt, daß nur die Institution eine Chance hat, sich auf dem heftig umkämpften Spendenmarkt durchzusetzen, die in der Lage ist, ihren Stellenwert für das Gemeinwohl auch zu vermitteln.

Wenn diese grundsätzliche Umorientierung in der Denk- und Betrachtungsweise erst einmal gelungen ist, dürfte die eigentliche Spendenakquisition wesentlich leichter gelingen. Es gilt nun, in einzelnen Teilschritten eine Strategie für eine Fund raising-Aktion zu entwickeln:

- Wer sollte welche Personen/Institutionen fördern und warum?
- In welcher Form und in welchem Umfang soll gefördert werden (Einmalspende, regelmäßige Spende, Mitarbeit usw.)?
- Welche Anspracheform soll gewählt werden (brieflich, telefonisch, persönlich)?
- Soll die Ansprache direkt oder über Mittler erfolgen; wer käme als Mittler in Frage?

„Persönliche Kontakte stoßen auf die größte Resonanz und sind, wenn möglich und sofern es sich rentiert, anderen Fund raising-Methoden vorzuziehen" (*Haibach* 1996:171). Nach amerikanischen Untersuchungen sind 80 % aller Befragten zu einer Spende bereit, wenn eine Person, die sie gut kennen, sie darum bittet, aber nur 17 % folgen dem Spendenaufruf einer Zeitungsannonce (ebda.). Das zeigt gleichzeitig, wie arbeitsaufwendig und zeitintensiv Fund raising ist, weshalb es nicht überraschen kann, daß große amerikanische Kultureinrichtungen wie die *Metropolitan Opera New York* eigene Abteilungen allein für Fund raising unterhalten. In Deutschland ist eine solche Professionalisierung bisher kaum vorstellbar; hier geht man – naiverweise – davon aus, der Theaterintendant oder der Museumsdirektor könnten das Spendensammeln nebenher mit erledigen. Daß sich die Leiter der Kulturbetriebe gegen ein solches Ansinnen zur Wehr setzen, ist angesichts des zu erwartenden Zeit- und Arbeitsaufwandes nur verständlich.

Neben der kritischen Befragung des eigenen Selbstverständnisses und Profils, der Entwicklung einer Strategie für die Fund raising-Aktion und der Auswahl der Ansprechpartner sind die angestrebte Spendenform und die ihr entsprechende Gegenleistung zwei weitere, ähnlich bedeutsame Themenkomplexe in einem professionellen Fund raising. Keineswegs sollte nur die einmalige Spende Ziel der Aktion sein, vielmehr kommt es darauf an, aus dem Einmal-Spender einen Dauer-Spender zu machen, den man nicht in jedem Jahr neu gewinnen, aber natürlich mit erheblichem Aufwand „pflegen" muß. Welche Steigerungsformen man sich darüber hinaus noch vorstellen kann, zeigt die folgende Aufstellung, die bei der einfachsten Form beginnt und bis zu Stiftungen zugunsten einer Einrichtung führt (in Klammern die Anzahl der Nullen, die eine Spende in der entsprechenden Kategorie erfahrungsgemäß haben wird; in Anlehnung an *Burens* 1995:66):

- Einmalspender (1 Null),
- Wiederholungsspender (2 Nullen),
- Dauerspender: Förder-/Klub-Mitgliedsbeiträge, Patenschaften, Ausschüttungen von Investmentfonds, Gehaltsabtretungen u.a. (3–4 Nullen),
- Großspender: Schenkungen, Lebensversicherungspolicen, Jubiläumsspenden, Kondolenzgaben, zinslose Darlehen u.a. (5 Nullen),
- Legate, Stiftungen, Erbschaften (6 Nullen und mehr).

Dahinter steht die Vorstellung, daß ein Fund raising sich dem Lebenszyklus eines Spenders anpassen soll. Schon früh wird eine Bindung aufgebaut – auch dann schon, wenn der künftige Spender noch gar nicht spenden kann –, die später systematisch fortgesetzt wird und vielleicht sogar zu einer Berücksichtigung im Testament führt. „Es gilt, Privatpersonen und Unternehmen von der Botschaft einer gemeinnützigen Einrichtung zu überzeugen und sie dann über einen langen Zeitraum mit wachsender Intensität zu begleiten" (ebda.). Wem dies unrealistisch oder gar naiv erscheinen mag, der sollte sich durch Erfahrungen im Sozialbereich davon überzeugen lassen, daß eine langfristige Bindung der Spender an eine soziale Einrichtung einschließlich einer entsprechenden Berücksichtigung im Testament auch in Deutschland durchaus nicht ungewöhnlich ist. Gleichwohl kennt man weder dort noch in anderen gemeinnützigen Bereichen jene amerikanischen Organisationen, die sich auf ein „Legat-Marketing“ (*Haibach* 1996:177) spezialisiert haben, und vielleicht sollte man sie ja auch nicht haben.

Denkbar ist auch ein Fund raising über eine Lotterie zugunsten eines kulturellen Projekts, wie man es beispielsweise von der Kölner Dombau-Lotterie her kennt (ebenfalls mit Einzel- und Dauerlos, entsprechend Einzel- und Dauerspende). Diese Lotterie wurde 1864 vom Kölner Dombau-Verein ins Leben gerufen und besteht heute noch. Sie hat nicht nur ganz wesentlich zur Finanzierung der beiden Türme während der Fertigstellung des Doms im 19. Jahrhundert beigetragen, sondern finanziert heute auch maßgeblich die Unterhaltungsmaßnahmen.

Es bleibt noch die angesprochene Gegenleistung, die dem mäzenatischen Grundsatz zu widersprechen scheint, ohne die aber ein erfolgreiches Fund raising nicht denkbar ist (vgl. die Gegenleistungen der Kölner Dombau-Lotterie). Diese Gegenleistungen können in materiellen und immateriellen Anreizen bestehen (vgl. dazu die Auflistung in *Burens* 1995:16ff.). Sie hängen im Einzelfall sehr von der jeweiligen Institution ab, sollten aber immer mit viel Phantasie und Originalität verbunden sein. Die Steuerersparnis ist sicherlich die unattraktivste Gegenleistung, auf deren Anziehungskraft man sich niemals allein verlassen sollte und mit der man kaum um Spender werben kann. Sie wird als selbstverständlich vorausgesetzt und motiviert deshalb nicht zur Spende an eine bestimmte Institution, zumal es sich nicht um eine Gegenleistung der geförderten Einrichtung, sondern um einen staatlichen Anreiz handelt, der allen gemeinnützigen Organisationen gleichermaßen zugute kommt.

Es wurde bereits erwähnt, daß Fund raising im kleinen Stil ergänzend über Fördervereine organisiert werden kann. Das hat allerdings neben der Befürchtung, daß gerade der Arbeitsaufwand den zumeist ehrenamtlich organisierten Fördervereinen große Probleme bereiten dürfte, auch den erheblichen Nachteil, daß der gemeinnützige Förderverein eingehende Spenden nicht thesaurieren darf, sondern entsprechend dem „Grundsatz der zeitnahen Mittelverwendung“ längstens innerhalb eines Jahres verwenden muß. Will man das Fund raising nicht als einen wirtschaftlichen Geschäftsbereich mit allen steuerlichen Nachteilen ausgliedern, so bliebe noch die Möglichkeit, eine sog. Zuwendungsstiftung einzurichten. Eine solche Stiftung verfügt über kein eigenes Vermögen, sondern sammelt nur Gelder für gemeinnützige

Zwecke wie beispielsweise die *Stiftung zum Aufbau der Frauenkirche Dresden e.V.* (*Toepler* 1996:29).

Die Skizzierung eines professionellen Fund raising nach amerikanischem Muster dürfte gezeigt haben, daß eine spürbare Vergrößerung des derzeitigen Spendenaufkommens in öffentlichen oder gemeinnützigen Kulturbetrieben ohne eine grundlegende strukturelle und personelle Neurorientierung Illusion bleiben muß. Der Wunsch, das Spendenaufkommen wegen vorübergehender Finanzierungsengpässe kurzfristig zu erhöhen, muß naiv wirken. Ohne eine Vorlaufzeit und ohne einen erheblichen personellen und finanziellen Mitteleinsatz ist ein durchschlagender und längerfristiger Erfolg nicht zu erwarten, selbst wenn man optimistisch davon ausgehen sollte, daß sich die Unterschiede in der Tradition des Spendens für gemeinnützige Zwecke, wie sie zwischen den USA und Deutschland zweifellos gegeben sind, relativ kurzfristig überwinden ließen.

Diese warnende Einschränkung ist allerdings keinesfalls als ein Plädoyer gegen die Einführung eines professionellen Fund raisings auch in Deutschland zu verstehen. Im Gegenteil gilt es, heute damit anzufangen, damit möglichst bald Erfolge zu verzeichnen sind. Denn daß die private und gemeinnützige Kulturfinanzierung künftig vor allem für Nonprofit-Organisationen einen weit größeren Stellenwert wird einnehmen müssen, scheint aus heutiger Sicht keine allzu gewagte Prophezeiung zu sein.

(2) Zuwendungen aus betriebsfernen Stiftungen

Dem Spendencharakter nicht unähnlich sind Zuwendungen aus Stiftungen, die sich einer allgemeinen Kulturförderung verschrieben haben, ohne einzelnen oder bestimmten Arten von Kultureinrichtungen besonders verbunden zu sein. Solche Förderstiftungen sind in den USA von großer Bedeutung für die Kulturfinanzierung (z.B. *Ford Foundation, Rockefeller Foundation*), weil sie jährlich riesige Beträge zur Verfügung stellen (allein die *Ford Foundation* 400 bis 500 Mio. DM; vgl. Abschnitt 2.4). Obwohl es auch in Deutschland relativ große Förderstiftungen gibt, sind die Größenordnungen der jährlichen Förderbeträge nicht andeutungsweise vergleichbar. Wenn man von öffentlichrechtlichen und politischen Stiftungen oder halb-staatlichen Einrichtungen wie dem Deutschen Akademischen Austauschdienst absieht, zählen die in Tabelle 9 genannten privatrechtlichen Förderstiftungen mit teilweise kultureller Zweckbestimmung zu den größten ihrer Art in Deutschland (*Toepler* 1996:208f.).

Stiftung	**Ausschüttung/Stiftungsmittel (1991) Mio. DM**
Volkswagen-Stiftung	198,8
Sparkasse zu Lübeck	132,5
Alexander von Humboldt-Stiftung	85,2
Deutsche Stiftung Denkmalpflege	80
Robert Bosch Stiftung GmbH	40
Stiftung Weimarer Klassik	33
Alfred Krupp von Bohlen und Halbach-Stiftung	30

Tab. 9: Jährliche Ausschüttungen großer deutscher Förderstiftungen (in Mio. DM)

Nur wenige dieser Stiftungen kommen als Finanzierungshilfen für Kulturbetriebe in Betracht. So ist beispielsweise die Stiftung Weimarer Klassik angesichts ihrer eng begrenzten Aufgabe nach der hier vorgeschlagenen Abgrenzung zweifellos als betriebsnahe Stiftung zu bezeichnen; sie scheidet folglich für eine allgemeine Kulturförderung aus. Die Alexander von Humboldt-Stiftung konzentriert sich auf den internationalen Austausch von Wissenschaftlern, berührt den Kulturbetrieb also nur am Rande. Ähnliche restriktive Anmerkungen sind auch zu den anderen Stiftungen zu machen. Diese und andere Einschränkungen haben zur Folge, daß bei der Einbeziehung von Förderstiftungen in die Kulturfinanzierung dreierlei zu berücksichtigen ist:

- Zunächst einmal ist die Stiftung unabänderlich an den Stiftungszweck gebunden. „Als zweckgewidmetes Vermögen darf die Stiftung über den satzungsmäßigen Zweck nicht hinausgehen. Ein noch so gutes Projekt darf nicht gefördert werden, wenn der satzungsmäßige Zweck der Stiftung dies nicht ausdrücklich gestattet. Ein Verstoß gegen diese Regeln kann zu Recht zu erheblichen Beanstandungen durch die Stiftungsaufsichtsbehörde und sogar zum Entzug der Gemeinnützigkeit führen“ (*Strachwitz* 1994:140). Es empfiehlt sich deshalb dringend, bevor man mit einem Förderungsantrag an eine Stiftung herantritt, Einblick in den Stiftungszweck zu nehmen (z.B. über das Verzeichnis der Deutschen Stiftungen, erschienen im Verlag Hoppenstedt, oder über die Stiftungsdatenbank, die vom Bundesverband Deutscher Stiftungen geführt wird).

- Des weiteren ist davon auszugehen, daß Stiftungen die eingehenden Anträge ganz außergewöhnlich sorgfältig prüfen werden. Das bedingt allein schon die Bindung an den Stiftungszweck, ist aber auch auf die Tatsache zurückzuführen, daß Stiftungen in der Regel über Beiräte und Kuratorium mit sehr kompetenten Fachleuten verfügen. Entsprechend sorgfältig verläuft am Ende auch die Prüfung der Verwendungsnachweise und die Bewertung der Frage, ob das Ziel der Förderung erreicht wurde. Andererseits sind Stiftungen aber – nach erfolgter Bewilligung – sehr unbürokratisch und flexibel in der Abwicklung, so daß ein wirklich effizienter Mitteleinsatz leicht möglich ist.
- Drittens ist zu berücksichtigen, daß Förderstiftungen „mit wenigen Ausnahmen stets Projekte Dritter und nicht deren Grundkosten (fördern). Die sogenannte institutionelle Förderung ist nur im Rahmen von Modellversuchen oder dann denkbar, wenn eine Stiftung von vornherein mit einer operativen Einrichtung gekoppelt ist" (ebda. 144), es sich also um eine sog. betriebsnahe Stiftung handelt.

Große Stiftungen, die über nennenswerte Ausschüttungen und Fördermöglichkeiten verfügen, schießen nicht wie Pilze aus dem Boden. Das Potential, das sich über sogenannte betriebsferne Förderstiftungen für eine Kulturfinanzierung anbietet, ist deshalb auf lange Sicht kalkulierbar. Doch ist es schon heute so umfangreich, daß sich für ausgewählte Projekte eine Zusammenarbeit mit einer Stiftung immer lohnen dürfte.

Bezieht man das Thema Stiftungen allerdings auf den Gesamtkomplex einer neuorientierten Kulturfinanzierung, so bedeutet dies, das von seiten der allgemeinen Förderstiftungen eine wesentliche Verbesserung der Finanzierungssituation nicht erwartet werden kann. Die Chancen, die sich in der Kulturfinanzierung über Stiftungen bieten, liegen deshalb vorwiegend im Bereich der betriebsnahen Förderstiftungen mit ihren Möglichkeiten der Zustiftungen sowie in der angesprochenen Kombination von Fund raising und Zuwendungsstiftung.

(3) Sponsoring[4]

Ähnlich wie der Begriff *Fund raising* wird auch der Begriff *Sponsoring* nur sehr unscharf verwendet; das Spektrum reicht von jeder Finanzie-

[4] Kein anderes Instrument der Kulturfinanzierung wird in Fachpublikationen so sehr beachtet wie Sponsoring; hier nur eine Auswahl der Publikationen der letzten Jahre: *Grüßer* 1992; *Weiand* 1993; *Becker* 1994; *Bruhn/Mehlinger* 1994/1995; *Graber* 1994; *Wolf-Csanády* 1994; *Hummel* 1995; *Brockes* 1995; *Haibach* 1996; Kulturstiftung Haus Europa 1996; *Braun/Gallus/Scheytt* 1996.

rung durch Dritte (auch über Spenden und Zuwendungen der öffentlichen Hand) bis zu einer engen Konzentration auf eine am Marketing orientierte Unternehmensaktivität. Um hinsichtlich der verschiedenen Finanzierungsinstrumente aber zu operationalisierbaren Vergleichskriterien kommen zu können, empfiehlt sich eine möglichst enge begriffliche Abgrenzung, d.h. „Sponsoring bedeutet die Planung, Organisation, Durchführung und Kontrolle sämtlicher Aktivitäten, die mit der Bereitstellung von Geld, Sachmitteln oder Dienstleistungen durch Unternehmen zur Förderung von Personen und/oder Organisationen im sportlichen, kulturellen und/oder sozialen Bereich verbunden sind, um damit gleichzeitig Ziele der Unternehmenskommunikation zu erreichen" (*Bruhn* 1991:21).

Damit zeichnen sich bereits die wichtigsten Unterscheidungskriterien gegenüber dem Fund raising sowie gegen jede Form von Spenden oder Zuwendungen aus Stiftungen ab:

- Sponsoring ist nicht mäzenatisch ausgerichtet, sondern setzt die Gegenleistung voraus (gerade auch aus steuerrechtlicher Sicht).
- Sponsoring ist eine Leistung der Unternehmung, nicht von Privatpersonen, selbst wenn Motive der Geschäftsführung im Vordergrund stehen sollten.
- Sponsoring ist ausgerichtet an den Unternehmenszielen und eingebunden in das Marketingkonzept des Sponsors; das zu fördernde Projekt dient diesen Marketing- und Unternehmenszielen.
- Zuwendungen im Rahmen des Sponsorings sind steuerlich als Betriebsausgaben zu bewerten.

Weit mehr als jedes andere Finanzierungsinstrument ist Sponsoring damit ausgerichtet auf die Sichtweise dessen, der die Finanzmittel bereitstellt. Dies wird deutlich, wenn man sich die Vorteile vergegenwärtigt, die sich für ein Wirtschaftsunternehmen mit dem Sponsoring ergeben (hier ausnahmsweise zusammengestellt für die Bereiche Kultur und Sport):

- „Sponsoring spricht Zielgruppen in nichtkommerzieller Situation an. Die Marktkommunikation findet in einem attraktiven und positiven Umfeld statt, so daß die Verweigerungshaltung mancher Zielgruppen gegenüber werblichen Maßnahmen hierdurch weniger ausgeprägt ist. (...)
- Das Image und der Aufmerksamkeitswert von Sport und Kultur lassen sich unmittelbar für die eigenen kommunikativen Zielvorstellungen nutzen. Sport und Kultur sind positive Imageträger, ihr Aufmerksamkeitswert, d.h. die Berichterstattung im Fernsehen und in

den Printmedien und hiermit einhergehender Multiplikatoreneffekte ist intensiv.

- Durch die Wahl bestimmter Erscheinungsformen des Sport- und Kultursponsorings und deren besondere Qualität lassen sich kommunikative Konkurrenzvorteile schaffen. (...)
- Mit Sponsoring kann die Kommunikation zielgruppenspezifischer realisiert werden. Die Streuverluste insbesondere der klassischen Werbung sind stark reduziert.
- Mit Sponsoring können bestehende Kommunikationsbarrieren umgangen werden. Durch Sponsoringmaßnahmen können bestehende Werbeverbote und -beschränkungen umgangen werden" (*Weiand* 1993:35f.).

Wer für einen Kulturbetrieb eine Finanzierung durch Sponsoring anstrebt, sollte sich dieser grundsätzlichen Interessenlage des Sponsors – unabhängig von den Motiven im Einzelfall – bewußt sein und gleichzeitig für sich die Frage beantworten, ob er bereit und in der Lage ist, sich darauf einzustellen. Sponsoring ist zweifellos auch Kulturförderung, aber es ist in erster Linie die Förderung von Unternehmensinteressen mit Hilfe unternehmensfremder Medien wie beispielsweise Kultur oder Sport.

Versteht man Kunst und Kultur als autonome Werte, so ist es nicht verwunderlich, wenn sich viele Künstler und Kulturvermittler dieser Indienstnahme von Kunst und Kultur durch Unternehmensinteressen widersetzen oder sie zumindest sehr kritisch beurteilen (z.B. *Bourdieu/Haacke* 1995). Allerdings übersieht eine solche Kritik die Möglichkeiten, die auch für den Kulturbetrieb bestehen, wenn sich dessen Kulturmanager an der Gestaltung des Verhältnisses zwischen Sponsor und Kulturbetrieb aktiv beteiligen. Es kommt folglich darauf an, dem Sponsor mit einem klaren Profil und einer eigenen Zielsetzung entgegenzutreten und die Sponsorenakquisition so anzulegen, daß sie eher durch Schnittstellen in ausgewählten Bereichen als von der Interessenlage des Sponsors bestimmt ist. Dabei sollte von seiten der Künstler und Kulturvermittler auch nicht übersehen werden, daß die Einstellung des Publikums zum Sponsoring keineswegs negativ ist. Eine Befragung, die 1996 vom Institut für Kulturmanagement in Ludwigsburg im Rahmen gesponserter Kulturveranstaltungen (eine Kunstausstellung, eine historische Ausstellung, eine Opernaufführung, zwei Konzerte) durchgeführt wurde, ergab, daß durchschnittlich 90 % der Besucher das Engagement des Sponsors – es handelte sich um die Firma IBM Deutschland – ausdrücklich begrüßten.

Aus der Sicht des Kulturbetriebs sollte deshalb eine Strategie für eine Sponsorenakquisition entwickelt werden, die sowohl den Interessen des Kulturanbieters als auch denen des Sponsors gerecht werden kann. Diese Strategie sollte in drei Schritten ablaufen[5]:

1. Analyse der Ausgangssituation mit Profilbeschreibung und Festlegung der Akquisitionsziele,
2. Analyse der Schnittmengen zwischen den Interessen des Kulturbetriebs und des Sponsors,
3. vertragliche Gestaltung des Verhältnisses von Sponsor und Kulturbetrieb sowie Vereinbarung über Leistungen und Gegenleistungen.

Zur Profilbeschreibung gehört in der Regel die Abgrenzung und Definition eines Projekts, d.h. eines Vorhabens, das zeitlich und finanziell begrenzt ist und sich durch eine hohe Komplexität und möglichst auch eine gewisse Innovation auszeichnet (*Heinrichs/Klein* 1996:255ff.). Von ganz wenigen Ausnahmen abgesehen (z.B. das Sponsoring der Hugo Boss AG für das Guggenheim Museum, New York), beschränkt sich das Sponsoring immer auf eine Projektförderung, weil die werblichen Effekte in einem herausgehobenen Projekt weit effizienter zur Wirkung kommen als im kontinuierlichen Angebot. Das gilt vor allem dann, wenn dieses Projekt so singulär ist, das es den Charakter eines kulturellen Events hat und man – im Sinne eines Event-Marketings – von einer „Inszenierung von Ereignissen" (*Meffert* 1994:59) sprechen kann. Es bleibt dann immer noch ein gewisser Spielraum bei der Abgrenzung des Projekts, wie sich z.B. im Konzertbetrieb immer wieder zeigt. So begreift sich das *Schleswig Holstein Musik Festival* als einheitliches Projekt, das von Sponsoren in der Summe einer Spielzeit gefördert wird, während das *Rheingau Musik Festival* jedes Konzert als einzelnes Projekt verschiedenen Sponsoren für eine Förderung anbietet.

Nach der Projektabgrenzung folgt die Beschreibung des eigenen Profils, d.h. Zielsetzung, Konzeption, Positionierung gegenüber Mitbewerbern, Zielgruppen sowie nicht zuletzt die Darstellung der eigenen Kompetenz und Leistungsfähigkeit sollten möglichst ohne Beschönigung beschrieben und dargestellt werden. Es geht also um die Beantwortung beispielsweise folgender Fragen:

- Was soll wann und wo stattfinden?
- Wie sind die beteiligten Künstler einzuschätzen (renommiert, etabliert, innovativ, experimentierfreudig, populär, unbekannt, „Geheimtip")?

[5] Vom Autor wurde eine CD-ROM zum Kulturmanagement entwickelt, mit deren Hilfe u.a. eine Profilbeschreibung, eine Analyse möglicher Schnittstellen sowie eine Sponsoren-Akquisition erstellt werden kann (*Heinrichs* 1997b).

- Ist das Projekt konventionell, klassisch, experimentell, volkstümlich?
- Wie ist das Ambiente einzuschätzen und wie wird es sich auf die Veranstaltung niederschlagen?
- Welche Ideen und welche Anliegen verfolgt das Projekt?
- Welches öffentliche Interesse (wieviele Besucher) kann erwartet werden?
- Läßt sich das Publikum typologisieren (Alter, soziale Zuordnung, Einkommen, Berufsgruppe, „Lebensstil")?
- Aus welchem Einzugsbereich kommt es (lokal, regional, bundesweit)?
- Inwieweit sind Vertreter gesellschaftlich relevanter Gruppen in das Vorhaben eingebunden (Wirtschaft, Gesellschaft, Politik)?
- Mit welcher Medienpräsenz ist zu rechnen (Tagespresse, Hörfunk, Fernsehen, lokal, regional, national)?
- Wie soll das Vorhaben in der Öffentlichkeit bekanntgemacht werden (Plakat, Programmheft, Dokumentation, Katalog, Anzeigen, Pressearbeit)?
- Wer ist mit dem Projekt befaßt?
- An welche Institution ist das Projekt angebunden?

Daneben sind Fragen zu beantworten, die sich mit den voraussichtlichen Kosten, den Finanzierungsmöglichkeiten sowie mit Art und Umfang der angestreben Sponsorenbeteiligung beschäftigen.

Der zweite Schritt dient der Analyse möglicher Schnittmengen zwischen den Umfeldern von Kulturanbieter und potentiellem Sponsor. Dazu ist es erforderlich, die Interessenlage des Sponsors zu kennen und Überscheidungen mit der Interessenlage des Kulturanbieters zu finden. Eine wichtiger Ausgangspunkt für eine solche Schnittmengen-Analyse sind die Motive, die den Sponsor zu einem Handeln bewegen könnten. Diese Motive wurden vielfach empirisch untersucht (z.B. *Duhme* 1986:50ff.; *Fischer/Bauske/Scheuch* 1987:68ff.; *Fischer* 1989:116ff.; *Becker* 1994:64ff.). Die wohl zuverlässigste Motivforschung bieten die Untersuchungen des Münchner Ifo-Instituts, weil die Daten nach im wesentlichen gleichbleibenden Kriterien inzwischen zum dritten Mal (1988, 1992 und 1995) erhoben wurden (*Hummel* 1995:26) (Tab. 10).

Motive der Förderung	Alle Unternehmen	Unternehmen mit Förderbeträgen von....DM bis unter.... DM			
		unter 10.000	10.000 50.000	50.000 100.000	100.000 und mehr
Imagepflege im allgemeinen	92,4	84,9	95,8	94,4	97,8
– ausschließlich regional	74,0	75,3	79,7	69,0	76,9
– ausschließlich überregional	2,6	2,7	2,4	2,8	1,7
– regional und überregional	7,8	1,1	6,6	9,9	12,8
Mitarbeitermotivation/ Arbeitsplatzgestaltung	26,9	15,6	26,9	25,4	36,8
Persönliches Interesse	40,8	40,9	46,2	40,8	32,5
Kundenpflege	54,4	29,9	57,1	71,8	71,8
Sonstige	3,6	1,1	2,8	1,4	10,3

Tab. 10: Gründe für die Kulturförderung der Unternehmen nach der Höhe der Förderbeträge in % der kulturfördernden Betriebe (Mehrfachnennungen möglich)

Folgende Auffälligkeiten lassen sich aus Tabelle 10 ablesen:

- Bei hohen Förderbeträgen spielt die Imagedimension eine entscheidende Rolle.
- Bei einem regionalen Einzugsbereich stehen die Chancen für Summen bis 50.000 DM besonders gut.
- Kundenpflege, d.h. die Orientierung des Produkts auf die eigene Zielgruppe ist bei hohen Beträgen von ähnlicher Bedeutung wie die Imagedimension, sinkt aber auffallend stark im Stellenwert bei kleineren Beträgen.
- Das persönliche Interesse der Chefs erlaubt vorwiegend Beträge bis 50.000 DM; darüber hinaus sinkt die Bereitschaft, persönliche Interessen gegenüber dem Betrieb zu vertreten.

Besteht beispielsweise die Absicht, das Motiv „Imagepflege" in den Mittelpunkt zu stellen, so kommt es darauf an, einen möglichen Imagetransfer in Aussicht zu stellen. Damit ist gemeint, daß sich Imagemerkmale des zu sponsernden Projekts bzw. Produkts positiv auf das sponsernde Unternehmen bzw. dessen Produkte übertragen. Am Beispiel des Sponsorings der *Daimler Benz AG* zugunsten der *Berliner Philharmoniker* wird dies leicht nachvollziehbar: das Berliner Orchester gehört unzweifelhaft zu den besten Orchestern der Welt und steht für Begriffe wie Weltklasse, Spitzenleistung, Beständigkeit, Homogenität usw. Das Stuttgarter Unternehmen, das für sich in Anspruch nimmt, Autos zu bauen, die zu den besten der Welt gehören, erhofft sich durch das Sponsoring eine gute Chance, das eigene Image durch das Image der Berliner Philharmoniker zu stabilisieren.

Eine weitere Schnittmenge könnte sich hinsichtlich Publikum/Kunden ergeben, denn es ist naheliegend, daß ein Sponsoring für ein Unternehmen dann von besonderem Interesse ist, wenn die Zielgruppe des zu fördernden Projekts (Publikum) mit der Zielgruppe des Unternehmens (Kunden) weitgehend identisch ist. Diese Identität sollte zumindest festgestellt werden in bezug auf

- den Einzugsbereich (lokal, regional, national, international),
- das Alter (Kinder, Jugendliche, Senioren usw.) sowie
- soziale Merkmale (gehobene Mittelschicht usw.).

Eine dritte Schnittmenge ist in der Regel bei den Produkten und Dienstleistungen erkennbar, d.h. es gibt Gemeinsamkeiten zwischen den Produktmerkmalen der Sponsoren und den Merkmalen des Projekts. Naheliegend ist ein gewisses Interesse des Baugewerbes für die Denkmalpflege. Aber auch bestimmte Marktorientierungen lassen sich relativ leicht nachvollziehen wie beispielsweise ein deutliches Desinteresse des nationalen Versicherungsgewerbes an der lokalen Heimat- und Brauchtumspflege. Einzelheiten dazu zeigt Tabelle 11 (in Anlehnung an *Hummel* 1995:35):

Förderschwerpunkte	**Warenproduzierendes Gewerbe** (Energie- und Wasserversorgung, Bergbau; verarbeitendes Gewerbe Baugewerbe)			**Dienstleistungsunternehmen** (Kreditinstitute, Versicherungen, große Handelsunternehmen		
	insgesamt	davon: verarbeitendes Gewerbe	davon: Baugewerbe	insgesamt	davon: Kreditinstitute	davon: Versicherungen
Musik	52,7	51,8	52,3	73,0	72,5	80,8
Heimat- und Brauchtumspflege	45,3	43,8	50,8	73,3	78,5	11,5
Bildende Kunst	34,6	33,5	33,8	62,9	63,9	53,8
Denkmalpflege	26,8	22,8	41,5	49,6	51,6	23,1
Darstellende Kunst	20,1	21,0	15,4	34,6	34,9	34,6
Literatur	15,1	17,0	7,7	27,8	29,0	15,4
Film/Fotographie	4,7	4,5	3,1	15,5	16,1	7,7
Sonstige	4,7	4,9	3,1	4,6	5,1	–

Tab. 11: Förderschwerpunkte nach Wirtschaftsbereichen (Antworten in % der fördernden Unternehmen; Mehrfachnennungen möglich)

Auch hier sind wieder einige Auffälligkeiten festzuhalten:

- Musikalische Veranstaltungen erfreuen sich bei Sponsoren besonderer Beliebtheit; mehr als 80 % alle sponsernden Versicherungsgesellschaften fördern Musik.
- Heimat- und Brauchtumspflege ist die Domäne der Kreditinstitute, hier vor allem wohl der lokal und regional ausgerichteten Sparkassen und Volksbanken (die überregional orientierten Versicherungen engagieren sich hier kaum).
- Dienstleistungsunternehmen sponsern eher als Unternehmen aus dem warenproduzierenden Bereich.
- Einzig in der Denkmalpflege erreicht das Baugewerbe einen ähnlichen Wert wie die Dienstleistungsunternehmen.

Nicht ganz überraschend, aber doch für eine Sponsoring-Strategie von erwähnenswerter Bedeutung ist das Ergebnis, daß Heimat- und Brauchtumspflege sowie Vereinsförderung von kleinen und mittleren Unternehmen mit lokaler und regionaler Marktorientierung bevorzugt werden, andererseits aber die Bereitschaft zur Förderung von Musik, Bildender Kunst, Literatur, Theater, Film und anderen künstlerischen Sparten steigt, je größer das Unternehmen ist (ebda. 37).

Als Ergebnis einer solchen Schnittmengen-Analyse zeigt sich, wo gemeinsame Interessen und Berührungspunkte liegen, die einerseits eine konkrete Ansprache entsprechender Unternehmen erleichtern und andererseits auch Grundlage für eine gleichberechtigte Partnerschaft von Kulturbetrieb und Sponsor bilden können. Das erleichtert die im dritten Schritt folgenden Vertragsverhandlungen sowie Vereinbarungen über Leistungen und Gegenleistungen. Soweit es möglich ist, sollten die eigenen Analysen noch durch empirische Daten (Besucherstatistiken, Besucherbefragungen vergleichbarer Veranstaltungen usw.) gestützt werden, da vor allem größere Wirtschaftsunternehmen es gewohnt sind, für ihre Entscheidungungen empirischen Material heranzuziehen (*Schugk* 1996:237).

In die Vertragsverhandlungen fließen die Ergebnisse der Profilanalyse und der Schnittmengen-Analyse in der Weise ein, daß eine Präsentation für interessierte Unternehmungen erarbeitet wird, die möglichst folgende Komponenten enthalten sollte (*Püttmann* 1991:243):

- „Vorstellung des Sponsoring-Objekts, also der Person oder Institution bzw. dem geplanten Projekt oder der geplanten Veranstaltung;
- bisherige Erfahrungen im Sponsoring bzw. erfolgreiche Kooperationen mit Unternehmen;
- organisatorischer Rahmen des angebotenen Sponsorships (...);

- Zielgruppe bzw. Publikum, beschrieben nach quantitativen und qualitativen Kriterien (...);
- (potentielle) Berichterstattung in den Medien, ggfs. abgeschlossene Verträge mit Medien."

Ergänzt wird die Präsentation durch die Darstellung dessen, was seitens des Kulturbetriebs vom potentiellen Sponsor erwartet wird. Dazu gehört auch die Frage, ob man an einen Exklusiv-Sponsor denkt, der allein als Förderer auftritt und damit auch alle Vorteile eines möglichen Imagetransfers usw. für sich in Anspruch nehmen kann. Als Alternative kämen mehrere Sponsoren in Betracht, die nebeneinander oder für einzelne Projektteile fördernd tätig werden, oder ein Sponsoren-Pool, der nur gemeinsam auftritt, in den aber unterschiedlich hohe Teilbeträge einfließen können.

Im Verhandlungskomplex der Leistungen und Gegenleistungen sind der Phantasie kaum Grenzen gesetzt. Doch entscheidend ist, was einerseits im konkreten Einzelfall für beide Seiten machbar ist und was man sich – im Sinne einer gleichberechtigten Partnerschaft – gegenseitig zumuten kann. Hier einige Anregungen, zunächst bezüglich der Leistungserwartungen an den Sponsor:

- Finanzierungsbeteiligung,
- Übernahme einer Ausfallbürgschaft,
- Ankauf von Werken,
- Ankauf von Kunst am Bau,
- Arbeitsstipendium/Werkstipendien für Nachwuchskünstler,
- Wettbewerbsauslobung, Kunst-/Kulturpreise, Patenschaften,
- PR-Leistungen (Plakat, Broschüre, Anzeigen, Direct mailing, Werbespot in Rundfunk oder Film),
- Infrastuktur/Logistik/Transportfahrzeuge,
- Versicherungsleistungen,
- Bereitstellung/Anmietung von Räumen,
- Publikationshilfen/Kataloge/Bücher.

Ähnlich umfangreich ist die Liste möglicher Gegenleistungen des Kulturbetriebs zugunsten des Sponsors. Sie ist einerseits an dem auszurichten, was für einen Sponsor attraktiv sein könnte, weil die Gegenleistung sich nur bei diesem Projekt ergeben kann (Exklusivität) und andererseits an den vom Kulturbetrieb gesetzten Grenzen der Selbstdarstellung des Unternehmens im Projekt:

- Namensnennung und Logo auf Plakaten, in Broschüren, Programmheften usw.,
- Hinweis auf Sponsor in Eröffnungsreden, Interviews, Statements,
- Nennung des Sponsors bei allen PR-Maßnahmen,

- Mitwirkung des Sponsors bei allen PR-Maßnahmen (z.B. durch persönliche Präsenz während einer Pressekonferenz/Presseaktion),
- Informationsstand des Sponsors im Rahmen der Veranstaltung (z.B. im Foyer),
- direkte Namens-/Logoplazierung in der Veranstaltung (z.B. über einem Podium),
- direkte Produktplazierung in der Veranstaltung (z.B. ein Auto auf der Bühne),
- Freikarten für Sponsor und Geschäftsfreunde,
- Zugang zu exklusiven Karten für Geschäftsfreunde,
- Empfang für Künstler mit Geschäftsfreunden,
- Exklusivveranstaltung für Geschäftsfreunde,
- Nutzung des Ambientes für andere Unternehmenszwecke.

Auf die nicht unwesentliche Problematik der vertrags- und urheberrechtlichen Gestaltung des Sponsoring kann hier nicht eingegangen werden; statt dessen sei verwiesen auf *Boochs/Ganteführer* 1992, *Weiand* 1993 sowie *Bruhn/Mehlinger* I/1995 und *Bruhn/Mehlinger* II/1994. Dagegen verdienen die steuerrechtlichen Aspekte eine Anmerkung. Es wurde bereits erwähnt, daß eine Kulturfinanzierung durch Sponsoring für den Sponsor steuerlich als Betriebsausgabe absetzbar ist, weil es sich um (werbliche) Maßnahmen zur Sicherung des Einkommens handelt. Betriebsausgaben dienen dazu, jene Grundlagen zu schaffen, die überhaupt erst eine Besteuerung möglich machen. Solche Ausgaben können für den Lohn- bzw. Einkommensteuerpflichtigen als Werbungskosten und für das körperschaftsteuerpflichtige Unternehmen als Betriebsausgaben abgesetzt werden (§ 4 Abs.4 Einkommensteuergesetz). Betriebsausgaben vermindern folglich den zu versteuernden Gewinn und senken damit die Bemessungsgrundlage für die Einkommensteuer, die Körperschaftsteuer und auch die Gewerbesteuer.

Die Finanzämter anerkennen aber solche Werbungskosten bzw. Betriebsausgaben nur, wenn der Bezug zur Sicherung des Einkommens nachweislich gegeben ist. Es gelten folgende Grundsätze:

- Die Ausgaben müssen ausschließlich oder nahezu ausschließlich betrieblich veranlaßt sein.
- Private Motive müssen gänzlich in den Hintergrund treten.
- Die betriebliche Veranlassung des Sponsorings muß äußerlich erkennbar sein.

Der zweite Grundsatz macht denn auch verständlich, warum das Motiv „persönliches Interesse" bei Beträgen über 50.000 DM einen deutlich abnehmenden Stellenwert hat (vgl. Tab.10). Solchermaßen motivierte Förderung läßt sich kaum steuerlich als Sponsoring behandeln, sondern dürfte in aller Regel als Spende (und damit als Sonderausgabe) ausgewiesen werden. Hier aber liegt die Höchstgrenze bei 5 % des zu versteuernden Gewinns bzw. bei 0,2 % des Umsatzes, so daß größere Beträge kaum noch in Frage kommen. (Schon bei 50.000 DM dürfte der Gewinn nicht über 1 Mio. DM liegen, wenn der Betrag innerhalb eines Jahres abgesetzt werden soll. Auch dürften dann keine weiteren Spenden – z.B. an politische Parteien oder für wohltätige Zwecke – geltend gemacht werden.)

Der dritte Grundsatz, wonach die betriebliche Veranlassung äußerlich erkennbar sein muß, zeigt noch einmal, wie sehr die sponsernden Unternehmen durch das Steuerrecht gezwungen werden, gegenüber dem zu fördernden Kulturbetrieb auf eindeutig nachvollziehbare Gegenleistungen zu bestehen. Zwar anerkennt die Rechtsprechung inzwischen, daß „moderne Werbemethoden vielfach nicht das Produkt oder die Dienstleistung in den Vordergrund stellen, für deren Abnahme oder Inanspruchnahme sie werben" (*Boochs/Gantefuhrer* 1992:163), doch wurde durch höchstrichterliches Urteil festgeschrieben, daß die Motivation des Leistenden durch äußere Umstände erkennbar sein muß (vgl. Urteil des Bundesfinanzhofes vom 9.8.1989; veröffentlicht in BStBl. II 1990:237).

Daraus ergeben sich Empfehlungen für eine Gestaltung des Sponsorings unter steuerlichen Gesichtspunkten. Der Sponsor sollte dem Finanzamt gegebenenfalls folgende Details nachweisen können (*Boochs/Gantefuhrer* 1992:163f.):

- die Festlegung der Sponsoring-Ziele,
- die systematische Planung und Entwicklung einer Sponsoring-Strategie,
- die Integration der Sponsoring-Strategie in die allgemeine, unternehmerische Marketing- bzw. Kommunikationsstrategie sowie
- die Ausrichtung der Sponsoring-Aktivitäten auf eine längerfristige Konzeption.

Diese Forderungen des Finanzamtes zeigen noch einmal, wie notwendig es ist, Sponsoring sowohl seitens des zu fördernden Kulturbetriebs als auch seitens des Sponsors mit einer klaren und nachvollziehbaren Konzeption bzw. Strategie zu planen und zu begleiten. Eine solche Konzeption bzw. Sponsoring-Strategie erleichtert dem Sponsor die Geltendmachung von Betriebsausgaben erheblich und fördert damit seine Bereitschaft, als Sponsor tätig zu werden. Denn wie die zitierte Untersuchung von *Marlies Hummel* gezeigt hat, ist die steuerliche Seite des Sponsorings zwar keine unabdingbare Voraussetzung, doch wird sie seitens der Unternehmen als „hilfreich" eingeschätzt (*Hummel* 1995:78ff.)[6].

Obwohl Sponsoring ein sehr kompliziertes und – angesichts großer konjunktureller, steuerrechtlicher und werbestrategischer Unwägbarkeiten – auch höchst unberechenbares Finanzierungsinstrument ist, verbinden sich mit keinem der bisher aufgezählten Finanzierungswege so große Erwartungen wie mit dem Thema Sponsoring: „Kunstsponsoring ist im Trend" (*Graber* 1994:21), „Sponsoring ist das Trendinstrument im Kommunikations-Mix" (*Mirbach* 1996:144) und ähnliche, recht vollmundige Prophezeiungen kann man immer wieder lesen. Nach wie vor sind Weiterbildungsangebote zum Thema Sponsoring weit stärker gefragt als zu anderen Themen; zahlreiche Sponsoringagenturen finden offensichtlich ihr Auskommen (*Strahlendorf* 1996:165–179), selbst eine „Europäische Sponsoring-Börse" hat sich schon etabliert (*Brockes* 1996), und die Publikationen zum Thema sind kaum noch zu übersehen. Zudem werben manche Kulturmanager vehement für das Kultursponsoring: *Jean-Christophe Ammann*, Direktor des Museums für moderne Kunst in Frankfurt/Main, fordert einen *„Contrat Culturel"* (*Ammann* 1995:13) für eine Kulturfinanzierung von öffentlicher und privater Seite, und *Hilmar Hoffmann* gar bezeichnet Sponsoring als eine „hochmoralische Investition in die Zukunft" (Frankfurter Allgemeine Sonntagszeitung vom 12.3.1995).

Auf der anderen Seite sind die in den achtziger Jahren sehr heftig geäußerten Bedenken vieler Künstler und Kulturvermittler geblieben; nach wie vor scheint man weit davon entfernt zu sein, die Berührungsängste in großen Teilen des öffentlichen und gemeinnützigen Kulturbetriebs überwinden zu können. Anfang 1996 legten *Hans Haacke* und Klaus Staeck ihre sogenannte „Düsseldorfer Erklärung" zum Thema „Kunst und Geld" vor, in der vor einer „Kommerzialisierung geistiger Güter (gewarnt wird), die sich verhängnisvoll auswirken wird". Nach brieflicher Auskunft von *Klaus Staeck* hatten schon im März 1996 mehr als 500 Künstler, Galeristen, Museumsleiter und andere Kulturvermittler die Erklärung unterschrieben, was deutlich zeigt, wie weit die Ressentiments gegenüber dem Kultursponsoring nach wie vor verbreitet sind.

Drei Sorgen stehen hier und in anderen Publikationen im Vordergrund. Da ist zunächst einmal die Befürchtung, die „Kommerzialisierung" werde zu einer marktgerechten Kultur führen. „Unterstützung in der Kulturpolitik braucht aber auch oder gerade das Schwierige

[6] Zu weiteren steuerlichen Aspekten von Sponsoring vgl. Abschnitt 3.4.

und Provozierende, das Experimentelle, Unbequeme und Minoritäre. Eine überwiegende Finanzierung durch Sponsoren würde das kulturelle Leben unweigerlich verarmen lassen, es kulinarisch und leicht konsumierbar machen" (*Butin* 1996:672). Zweitens wird befürchtet, der Staat werde sich in dem Maße aus der Kulturfinanzierung zurückziehen wie die Privatwirtschaft sich engagiert. Und drittens wird immer wieder geargwöhnt, daß die privaten Sponsoren Einfluß nehmen könnten auf die kulturellen Inhalte.

Alle Einwände sind nicht von der Hand zu weisen, sie relativieren sich aber, wenn man bedenkt, daß die Reduzierung der Kulturetats der öffentlichen Hand in Deutschland doch vorwiegend auf die sattsam bekannten allgemeinen Finanzprobleme des Staates zurückzuführen ist und nicht auf ein bequemes Ausscheren aus der Verantwortung. Im Gegenteil, ohne die ergänzenden Finanzierungshilfen des Sponsorings wären die finanziellen Einschnitte sicherlich noch deutlicher spürbar geworden. Und was die Einflußnahme auf Inhalte betrifft, so sollte man ehrlicherweise nicht so tun, als habe es bisher solche Einwirkungen seitens der Kulturverwaltungen und seitens der Politik nicht gegeben. Der Begriff vom „goldenen Zügel" wurde schließlich nicht von Sponsoren erfunden, sondern ist in allen Kulturverwaltungen gängiges Vokabular. Und wenn man es gar als unanständig empfinden mag, wenn Wirtschaftsunternehmen im Zusammenhang mit Kultur für ihre (kulturfernen) Produkte werben, so hilft ein Blick in ein typisches Konzertprogramm, in einen Ausstellungskatalog oder in einen Kultur-Veranstaltungskalender einer Klein- oder Mittelstadt: kaum eine Schrift kommt ohne ein Grußwort des Bürgermeisters, des Ministers oder des örtlichen Abgeordneten daher. Dies alles dient gewiß kaum der Information des Bürgers, sondern allein der Werbung für eine Person. Hier soll – um es in der Terminologie des Sponsorings zu sagen – ein positiver Imagetransfer von der Kultur zum Politiker stattfinden.

Weder die optimistische noch die pessimistische Einschätzung kann hier geteilt werden. Sponsoring im engeren Sinne hat selbst in den USA, das gern als Vorbild oder Schreckensbild des modernen Sponsorings hingestellt wird, nicht jene Bedeutung, die für eine Kulturförderung durch Unternehmen in Deutschland immer wieder erhofft oder befürchtet wird. Wie schon in Abschnitt 2.4 gezeigt wurde, macht der Anteil des Sponsorings in der Finanzierung US-amerikanischer Museen – dort immerhin die größte Sparte des Kulturbetriebs – gerade einmal, je nach Museumsgröße, 6 bis 8,5 % aus (*Toepler* 1993:77). Das sind keine Größenordnungen, die eine grundlegende Veränderung des Kulturfinanzierungssystems erwarten lassen.

In Deutschland liegen die Anteile des Sponsorings an der Kulturfinanzierung noch deutlich niedriger; je nach Berechnungsweise kann man von 2 % bis maximal 5 % der Netto-Ausgaben der öffentlichen Hand für Kultur ausgehen. Dies wird sich in den nächsten Jahren nicht wesentlich ändern. Das Ifo-Institut prognostiziert vielmehr folgende Entwicklung: „Kleinere Unternehmen ziehen sich aus der Kulturförderung weiter zurück, größere Unternehmen des warenproduzierenden Gewerbes ‚stabilisieren' die Expansion ihrer Kulturbudgets in den alten Bundesländern. Bei Industrieunternehmen mit 200 bis 1.000 Beschäftigten wird sogar mit einer rückläufigen Entwicklung zu rechnen sein. Lediglich bei Kreditinstituten aller Größenklassen kann mit einer weiteren Intensivierung des Engagements gerechnet werden" (*Hummel* 1995:68).

Diese Haltung ist durchaus nachvollziehbar: Angesichts von Massenentlassungen und hoher Arbeitslosigkeit würde jede Unternehmensleitung auf Unverständnis stoßen, wenn sie Kunstausstellungen mit sechsstelligen Beträgen sponsern und gleichzeitig Mitarbeiter entlassen würde. Auch sollte berücksichtigt werden, daß die sehr restriktiven steuerlichen Regelungen nicht gerade zum Sponsoring einladen. Für viele Unternehmen ist deshalb der Weg über die Spende oder über Zustiftungen in eine dem Unternehmen eng verbundene Stiftung der wesentlich leichtere Weg. Es ist deshalb zu erwarten, daß die Wirtschaftsunternehmen eher als Spender denn als Sponsoren auftreten werden. Damit aber würden zwei schwerwiegende Argumente gegen das Sponsoring entfallen, nämlich die notwendige Gegenleistung seitens des zu fördernden Kulturbetriebs als auch die werbliche Verankerung in ein Marketing- und Kommunikationskonzept des Unternehmens.

Zusammenfassend zeigt sich, daß Kultursponsoring vor allem als eine ergänzende Finanzierung im Projektmanagement von Interesse sein kann. Als Ergänzung oder gar Ersatz einer institutionellen Finanzierung durch die öffentliche Hand scheidet Kultursponsoring – von vielleicht ganz wenigen Ausnahmen abgesehen – gänzlich aus. Auch die Zuwendungen privatrechtlicher Förderstiftungen können nur als eine supplementäre Finanzierung bewertet werden. Dagegen kann man dem Ausbau des Spendenwesens über ein professionelles Fund raising auf lange Sicht schon größere Bedeutung beimessen. Voraussetzung ist hier allerdings, daß einerseits die Bereitschaft zur Spende und damit zu einem gemeinnützigen Verantwortungsbewußtsein stärker gefördert wird und andererseits die Akquisition von Spenden und die Betreuung von Spendern professioneller betrieben wird.

3.1.4 Drittmittel der öffentlichen Hand

Die öffentliche Hand finanziert nicht nur Kulturangebote, die sich unmittelbar oder mittelbar in öffentlicher Trägerschaft befinden, sondern bezuschußt auch

- Kulturangebote der öffentlichen Hand auf einer anderen staatlichen Ebene (z.B. als Landeszuschuß an eine kommunale Volkshochschule) sowie
- Kulturangebote von Nonprofit-Organisationen in privater Trägerschaft (z.B. der städtische Zuschuß an einen örtlichen Kunstverein).

Im einzelnen handelt es sich um EU-, Bundes-, Landes-, Kreis- und kommunale Zuschüsse, die in der Verwaltungssprache als Zuwendungen bezeichnet werden. Solche Zuwendungen werden in der Regel gekoppelt an eigene Finanzierungsmittel, wenn beispielsweise eine Volkshochschule einen Landeszuschuß nur dann erhält, wenn auch der Träger entsprechende Mittel einbringt. Eine solche Koppelung von Finanzierungsquellen aus verschiedenen öffentlichen Haushalten bezeichnet man als Mischfinanzierung. Denkbar ist aber auch eine Koppelung von öffentlichen und privaten Mitteln, wenn beispielsweise ein Kunstverein nur in dem Maße aus städtischen Zuschüssen gefördert wird, wie er über Mitgliedsbeiträge eigene Mittel bereitstellt. Hier spricht man dann von einem *Matching Fund* (vgl. Abschnitt 3.2.2).

Zuwendungen der öffentlichen Hand sind immer das Ergebnis einer kulturpolitischen Zielsetzung; über das Instrument eines finanziellen Anreizes soll ein Kulturangebot auf einer nachfolgenden staatlichen Ebene oder im gemeinnützigen Bereich erstellt werden, ohne daß die fördernde Ebene selbst als Träger oder alleiniger Finanzierer tätig werden oder gar als Gesetzgeber ein Handeln vorschreiben muß. Es handelt sich mithin um ein sehr wirksames Instrument, das Impulse geben kann und gleichzeitig zu einem optimalen Erfolg bei verhältnismäßig geringem Mitteleinsatz führt. So hat beispielsweise die Landesregierung Baden-Württemberg 1987 die Einrichtung von Kunstschulen im Land dadurch gefördert, daß sie den ersten zehn Trägern, die eine nicht-kommerzielle Kunstschule einrichten würden, für die Dauer von drei Jahren einen Zuschuß von 50.000 DM pro Schule und Jahr zugesagt hat. Im Ergebnis entstanden weit mehr als nur die geförderten zehn Kunstschulen, weil auch die Städte, die zwar die Errichtung einer Schule in Angriff genommen hatten, aber nicht zum Zuge kamen, den Betrieb aufnahmen. Zudem haben alle Träger den Schulbetrieb fortgeführt, selbst als die dreijährige Förderung auslief.

Aber Drittmittel der öffentlichen Hand können nicht nur als Impuls für Innovationen dienen, sondern eignen sich auch sehr gut, um den

Bestand einer Einrichtung selbst dann noch zu sichern, wenn der Träger sich aus der Verantwortung zurückziehen will. Ein sehr überzeugendes Beispiel war hier die langjährige baden-württembergische Theaterförderung. Sie sah vor, daß ein kommunales Theater im Verhältnis 40:60 aus dem Landeshaushalt gefördert wird, wenn auch die Trägerkommune eigene Mittel in den Theaterbetrieb einbringt.[7] Dies hatte zur Folge, daß nicht nur jede Erhöhung des kommunalen Zuschusses fast das Doppelte wert war, weil dann auch das Land automatisch seine Zuwendungen erhöhte, sondern hielt die Trägergemeinde auch von Kürzungen ab, weil sich natürlich auch hier jeder Betrag doppelt auswirkte. 1992 hat das Land Baden-Württemberg diese Linie leider verlassen und die Mittel auf eine maximale Höhe begrenzt, was fast zwangsläufig zu erheblichen Einbrüchen in die kommunale Theaterfinanzierung geführt hat. Es wäre sicherlich besser gewesen, wenn man das Instrument beibehalten hätte und sich über andere Formen der Mitteleinsparung (die zweifellos notwendig war) verständigt hätte. Doch so hat man eines der interessantesten kulturpolitisch ausgerichteten Finanzierungsinstrumente ohne wirkliche Not aus der Hand gegeben.

Nach Umfang und finanztechnischer Zielsetzung sind folgende Zuwendungsformen zu unterscheiden:

- Vollfinanzierung: Sie deckt alle Ausgaben eines Vorhabens ab; andere Einnahmequellen sind nicht gegeben. Diese Zuwendungsform ist in der Praxis höchst selten anzutreffen.
- Teilfinanzierung: Hier wird nur ein Teil der Ausgaben eines Vorhabens abgedeckt; zur Finanzierung werden auch noch andere Quellen herangezogen. Die Teilfinanzierung ist der Regelfall öffentlicher Zuwendungen. Dabei sind folgende Formen zu unterscheiden:

- Fehlbedarfsfinanzierung: Finanziert wird die Deckungslücke zwischen den zuwendungsfähigen Ausgaben und den eigenen und/oder fremden Mitteln; in der Regel ist die Fehlbedarfsfinanzierung begrenzt auf einen Höchstbetrag.
- Festbetragsfinanzierung: Finanziert wird ein Betrag in bestimmter Höhe; eventuelle Unterdeckungen gehen zu Lasten des Veranstalters, Überschüsse verbleiben zu seinen Gunsten. Diese Festbetragsfinanzierung ist heute als Budgetierung in vielen Kultureinrichtungen ein wichtiges Steuerungsinstrument.

[7] Eine solche Mischfinanzierung, die an die Leistungen des Partners gekoppelt ist, wird hier als partnerschaftliche Finanzierung bezeichnet (vgl. Abschnitt 3.2.2).

– Anteilsfinanzierung: Finanziert wird ein bestimmter prozentualer Anteil der zuwendungsfähigen Ausgaben; für den Veranstalter verbleibt in jedem Falle eine Finanzierungslücke.

Zuwendungen der öffentlichen Hand können von allen staatlichen Ebenen und für fast jedes nur erdenkliche Vorhaben erfolgen.[8] Allein die Zusammenstellung aller bi- und multilateralen Förderungsprogramme von und innerhalb der Europäischen Union umfaßt ein dickes Buch.[9] Das Problem für den in der praktischen Arbeit stehenden Kulturmanager besteht aber vor allem darin, an die Informationen über aktuelle Drittmittel-Programme zu kommen, diese Informationen auszuwerten und die in der Regel sehr papieraufwendige Antragstellung und -abrechnung zu bearbeiten. So interessant die Drittmittelförderung der öffentlichen Hand aus kulturpolitischer Sicht und für Innovationen im Kulturbetrieb auch ist, so nachteilig muß doch die große Unübersichtlichkeit und der erhebliche Zeit- und Arbeitsaufwand zur Beschaffung der notwendigen Informationen wie auch zur Bearbeitung der Anträge gesehen werden. Weder gibt es eine bundesweite, zuverlässige Informationsquelle über alle möglichen „Fördertöpfe", noch sind die Strukturen der landesspezifischen Fördermöglichkeiten so einheitlich, daß sich daraus eine gewisse Übersichtlichkeit ergäbe. Im Gegenteil, eine Umfrage, die seitens des Instituts für Kulturmanagement in Ludwigsburg 1996 in allen 16 Bundesländern durchgeführt wurde, ergab, daß mehrere Bundesländer nicht in der Lage waren, Auskunft darüber zu erteilen, welche Fördertöpfe allein seitens des eigenen Landes existieren. Damit verliert dieses Instrument der Kulturfinanzierung zwangsläufig erheblich an Stellenwert.

3.1.5 Fehlbedarfsfinanzierung

An letzter Position aller Finanzierungsmittel haben in öffentlichen Kulturbetrieben die Zuschüsse aus allgemeinen Deckungsmitteln zu gelten, die in der Regel in Form einer Fehlbedarfsfinanzierung gezahlt werden. Wie bereits in Abschnitt 3.1.4 beschrieben, versteht man darunter die Finanzierung der Deckungslücke zwischen der Gesamtsumme der Ausgaben und den eigenen und/oder fremden Finanzierungsmitteln. In der Praxis der öffentlichen Haushaltsplanung nennt der Kulturbetrieb seine Ausgaben und Einnahmen und der Kämmerer oder Finanzminister füllt den Zuschußbedarf aus allgemeinen

[8] Die wichtigsten „Fördertöpfe" auf EU-, Bundes- und Länderebene mit Angabe der Förderbedingungen und Antragskriterien sind verzeichnet in *Heinrichs* 1997b.

[9] Überleben mit Kunst. Wer tut was für die Kultur in Europa? Brüssel 1995 (vertrieben von der ARCult-Verlagsbuchhandlung Bonn).

Deckungsmitteln auf. (Wobei nicht verschwiegen sei, daß dem in der Regel schwierige Verhandlungen zwischen Kulturbetrieb und Finanzverwaltung vorausgehen.)

Häufig werden solche Zuschüsse aus allgemeinen Deckungsmitteln als Subventionen bezeichnet. Leider entsteht dadurch ein völlig falsches Bild. Subventionen im finanzwissenschaftlichen Sinne sind Zahlungen der öffentlichen Hand an Wirtschaftsunternehmen, ohne daß dafür eine marktwirtschaftliche Gegenleistung erbracht wird. „Gefördert oder erwartet werden bestimmte Verhaltensweisen der Empfänger, die dazu führen sollen, die marktwirtschaftlichen Allokations- und/oder Distributionsergebnisse nach politischen Zielen zu korrigieren" (*Gabler* 1993:3206). Wenn beispielsweise der deutsche Steinkohlebergbau aus Bundesmitteln Finanzhilfen erhält, so handelt es sich um Subventionen, weil dadurch die Allokationspolitik im Sinne einer Sicherung von Arbeitsplätzen umgesetzt wird. Doch sind „echte" Subventionen auch im Kulturbereich nicht gänzlich unbekannt. Beispielsweise muß der ermäßigte Umsatzsteuersatz für Bücher (§ 12 Abs.2 Ziffer 7c Umsatzsteuergesetz) als eine indirekte Subvention des Verlagswesens und des Buchhandels gewertet werden. Ein Beispiel für eine direkte Subvention bietet auch die Finanzierung des neuen Festspielhauses in Baden-Baden, für das das Land Baden-Württemberg aus Mitteln der kommunalen Wirtschaftsförderung Zuschüsse an eine private Betreibergesellschaft zahlt (vgl. Abschnitt 3.3). Die Finanzierung eines kommunalen Theaters oder eines Landesmuseums erfolgt dagegen nicht vorrangig unter dem Aspekt der Allokation oder Distribution; hier geht es lediglich darum, daß die öffentliche Hand an eine eigene Einrichtung jene Mittel zahlt, die diese Einrichtung für ihren Betrieb benötigt.

Für die meisten Kulturbetriebe ist der Zuschuß aus allgemeinen Deckungsmitteln bei weitem der größte und wichtigste Betrag. In vielen Theatern, Museen, Bibliotheken und Archiven werden damit 80 bis 90 % des Etats abgedeckt. Das hat zur Folge, daß es sich für die leitenden Mitarbeiter in diesen Kulturbetrieben kaum lohnt, sich mit großem Arbeitsaufwand für eine Erhöhung anderer Finanzierungsmittel einzusetzen, da es sich hierbei immer nur um vergleichsweise geringfügige Beträge handeln wird. Statt dessen ist ein engagiertes Eintreten für die Zuschüsse aus allgemeinen Deckungsmitteln – von der politischen Lobby-Arbeit bis zur Pflege der örtlichen Feuilleton-Redaktion – weit lohnender. Sie alle unterliegen damit dem „diskreten Charme der Subvention" (*Grasskamp* 1994:128).

Wenn es aber zu einer Neuorientierung der Kulturfinanzierung kommen soll, wird hier eine Umkehrung der Interessenlage dringend erforderlich sein. Dies kann nur dadurch erfolgen, daß Anreize geschaffen werden, die das Interesse an anderen Finanzierungsinstrumenten deutlich erhöhen. Dazu gehört beispielsweise der Verbleib von Mehreinnahmen in der Einrichtung, die die Mehreinnahmen erwirtschaftet hat (was nach der Kameralistik nicht vorgesehen ist). Dazu gehört auch die Verfügbarkeit über Mittel, die mit dem Betrieb eng verbunden sind, ohne unmittelbar den Zwecken des Kulturbetriebs zu dienen (also das, was man als dezentrale Ressourcenverantwortung bezeichnet). Dazu gehört drittens eine zusätzliche Kompetenz über manageriale und finanztechnische Zusammenhänge, um die Möglichkeiten und Chancen, die sich für und mit alternativen Finanzierungsformen bieten, auch richtig einschätzen zu können (also das, was man Kulturmanagement nennt).

Dem Träger und teilweise sogar dem Gesetzgeber fällt die Aufgabe zu, die Grundlagen und Regeln für die Fehlbedarfsfinanzierung zu ändern. So werden beispielsweise in Volkshochschulen und Musikschulen die Zuwendungen der Länder im allgemeinen nach dem Angebot errechnet: Eine Volkshochschule erhält einen Zuschuß in Höhe eines bestimmten Betrags für jede durchgeführte Unterrichtsstunde, die Musikschule erhält (in nur wenigen Bundesländern) einen Zuschuß für jede bezahlte Lehrerstunde. Damit ist die staatliche Zuwendung ausgerichtet am Angebot: je mehr Angebot, um so mehr Zuschüsse, egal ob 10 oder 35 Personen einen VHS-Kurs besuchen bzw. ob der Unterricht der Musikschule als Einzel- oder Gruppenunterricht erfolgt.

Würde man die Berechnung umkehren und die Zuwendungen von den eingeschriebenen Kursteilnehmern der Volkshochschule bzw. der Zahl der Musikschüler abhängig machen, ergäbe sich ein völlig anderes Bild. Nun wäre es für die Volkshochschule bzw. die Musikschule plötzlich interessant, möglichst viele Teilnehmer bzw. Schüler zu haben, weil dann die Zuschüsse entsprechend steigen würden. Gleichzeitig ergäbe sich dadurch der angenehme Nebeneffekt, daß mehr Teilnehmer bzw. Musikschüler auch mehr Gebühren zahlen würden. Durch diese nachfrageorientierte (statt einer angebotsorientierten) Zuwendungsregelung ergäbe sich mithin ein interessanter Anreiz für die betreffenden Kulturbetriebe, der zu finanziell bemerkenswerten Nebeneffekten führen würde. Solche Anreize, die man sich auch für andere Kultureinrichtungen vorstellen kann, würden langfristig zur Folge haben, daß die Fehlbedarfsfinanzierung aus allgemeinen Deckungsmitteln nicht mehr das wichtigste Finanzierungsinstrument wäre, sondern – wie es vom Gesetzgeber eigentlich gedacht ist – wirklich nachrangig zur Anwendung käme.

3.2 Konzepte der Kulturfinanzierung

Die Ausrichtung vieler Kulturbetriebe der öffentlichen Hand auf die Zuschüsse aus den allgemeinen Deckungsmitteln bzw. die Konzentration vieler Nonprofit-Kulturbetriebe auf die Zuwendungen der öffentlichen Hand hat dazu geführt, daß auch die betrieblichen Strukturen weitgehend auf diese Form der Finanzierung eingestellt wurden. Selbst Nonprofit-Organisationen, die als privatrechtliche Vereine geführt werden, haben sich für eine kameralistische Buchführung entschieden, weil dadurch der jährliche Zuschußbedarf leichter ausgewiesen werden kann als in einer kaufmännischen Buchführung mit Gewinn- und Verlustrechnung. Nur die wenigsten öffentlichen oder gemeinnützigen Kulturbetriebe arbeiten mit einer differenzierten Kostenrechnung, was zur Folge hat, daß beispielsweise kaum ein Theater exakt zu sagen weiß, was eine einzelne Theateraufführung kostet. Entsprechend den Grundsätzen der Kameralistik (*Klein* 1995a:46ff.) werden alle Ausgaben und Einnahmen in je einer Summe erfaßt und gegenübergestellt; eine Kostendifferenzierung, die auch bestimmten Finanzierungsinstrumenten angepaßt werden könnte, ist nur in eng begrenztem Rahmen vorgesehen.

Wenn es aber zu einem verstärkten Einsatz verschiedener, auch neuerer Finanzierungsinstrumente kommen soll, ist ein anderer Umgang mit Kosten und Finanzierungsmitteln dringend erforderlich. Das aber berührt die Strukturen öffentlicher und gemeinnütziger Kulturbetriebe, die bisher eben ausschließlich auf eine kameralistische Buchführung und damit auf das Prinzip der Gesamtdeckung ausgerichtet sind. Es ist deshalb notwendig, Konzepte zu entwickeln, die diese finanztechnischen Strukturen überwinden. Zwei Maßnahmen scheinen hierfür besonders geeignet zu sein:

1. die Differenzierung von Kosten, um zu einer „maßgeschneiderten", kostenorientierten Finanzierung zu gelangen; hierzu dürften die Neuen Steuerungsmodelle mit ihrer dezentralen Ressourcenverantwortung besonders hilfreich sein;
2. die Aussonderung von Projekten aus dem Kulturbetrieb, verbunden mit einem entsprechenden Projektmanagement und einer Projektfinanzierung.

Die beklagte Fixierung auf eine Fehlbedarfsfinanzierung der öffentlichen Hand kann aber nicht nur durch gleichsam innerbetriebliche und finanztechnische Konzepte überwunden werden. Wie sich schon in der angesprochenen Projektfinanzierung andeutet, ist auch eine Orientierung auf andere Formen und Konzepte des Managements erforderlich. Dazu gehört nicht zuletzt die Bereitschaft, sich auf Partnerschaften im Management und in der Finanzierung einzulassen, weil durch solche Kooperationen die Fixierung auf eine allein an den Traditionen der öffentlichen Verwaltung ausgerichtete Denk- und Arbeitsweise aufgegeben werden muß. Innerhalb einer partnerschaftlichen Kulturfinanzierung – auf Kooperationen in anderen Bereichen des Kulturmanagements soll hier nicht eingegangen werden – ist vor allem an die bereits mehrfach angesprochenen *Matching Funds* sowie an eine *Public-Private-Partnership* zu denken.

3.2.1 Kosten- und projektorientierte Kulturfinanzierung

Macht man sich einmal von der Denkweise des öffentlichen Haushaltsrechts mit ihrer Orientierung auf die Gesamtdeckung frei und setzt die einzelnen Ausgabenpositionen in eine Beziehung zu möglichen Einnahmen, so ergeben sich interessante Möglichkeiten für eine „maßgeschneiderte" Finanzierung (vgl. dazu das Beispiel in *Heinrichs* 1995c:17f.). Dahinter steht der Gedanke, daß auch bei der Finanzierung die Bildung von Teilzielen die Operationalisierung erleichtert, d.h. während ein Gesamtvorhaben häufig finanztechnisch unüberschaubar wirkt, läßt eine Kostendifferenzierung die unterschiedlichen Möglichkeiten einer abgestuften Finanzierung leichter erkennen. Zudem lassen sich gerade Drittmittel von öffentlicher oder privater Seite leichter akquirieren, wenn die Verwendung relativ eng begrenzt ist. Nicht zuletzt läßt sich auch die Relation zwischen Kosten und Eintritterlösen leichter feststellen, wenn der ursächliche Bezug zwischen Kosten und Erlösen klarer und enger nachvollziehbar ist. Einige Beispiele sollen diesen Ansatz verdeutlichen:

- Im Ausstellungsmanagement sollte der Katalog finanztechnisch immer vom Gesamtvorhaben getrennt werden, da die Erfahrung zeigt, daß für eine eigenständige Katalogfinanzierung wesentlich leichter Mittel zu akquirieren sind als für eine komplexe Ausstellung. So dürfte ein Sponsor eher bereit sein, exklusiv einen Katalog zu finanzieren (in dem er auch entsprechend auf Dauer Erwähnung findet), als sich mit anderen Sponsoren an der Finanzierung einer Ausstellung zu beteiligen.
- Konzert- und Theaterprogramme sollten immer als eigenständiger Kostenfaktor geführt werden und entsprechend finanziert werden. Allein das (realistische) Ziel, Konzert- und Theaterprogramme ausschließlich aus Anzeigen und Verkaufserlösen zu finanzieren, führt zu einer Kostendisziplin und mehr Engagement in der Beschaffung von Finanzierungsmitteln.

- Ähnlich gilt dies für die Finanzierung von Vortragsveranstaltungen der Volkshochschule, Autorenlesungen der Bibliothek oder andere einmalige Veranstaltungen, zu denen Eintritte erhoben werden. Durch die Vorgabe, daß die Kosten der Veranstaltung allein aus den Einnahmen der Veranstaltung finanziert werden müssen, werden die voraussichtlichen Kosten den zu erwartenden Einnahmen stärker angepaßt, als wenn Ausgaben aus dem Gesamtetat finanziert werden sollen.
- Es ist dann naheliegend, dieses Prinzip fortzusetzen und beispielsweise auch auf Konzertveranstaltungen und Theateraufführungen auszudehnen. In all diesen Fällen sollte angestrebt werden, die Kosten der eigentlichen Veranstaltung aus Einnahmen der Veranstaltung zu decken.
- Man kann dieses System noch erweitern und beispielsweise als Ziel vereinbaren, daß in einer Volkshochschule alle unmittelbar mit den veranstalteten Kursen entstehenden Kosten allein aus Kursgebühren zu finanzieren sind. Damit hätte der Träger mit seinen Mitteln nur noch für den Grundbestand der Volkshochschule (Gebäude- und Sachkosten, Personalkosten des fest angestellten Personals usw.) aufzukommen, während der operative Teil der Weiterbildungseinrichtung sich selbst finanzieren müßte.

Voraussetzung für eine solche „maßgeschneiderte" Finanzierung ist allerdings, daß die tatsächlichen Kosten beispielsweise einer Abendveranstaltung auch ermittelt werden. Das aber verlangt eine Kostendifferenzierung, wie sie bisher nur die kaufmännische Buchführung, nicht aber die Kameralistik bietet.

Erste Ansätze zu einer kostendifferenzierten Finanzierung bieten die sogenannten Neuen Steuerungsmodelle oder die dezentrale Ressourcenverantwortung (*Richter/Sievers/Siewert* 1995). Verkürzt und ausschließlich auf die hier relevanten Merkmale bezogen, versteht man darunter u.a. eine Orientierung auf Produkte, d.h. auf das, was eine Einrichtung als Output dem Bürger bzw. Kunden bietet und für das der Bürger/Kunde gegebenenfalls einen Preis zahlen muß. Dabei geht es nicht um die Summe aller Dienstleistungen, sondern um einzelne, klar voneinander abgrenzbare Leistungen, deren Kosten differenziert und nach betriebswirtschaftlichen Methoden berechnet werden können (*Richter* 1994:10ff.). Zwar ist die dezentrale Ressourcenverantwortung vorrangig auf eine Differenzierung der Kosten und eine betriebswirtschaftliche Gestaltung des Managements ausgerichtet, doch bietet sie durch ihre Produktorientierung auch den Vorteil einer „maßgeschneiderten" Finanzierung.

Die engere Anbindung der Finanzierung an Art und Ursache von Kosten bzw. Ausgaben, fördert den kreativen Blick für eine Einbeziehung unterschiedlicher Finanzierungsinstrumente. Wer nur auf die Gesamtsumme der Ausgaben bzw. Kosten eines Museums oder eine Bibliothek schaut, wird sich zwangsläufig immer nur auf die Gesamtsumme der Zuschüsse aus allgemeinen Deckungsmitteln konzentrieren. Erst die Differenzierung – welche Teilausgabe könnte durch welche Form der Finanzierung gedeckt werden – lenkt den Blick auf alternative Finanzierungsformen und damit auf die zahlreichen Möglichkeiten, wie sie in den vorausgegangenen Abschnitten beschrieben wurden.

Eine Fortsetzung erfährt die kostendifferenzierte Finanzierung im Projektmanagement und damit in der Projektfinanzierung. Projekte sind einmalige und befristete Vorhaben, die sich organisatorisch und finanztechnisch weitgehend aus dem bestehenden Kulturbetrieb ausgliedern lassen. Sie erhalten ihre personellen, sachlichen und finanziellen Ressourcen teils durch Abzweigungen aus dem laufenden Betrieb, teils durch projektgebundene Finanzmittel und Personen (*Heinrichs/Klein* 1996:255ff.).

Für eine Neuorientierung der Kulturfinanzierung ist es besonders bemerkenswert, daß sich einige der vorgestellten Finanzierungsmittel eher in einem institutionellen Management, andere dagegen vornehmlich im Projektmanagement einsetzen lassen. Welche Mittel sich vorrangig für eine institutionelle Finanzierung und welche vor allem für eine Projektfinanzierung eignen, zeigt Abbildung 11.

Die Abbildung macht deutlich, daß sich vor allem Drittmittel von privater und öffentlicher Seite weit besser im Projektmanagement als zur Finanzierung laufender Betriebskosten einsetzen lassen. Nur dort, wo eine längerfristige Bindung zwischen Drittmittelgeber und Kulturbetrieb erforderlich ist (z.B. Fund raising, gesetzlich vereinbarte Zuwendungen der öffentlichen Hand), können Drittmittel zur Grundfinanzierung eines Kulturbetriebs herangezogen werden. Dagegen überwiegen in der Projektfinanzierung die Formen einmaliger Zahlungen (z.B. Sponsoring, Zuwendungen aus Innovationsprogrammen der öffentlichen Hand, Zuschüsse aus betriebsfernen Stiftungen, Zuschüsse aus einer Public-Private-Partnership).

Das ist leicht nachvollziehbar, weil beispielsweise das Sponsoring immer ausgerichtet ist auf eine konkrete Maßnahme, die den Interessen des Sponsors entspricht. Jedes Projekt (beispielsweise eine Ausstellung) hat zudem einen weit höheren Publizitätsgrad als das ständige Angebot einer Einrichtung (z.B. die Dauerausstellung eines Museums), was für einen Sponsor verständlicherweise von vorrangigem

Institutionelle Finanzierung	**Projektfinanzierung**
Umsatzerlöse • aus ständigen Angeboten • aus Anzeigen/Werbeeinnahmen • aus Merchandising usw.	Umsatzerlöse • aus Projektangeboten • aus Anzeigen/Werbeeinnahmen • aus Merchandising usw.
Einnahmen aus betriebsnahen Strukturen • aus Vermietung und Verpachtung • aus Kapitalerträgen • Mitgliederbeiträge aus Trägervereinen • Mitgliederbeiträge und Spenden aus Fördervereinen • Erträge aus betriebsnahen Stiftungen	
Drittmittel von privater Seite • Fund raising	Drittmittel von privater Seite • Zuschüsse aus betriebsfernen Stiftungen • Sponsoring
Drittmittel der öffentlichen Hand • institutionelle Zuwendungen	Drittmittel der öffentlichen Hand • Projektförderung
Partnerschaftliche Finanzierung* • Matching Funds	Partnerschaftliche Finanzierung* • Public-Private-Partnership
Fehlbedarfsfinanzierung aus allgemeinen Deckungsmitteln	Fehlbedarfsfinanzierung aus allgemeinen Deckungsmitteln

(* zur partnerschaftlichen Finanzierung vgl. Abschnitt 3.2.2)

Abb. 11: Institutionelle Finanzierung und Projektfinanzierung

Interesse ist. Aber auch öffentliche Zuschußgeber scheuen davor zurück, in eine institutionelle Förderung einzusteigen (sofern sie nicht gesetzlich vorgeschrieben ist), weil dies langfristige Bindungen zur Folge haben kann. Dagegen ist die Projektzuwendung weitaus flexibler und zudem auch noch kulturpolitisch innovativer, weil sie Neues anregt und das Ungewöhnliche möglich macht.

Um zu einer sicheren Finanzierung zu gelangen, ist es deshalb auch für den Zuschußempfänger und Kulturanbieter von großer Bedeutung, daß sorgfältig zwischen institutioneller und projektorientierter Finanzierung unterschieden wird. Eine institutionelle Fehlbedarfsfinanzierung sollte sich beschränken auf den Grundbedarf einer Institution, während die Projektfinanzierung erkennbar für abgrenzbare Projekte ausgegliedert werden sollte. Schließlich darf nicht übersehen werden, daß Drittmittel sowohl von privater als auch von öffentlicher Seite in hohem Maße mit Risiken behaftet sein können, wenn es für sie keine rechtliche Absicherung gibt.

Sofern es gelingt, institutionelle und projektorientierte Finanzierung sehr sorgfältig voneinander zu trennen, erweist sich diese Unterscheidung als sehr vorteilhaft, weil man je unterschiedliche Finanzierungsmittel einsetzen kann und dadurch die verschiedenen Betriebsbereiche nicht zueinander in Konkurrenz treten. Diesen Vorzug der Projektfinanzierung kann man sogar zum Prinzip erheben, indem man nämlich einzelne Angebote als Projekte aus dem laufenden Betrieb ausgliedert (z.B. Konzerte, Theatergastspiele, Ausstellungen, Autorenlesungen, Vorträge), um dafür solche Drittmittel zu beantragen, wie sie für eine institutionelle Finanzierung ausgeschlossen wären.

3.2.2 Partnerschaftliche Kulturfinanzierung

Immer mehr zeichnet sich ab, daß die Finanzierung öffentlicher oder gemeinnütziger Kulturaufgaben allein aus einer Finanzierungsquelle bald endgültig der Vergangenheit angehören wird. Weder die Mittel der öffentlichen Hand noch irgendeine andere Finanzierungsform werden künftig ausreichen, um allein die anfallenden Kosten zu decken. Es wird statt dessen künftig das Ziel sein, mehrere Finanzierungsquellen so miteinander zu kombinieren, daß eine den Aufgaben angemessene und effiziente Finanzierung möglich wird.

Angesichts dieser sich abzeichnenden Entwicklung liegt der Gedanke nahe, eine Kombination verschiedener Finanzierungsquellen bzw. -arten schon von der Struktur her vorzusehen, so daß nicht erst in jedem Einzelfall diese Arrangements hergestellt werden müssen. Man kann dann von einer partnerschaftlichen Kulturfinanzierung sprechen, weil sich die Finanzierungsmittel aufeinander beziehen und dazu nicht selten auch partnerschaftliche Absprachen erforderlich sind. In der systematischen Betrachtung von öffentlichen, privat-mäzenatischen (z.B. Spenden) und privat-nutzenorientierten Mitteln (z.B. Sponsoring) bieten sich folgende Kombinationen an:

- zwei verschiedene Formen öffentlicher Finanzierungsmittel,
- öffentliche und privat-mäzenatische Finanzierungsmittel,
- zwei verschiedene Formen privat-mäzenatischer Finanzierungsmittel,
- öffentliche und privat-nutzenorientierte Finanzierungsmittel.

Andere Kombination sind zwar denkbar, doch sind sie ohne praktische Bedeutung.

Auf Partnerschaften in der Form verschiedener Finanzierungsmittel aus unterschiedlichen öffentlichen Haushalten wurde bereits in Abschnitt 3.1.4 eingegangen; erinnert sei an das Modell der baden-württembergischen Theaterfinanzierung. Diese partnerschaftliche Finanzierung sollte unterschieden werden von einer einfachen Mischfinanzierung, wie sie beispielsweise für die Volkshochschulen in Nordrhein-Westfalen besteht. Hier wird der Landeszuschuß nach einem bestimmten Schlüssel gewährt, der sich an den Kosten der Volkshochschulen orientiert (Personalkosten, Kosten pro Unterrichtsstunde), nicht aber an den Mitteln, die die Trägergemeinde einbringt. Der entscheidende Unterschied der partnerschaftlichen Finanzierung gegenüber einer einfachen Mischfinanzierung besteht folglich darin, daß hier die Finanzierung des Zuwendungsgebers von der Höhe der Finanzierung durch den Träger abhängig gemacht wird, während dort die Finanzierung durch den Träger für die Höhe der Zuwendungen unerheblich ist.

Die zweite Form partnerschaftlicher Kulturfinanzierung ist eine Kombination aus öffentlichen und privat-mäzenatischen Mittel. Diese Form, die nach britischem Sprachgebrauch als *Matching Funds* und in den USA häufig als *Matching Grants* (*Schugk* 1996:86ff.) bezeichnet wird und die man vielleicht Komplementärfinanzierung nennen könnte, ist auch in Deutschland seit vielen Jahren bekannt. So kann man beispielsweise in der Stadtgeschichte der Stadt Krefeld nachlesen, daß der Stadtrat 1913 auf Drängen der Bürgerschaft den Bau eines Theaters in städtischer Regie beschloß, „wenn die Bürgerschaft dem Projekt mit 400.000 Mark unter die Arme griffe. Die Bürgerschaft bedachte sich nicht. Nach zwei Monaten klingelten in der Sammelbüchse 607.954 Mark – Grund genug, eilends einen Architektenwettbewerb auszuschreiben" (*Köppen* 1976:53).

Ein ähnlich überzeugendes Beispiel aus vergangenen Zeiten bietet die Geschichte des Kölner Dombaus. Nachdem 1815 Köln preußisch geworden war, übernahm der preußische Staat aufgrund eines Konkordats ab 1821 die Baulast für den halbfertigen Dom. Doch Mitglieder des 1841 gegründeten Zentral-Dombau-Vereins drängten den preußischen König, darüber hinaus auch die Fertigstellung des Doms zu betreiben. Es kam dann zu einer bemerkenswerten Vereinbarung zwischen König und Dombau-Verein: der König versprach, jährlich 50.000 Taler für die Fertigstellung des Doms bereitzustellen, wenn der Verein seinerseits die gleiche Summe aufbringen würde. Der Weg, den der Verein zur Beschaffung der Mittel wählte, war die bekannte Dombau-Lotterie, die noch heute besteht und mit deren Hilfe es in gemeinsamer Anstrengung von Staat und Verein gelang, innerhalb von nur 17 Jahren die beiden gewaltigen Türme zu vollenden (*Wolff* 1988:19f.).

Diese schönen Beispiele zeigen die Wirkung von *Matching Funds:* durch die Inaussichtstellung öffentlicher Mittel wird ein Anreiz geschaffen, private Mittel mäzenatisch zur Verfügung zu stellen, weil jede private Mark sich durch öffentliche Mittel verdoppelt oder gar vervielfacht. Dazu wurde bereits das Beispiel der Kunststiftung Baden-Württemberg erwähnt (vgl. Abschnitt 2.3), das seit vielen Jahren nach dem Prinzip der *Matching Funds* funktioniert: jede Spende, die die Kunststiftung akquiriert, wird vom Land Baden-Württemberg um einen gleich hohen Betrag aufgestockt. Das schafft Anreize bei denen, die um Spenden werben, weil jeder noch so kleine Erfolg sich automatisch verdoppelt. Und es fördert die Bereitschaft zu spenden, weil mit jedem Betrag ein doppelter Gewinn erzielt wird.

Solche *Matching Funds* sind in Großbritannien und in den USA weit verbreitet und funktionieren höchst erfolgreich (vgl. Abschnitte 2.3 und 2.4). Es überrascht deshalb, weshalb nicht auch in Deutschland davon stärker Gebrauch gemacht wird. Die öffentliche Hand könnte Mittel einsparen, ohne das Kulturangebot zu mindern. Private Mittel könnten stärker eingebunden und damit auch die Bereitschaft gefördert werden, sich für gemeinnützige Angelegenheiten einzusetzen. Und nicht zuletzt könnte die Kontinuität einer Kulturfinanzierung und eines Kulturangebots auch von seiten des Kulturbetriebs stärker gesteuert werden, weil das Spendenaufkommen letztlich den Umfang des Gesamtetats bestimmt.

Zwei Einschränkungen sind allerdings zu machen: Zunächst einmal wird sich die öffentliche Hand kaum auf eine unbegrenzte Komplementärfinanzierung einlassen können. Auch für die Kunststiftung Baden-Württemberg gilt eine Höchstsumme der öffentlichen Mittel, was übrigens die Spendenbereitschaft in keiner Weise beeinträchtigt; Jahr für Jahr übersteigt das Spendenaufkommen die öffentlichen Mittel erheblich, weil das Argument der Komplementärfinanzierung natürlich nicht in dem Augenblick fallengelassen wird, da die Höhe des Landeszuschusses erreicht ist.

Die zweite Einschränkung betrifft die fehlende Bereitschaft der Leitung in vielen Kultureinrichtungen, sich persönlich um Spenden zu bemühen. Selbst auf Fortbildungsveranstaltungen, wo man eine gewisse Bereitschaft der Teilnehmer, neue Finanzierungswege zu gehen, voraussetzen darf, hört man immer wieder das Argument, man sei als Kunsthistoriker oder Theaterdramaturg ausgebildet und eingestellt worden und nicht als Geldeintreiber. Das berührt ein grundsätzliches Problem des Arbeitsplatz- und Berufsprofils vor allem der leitenden Mitarbeiter in öffentlichen und gemeinnützigen Kultureinrichtungen. So sehr man dafür Verständnis haben mag, daß gerade auch älteren

Mitarbeitern eine Umstellung in ihrem traditionellen Selbstverständnis schwerfällt, muß man doch zurückfragen, wie lange man wohl glaube, sich diese Haltung noch leisten zu können.

Matching Funds bzw. eine Komplementärfinanzierung kann strukturell auf verschiedene Weise erfolgen. Ein unsystematisches Sammeln einzelner Spenden ist nicht anzuraten und dürfte wohl auch kaum in Frage kommen. Empfehlenswert sind dagegen die bereits angesprochene Anbindung an einen Förderverein (vgl. Abschnitt 3.1.2), der Aufbau eines professionellen Fund raisings (vgl. Abschnitt 3.1.3) oder die Einrichtung einer betriebsnahen Stiftung (vgl. Abschnitt 3.1.2).

Als dritte Gruppe partnerschaftlicher Kulturfinanzierung ist die Kombination zweier verschiedener Formen privat-mäzenatischer Finanzierungsmittel zu nennen. Eine solche Partnerschaft liegt beispielsweise vor, wenn Stifter Mittel in eine private Förderstiftung einbringen (z.B. auch in der Form von Zustiftungen) und die Stiftung gleichzeitig auch als Fund raiser aktiv wird, also Spenden akquiriert. Während die Stifter aus ihrem Vermögen der Stiftung Anteile überlassen, werden die Spenden in aller Regel aus dem Einkommen finanziert. Es handelt sich mithin um zwei verschiedene Finanzierungsquellen, die insofern eine Partnerschaft eingehen, als im Einzelfall entschieden werden kann, ob eine Zuwendung an die Stiftung als Spende oder als Zustiftung gewertet werden kann (vgl. Abschnitt 3.1.2).

Die vierte Gruppe partnerschaftlicher Finanzierung stellt sich als eine Kombination öffentlicher und privat-nutzenorientierter Mittel dar, die sogenannte *Public-Private-Partnership.* Darunter versteht man ganz allgemein eine Partnerschaft öffentlicher und privater Träger, wenn beispielsweise ein Landkreis die Struktur und Organisation des öffentlichen Personennahverkehrs bereitstellt, der eigentliche Busverkehr aber durch private Busunternehmer auf eigene Rechnung (gegebenenfalls mit staatlicher Unterstützung) sichergestellt wird.

In der Kulturfinanzierung bezeichnet Public-Private-Partnership eine partnerschaftliche Finanzierung aus öffentlichen und privatwirtschaftlichen Mitteln. Dazu leisten mehrere Wirtschaftsunternehmen zusammen mit öffentlichen Partnern Zahlungen in einen Finanz-Pool, der in der Regel in der Rechtsform eines eingetragenen Vereins oder einer Gesellschaft des bürgerlichen Rechts geführt wird. Aus diesem Pool können dann nach Bedarf Kulturprojekte gefördert werden. Die Beiträge der Wirtschaftsunternehmen erfolgen dabei als Sponsoring, d.h. sie werden an Unternehmenszielen und an Marketing-Konzepten ausgerichtet.

Nach außen wird auf diese Weise zwar deutlich, wer sich als Sponsor am Pool und damit an der Finanzierung eines Vorhabens beteiligt, doch wird nicht erkennbar, wer in welchem Umfang in den Pool einzahlt. Dadurch wirkt die Public-Private-Partnership „mäzenatischer" als das Sponsoring, weil die „Gegenrechnung" für das einzelne beteiligte Unternehmen nicht so deutlich wird und weil in der Zusammenarbeit mit öffentlichen Körperschaften die materiellen Aspekte stärker in den Hintergrund treten.

Welche kulturellen Vorhaben aus dem Pool finanziert werden, bestimmen die an der Finanzierung Beteiligten gemeinsam. Dadurch ist es möglich, größere Projekte zu realisieren, als dies über ein einzelnes Sponsoring möglich wäre. Gleichzeitig ergibt sich unter dem Gesichtspunkt der Kontinuität kultureller Aufgaben der Vorteil, daß Vorhaben auch dann realisiert werden können, wenn einzelne Unternehmen aus finanziellen Gründen vorübergehend zurücktreten müssen. Nicht zuletzt ist als Vorteil zu vermerken, daß sich auch die beteiligte öffentliche Hand unter Zugzwang setzt, weil sie sich nicht aus der Finanzierung des Pools zurückziehen kann, ohne die gesamte Public-Private-Partnership zu gefährden (zu Konzeptionen und Berichten über erfolgreiche Projekte vgl. *Ebert/Gnad/Kunzmann* 1992).

Die Public-Private-Partnership könnte sich vor allem für größere Projekte, die auf eine regelmäßige Wiederholung angelegt sind, als sehr hilfreich erweisen (hinsichtlich der erheblichen steuerrechtlichen Probleme wird auf Abschnitt 3.4 verwiesen). Bezeichnenderweise ist allerdings ein Zögern seitens der öffentlichen Hand zu bemerken, weil sie durch die Partnerschaft Entscheidungsspielräume abgibt. Wenn eine Mittelstadt jährlich einen sechsstelligen Betrag in einen Pool einzubringen hat, auf dessen Mittelverwendung sie nur noch begrenzten Einfluß hat, wird dem Gemeinderat Gestaltungsmacht entzogen. Es kann kaum überraschen, daß eine solche Beschränkung der Befugnisse des Gemeinderats nicht ohne Probleme bleibt.

Die partnerschaftliche Kulturfinanzierung bietet eine gute Möglichkeit, Anreize für ein privates Finanzierungsengagement zu schaffen und gleichzeitig Kontinuität sicherzustellen, weil öffentliche und private Seite sich gegenseitig in die Pflicht nehmen. Wenn immer von der Verantwortung der Gesellschaft und der Wirtschaft für die Kultur die Rede ist und dies gerade auch von politischer Seite eingefordert wird, so sollte man nicht im stillen darauf spekulieren, man könne dadurch die Verantwortung an nicht-staatliche Gruppen und Instanzen abwälzen. Wenn der Appell ernst gemeint ist, kann er nur als Bereitschaft zu *gemeinsamer* Verantwortung verstanden werden. In einer partnerschaftlichen Kulturfinanzierung kann diese Bereitschaft sehr gut zum Ausdruck gebracht werden.

3.3 Finanzierung von Investitionen

Gegenstand der vorliegenden Publikation ist die Finanzierung von öffentlichen und gemeinnützigen Kulturangeboten, soweit sie die Wahrnehmung der betrieblichen Aufgaben betrifft und damit der Steuerung durch das Management unterliegt. Investitionen in erheblichem Umfang wie beispielsweise Neu- oder Erweiterungsbauten von Theatern, Museen, Bibliotheken oder Stadthallen gehören dagegen nicht zu den unmittelbaren betrieblichen Aufgaben. Auch erfolgt die Planung und Durchführung der Finanzierung von größeren Investitionen in der Regel nicht durch das Management der betreffenden Institution, sondern durch Finanzfachleute des Trägers in Zusammenarbeit mit einer Finanzierungsgesellschaft oder einer Bank. Wenn hier dennoch kurz auf die Finanzierung von Investitionen eingegangen wird, so dient dies einerseits einer gewissen systematischen Vollständigkeit, andererseits aber auch als Hinweis darauf, daß gerade moderne Investitionsfinanzierungen auf die laufenden Betriebskosten einen ganz erheblichen Einfluß haben können. Dann aber ist die Investitionsfinanzierung doch ein Thema, für das sich auch das Management des Kulturbetriebs interessieren muß.

Im Zuge der Sparmaßnahmen der öffentlichen Hand sind die Investitionen in den Kulturbereich sehr stark zurückgegangen, weil sich weder Staat und Kommunen noch privatrechtliche Nonprofit-Organisationen zur Zeit in der Lage sehen, größere Investitionsmaßnahmen zu realisieren. Der Museumsboom der achtziger Jahre (*Heinrichs* 1996:114), für den beispielhaft die Museumsbauten in Frankfurt/Main stehen, oder der Bauboom der zahlreichen neuen Stadthallen bzw. Kultur- und Kongreßzentren sind längst zum Stillstand gekommen. Heute erwirtschaften die Verwaltungshaushalte der öffentlichen Hand kaum noch Zuführungsraten, aus denen Investitionen im Vermögenshaushalt getätigt werden könnten, so daß fast alle Investitionen – sofern es für sie keine Drittmittel gibt – aus kreditfinanzierten Fremdmitteln zu realisieren sind. Angesichts der hohen Verschuldung der öffentlichen Haushalte werden Investitionen folglich entweder gestreckt oder gänzlich gestrichen. Dort aber, wo eine Investition unverzichtbar erscheint – sei es, weil vorhandene Baulichkeiten nicht ausreichen oder zu hohe Unterhaltungskosten erfordern, sei es, weil eine Investition aus standortpolitischen oder wirtschaftsfördernden Gesichtspunkten wünschenswert ist –, sucht man nach Alternativen zur traditionellen Kreditfinanzierung.

Entsprechend der bisher schon verfolgten Linie einer partnerschaftlichen Finanzierung bzw. einer öffentlichen Finanzierung mit verstärkten privaten und privatwirtschaftlichen Elementen, bietet sich auch in der Investitionsfinanzierung eine solche Partnerschaft an. Durch die Einbeziehung privatwirtschaftlicher Partner kann privates Kapital zur Erfüllung öffentlicher oder gemeinnütziger Aufgaben mobilisiert werden – bei gleichzeitiger Entlastung der öffentlichen Haushalte. Die für eine Investition im kulturellen Bereich interessantesten Finanzierungsformen sind das Leasing, der kommunale Immobilienfonds, das Betreibermodell und das Kooperationsmodell der Gemischten Gesellschaft.

Beim Leasing (Immobilienleasing) erfolgt die Finanzierung einer Investition durch eine Bank oder Leasinggesellschaft, die das Investitionsobjekt über eine besondere Vertragsform dem Leasingnehmer, also dem Träger des betreffenden Kulturbetriebs, vermietet oder verpachtet. Der Leasingnehmer, beispielsweise eine Kommune, verpflichtet sich zur Zahlung von Leasingraten, die den Kapitaldienst, die Verwaltungskosten, die Risikomarge und die Gewinnspanne der Leasinggesellschaft abdecken. Diese Leasingraten sind während einer festgelegten Laufzeit aus Mitteln des Verwaltungshaushalts zu zahlen; die Laufzeit ist zumindest für einen bestimmten Zeitraum nicht kündbar. Nach Ablauf des Leasingvertrags kann der Leasingnehmer das Objekt zum Restwert erwerben (Heimfallregelung).

„Die Summe der Leasingraten übersteigt die Anschaffungskosten des Leasingobjekts. Die Kosten betragen in der Regel 130 % des Kaufpreises" (*Gabler* 1993:2066). Im Vergleich zum kreditfinanzierten Kauf bzw. zur kreditfinanzierten Errichtung des Objekts durch den Träger des Kulturbetriebs hat Leasing nur wenige Vorteile, wenn es sich bei dem Träger um die öffentliche Hand oder einen gemeinnützigen Kulturbetrieb handelt. Der größte Vorteil des Leasings ist steuerlicher Art, weil die Leasingraten als Betriebsausgaben abgesetzt werden können und demnach, wenn sie höher sind als die nach der Nutzungsdauer üblichen Abschreibungen, zu einer größeren Steuerersparnis führen. Zudem ergeben sich bilanz- und liquiditätstechnische Vorteile. Erfolgt das Leasing aber zugunsten eines öffentlichen oder gemeinnützigen Kulturbetriebs, der in der Regel von allen gewinnorientierten Steuern befreit ist, fallen diese Argumente kaum noch ins Gewicht. Leasing sollte deshalb hier zur Investitionsfinanzierung nur herangezogen werden, wenn zumindest eine privatrechtliche Betriebsform gegeben ist und für wirtschaftliche Geschäftsbereiche eine so große steuerliche Belastung anfällt, daß sich durch das Leasing steuerliche Vorteile ergeben könnten. Das könnte beispielsweise bei einer Stadthalle mit angeschlossenem Restaurant, Tiefgarage und anderen rein kommerziell betriebenen Teilen der Fall sein, sicherlich aber nicht für eine Bibliothek oder ein Museum.

Leasing kommt für die öffentliche Hand in aller Regel nur unter zwei Gesichtspunkten in Betracht. Zunächst einmal belastet diese Form der Finanzierung nicht den Vermögenshaushalt, weil die Leasingraten aus dem Verwaltungshaushalt zu zahlen sind. Das kann im Einzelfall im Interesse eines Leasingnehmers liegen, z.B. wenn der aktuelle Kreditrahmen ausgeschöpft ist. Zweitens kann durch Leasing eine teilweise Streckung der Finanzierung erreicht werden. So kann beispielsweise ein vergleichsweise hoher Restwert nach einer mittleren Laufzeit vereinbart werden, so daß die Leasingraten voraussichtlich günstiger sind, als sie es bei vollständiger Kreditfinanzierung mit fester Annuität wären. Gleichzeitig wird die Hauptbelastung auf den Zeitpunkt des Heimfalls verschoben, wenn der Träger vielleicht eine günstigere Finanzlage erwarten kann. Mithin kann für eine nicht aufschiebbare Investition ohne ausreichende aktuelle Liquidität die Leasing-Finanzierung von Interesse sein, doch sollte man von einer Verallgemeinerung solch singulärer Vorteile absehen und eine sorgfältige Einzelfallprüfung und -abwägung unbedingt vornehmen.

Ähnlich zu bewerten ist eine Finanzierung über einen kommunalen Immobilienfonds. Ein solcher Immobilienfonds entspricht den allgemein bekannten Immobilienfonds, d.h. eine Anlagegesellschaft bildet eine aus Grundstücken und Gebäuden bestehende Kapitalanlage, aus der Interessenten sogenannte Immobilienzertifikate zeichnen können. Die Erträge aus dem Fonds ergeben sich aus Mieten und Pachten der gezeichneten Immobilien, die – nach Abzug eventueller Zins- und Tilgungsleistungen, Verwaltungs- und Instandhaltungskosten usw. – an die Zertifikatinhaber als Renditen weitergeleitet werden. Der Kommunale Immobilienfonds unterscheidet sich von anderen Fondsarten allein dadurch, daß das Anlagevermögen kommunales (also öffentliches) und privates Zeichnungskapital umfaßt. Damit ist der Fonds für vorsichtige Privatanleger interessant, weil das Risiko durch die Beteiligung der öffentlichen Hand minimiert ist. Die Kommune, die über den Fonds ihre Investition finanziert, verpflichtet sich zur Zahlung einer Rendite an die privaten Fondszeichner, die sie eigentlich aus der Investition erwirtschaften sollte (z.B. durch Miet- und Pachteinnahmen aus dem Objekt), die sie in der Regel aber aus dem Verwaltungshaushalt finanzieren wird. Zudem ergibt sich für den privaten Anleger unter Umständen der Vorteil von Steuerersparnissen durch Verlustzuweisungen aus dem Anlagegeschäft. Am Ende der Laufzeit des Fonds kauft die Kommune die privaten Anteile zurück und erwirbt damit das Objekt als kommunales Vermögen.

Der Vorteil für die Kommune besteht darin, daß sie privates Kapital außerhalb des Kreditmarktes mobilisieren kann. Zudem kann sie bei hohen Kreditzinsen und niedrigeren Renditen aus den Vermietungen und Verpachtungen zumindest vorübergehend ihre Finanzierung zu günstigeren Bedingungen realisieren, als es der Kapitalmarkt möglich machen würde. In der Regel wird man allerdings auch hier davon ausgehen können, daß eine Kreditfinanzierung über die zinsgünstigen Kommunalkredite günstiger wäre. Ebenfalls von Vorteil gegenüber der reinen Kreditfinanzierung wäre ein Immobilienfonds, wenn die Verlustzuweisungen für die privaten Anteilseigner so hoch wären, daß die steuerlichen Ersparnisse eine niedrige Rendite aus dem Fonds akzeptieren ließen. Darüber hinaus ergeben sich die gleichen Vorteile wie beim Leasing (Streckung der Finanzierung; Verlagerung der Finanzierung vom Vermögenshaushalt in den Verwaltungshaushalt).

Eine weitere Möglichkeit, privates Kapital einzubinden, bietet das sogenannte Betreibermodell, d.h. ein privates Unternehmen errichtet, finanziert und betreibt nach den Vorgaben der Kommune eine öffentliche Aufgabe zu einem festgesetzten Pauschal- oder Einheitspreis. Dabei „beruht die besondere Finanzierung auf einem Verkauf zukünftiger Entgelte, z.B. für die Müllentsorgung, die dem Betreiber zustehen, zum heutigen Barwert an eine Bank. Die so erzielten Mittel sollen die Finanzierung der gesamten Investition tragen. Dieses Vorgehen, in der Privatwirtschaft seit langem unter *Factoring* oder *Forfaitierung* bekannt, kann im kommunalen Bereich deshalb funktionieren, weil die Gemeinde als (mittelbarer) Gebührenschuldner eine besondere Bonität besitzt. In der Regel verzichtet sie gegenüber Betreiber und Bank auf sogenannte Einreden, erklärt also ihre Zahlungsbereitschaft unabhängig von Leistungsstörungen" (*Rau* 1994:513). Nimmt der private Investor dazu Kredite in Anspruch, gewährt ihm die Bank die gleichen Konditionen wie für Kommunalkredite.

Will beispielsweise eine Stadt ein Stadttheater bauen, so könnte sie nach dem Betreibermodell die Einnahmen aus dem Theaterbetrieb an den Investor bzw. an dessen Bank abtreten, haftet allerdings für gleichbleibende Erlöse, d.h. im Falle sinkender Einnahmen müßte sie eine Differenz aus allgemeinen Deckungsmitteln aufbringen.

Der Vorteil des Betreibermodells besteht auch hier darin, daß der Kreditrahmen der Gemeinde und damit der Vermögenshaushalt nicht berührt wird. Die Gebühren oder Entgelte aus dem Objekt fließen als durchlaufende Posten in den Verwaltungshaushalt und von dort direkt an die Betreibergesellschaft. Auch besteht hier die Möglichkeit der zeitlichen Entzerrung von finanziellen Belastungen, wenn beispielsweise – wie bei Leasing und Immobilienfonds – eine Heimfallregelung mit Zahlung eines Restwerts vereinbart wird. Allerdings bleiben alle Risiken bei der Kommune; für eventuelle Ausfälle bei den Einnahmen aus dem finanzierten Objekt hat sie in vollem Umfang aufzukommen. In der Summe dürfte auch diese Finanzierungsform kaum günstiger sein als eine reine Kreditfinanzierung, lediglich die zeitliche und buchungstechnische Zuordnung bietet Vorteile.

Zuletzt zu nennen ist noch das Kooperationsmodell einer sogenannten Gemischten Gesellschaft. Auch hier handelt es sich um ein Betreibermodell, allerdings mit dem Unterschied, daß eine Gemischte Gesellschaft gebildet wird, an der die Kommune zusammen mit privaten Partnern vertreten ist. „Es ist zu unterscheiden zwischen Gesellschaften mit einer Mehrheitsbeteiligung der Kommune und Gesellschaften mit einer Minderheitsbeteiligung der Kommune, weil sich aus dieser Differenzierung unterschiedliche kommunalrechtliche und kommunalwirtschaftliche Konsequenzen ergeben. In der Regel sichert sich der private Kooperationspartner bei der Gesellschaftsgründung ihm zu bezahlende Dienstleistungen exklusiv. (...) Beim Kooperationsmodell gibt die Kommune ihr uneingeschränkt zustehende Kompetenzen ohne Gegenleistung des privaten Partners auf.“[10]

Das Kooperationsmodell, das in letzter Zeit vielfach als Modell mit Zukunft gepriesen wird, bietet die gleichen Vorteile, wie sie oben für das Betreibermodell aufgeführt wurden. Hinzu kommt eine (scheinbar) stärkere Einbindung der öffentlichen Hand in die Betreibergesellschaft. Allerdings darf dieser Schein nicht darüber hinwegtäuschen, daß die Vorteile des Modells vor allem bei dem privaten Betreiber liegen. Seine Finanzierung ist durch die Übertragung von kommunalen Ansprüchen an die Gesellschaft gesichert, ohne daß er sich um den Erfolg des Betriebs oder auch die kommunalpolitische Akzeptanz und Aufgabenerfüllung zu kümmern braucht; alle Risiken des Unternehmens liegen allein bei der Kommune.

Alle Modelle zeigen eindeutig nur sehr begrenzte Vorteile. Eine Körperschaft der öffentlichen Hand, die ihren Kreditrahmen nicht ausgeschöpft hat und nicht vor Liquiditätsproblemen steht, wird deshalb immer den Weg über die direkte Kreditfinanzierung oder – im Sinne einer klassischen Investitionsfinanzierung der öffentlichen Hand – ihre Möglichkeiten der Rücklagenentnahme oder der Finanzierung über

[10] Aus einem nicht veröffentlichten Vortragsmanuskript von *Horst Krautter*: Neue Wege zur Bewältigung öffentlicher Aufgaben. Was kann die Beteiligung der Privatwirtschaft wirklich leisten?, Stuttgart (o.J.), S. 4.

Einnahmen ausschöpfen. Nur wenn keine dieser Voraussetzungen erfüllt ist, was leider bei vielen Kommunen zur Zeit der Fall ist, wird man auf eines der geschilderten Modelle zurückgreifen.

Abschließend noch ein praktisches Beispiel einer Finanzierung von Investitionen für einen neu zu errichtenden Kulturbetrieb, das für erhebliches Aufsehen gesorgt hat. Gemeint ist die Finanzierung des 125 Mio. DM teuren Neubaus eines Festspielhauses in Baden-Baden, das 1998 in Betrieb gehen soll. In dem hierzu geschnürten Finanzierungs- und Gesellschaftspaket finden sich fast alle der hier vorgestellten Finanzierungsmodelle wieder.

Eine Objektgesellschaft mit dem geheimnisvollen Namen „Tanja" ist Bauherrin des Festspielhauses. Sie finanziert sich aus einem geschlossenen Immobilienfonds, der von der Südwestdeutschen Landesbank Stuttgart aufgelegt wurde, sowie – zu einem kleineren Teil – aus Krediten. Nach Fertigstellung des Gebäudes geht das Objekt auf Erbpachtbasis zinsfrei an die Stadt über, die damit für das sogenannte spielfertige Haus und für die Bauunterhaltung des Festspielhauses zuständig wird. Zudem hat sich die Stadt verpflichtet, das Gebäude nach Ablauf von 22,5 Jahren zum Preis von 39 Mio. DM von der Objektgesellschaft zu kaufen.

Eine Betreibergesellschaft, deren Gesellschafter die „Dekra-Promotion" (80 %) und die Baden-Baden Marketing GmbH sowie die Baden-Baden Festival GmbH (je 10 %) sind, pachtet das Festspielhaus von der Objektgesellschaft und stellt mit dem zu zahlenden Pachtzins die Rendite für die Fondszeichner bzw. Zins und Tilgung für den Kreditteil sicher. Dazu richtet die Betreibergesellschaft eine Managementgesellschaft mit Namen „Festspielhaus- und Festspiele GmbH" ein, die für den laufenden Festspielhausbetrieb zuständig ist und die entsprechenden Erträge erwirtschaften soll.

Da nicht damit gerechnet wird, daß die erwirtschafteten Erträge allein zur Finanzierung der Rendite bzw. der Annuität des Kredits ausreichen werden, zahlt das Land Baden-Württemberg aus Mitteln der kommunalen Wirtschaftsförderung eine jährliche Subvention von 5 Mio. DM, und das verbindlich für den Zeitraum von 25 Jahren. Falls dieser Betrag auch nicht ausreichen sollte, subventioniert auch die Stadt die fehlenden Erträge der Betreiber- bzw. Managementgesellschaft, um die von der Objektgesellschaft erwarteten Erträge sicherzustellen; man geht hier von einem jährlichen Betrag von etwa 4 Mio. DM (ohne Bauunterhaltung und sonstige Kosten aus.

Bei dieser für den Kulturbereich ungewöhnlichen Finanzierungsform sind Elemente des Immobilienleasings, der „klassischen" Kreditfinanzierung, der gemischten Gesellschaft auf der Basis eines Betreibermodells sowie öffentlicher Subventionierung enthalten. Abgesehen davon, daß das Modell kaum noch zu durchschauen ist und damit auch Haftungsfragen möglicherweise irgendwo im Gestrüpp der Gesellschaftsverschachtelungen hängenbleiben könnten, fällt doch auf, daß der eigentliche Investor, nämlich die Objektgesellschaft „Tanja", keinerlei Risiko trägt. Das gilt auch für die mehrheitlich private Betreibergesellschaft, die im Falle fehlender Gewinne ihre Miet- und Pachtverpflichtungen gegenüber der Objektgesellschaft einfach an Land und Stadt abtritt. Von einer Beteiligung durch privates Risikokapital kann folglich keine Rede sein.

Andererseits verbleiben bei der öffentlichen Hand und hier vor allem bei der Stadt Baden-Baden alle Risiken, denn sie ist für die Bauunterhaltung zuständig, ohne selbst Bauherr zu sein, und sie hat für die fehlenden Erträge aufzukommen, selbst wenn die Managementgesellschaft schlecht wirtschaften sollte. Allerdings haben weder Stadt noch Land irgendeinen Einfluß auf den Betrieb des Hauses; sie haben nicht einmal ein Mitspracherecht bei der Bestellung des Managements oder des künstlerischen Leiters für den Festspielbetrieb. Trotzdem werden erhebliche Mittel aus dem kommunalen Etat verbraucht werden – man geht alles in allem (einschließlich der Bauunterhaltung) von jährlich etwa 8 Mio. DM von kommualer und 5 Mio. DM von Landesseite aus –, ohne daß auch das politische Gestaltungsrecht von Gemeinderat bzw. Landtag in angemessener Weise berücksichtigt wird.

Daß man sich dennoch für diese Finanzierungsform entschieden hat, hängt vor allem mit den für solche Modelle allgemein geltenden Vorteilen zusammen:

1. Die Finanzierung wird vom Vermögenshaushalt in den Verwaltungshaushalt verlagert und berührt damit weder den Kreditrahmen der Gemeinde noch die Höhe der – politisch sensiblen – Pro-Kopf-Verschuldung.
2. Die Finanzierung wird zeitlich gestreckt, d.h. der größte Einzelbetrag, die Heimfall-Finanzierung, fällt erst im Jahr 2020 an.
3. Die privatrechtliche Finanzierung erleichtert dem Land die Zahlung einer Subvention von jährlich 5 Mio. DM, die als Zuwendung an die Kommune politisch wohl kaum durchsetzbar gewesen wäre.

Dennoch fällt es schwer, darin ein Modell für die Zukunft der Kulturfinanzierung zu sehen, denn alle hier vorgestellten Modelle kranken an der fehlenden Balance zwischen einer Finanzierungsbeteiligung auf der einen Seite und einer Gestaltungsbeteiligung auf der anderen Seite; gerade das Beispiel Baden-Baden hat dies deutlich gezeigt. Während sich in der Finanzierung der laufenden Ausgaben der Kulturbetriebe bereits akzeptable und ausgewogene Finanzierungspartnerschaften herausgebildet haben, scheint es daran bei der Finanzierung von Investitionen noch zu mangeln.

3.4 Rechtliche und betriebliche Rahmenbedingungen der Kulturfinanzierung

Abschließend seien die wichtigsten rechtlichen und betrieblichen Rahmenbedingungen für die Kulturfinanzierung zusammengefaßt, die teilweise bereits angesprochen wurden, teilweise aber auch als notwendige Ergänzung noch angeführt werden müssen. Eine eingehende Vorstellung und Erörterung aller urheberrechtlichen, gesellschaftsrechtlichen, steuerrechtlichen, administrativen, betriebswirtschaftlichen und managerialen Gesichtspunkte würde den Rahmen dieses Buches sicherlich sprengen; hier muß auf die einzelnen Fachpublikationen verwiesen werden.

In der pauschalen Betrachtung aber soll der Blick zumindest auf drei Gruppen von Rahmenbedingungen gelenkt werden, nämlich auf

- gesellschaftsrechtliche,
- steuerrechtliche sowie
- betriebswirtschaftliche (manageriale) Aspekte.

(1) Gesellschaftsrechtliche Rahmenbedingungen

Im Vordergrund aller gesellschaftsrechtlichen Überlegungen steht immer wieder die Frage der Privatisierung öffentlich-rechtlicher Kulturbetriebe. Während man sich in den achtziger Jahren und selbst noch zu Beginn der neunziger Jahre von einer Privatisierung öffentlicher Einrichtungen große Vorteile für Effektivität und Effizienz sowie für eine Kostensenkung versprach, ist man heute in der Beurteilung dieser Frage wesentlich zurückhaltender geworden. Das ist einerseits sicherlich auf eine gewisse Ernüchterung durch die tatsächlichen Erfahrungen mit Privatisierungen zurückzuführen wie andererseits auch auf die Erfolge, die Alternativen wie die Eigenbetriebsform oder die dezentrale Ressourcenverantwortung vorweisen können. Dazu hat zweifellos auch beigetragen, daß jede Form von Privatisierung letztlich auch den politischen Gestaltungsspielraum einschränkt, obwohl aus der Sicht der Bürger die politischen Gremien nicht aus ihrer Verantwortung entlassen werden (*Heinrichs* 1995b).

Unter dem Gesichtspunkt der Kulturfinanzierung ist eine Privatisierung nur von Interesse, wenn dadurch zusätzliche Finanzierungsinstrumente aktiviert werden können. Das ist in der Tat gleich mehrfach möglich:

- Eine privatrechtliche Ausgliederung wirtschaftlicher Geschäftsbetriebe (z.B. Museums- oder Theatershop, Merchandising, Anzeigenakquisition für Programmbroschüren, Handel mit Lizenzen, Verkauf von Kunstwerken aus einer Ausstellungstätigkeit usw.) sichert den Erhalt der Gemeinnützigkeit sowohl für die öffentliche Einrichtung als auch für den Nonprofit-Betrieb. In der privatrechtlichen, nichtgemeinnützigen Form kann der ausgegliederte Betrieb weit größere Umsätze tätigen und Gewinne erwirtschaften als innerhalb des „Mutterunternehmens". Gleichzeitig können anfallende Betriebskosten des gemeinnützigen Kulturbetriebs auch auf den wirtschaftlichen Geschäftsbetrieb verlagert werden, wo sie sich steuersenkend auswirken (z.B. ein Fahrzeug eines gemeinnützigen Festspielbetriebs wird über die angegliederte Marketing-GmbH geführt), so daß die Auslagerung weder zum Verlust der Gemeinnützigkeit noch zu Steuerverpflichtungen, wohl aber zu höheren Einnahmen führt.

- Durch die Privatisierung einer bisher kommunalen Einrichtung (z.B. Volkshochschule oder Musikschule) in Form eines eingetragenen Vereins können Mitgliederbeiträge erhoben werden. Davon wird nur sehr selten Gebrauch gemacht, weil die vereinsrechtlich erforderlichen Mitglieder häufig nur „auf dem Papier stehen", doch ist ein solcher Verzicht auf Mitgliederbeiträge nicht zwingend vorgeschrieben. Erforderlich ist dann allerdings, daß man wirklich eine Vereinsstruktur schafft mit entsprechenden Mitwirkungsrechten und Vorteilen der Vereinsmitglieder.
- Weit naheliegender ist eine privatrechtliche Ausgliederung von Freunden und Förderern einer Einrichtung als Förderverein. Dieser Verein, der gemeinnützig sein sollte, kann auch zum Sammeln von Spenden eingesetzt werden.
- Überhaupt sollte jede Form des Akquirierens von privaten Drittmitteln (Fund raising, Sponsoring, Zustiftungen usw.) möglichst über eine privatrechtliche Organisation erfolgen. Für Nonprofit-Betriebe ist diese Voraussetzung ohnehin gegeben, doch auch öffentliche Kulturbetriebe werden weitaus erfolgreicher sein, wenn sie als privatrechtliche, gemeinnützige Einrichtungen um Mittel werben. Die Ursache ist eher psychologischer Art: wer gibt schon gern jener Institution, der man auch zähneknirschend Steuern zahlen muß, freiwillig noch einen Zuschlag.
- Mehrfach angesprochen wurden die Vorteile privatrechtlicher, aber gemeinnütziger Stiftungen; diese Vorteile betreffen vor allem ein mögliches Fund raising sowie evtl. Zustiftungen.
- Auch eine Public-Private-Partnership sollte möglichst auf eine privatrechtliche Basis gestellt werden, da sich die Sponsoren ungern als Anhängsel einer Behörde verstehen werden.

Die aufgezählten Beispiele zeigen, daß eine privatrechtliche Ausgliederung bestimmter Aufgaben und Teile eines öffentlichen Kulturbetriebs durchaus sinnvoll ist. Dagegen ist eine pauschale Privatisierung der gesamten öffentlichen Kultureinrichtung nur selten zu empfehlen, zumal damit auch erhebliche Nachteile verbunden sind (schwächere politische Anbindung an den Träger, Schwächung des Anstellungsverhältnisses der Mitarbeiter, fehlender Rückgriff auf die Ressourcen des Trägers usw.).

Eine andere Form von Privatisierung ist das aus der Betriebswirtschaftslehre bekannte Outsourcing. Darunter versteht man die privatwirtschaftliche Ausgliederung von kompakten Teilaufgaben. Vor allem durch die Neuen Steuerungsmodelle, die von der Definition und Abgrenzung von Produkten ausgehen, wird ein Outsourcing besonders interessant. Dies betrifft vorrangig die Kostenseite, weil durch die Beschreibung und Berechnung von Produktkosten Alternativangebote aus der freien Wirtschaft eingeholt und mit den eigenen Kosten verglichen werden können (z.B. die Kosten der Theaterwerkstätten für die Erstellung eines bestimmten Bühnenbildes).

Für die Kulturfinanzierung ist Outsourcing dann interessant, wenn mit der Verlagerung in den privaten Bereich auch ein Akquirieren von Finanzierungsmitteln verbunden ist. Dazu nur zwei Beispiele: Es ist keineswegs unüblich, die Erstellung einer Ausstellung einem privaten Ausstellungsbüro zu übertragen mit der Auflage, einen Anteil der Kosten durch Sponsorenmittel abzudecken. Der Ausstellungsmacher wird sich in der Regel darauf einlassen (wenn er es nicht sogar von sich aus anbietet), weil ihm das Akquirieren von Sponsorenmitteln weitaus leichter fällt als der staatlichen oder kommunalen Behörde. Ein anderes Beispiel ist die Gestaltung und Drucklegung von Theater- und Konzertprogrammen. Auch hier empfiehlt es sich, den Auftrag an eine Agentur zu vergeben mit der Auflage, daß die Agentur auch gleich die Werbeanzeigen herbeischaffen soll. Auch dagegen wird sich die Agentur nicht wehren, weil sie auch für andere Kunden ständig auf der Suche nach Werbeanzeigen ist und weil sie sich von jeder Anzeige natürlich eine Provision anrechnen wird.

Für die öffentliche Einrichtung hat ein solches Outsourcing, gekoppelt mit der Verpflichtung, Finanzmittel zu akquirieren, gleich mehrere Vorteile. Zum einen spart sie Arbeit und damit Kosten, zweitens dürfte sie auf diese Weise weit erfolgreicher sein, als wenn sie sich selbst um Sponsoren oder Anzeigenkunden bemühen würde und drittens wird sie durch dieses Verfahren vom Bruttoprinzip des öffentlichen Haushaltsrechts befreit. Nach dem Grundsatz des Bruttoprinzips

(*Klein* 1995a:58ff.) müssen nämlich Ausgaben und Einnahmen getrennt voneinander aufgeführt werden, d.h. falls der Ausgabenansatz für die Ausstellung zu niedrig ist, hilft die zu erwartende Einnahme aus dem Sponsoring nichts, weil der Ausgabenansatz sich dadurch nicht automatisch erhöht. Die Ausstellung kann dann nur nach einem aufwendigen Genehmigungsverfahren (überplanmäßige Ausgabe) realisiert werden. Wird die Ausstellung dagegen von einem Ausstellungsbüro erstellt, das bei seiner Rechnungsstellung den gesponserten Betrag bereits abgezogen hat, kann das Bruttoprinzip sehr elegant (aber völlig legal) umgangen werden. (Eine Verrechnung von Einnahmen aus dem Anzeigenaufkommen mit den Kosten für die Drucklegung einer Broschüre, indem der Anzeigenkunde gebeten wird, seinen Betrag direkt an die von der öffentlichen Kultureinrichtung beauftragte Druckerei zu überweisen, ist dagegen rechtlich ausgeschlossen; dem widerspricht in der Kameralistik das – rechtlich bindende – Bruttoprinzip.)

Interessant ist ein solches Outsourcing auch für eine Nonprofit-Organisation wie beispielsweise einen Kunstverein. Statt durch Sponsoren- oder Werbeeinnahmen die Gemeinnützigkeit zu gefährden bzw. steuerpflichtig zu werden – immerhin erzielt ein Kunstverein auch zahlreiche andere Einnahmen, so daß die für Körperschaft- und Gewerbesteuer „magische Grenze“ von 60.000 DM oft schnell erreicht ist –, kann über das Outsourcing eine Nettoverrechnung erfolgen, d.h. die tatsächlich erzielten Sponsoren- oder Werbeeinnahmen treten in der Rechnungslegung des Kunstvereins nicht auf.

Wie die Beispiele zum Outsourcing und zur Teilprivatisierung zeigen, gibt es zahlreiche Möglichkeiten, um über die genannten Wege die Finanzierungssituation zu verbessern. Das ist einerseits erfreulich, weil administrative und manageriale Kreativität hier offensichtlich zu effizienten Lösungen führt, andererseits aber auch ärgerlich, weil doch viele Umwege gegangen und Haken geschlagen werden müssen, um zum Ziel zu gelangen. Deshalb kann die Aufzählung nicht enden ohne den Hinweis, daß hier die Rahmenbedingungen dringend verbessert werden müßten. Das betrifft sowohl das öffentliche Haushaltsrecht, das beispielsweise durch das Bruttoprinzip vieles unnötig erschwert, als auch den Status öffentlicher Kultureinrichtungen. Privatrechtliche und gemeinnützige Formen sind gerade für das Beitreiben von Spenden und Sponsorengeldern von großem Vorteil. Doch kann angesichts der durchaus gegebenen Nachteile eine Privatisierung öffentlicher Kultureinrichtungen nicht generell empfohlen werden, wie umgekehrt die Sponsoren-Akquisition durch gemeinnützige Nonprofit-Organisationen zu einem Verlust der Gemeinnützigkeit führen kann (siehe unten).

Zwei Wege scheinen zur Lösung dieses Dilemmas gangbar zu sein. Erstens könnten die Handlungsspielräume von Nonprofit-Organisationen deutlich erweitert werden, damit nicht schon bei verhältnismäßig geringfügigen wirtschaftlichen Betätigungen die Gemeinnützigkeit gefährdet wird bzw. eine Steuerpflicht eintritt. Zweitens sollten öffentliche Kultureinrichtungen besser abgesichert werden, wenn sie den Status einer privatrechtlichen Nonprofit-Organisation einnehmen. Dazu gehört vor allem eine größere Finanzsicherheit, die zur Zeit über das haushaltsrechtliche Verfahren der Zuwendungen (statt einer unmittelbaren Fehlbedarfsabdeckung) nicht befriedigend gegeben ist, sowie eine stärkere kulturpolitische Einbindung der privatrechtlichen Betriebsformen öffentlicher Aufgaben.

(2) Steuerrechtliche Rahmenbedingungen

Steuerliche Rahmenbedingungen sind allein für eine private Kulturförderung von Bedeutung, da durch die öffentliche Kulturförderung weder beim Förderer noch beim Geförderten eine Steuerpflicht entsteht. Für die private Kulturförderung ist die steuerrechtliche Situation in Deutschland durchaus nicht unbefriedigend, aber dennoch in Teilen verbesserungsbedürftig. Vor allem ist die Rechtslage außerordentlich kompliziert und unübersichtlich, was aber angesichts des ohnehin kaum zu durchschauenden Steuerrechts schon nicht mehr verwundern kann.

Zu den steuerlichen und rechtlichen Rahmenbedingungen der privaten Kulturförderung hat das Bundesministerium des Innern Anfang der neunziger Jahre ein Gutachten in Auftrag gegeben, das von *Ekkehard Bechler* und *Martin Weigel* erarbeitet wurde und in der Reihe der „Glückburger Konzepte" erschienen ist (*Bechler/Weigel* o.J.)[11]. Es kommt zu dem Ergebnis, daß „eine Abzugsfähigkeit fördernder Aufwendungen von der Einkommensteuer (...) für den Förderer einen ökonomischen Anreiz darstellen (kann), einen höheren Betrag zur Verfügung zu stellen als er es ohne steuerliche Regelung getan hätte. Die Elastizität der Förderung ist die prozentuale Zunahme des Förderbetrages als Folge einer bestimmten durch Steuerbegünstigung herbeigeführten prozentualen Abnahme des Eigenbetrages. Empirische Stu-

[11] Eine Kurzfassung des Gutachtens ist wiedergegeben in: Kulturkreis der deutschen Wirtschaft im BDI 1996:43–69.

dien beweisen, daß diese Elastizität größer als 1 ist. Dies bedeutet, daß immer dann, wenn eine kulturfördernde Maßnahme zu einer bestimmten steuerlichen Entlastung führt, der Förderbetrag um einen höheren Prozentsatz als den der Steuerentlastung zunimmt" (ebda., Zusammenfassung:10).

Dabei ist zusätzlich zweierlei zu berücksichtigen. Zunächst einmal steigt die Bereitschaft des Förderers, je höher die mit der Förderung zu erwartende steuerliche Entlastung ist. Dies einzusehen, bedarf es kaum eines empirischen Aufwandes: wer mit einem Spitzensteuersatz von 45 % belastet wird, erhält für eine Spende von 100 DM eine steuerliche Entlastung von 45 DM; wer dagegen nur mit einem Steuersatz von 25 % belastet wird, erreicht nur eine Steuerersparnis von 25 DM. (Unter diesem Gesichtspunkt entspricht eine Senkung des Spitzensteuersatzes zwar den persönlichen Wünschen der leitenden Mitarbeiter von Kulturbetrieben, keineswegs aber beruflichen oder dienstlichen Interessen.)

Zweitens ist zu berücksichtigen, daß nicht allein die Steuerentlastung des Förderers dessen Motivation bestimmt, sondern auch die steuerliche Behandlung des Geförderten. Wenn Kunstpreise, Stipendien oder Einnahmen aus einem Sponsoring am Ende vom Begünstigten versteuert werden müssen, mindert das die Bereitschaft des Förderers in ähnlicher Weise wie eine fehlende steuerliche Entlastung des Förderers selbst (ebda.).

Damit zeigt sich deutlich, daß über steuerliche Regelungen eine private Kulturförderung sehr wohl beeinflußt werden kann, daß allerdings die Mechanismen insgesamt sehr kompliziert sind und mit besonderer Sorgfalt behandelt werden müssen. Im einzelnen müssen für eine steuerliche Begünstigung privater Kulturförderung zwei Voraussetzungen gegeben sein:

- Die zu fördernde Institution muß den Status der Gemeinnützigkeit haben und
- die Förderung muß so erfolgen, daß sie die Voraussetzungen für eine steuerliche Berücksichtigung (z.B. Spendenabzugsfähigkeit) erfüllt.

Einerseits ist also die zu begünstigende Institution betroffen, andererseits geht es um die Situation des Förderers.

Nach § 51ff. der Abgabenordnung (AO) von 1976, zuletzt geändert durch das Steueränderungsgesetz vom 25.2.1992 (BGBl. I S.297, 329), wird eine Steuervergünstigung gewährt, wenn „eine Körperschaft ausschließlich und unmittelbar gemeinnützige, mildtätige oder kirchliche Zwecke (steuerbegünstigte Zwecke) verfolgt". § 52 Abs.2 AO erläutert dazu, daß als Förderung der Allgemeinheit insbesondere anzuerkennen sind, „die Förderung von Wissenschaft und Forschung, Bildung und Erziehung, Kunst und Kultur, der Religion, der Völkerverständigung, der Entwicklungshilfen, des Umwelt-, Landschafts- und Denkmalschutzes, des Heimatgedankens" sowie „(...) die Förderung (...) des traditionellen Brauchtums einschließlich des Karnevals, der Fastnacht und des Faschings"[12]. Diese Förderung muß selbstlos, ausschließlich und unmittelbar erfolgen (§ 55 AO).

Erzielt die gemeinnützige Einrichtung Einnahmen aus einer Tätigkeit, die in einem unmittelbaren Zusammenhang mit ihren Zwecken steht (sog. steuerunschädlicher Zweckbetrieb), so ist sie auch für diesen Bereich von einkommensabhängigen Steuern befreit (§ 65 in Verbindung mit § 64 Abs.1 AO). „Kulturelle Einrichtungen (z.B. Bibliotheken, Theater, Oper, Museen) und kulturelle Veranstaltungen (z.B. Konzerte, Lesungen, Kunstausstellungen) sind in § 68 Nr.7 AO ausdrücklich als Regelbeispiele für Zweckbetriebe genannt. Die Höhe der erwirtschafteten Einnahmen (z.B. Eintrittsgelder) ist seit 1990 für die Zweckbetriebseigenschaft unerheblich. Sie sind als Erlös aus einem steuerbegünstigten Zweckbetrieb steuerfrei und bei der Bemessung der Besteuerungsgrenze nicht zu berücksichtigen" (*Fischer/Reich* 1996:5).

So vorteilhaft diese Regelung für öffentliche und gemeinnützige Kulturbetriebe auch ist, so wird sie doch erheblich eingeschränkt durch die Regelungen über den wirtschaftlichen Geschäftsbetrieb, soweit er nicht Zweckbetrieb ist. Nach der Abgabenordnung ist es nämlich unerheblich, ob für den wirtschaftlichen Geschäftsbetrieb eine Gewinnabsicht besteht oder nicht (§ 14 AO). Das bedeutet, daß die steuerlichen Vorteile der Gemeinnützigkeit gefährdet sein können, wenn außerhalb des steuerunschädlichen Zweckbetriebs bestimmte Höchstgrenzen einer wirtschaftlichen Betätigung überschritten werden, selbst wenn dies nicht beabsichtigt war. Ein ungewöhnlich erfolgreich verlaufenes Vereinsfest mit relativ hohen Einnahmen aus der Bewirtung hat für den gemeinnützigen Kulturverein möglicherweise eine Steuerpflicht zur Folge, da „der Verkauf von Speisen und Getränken und die Werbung bei kulturellen Veranstaltungen (...) nicht zum Zweckbetrieb (gehören)" (Anwendungserlaß zu § 68 Nr.7 AO). Konkret bedeutet dies: übersteigen die Einnahmen (einschließlich Umsatzsteuer) aus einem wirtschaftlichen Geschäftsbetrieb die Summe von 60.000 DM, so

12 Andere Zwecke, die aus kultureller Sicht weniger von Bedeutung sind, wurden im Zitat ausgeklammert.

fallen Körperschaft- und Gewerbesteuer an. Dabei gilt der gesamte Betrag (nicht nur die 60.000 DM überschreitenden Einnahmen) als Besteuerungsgrundlage.

Ein steuerunschädlicher Zweckbetrieb ist nur dann gegeben, „wenn

1. der wirtschaftliche Geschäftsbetrieb in seiner Gesamtrichtung dazu dient, die steuerbegünstigen satzungsmäßigen Zwecke der Körperschaft zu verwirklichen,
2. die Zwecke nur durch einen solchen Geschäftsbetrieb erreicht werden können und
3. der wirtschaftliche Geschäftsbetrieb zu nicht begünstigten Betrieben derselben oder ähnlicher Art nicht in größerem Umfang in Wettbewerb tritt, als es bei Erfüllung der steuerbegünstigten Zwecke unvermeidbar ist" (§ 65 AO).

Vor allem die Ziffern 2 (Gesamtbetrieb) und 3 (Wettbewerbsneutralität) machen es öffentlichen Einrichtungen, die von einer Fehlbedarfsfinanzierung ausgehen können, und gemeinnützigen privaten Institutionen, die sich in starkem Maße über Zuwendungen der öffentlichen Hand finanzieren, sehr schwer, die wirtschaftliche Betätigung als steuerunschädlichen Zweckbetrieb zu definieren. Dies zeigt sich sehr deutlich beim Sponsoring.

„Nach Ansicht der Finanzverwaltung führt (...) die Entgegennahme von Sponsorengeldern beim Zuwendungsempfänger der gemeinnützigen Körperschaft, dem Museum oder der Kunsthalle, zu einem steuerpflichtigen wirtschaftlichen Geschäftsbetrieb. (...) Übersteigen (...) die Sponsoreinnahmen aus wirtschaftlichem Geschäftsbetrieb etwa 50 % der Gesamteinnahmen des Museums, kann nach verschiedentlich geäußerter Ansicht der Finanzverwaltung der kulturellen Einrichtung sogar die Gemeinnützigkeit entzogen werden, da sie dann primär wirtschaftlichen und nicht mehr gemeinnützigen Zwecken diene: Der besonders fleißige Sponsor-Akquisiteur wird so bestraft" (*Heuer* 1995:66f.). Wenn man bedenkt, daß beispielsweise viele Museen und Theater heute bereits einen Museums- bzw. Theatershop unterhalten, Anzeigen in Programmbroschüren schalten oder auch nur einen Getränkeautomaten bereitstellen (was allesamt wirtschaftliche Geschäftsbetriebe sind), so ist für diese Einrichtungen ein Sponsoring gänzlich ausgeschlossen, wenn sie nicht für alle genannten Bereiche eine Steuerpflicht riskieren wollen (*Bruhn/Mehlinger* I/1995:100ff.). Es bleibt mithin kaum eine andere Wahl, als eine gesellschaftsrechtliche Ausgliederung oder aber der Verzicht auf zusätzliche Umsatzerlöse und Sponsoringeinnahmen.

Hier zeigt sich sehr deutlich, wie sehr eine steuerrechtliche Rahmenbedingung die Kulturfinanzierung negativ beeinflussen kann. Weder kann diese Regelung den Kulturbetrieb dazu animieren, entsprechende Anstrengungen für eine Stärkung der Umsatzerlöse oder für andere Finanzierungsinstrumente zu unternehmen, noch kann sie den Sponsor zu einem Sponsoring motivieren. Wenn aber die Förderbereitschaft des Sponsors auch wesentlich davon abhängt, wie das Sponsoring sich für den Geförderten steuerlich auswirkt (*Bechler/Weigel* o.J.: 10), so kann eine gewisse Zurückhaltung potentieller Förderer angesichts dieser steuerrechtlichen Situation kaum noch verwundern. Diese Regelung sollte deshalb dringend überarbeitet werden.

Falls es im Einzelfall aus dem gemeinnützigen Betrieb oder aus dem Zweckbetrieb doch zu Gewinnen kommt, so bleibt es bei der Steuervergünstigung, wenn dieser Gewinn in einem Dreijahresdurchschnitt 12.000 DM pro Jahr nicht überschreitet. Diese Regelung klingt sehr großzügig, ist es aber doch nur für kleinere Kulturbetriebe. Gerade in großen Ausstellungsbetrieben kommt es durchaus vor, daß man aus erheblichen Überschüssen einer erfolgreichen Ausstellung versucht, defizitäre Ausstellungen der folgenden Jahre vorzufinanzieren. Diesem durchaus sinnvollen Verfahren sind durch diese Regelung enge Grenzen gesetzt. So erhielt beispielsweise der Tübinger Kunsthallenleiter *Götz Adriani* im Februar 1997 einen Steuerbescheid über 830.000 DM, mit dem Gewinne aus einer Ausstellung von 1989 besteuert werden sollen. Da die Kunsthalle nur über einen vergleichsweise kleinen Etat verfügt, kann sie ihre international gefragten Ausstellungen jeweils nur mit Überschüssen aus den vorhergehenden finanzieren. Zur nachträglichen Besteuerung dieser „Gewinne“ lautete denn auch der Kommentar *Götz Adrianis* gegenüber der Presse: „Wir können den Laden schließen, wenn das durchgeht“ (FAZ vom 15.2.97).

Hier ist noch die Möglichkeit der Rücklagenbildung zu erwähnen, die gerade für eine langfristige Kulturarbeit von besonderem Nutzen wäre. Sie ist aber beschränkt auf zwei Fälle:

1. „zweckgebundene Rücklagen gem. § 58 Nr.6 AO zur Finanzierung eines konkreten, bereits geplanten, zeitlich festgelegten Vorhabens (...), mit dessen Hilfe der steuerbegünstigte Zweck nachhaltiger verfolgt werden soll;
2. freie Rücklagen gem. § 58 Nr.7 AO, gebildet aus jährlich höchstens 25 % der erwirtschafteten Überschüsse, gedacht zur Erhaltung der Leistungskraft“ (*Fischer/Reich* 1995:4).

Ähnlich wie bei der steuerlichen Behandlung von Sponsoringeinnahmen gilt auch hier wieder die Regelung, daß eine Rücklage nur gebildet werden darf, wenn der satzungsmäßige Zweck auf andere Weise nicht erreicht werden kann. Dies ist gerade auch im Vorgriff häufig nur schwer zu beurteilen, weshalb sich kaum eine Einrichtung auf dieses Wagnis einlassen wird.

Neben diesen steuerlichen Aspekten, die die gemeinnützige Einrichtung betreffen, sind auch die Gesichtspunkte zu beachten, die sich allein auf den Spender – unabhängig von der begünstigten Institution – beziehen. Sie finden ihre Rechtsgrundlagen in § 10 b Einkommensteuergesetz (EStG) und § 9 Nr.3 Körperschaftsteuergesetz (KStG) sowie in den entsprechenden Durchführungsverordnungen. Demach können Spenden jährlich bis zu einer Höhe von 5 % des Gesamtbetrags der Einkünfte abgesetzt werden. Dieser Betrag erhöht sich auf 10 % für wissenschaftliche, staatspolitische und als besonders förderungswürdig anerkannte kulturelle Zwecke; zu letzteren sind vor allem öffentliche Kultureinrichtungen zu rechnen. Alternativ dazu kann auch ein Spendenabzug bis zu 0,2 % der Summe der gesamten Umsätze und der im Kalenderjahr aufgewendeten Löhne und Gehälter vom zu versteuernden Einkommen erfolgen. „Dadurch wird der Spendenabzug auch bei geringen Gewinnen und sogar bei Verlusten ermöglicht" (*Boochs/Gantеführer* 1992:157).

Wie bereits erwähnt, werden Spenden steuerrechtlich als Sonderausgaben behandelt. Das bedeutet allerdings, daß sie nur dann steuerlich relevant werden, wenn sie – gemeinsam mit anderen Sonderausgaben – die Sonderausgabenpauschale für „übrige Sonderausgaben" von zur Zeit 108 DM für Alleinstehende und 216 DM für zusammenveranlagte Verheiratete überschreiten (Regelung für 1997). Eine Spende von 200 DM durch ein gemeinsam veranlagtes Ehepaar ohne andere „übrige Sonderausgaben" findet folglich keine steuerliche Berücksichtigung. Hier wirkt die „Mindestgrenze" auf Kleinspender, die im Fund raising durchaus eine Rolle spielen, nicht gerade motivierend. Die Sonderausgabenpauschale sollte deshalb möglichst entfallen, um einen Spendenanreiz auch für Kleinspender zu schaffen.

Auf der anderen Seite besteht die erwähnte Höchstgrenze. Angenommen, jemand hat ein zu versteuerndes Einkommen von 60.000 DM, was einem Bruttoeinkommen von etwa 100.000 DM entsprechen dürfte, dann kann er Sonderausgaben bis zu 3.000 DM bzw. im Falle des erhöhten Satzes von bis zu 6.000 DM geltend machen. Unter diese Höchstsumme fallen alle Spenden, also auch die für mildtätige, kirchliche und religiöse Zwecke, für eine Reihe besonders förderungswürdiger Organisationen (z.B. Greenpeace, Deutscher Sportbund) sowie Spenden an politische Parteien und Wählervereinigungen. Dazu können Mitgliedsbeiträge, Aufnahmegebühren und Migliederumlagen abgesetzt werden, wenn der betreffende Verein bzw. die Organisation befugt ist, selbst Spendenbescheinigungen auszustellen (gilt nicht für politische Parteien), also z.B. Mitgliedsbeiträge im Reichsbund der Kriegs- und Wehrdienstopfer, des Tierschutzverbandes oder Organisationen der Jugendpflege. Für einen alleinstehenden Menschen, der sich dem Wohl der Mitmenschen besonders verpflichtet fühlt, ist hier die Höchstgrenze von 3.000 DM schnell erreicht, so daß auch hier eine Änderung der Vorschrift dringend zu wünschen wäre.

Um Großspendern und Stiftern entgegenzukommen, wurde durch das Kultur- und Stiftungsförderungsgesetz von 1990 die Möglichkeit eines Spendenvor- bzw. -rücktrags eingeräumt. Zur Förderung wissenschaftlicher und kultureller Zwecke können Großspenden bzw. Stiftungen zwei Jahre zurück und bis zu fünf Jahren im Vorgriff steuerlich geltend gemacht werden, sofern die Jahresbeträge die genannten Höchstgrenzen überschreiten und die Spende insgesamt mindestens 50.000 DM beträgt. Diese Regelung ist sehr hilfreich und übertrifft noch die ansonsten großzügigeren amerikanischen Regelungen (*Toepler* 1996:104f.). Es klafft aber eine zu große Lücke zwischen der Regelung für die „normale" jährliche Absetzbarkeit und die Regelung für die Großspende. Würde etwa der oben erwähnte Spender mit einem zu versteuernden Einkommen von 60.000 DM auf den Gedanken kommen, insgesamt 10.000 DM zu spenden, so würde er nur maximal 6.000 DM steuerlich geltend machen können, da die Großspendenregelung für ihn nicht in Betracht kommt. Es ist deshalb dringend erforderlich, für Spenden im „mittleren" Bereich, wo es auch für Zustiftungen schon anfängt interessant zu werden, eine günstigere Regelung zu treffen.

Ganz besonders unbefriedigend ist die Situation im deutschen Steuerrecht für das Sponsoring (vgl. Abschnitt 3.1.3). Wie bereits erwähnt, sind Zuwendungen im Rahmen eines Sponsorings als Betriebs- bzw. Werbeausgaben abzusetzen, weil sie in einem unmittelbaren Zusammenhang mit der Erzielung des Einkommens stehen. Der Sponsor hat deshalb stets darauf zu achten, „daß es sich um eine betriebsbedingte Ausgabe handelt. Dies ist immer dann gegeben, wenn seine Leistung im Austausch mit der Gegenleistung des Gesponserten erbracht wird und dessen Leistung dem Sponsor in betrieblicher Hinsicht nützt. In allen Fällen, in denen der Gegenleistung des Gesponserten irgendein, wenn auch nur geringer, Werbewert beigemessen werden kann und der Sponsor im Hinblick darauf seine Aufwendungen getätigt hat, kann dies angenommen werden" (*Bruhn/Mehlinger* I 1995:96).

Der in der Formulierung von *Bruhn/Mehlinger* erkennbare Optimismus muß allerdings nicht zwangsläufig geteilt werden, denn in einer Verfügung der Oberfinanzdirektion Düsseldorf vom 9. Dezember 1992 wird ein „nur geringer Werbewert" ganz anders beurteilt: „Der bloße Hinweis auf die zu unterstützende Firma wird regelmäßig nicht zur Qualifikation als Betriebsausgabe ausreichen, denn Aufwendungen für einen (kulturellen und sonstigen) gemeinnützigen Zweck sind nicht schon dann (sonstige) Betriebsausgaben, wenn mit ihnen auf die Person des Spenders aufmerksam gemacht werden soll. (...) Bei Kulturveranstaltungen muß ein strengerer Maßstab als bei Sportveranstaltungen angelegt werden, da Kulturveranstaltungen wesensgemäß unkommerziell sind" (zitiert nach *Heuer* 1995:64).

Gerade der letzte Satz zeigt die schwierige Situation, in der sich das Sponsoring im deutschen Steuerrecht befindet. „Während einerseits die kulturellen Institutionen auf ihre Autonomie pochen müssen, da ein Eingriff des Sponsors in die künstlerische Aussage den kulturellen Bereich nicht nur kommerzialisiert, sondern verfremdet, verlangt die Finanzverwaltung gerade diese Kommerzialisierung der gesponserten Kulturprojekte" (ebda. 65). Um einer gewissen Rechtsunsicherheit bei der steuerlichen Behandlung des Kultursponsorings entgegenzutreten, hat das Bundesfinanzministerium in Zusammenarbeit mit den Finanzbehörden der Länder Anfang 1997 „Grundsätze für die ertragssteuerliche Behandlung des Sponsorings" vorgelegt, in denen aber die besondere Situation des Kulturbetriebs wieder nicht ausreichend berücksichtigt wird. Die Kultusministerkonferenz hat deshalb für den Kulturbereich um einige Änderungen gebeten und vorgeschlagen, daß beispielsweise bereits die Mitwirkung des Sponsors an Pressekonferenzen und öffentlichen Veranstaltungen sowie das Nennen seines Namens und seiner Produkte in redaktionellen Veröffentlichungen als angestrebter wirtschaftlicher Vorteil anzusehen sein sollen, der eine Berücksichtigung als Betriebsausgabe ermöglicht. Gerade weil im Kulturbereich die Plazierung von Logos deutlich eingeschränkter sei als beispielsweise im Sport, so der Einwand der Kultusministerkonferenz, müßten entsprechend niedrige Voraussetzungen an die Nennung der Sponsoren geknüpft werden. Dies entspräche etwa der Position der österreichischen Steuerverwaltung: Während sie einerseits ein sogenanntes *Product Placement* verbietet, erkennt sie es andererseits als ausreichende Gegenleistung an, „wenn die Tatsache der Sponsortätigkeit angemessen in der Öffentlichkeit bekannt gemacht wird" (Österreichischer Sponsorenerlaß vom 18.5.87; zitiert nach *Heuer* 1995:66).

Es bleibt deshalb nach dem deutschen Steuerrecht vorerst keine andere Wahl, als die geschilderten Maßnahmen zu ergreifen (vgl. S. 201 f.) und ausführlich über schriftlich fixierte und nachvollziehbare Konzeptionen und Strategien den Zusammenhang zwischen dem Engagement des Sponsors und dem Projekt des Gesponserten deutlich zu machen. Doch so schwierig es schon im Einzelfall ist, dies zur Befriedigung der Steuerbehörden zu bewältigen, um so schwieriger ist dies noch, wenn sich mehrere Sponsoren mit unterschiedlichen unternehmerischen Zielen und Marketing-Konzepten in einem Sponsoring-Pool oder in einer *Public-Private-Partnership* zusammentun. Durch die engen steuerlichen Rahmenbedingungen wird gerade das eigentlich so interessante Instrument der *Public-Private-Partnership* nahezu unmöglich gemacht. Daß dadurch eine zusätzliche Motivation für einen potentiellen Sponsor entstehen könnte, die zu einer Belebung der privaten Kulturförderung führen würde, kann man wohl kaum annehmen. So kann es auch nicht verwundern, daß viele Unternehmen eher zu einer Spende bereit sind, als sich auf das Abenteuer des Sponsorings einzulassen.

Insgesamt enthalten die steuerlichen Regelungen manche Ungereimtheiten, die eher hindernd als fördernd auf eine private Kulturförderung wirken müssen. *Bechler* und *Weigel* kommen denn auch in ihrem Gutachten zu der Einschätzung, daß zu viele Rechtsunsicherheiten und Barrieren die private Kulturförderung behindern. Im einzelnen führen sie auf:

- Unsicherheiten über den Gemeinnützigkeitsstatus von Körperschaften des privaten Rechts,
- Rechtsunsicherheiten über den Gemeinnützigkeitsstatus als Folge unklarer gesetzlicher Regelungen,
- begriffliche Unklarheiten bezüglich der Unterscheidung zwischen Dotation und Spende,
- Unsicherheit über die Maßgeblichkeit des wirtschaftlichen Geschäftsbetriebs für die Gemeinnützigkeit,
- unsichere steuerliche Behandlung kulturbezogener Sponsorenaktivitäten sowie
- Unsicherheiten über die Ausgestaltung von Kooperationen zwischen privaten Förderern und öffentlichen Institutionen (*Bechler/Weigel* o.J.:18f.).

„In der Gesamtheit führen diese Unsicherheiten dazu, daß der Förderer zum Zeitpunkt seines Förderaktes nur begrenzte Klarheit darüber hat, welche steuerlichen und rechtlichen Folgen mit seinem Förderakt verbunden sind. Darin liegt eine wichtige Barriere privater Kulturförderung begründet. Der private Förderer will seine steuerliche und rechtliche Behandlung nicht *ex post* durch Einzelfallentscheidung geregelt wissen, sondern *ex ante* durch *per se*-Regelung" (ebda. 19). Wenn es das kulturpolitische Ziel ist, die private Kulturförderung zu stützen und zu beleben, dann muß es zu einer verläßlichen und nachvollziehbaren steuerlichen Regelung kommen, die es dem Spender, Stifter, Sponsor oder sonstwie Fördernden ermöglicht, auch die steuerlichen Auswirkungen seines Engagements zu planen.

(3) Betriebswirtschaftliche (manageriale) Rahmenbedingungen

Sieht man die Möglichkeiten, die sich mit der Ausweitung vorhandener und der Einführung neuer Finanzierungsinstrumente bieten, und berücksichtigt man zudem die damit einhergehenden rechtlichen, steuerlichen und managerialen Regelungen, so wird man kaum erwarten dürfen, daß selbst kleinere Kulturbetriebe auf mittlere Sicht ohne ein professionelles Finanzierungsmanagement auskommen werden. Bezog sich der Arbeits- und Kompetenzaufwand beispielsweise in öffentlichen Kulturbetrieben in der Vergangenheit im wesentlichen auf den einmal jährlich auszuhandelnden Deckungsbeitrag des Trägers, so steht zu erwarten, daß durch den Einsatz einer Vielzahl von Kulturfinanzierungsinstrumenten sowohl der zeitliche Aufwand als auch die berufliche Qualifikation ganz andere Anforderungen stellen werden.

Kulturfinanzierung wird künftig sowohl in öffentlichen als auch in privaten Nonprofit-Kulturbetrieben eine permanente Aufgabe sein, der sich vor allem die Betriebsleitung anzunehmen hat. Das hat zweierlei Konsequenzen: Zunächst einmal muß seitens des Trägers berücksichtigt werden, daß der damit verbundene Zeit- und Kompetenzaufwand sich nicht von selbst regelt. Vielmehr müssen Umschichtungen in der personellen Besetzung und in den Aufgabenzuweisungen vorgenommen werden, die es den leitenden Mitarbeitern ermöglichen, die für ihre neue Aufgabe erforderliche Zeit tatsächlich auch einzubringen. In den USA, wo viele der hier vorgestellten Finanzierungsinstrumente gleichrangig nebeneinander zum Einsatz kommen, ist es in größeren Museen, Bibliotheken und Theatern nicht unüblich, daß eigenständige Abteilungen sich ausschließlich mit der Akquisition und Pflege von Sponsoren, Stiftern und Spendern beschäftigen. Freilich muß sehr sorgfältig abgewogen werden, ab wann eine solche personelle Ausstattung in Relation zu den zu erwartenden Einnahmen auch wirtschaftlich ist. Dabei ist seitens des Trägers aber auch zu berücksichtigen, daß die dazu erforderliche Qualifikation der Mitarbeiter nur mit einem entsprechenden Aufwand an Zeit und Kosten erworben werden kann.

Auf der anderen Seite stehen schwerwiegende Konsequenzen für die betreffenden Mitarbeiter an. Bei weitem die wenigsten Kunsthistoriker in Museen, Dramaturgen in Theatern, Bibliothekare in Bibliotheken oder Intendanten in Orchestern sind auch von ihrer beruflichen Einstellung her auf eine solche Aufgabe vorbereitet. Sie empfinden sich als Wissenschaftler und Künstler und nicht als Geldbeschaffer. Hier aber wird eine grundlegende Wandlung des Berufsbildes in kulturellen Berufen nicht mehr zu vermeiden sein. Wer künftig als Wissenschaftler, Kulturvermittler und Künstler erfolgreich tätig sein will, wird sich in hohem Maße nicht nur um die Organisation seines Arbeitsbereichs, sondern auch um das Finanzierungsmanagement kümmern müssen. Der künftige Leiter eines Museums oder einer Bibliothek, Intendant bzw. Betriebsleiter eines Theaters oder Orchesters, Kurator eines Kunstvereins usw. wird Experte seines spezifischen Kulturberufs *und* Kulturmanager mit dem Schwergewicht der Kulturfinanzierung zugleich sein. In dieser doppelten Aufgabe muß man nicht nur eine Belastung sehen, man kann es auch als einen zweifachen Gestaltungsspielraum erkennen.

4 Kontinuität und Innovation

Schon die Analyse der Ausgangssituation zur Kulturfinanzierung zeigt ein vielschichtiges Ergebnis. Ganz offensichtlich ist eine Reihe kulturbetrieblicher und kulturpolitischer Faktoren Ursache dafür, daß die Kulturfinanzierung in Deutschland in eine schwere Krise geraten ist.

Zu diesen Ursachefaktoren gehört die Verwendung eines Kulturbegriffs in den siebziger Jahren, der offen war für jede Form der Erweiterung und damit für eine ständige Vergrößerung des Gegenstandes von Kulturpolitik und Kulturarbeit. Damit einher ging die Ausdehnung des öffentlichen Kulturbetriebs, weil über die Erweiterung des Kulturbegriffs Inhalte in die Kulturarbeit aufgenommen wurden, die sich nur über Mittel der öffentlichen Hand finanzieren ließen. Man kann es auf eine einfache Formel bringen: Je weiter ein Kulturbegriff ist, um so schwieriger wird eine Finanzierung aus Mitteln, die unmittelbar im Kulturbetrieb selbst erwirtschaftet oder von privater Seite bereitgestellt werden.

Des weiteren hat sich gezeigt, daß sowohl im 19. Jahrhundert als auch unmittelbar nach dem Zweiten Weltkrieg und erneut wieder in den siebziger Jahren Aufgaben vom öffentlichen Kulturbetrieb übernommen wurden, für die bis dahin andere Träger und damit auch andere Finanzmittel zur Verfügung standen. Doch weder das Kapital der privaten Mäzene und Stifter des 19.Jahrhunderts noch Mittel des Sozialetats für eine sozial orientierte Kulturpolitik der siebziger Jahre flossen in den erweiterten öffentlichen und gemeinnützigen Kulturbetrieb ein, so daß es fast zwangsläufig irgendwann zu finanziellen Engpässen kommen mußte.

Darüber hinaus wurde in der kulturpolitischen Diskussion vor allem der siebziger Jahre weder der privatrechtlich-gemeinnützige noch der kommerzielle Kulturbetrieb wahrgenommen. Die großen Chancen, die mit einer frühen Kooperation und gegenseitigen Befruchtung verbunden gewesen wären, wurden nicht gesehen.

Festzuhalten ist auch, daß im Diskurs der inhaltlichen Dimension von Kulturpolitik der künstlerische Prozeß nur noch verkürzt gesehen wurde; sowohl die Künstler als auch das Publikum blieben in den kulturpolitischen Diskussionen der siebziger und achtziger Jahre weitgehend außen vor. Dies führte zu Verlusten von innovativem Potential auf der einen Seite und zu Enttäuschungen beim Publikum auf der anderen Seite, mit der Folge, daß kommerzielle Anbieter, die entsprechend nachfrageorientiert vorgingen und sich wenig um kulturpolitische Diskurse scherten, massiv in die Domänen des öffentlichen und gemeinnützigen Kulturbetriebs einbrachen.

Vor allem von kommunaler Seite wurde zu spät erkannt, daß die in guten Zeiten angehäuften kulturellen Aufgaben in schlechten Zeiten kaum zu finanzieren sein würden. Statt sich auf strategische Potentiale zu konzentrieren, die auch in schwierigen Zeiten noch erfolgreich zu handhaben sein würden, wurde teilweise hemmungslos expandiert. Negatives Musterbeispiel ist hier die Stadt Frankfurt am Main, die in guten Zeiten fleißig Museen und andere Einrichtungen schuf, ohne zu bedenken, daß es gerade die nicht einsparbaren Betriebskosten dieser Einrichtungen sein würden, die ihr heute jede kreative Veranstaltungsarbeit unmöglich machen. Ein Museum aber, das nur noch unterhalten werden kann, weil die Gelder für Ausstellungen fehlen, erfüllt kaum noch einen kulturpolitischen Zweck.

Auch wurden die Chancen auf Partnerschaften zu häufig vertan. Vor allem zu Beginn des 20. Jahrhunderts und in der Zeit der Bundesrepublik hat man nicht erkannt, wie wichtig Partnerschaften außerhalb des öffentlichen Kulturbetriebs für das Kulturleben insgesamt sind. Die großen Potentiale, die mit den Museums-, Kunst-, Musik- und Theatervereinen im 19. Jahrhundert bestanden, blieben während der Kommunalisierung der Kulturaufgaben Ende des 19. und Anfang des 20. Jahrhunderts nahezu unbeachtet. Aber auch nach dem Zweiten Weltkrieg wurde die Bereitschaft weiter Teile der Bevölkerung, zum Wiederaufbau einen eigenen Beitrag zu leisten – erinnert sei nur an die zahlreichen Privattheater, die nach dem Krieg überall entstanden –, kaum genutzt. Das gilt auch für die achtziger Jahre, als der ökonomische Stellenwert von Kultur in den Vordergrund gestellt wurde. Statt die vorhandenen Ansätze zu Partnerschaften engagiert zu fördern, glaubte man die Wirtschaft als wohlfeile Melkkuh nutzen zu können und nannte das dann auch noch Sponsoring. So fehlt es bis heute an einer überzeugenden und strukturell verankerten Partnerschaft zwischen Kultur und Wirtschaft, wie sie für die Kulturfinanzierung von höchstem Interesse hätte sein können.

Aus kulturpolitischer Sicht bleibt anzumerken, daß man zu lange der Vorstellung verbunden blieb, Kulturpolitik und kulturelle Inhalte ließen sich normativ einbringen. Die Veränderungen in den Wertvorstellungen und in den kulturellen Präferenzen – erinnert sei nur an die Tendenz, kurzfristigen Trends und erlebnisorientierten Events zu folgen –, die sich seit Jahren deutlich abzeichnen und die längst nicht mehr aufzuhalten sind, werden in der kulturpolitischen Diskussion zu wenig wahrgenommen. So wird ein Diskurs über Ziele, Inhalte und Wirkungen von Kultur geführt, der deutlich einen musealen Charakter hat. Mit den Erwartungen und Bedürfnissen des Publikums und damit auch mit dessen Bereitschaft, dafür Geld auszugeben, hat dies immer weniger zu tun. Eine nachfrageorientierte Kulturpolitik, die weder dem Publikum „die" Kultur vorschreibt noch ihm zustimmungsheischend hinterherläuft, sondern es als ernstzunehmende Partner in den kulturpolitischen Diskurs einbezieht, scheint dringend geboten zu sein.

Nicht zuletzt wurde bisher verkannt, daß die inhaltliche Dimension im kulturpolitischen Diskurs immer mehr zurücktritt gegenüber einer ordnenden Dimension. Diese ordnende Dimension aber wird zunehmend bestimmt von den Interessen kommerzieller Kulturanbieter (Urheberrecht, Medienrecht, Steuerrecht usw.).

Aus dieser Analyse des öffentlichen und gemeinnützigen Kulturbetriebs ergeben sich wesentliche Forderungen an eine künftige Kulturpolitik:

- Der normative Anspruch der Kulturpolitik muß zurückgenommen werden zugunsten einer liberalen Ausrichtung.
- Die Künstler sind wieder stärker in den kulturpolitischen Diskurs einzubinden, um die dort bereitstehende Kreativität für die Weiterentwicklung des Kulturlebens intensiver zu nutzen.
- Die Ausrichtung der Kulturpolitik auf ein Angebot ist aufzugeben zugunsten einer Nachfrageorientierung, in der es zu gegenseitig wünschenswerten Austauschbeziehungen zwischen Kulturanbietern und Publikum kommt.
- Die Kulturpolitik muß jede Form von Partnerschaften fördern, um vorhandene (nicht nur finanzielle) Potentiale zu nutzen und Verantwortungspartnerschaften zu fördern.
- Die ordnende Dimension von Kulturpolitik muß gegenüber der inhaltlichen Dimension wieder an Stellenwert gewinnen.

Zweifellos befinden sich Kulturpolitik und Kulturbetrieb in Deutschland in einer schwierigen Phase des Übergangs und der Neuorientierung. Die finanzielle Seite steht dafür als eher indirekt wirkendes Zeichen, ist auf die Zukunft gesehen aber wohl doch das entscheidende Kriterium für die Weiterentwicklung des Kulturbetriebs. Dabei wird die Frage, ob die finanziellen Engpässe wirklich so dramatisch sind, wie sie immer hingestellt werden oder ob nicht vielmehr nach dem schwäbischen Prinzip gehandelt wird „Lerne klagen, ohne zu leiden!", von zweitrangiger Bedeutung sein. Es mehren sich statt dessen die Zeichen, daß der von vielen Politikern und Publizisten angekündigte „Umbau des Sozialsystems" zu einem Umbau des Systems von Freiwilligkeitsleistungen führen wird, was im Klartext auch einen Umbau der Kulturfinanzierung zur Folge haben wird.

Im Vordergrund eines solchen Umbaus wird die Stärkung der privaten Kulturförderung stehen. Dafür sind – das muß man deutlich festhalten – die Finanzierungsinstrumente vorhanden; keines der im internationalen Vergleich aufgeführten Finanzierungsinstrumente ist in Deutschland gänzlich unbekannt. Woran es aber zweifellos mangelt, ist eine Bereitschaft des öffentlichen und gemeinnützigen Kulturbetriebs, sich auf eine solche private Kulturförderung stärker einzulassen. Hier sind die Befürchtungen der Künstler und Kulturvermittler, damit könnte eine Kommerzialisierung von Kultur einhergehen, außerordentlich groß.

Doch bei aller Orientierung an Veränderungen in Umfeld und Ressourcen, an Publikumserwartungen (Nachfrage) oder am Wettbewerb, muß doch immer deutlich bleiben, daß nicht der Markt das Ziel ist, sondern die Kultur. Eine generelle Privatisierung und Kommerzialisierung von Kultur würde dem Markt dienen; hier aber geht es um eine finanzielle Sicherung öffentlicher und gemeinnütziger Kulturangebote, auch in einer veränderten politischen, sozialen und ökonomischen Umwelt. Wenn es gelänge, Strukturen und Instrumente für eine modifizierte Kulturfinanzierung zu schaffen, die dem Prinzip eines nicht-profitorientierten Kulturangebots verpflichtet bliebe, müßte es möglich sein, auch bei einer Stärkung der privaten Kulturförderung eine generelle Kommerzialisierung von Kultur zu verhindern.

Daß es solche Strukturen und Instrumente gibt, dürfte gerade der internationale Vergleich gezeigt haben. Erinnert sei an die Vorzüge, die sich aus halb-staatlichen Instanzen nach dem Muster der *Arm's Length Bodies* ergeben können. Kulturräte in den einzelnen Bundesländern, die eine dem schwedischen Kulturrat vergleichbare unabhängige Position hätten, könnten einerseits eine gewisse Staatsferne signalisieren und damit eine private Kulturförderung (zumindest psychologisch) erleichtern und könnten andererseits durch die Beteiligung von Künstlern und Kulturvermittlern die Freiheit der Kunst auch als „Freiheit vom Staat" stärker stützen, ohne damit schon das Prinzip der „Freiheit durch den Staat" gänzlich aufzugeben. Wenn man sich zudem darauf verständigen könnte, die den Kulturräten übertragenen Mittel für jeweils drei Jahre verbindlich zu garantieren, könnte sich daraus auch eine größere Kontinuität der Kulturfinanzierung ergeben. (Ein einheitlicher Deutscher Kulturrat, der Zuständigkeiten nach schwedischem oder britischem Vorbild hätte, wäre zwar – gerade mit Blick auf die Wirksamkeit zentralstaatlicher Projekte und kulturpolitischer Zielsetzungen – wünschenswert, ist aber angesichts der föderalen Struktur der Bundesrepublik nicht realistisch.)

Anders als es bisher in Schweden üblich ist, sollte eine solche halbstaatliche Instanz aber dazu genutzt werden, Anreize für eine private Kulturfinanzierung zu schaffen. Dazu zählen nach britischem und amerikanischem Muster die *Matching Funds.* Würde der größte Teil staatlicher und kommunaler Kulturfinanzierung über solche Komplementärfinanzierungen erfolgen, würde dies – nach einer Phase des Aufbaus von Strukturen und auch steuerlicher Anreizsysteme – zu einer Stärkung der privaten Kulturförderung führen, ohne daß es dadurch zur befürchteten Kommerzialisierung bzw. zu einer Abhängigkeit von Marketing-Strategien der Wirtschaft käme.

Doch fehlt es zur Zeit eindeutig an solchen Anreizsystemen. „Wenn wir wollen, daß Bürger mehr als bisher und an der Stelle des Staates Kunst und Künstler fördern, so muß man dies durch praktische Maßnahmen stimulieren" (*Douglas* 1994:16). Zu solchen praktischen Maßnahmen gehören zweifellos das Steuerrecht und andere rechtliche Rahmenbedingungen. Allerdings steht zu befürchten, daß es mit ein paar Ausführungsverordnungen zum Einkommensteuergesetz nicht getan ist; es sind vielmehr Signale erforderlich, die auch den politischen Willen erkennen lassen, Verantwortlichkeiten im kulturellen Bereich an eine private Kulturförderung abzutreten. Durch halb-staatliche Strukturen, die eigenverantwortlich über staatliche Gelder verfügen können, würde sich überzeugend belegen lassen, daß der Staat ernsthaft nach privaten Partnern sucht, denen er Verantwortung übertragen kann, ohne in den Verdacht zu geraten, Verantwortlichkeiten abzuschieben.

Letztlich wird es davon abhängen, ob es gelingt, staatliche Strukturen so zu reformieren, daß einerseits die Kontinuität der Einrichtungen und der Veranstaltungsreihen weiterhin gewahrt bleibt und andererseits projektorientierte und projektfinanzierte Innovationen möglich werden. Das bereits mehrfach angesprochene Gleichgewicht zwischen Kontinuität und Innovation wird damit zum Prüfstein einer jeden Reform der Kulturfinanzierung. Eine Reform, die nur an einer Stelle ansetzen und beispielsweise das Sponsoring erleichtern würde, brächte die Balance genauso aus dem Gleichgewicht wie eine Neuorientierung, die allein bei der Privatisierung ansetzen würde. Statt dessen sind auf Dauer verläßliche Bestandsgarantien für die Einrichtungen erforderlich, die von staatlicher Seite aus kulturpolitischen Gründen gewünscht werden; es geht nicht an, daß ein Theater oder Museum mit mehrjähriger Planungsphase ständig durch neue Hiobsbotschaften über Mittelkürzungen verunsichert wird. Wenn diese Kontinuität der Institution durch eine öffentliche Grundfinanzierung gesichert ist, kann die innovative Projektarbeit finanztechnisch herausgelöst und mit Umsatzerlösen und einer vielfältigen privaten und öffentlichen Drittmittelfinanzierung gewährleistet werden. Damit wird Flexibilität erreicht, ohne daß die Balance zwischen Kontinuität und Innovation gestört würde.

Daraus ist zu folgern, daß es für die Kulturfinanzierung ein Paket zu schnüren gilt, das beinhalten sollte:

- Signale für eine größere Staatsferne durch die Einrichtung halbstaatlicher Instanzen,
- eine Kombination von Kontinuität sichernder Grundfinanzierung und Innovation fördernder Projektfinanzierung,
- Anreize für eine Komplementärfinanzierung (*Matching Funds*, Partnerschaften),
- deutliche steuerliche Erleichterungen und eine bereits vorab kalkulierbare Rechtssicherheit für eine private Kulturfinanzierung (für Spenden, Sponsoring, Stiftungen),
- verbesserte rechtliche Rahmenbedingungen (z.B. zur Festigung des Status der Gemeinnützigkeit) sowie
- Maßnahmen zur Förderung der akquisitorischen Kompetenz der leitenden Mitarbeiter in öffentlichen und gemeinnützigen Kulturbetrieben (Kulturmanagement).

Zweifellos zeigt sich allein in diesen sechs Punkten, die das Thema auf nicht mehr zu überbietende Weise verkürzen, daß es sich dabei kaum um nur korrigierende und reparierende Maßnahmen handeln kann. Vielmehr ist damit direkt auch der kulturpolitische Diskurs angesprochen; ohne eine grundlegende Neuorientierung der Kulturpolitik, wie sie eingangs dieses Kapitels nochmals skizziert wurde, wird die Neuorientierung der Kulturfinanzierung nicht gelingen. Kulturfinanzierung erweist sich hier in der Tat als Kulturpolitik.

Literaturverzeichnis

Adler-Karlsson, Gunnar: Funktionaler Sozialismus. Ein schwedisches Glaubensbekenntnis zur modernen Demokratie, Zug 1973

Alemann, Ulrich von: Grundlagen der Politikwissenschaft, Opladen (Leske + Budrich) 2. Aufl. 1995

Alewyn, Richard: Das große Welttheater. Die Epoche der höfischen Feste, München (C.H.Beck) 1959 (Nachdruck 1989)

Alexander, Victoria B.: Pictures at an Exhibition: Conflicting Pressures in Museums and the Display of Art. In: American Journal of Sociology, Jg. 102, Heft 1, 1996

Ammann, Jean-Christophe (Hrsg.): Kulturfinanzierung. Dokumentation des Symposiums zur ART Frankfurt '95, Regensburg (Lindinger + Schmid) 1995

Ardagh, John: Frankreich als Provokation, Frankfurt/Main (Ullstein) 1969

Arkenholz, Johann A. von: Historische Merkwürdigkeiten die Königin Christina von Schweden betreffend; zur Erläuterung der Geschichte ihrer Regierung und insonderheit ihres Privatlebens, wie auch der Civil- und Gelehrtenhistorie ihrer Zeit, Band 1, übersetzt von *Johann Friedrich Reifstein*, Leipzig und Amsterdam 1751

Austrup, Gerhard: Schweden. Beck'sche Reihe Aktuelle Länderkunden, München (C.H.Beck) 1988

Balet, Leo; Gerhard, Eberhard: Die Verbürgerlichung der deutschen Kunst, Literatur und Musik im 18. Jahrhundert, hrsg. und eingeleitet von *Gert Mattenklott*, Frankfurt/Main, Berlin, Wien (Ullstein) 1973

Bechler, Ekkehard; Weigel, Martin: Rahmenbedingungen und Entwicklungsmöglichkeiten privater Kulturförderung und -finanzierung in der Bundesrepublik Deutschland. Gutachten im Auftrag des Bundesministeriums des Innern, Glücksburger Konzepte, Glücksburg o.J.

Becker, Bettina M.: Unternehmen zwischen Sponsoring und Mäzenatentum. Motive, Chancen und Grenzen unternehmerischen Kunstengagements, Frankfurt/Main und New York (Campus) 1994

Becker, Lisa: Kulturfinanzierung in Großbritannien und Deutschland – ein Vergleich. Ifo Studien zu Kultur und Wirtschaft 20, München (ifo Institut) 1996

Bennett, Oliver: Cultural Policy in the United Kingdom: An Historical Perspektive. In: *Bennett* 1995:15–26

Bennett, Oliver (Hrsg.): Cultural Policy and Management in the United Kingdom. Proceedings of an International Symposium, Warwick (University of Warwick) 1995

Bernhardt, Ursula: Französische Salonkultur im 18. Jahrhundert. Katalog zur gleichnamigen Ausstellung der Staatlichen Kunsthalle Karlsruhe, Karlsruhe 1994

Beyme, Maximilian von: Kulturpolitik unter den Sozialisten in Frankreich von 1981 bis 1986. Beiträge zur Politikwissenschaft, Band 43, Frankfurt/Main (Peter Lang) 1990

Bierkandt, Inga: Film und Literatur in Frankreich. Anmerkungen zu einer hundertjährigen Beziehung. In: Frankreich Jahrbuch 1994,1995:173–184

Bleicher, Knut: Das Konzept Integriertes Management. St.Galler Management-Konzept, Band 1, Frankfurt/Main und New York (Campus) 2.Aufl. 1992

Bond, Alun: Kulturmanagement in Großbritannien in den Neunzigern. Ein Überblick. In: Handbuch Kulturmanagement 1995: A 4.2

Boochs, Wolfgang; Gantefiihrer, Felix: Kunstbesitz, Kunsthandel, Kunstförderung im Zivil- und Steuerrecht, Neuwied (Luchterhand) 1992

Bourdieu, Pierre: Die feinen Unterschiede. Kritik der gesellschaftlichen Urteilskraft. Originalausgabe 1979, Frankfurt/Main (Suhrkamp) 1982 (zitiert nach der Taschenbuch-Ausgabe, 8. Aufl. 1996)

Bourdieu, Pierre; Haacke, Hans: Freier Austausch. Für die Unabhängigkeit der Phantasie und des Denkens. Aus dem Französischen von Ilse Utz und Hans Haacke, Frankfurt/Main (Fischer) 1995

Brackert, Helmut; Wefelmeyer, Fritz (Hrsg.): Kulturbestimmungen im 20. Jahrhundert, Frankfurt/Main (Suhrkamp) 1989

Braun, Günther E.; Gallus, Thomas; Scheytt, Oliver: Kultur-Sponsoring für die kommunale Kulturarbeit. Grundlagen, Praxisbeispiele, Handlungsempfehlungen für Kulturmanagement und -verwaltung, Köln (Deutscher Gemeindeverlag) 1996

Brauneck, Manfred; Schneilin, Gèrard (Hrsg.): Theaterlexikon. Begriffe und Epochen, Bühnen und Ensembles, Reinbek bei Hamburg (Rowohlt) 3.Aufl. 1992

Brockes, Hans-Willy (Hrsg.): Leitfaden Sponsoring & Event-Marketing für Unternehmen, Sponsoring-Nehmer und Agenturen, Loseblattsammlung, Stuttgart, Düsseldorf (Raabe-Verlag) 1995ff.

Brockes, Hans-Willy: Ein Fundament als Datenpool und Netzwerk. Die ESB – Europäische Sponsoring-Börse – Konzept und Arbeitsweise. In: *Strahlendorf* 1996:43–47

Bruhn, Manfred: Sponsoring – Unternehmen als Mäzene und Sponsoren, Wiesbaden (Gabler) 2.Aufl. 1991

Bruhn, Manfred; Mehlinger, Rudolf: Rechtliche Gestaltung des Sponsoring. Vertragsrecht, Steuerrecht, Medienrecht, Wettbewerbsrecht, Band I: Allgemeiner Teil, München (C.H.Beck) 2. Aufl. 1995

Bruhn, Manfred; Mehlinger, Rudolf: Rechtliche Gestaltung des Sponsoring. Sport-, Kultur-, Sozial-, Umwelt- und Programmsponsoring, Band II: Spezieller Teil, München (C.H.Beck) 1994

Bühl, Walter, L.: Kulturwandel. Für eine dynamische Kultursoziologie, Darmstadt (Wissenschaftliche Buchgesellschaft) 1987

Burckhardt, Jakob: Weltgeschichtliche Betrachtungen. Über Geschichtliches Studium, hrsg. von *Jacob Oeri*, Basel 1905; Nachdruck hrsg. von *Joachim Fest* und *Wolf Jobst Siedler*, Gütersloh (Bertelsmann) o.J.

Burens, Peter-Claus: Die Kunst des Bettelns. Tips für erfolgreiches Fundraising, München (C.H.Beck) 1995

Butin, Hubertus: Kunst und Wirtschaft. Probleme des Sponsorings. In: Merkur, Heft 8, 1996, S. 665–674

Childs, Marquis W.: Sweden. The Middle Way (1936), New Haven, London 9. Aufl. 1974

Dahrendorf, Ralf: Fragmente eines neuen Liberalismus, Stuttgart (DVA) 1987

Dahrendorf, Ralf: Der moderne soziale Konflikt. Essay zur Politik der Freiheit, Stuttgart (DVA) 1992

Deutscher Städtetag (Hrsg.): Rettet unsere Städte jetzt! Vorträge, Aussprachen und Ergebnisse der 16. Hauptversammlung des Deutschen Städtetages vom 25. bis 27. Mai 1971 in München, Stuttgart (Kohlhammer) 1971

Dibelius, Ulrich: Musik. In: *Benz, Wolfgang* (Hrsg.): Die Geschichte der Bundesrepublik Deutschland. Band 4: Kultur, Frankfurt/Main (Fischer) 1989:131–168

Döring, Herbert: Großbritannien. Regierung, Gesellschaft und politische Kultur. Reihe: Grundwissen Politik, hrsg. von *Ulrich von Alemann, Leo Kißler* und *Georg Simonis*, Band 8, Opladen (Leske + Budrich) 1993

Dokumentationsdienst Bildung und Kultur, Heft 70. Öffentliche Ausgaben für Kunst und Kulturpflege, Kunsthochschulen, Erwachsenenbildung und Bibliothekswesen. Hrsg. vom Sekretariat der Ständigen Konferenz der Kultusminister der Länder, Neuwied (Luchterhand) 1994

Domdey, Andreas: Kunstförderung in Großbritannien. In: *Strachwitz/Toepler* 1993:81–95

Douglas, Christoph Graf (Hrsg.): Corporate Collecting und Corporate Sponsoring. Dokumentation des Symposiums zur ART Frankfurt '94, Regensburg (Lindinger + Schmid) 1994

Dräger, Horst: Volksbildung in Deutschland im 19. Jahrhundert. Band 2. Dokumentationen zur Geschichte der Erwachsenenbildung, hrsg. von der Pädagogischen Arbeitsstelle des Deutschen Volkshochschul-Verbandes, Bad Heilbrunn/Obb. (Verlag Julius Klinkhardt) 1984

Drukarczyk, Jochen: Finanzierung. Eine Einführung, Stuttgart (Gustav Fischer Verlag) 6. Aufl. 1993

Duhme, Michaele: Die Förderung Bildender Kunst durch Unternehmen in der Bundesrepublik Deutschland, Stuttgart 1986 (Diss.)

Ebert, Ralf; Gnad, Friedrich; Kunzmann, Klaus R. (Hrsg.): Partnerschaften für die Kultur: Chancen und Gefahren für die Stadt. Dortmunder Beiträge zur Raumplanung, Band 57, hrsg. vom Institut für Raumplanung der Universität Dortmund, Dortmund (Universität Dortmund) 1992

Ebert, Ralf; Gnad, Friedrich; Kunzmann, Klaus R.: Kulturleben: Standortfaktor für die Kultur- und Medienwirtschaft. In: *Heinze* 1995:310–323

Eco, Umberto: Das offene Kunstwerk (italienische Originalausgabe 1962), Frankfurt/Main (Suhrkamp) deutsche Ausgabe 1973, 5. Aufl. 1990

Eggebrecht, Hans Heinrich: Musik im Abendland. Prozesse und Stationen vom Mittelalter bis zur Gegenwart, München, Zürich (Piper) 1991

Elias, Norbert: Über den Prozeß der Zivilisation (1939), Frankfurt/Main (Suhrkamp) 19. Aufl. 1995

Erhard, Ludwig: Wohlstand für alle (Erstausgabe 1957), Neuauflage zum 100. Geburtstag mit einem Vorwort von Bundeskanzler *Helmut Kohl*, Düsseldorf (Econ) 1997

Ermert, Karl (Hrsg.): Soziale Kulturarbeit und Kulturelle Sozialarbeit. Konzepte, Selbstverständnis und Praxis. Loccumer Protokolle 5/1984, Rehberg-Loccum (Akademie Loccum) 2. Aufl. 1986

Essig, Claudie; de la Taille Rivero, Marthe: Frankreich und die Kulturförderung heute. In: *Strachwitz/Toepler* 1993:97–104

Fischer, Heinz; Bauske, Franz; Scheuch, Erwin: Kulturförderung deutscher Unternehmen. Eine empirische Untersuchung im Auftrage des Kulturkreises im Bundesverband der Deutschen Industrie, Köln (Zentralarchiv für Empirische Sozialforschung der Universität Köln) 1987

Fischer, Heinz: Kulturförderung durch Unternehmen in der Bundesrepublik Deutschland. Empirische Bestandsaufnahme und Ausblick, Köln 1989 (Diss.)

Fischer, Hermann J.; Reich, Steven A.: Steuerrecht und Kultur. Die Besteuerung von Trägern, Künstlern und Spenden. In: Handbuch KulturManagement 1996:H 7.1

Fischer, Ludwig: Zusammenfassung einer Podiumsdiskussion zur Kulturpolitik in Schweden mit *Wolfgang Butt* und *Henrik Sjögren*. In: *Krüger, Kersten* (Hrsg.): Schweden in Europa. Beiträge zur deutschen und europäischen Geschichte, Band 3, Hamburg (Verlag Dr.R.Krämer) 1990:147–152

Fischer-Lichte, Erika: Kurze Geschichte des deutschen Theaters, Tübingen und Basel (Francke Verlag) 1993

Flaig, Berthold Bodo; Meyer, Thomas; Ueltzhöffer, Jörg: Alltagsästhetik und politische Kultur. Zur ästhetischen Dimension politischer Bildung und politischer Kommunikation, Bonn (J.H.W.Dietz) 2. Aufl. 1994

Fohrbeck, Karla; Wiesand, Andreas Johannes: Von der Industriegesellschaft zur Kulturgesellschaft? Kulturpolitische Entwicklungen in der Bundesrepublik Deutschland. Schriftenreihe des Bundeskanzleramtes, Band 9, München (C.H.Beck) 1989

Frank, Rainer: Kultur auf dem Prüfstand. Ein Streifzug durch 40 Jahre kommunaler Kulturpolitik. Beiträge zur Kommunalwissenschaft, Band 34, München (Saur/Minerva) 1990

Frankreich Jahrbuch 1994, hrsg. vom Deutsch-Französischen Institut Ludwigsburg, Opladen (Leske + Budrich) 1995

Frankreich Jahrbuch 1995, hrsg. vom Deutsch-Französischen Institut Ludwigsburg, Opladen (Leske + Budrich) 1996

Fuchs, Max: Wozu Kulturarbeit? Überlegungen zu einer sachgerechten „Evaluation" kultureller Angebote. In: *Sievers/Wagner* 1994:161–173

Fuchs, Max: Kulturpolitik als Politik des Kulturellen – Überlegungen zur Theoriebildung. In: *Heinze* 1995:201–224

Gabler Wirtschaftslexikon, Wiesbaden (Gabler) 13. Aufl. 1993

Gau, Doris: Kultur als Politik. Eine Analyse der Entscheidungsprämissen und des Entscheidungsverhaltens in der kommunalen Kulturpolitik. Beiträge zur Kommunalwissenschaft, Band 32, München (Saur/Minerva) 1990

Gerken; Gerd; Konitzer, Michael-A.: Trends 2015. Ideen, Fakten, Perspektiven, München (dtv) 1996

Gern, Alfons: Deutsches Kommunalrecht, Baden-Baden (Nomos) 1994

Glaser, Hermann: Das Unbehagen an der Kulturpolitik. In: *Schwencke/Revermann/Spielhoff* 1974:47–65

Glaser, Hermann: Kulturpolitik – Zwischen Affirmation und Rebellion. In: *Hoffmann/Klotz* 1987:61–73

Glaser, Hermann: Kleine Kulturgeschichte der Bundesrepublik Deutschland 1945–1989. Lizenzausgabe für die Bundeszentrale für politische Bildung, Bonn 2. Aufl. 1991

Glaser, Hermann; Stahl, Karl-Heinz: Bürgerrecht Kultur, Frankfurt/Main, Berlin, Wien (Ullstein) 1983

Göschel, Albrecht: Kulturpolitik als Kunstpolitik. Studienbrief der Fernuniversität Hagen, Hagen 1994

Göschel, Albrecht: Konzeptionen für Kulturpolitik und ihre Folgen für Kulturmanagement. In: *Heinrichs* 1997a:137–160

Graber, Christop Beat: Zwischen Geist und Geld. Interferenzen von Kunst und Wirtschaft aus rechtlicher Sicht. Interdisziplinäre und rechtsvergleichende Untersuchung unter besonderer Berücksichtigung des schweizerischen Rechts, Baden-Baden (Nomos) 1994

Grasskamp, Walter: Die unbewältigte Moderne. Kunst und Öffentlichkeit, München (C.H.Beck) 2. Aufl. 1994

Große, Ernst Ulrich; Lüger, Heinz-Helmut: Frankreich verstehen. Eine Einführung mit Vergleichen zu Deutschland, Darmstadt (Wissenschaftliche Buchgesellschaft) 4. Aufl. 1996

Groys, Boris: Über das Neue. Versuch einer Kulturökonomie, München, Wien (Hanser) 1992

Grüßer, Birgit: Kultursponsoring – Ideen und Beispiele aus der Praxis, Hannover (Schlütersche Verlagsanstalt) 1992

Hadesbeck, Matthias: Modernisierungspolitik in Frankreich. Mit kulturellem Elan gegen die blockierte Gesellschaft, Münster, Hamburg (Lit Verlag) 1991

Haeberle, Peter: Kulturpolitik in der Stadt – ein Verfassungsauftrag, Heidelberg 1979

Haftmann, Werner: Malerei im 20. Jahrhundert. Eine Entwicklungsgeschichte, München (Prestel) 1954 (8. Aufl. 1993; hier zitiert nach der 6. Aufl. 1979)

Haibach, Marita: Fundraising. Spenden, Sponsoring, Stiftungen. Ein Wegweiser für Vereine, Initiativen und andere Nonprofit-Organisationen, Frankfurt/Main und New York (Campus) 1996

Handbuch KulturManagement, hrsg. von Dr.Josef Raabe Verlags-GmbH (Loseblattsammlung), Stuttgart und Düsseldorf (Raabe) 1992ff.

Hansen, Klaus P.: Kultur und Kulturwissenschaft. Eine Einführung, Tübingen und Basel (Francke) 1995

Hauser, Arnold: Sozialgeschichte der Kunst und Literatur, München (C.H.Beck) 1953

Hegel, Georg Wilhelm Friedrich: Grundlinien der Philosophie des Rechts (1821), hrsg. von *Johannes Hoffmeister*, Hamburg (Felix Meiner) 1955

Hegel, Georg Wilhelm Friedrich: Vorlesungen über die Philosophie der Weltgeschichte. Band 1: Die Vernunft in der Geschichte (1828), hrsg. von *Johannes Hoffmeister*, Hamburg (Felix Meiner) 1955

Hein, Dieter: Bürgerliches Künstlertum. Zum Verhältnis von Künstlern und Bürgern auf dem Weg in die Moderne. In: *Hein/Schulz* 1996:102–117

Hein, Dieter; Schulz, Dieter (Hrsg.): Bürgerkultur im 19. Jahrhundert. Bildung, Kunst und Lebenswelt, München (C.H.Beck) 1996

Heinrichs, Werner: Einführung in das Kulturmanagement, Darmstadt (Wissenschaftliche Buchgesellschaft) 1993

Heinrichs, Werner: Schweden. Vielfalt von Kunst und Landschaft im Herzen Skandinaviens, Köln (DuMont) 2. Aufl. 1995a

Heinrichs, Werner: Privatisierung öffentlicher Kulturbetriebe aus kulturpolitischer Sicht (1995b). In: *Heinze* 1995:296–308

Heinrichs, Werner: Nichts wird mehr so sein wie gestern! Die neuen Mühen und Chancen der Kulturfinanzierung (1995c). In: Handbuch KulturManagement, 1995:F 2.6

Heinrichs, Werner: Von der mäzenatischen Förderung zum eigenverantwortlichen Kulturmanagement. Aktuelle Entwicklungen im öffentlichen Kunstbetrieb in Deutschland. In: *Rothauer, Doris; Krämer, Harald* (Hrsg.): Struktur & Strategie im Kunstbetrieb. Tendenzen der Professionalisierung, Wien (WUV-Universitätsverlag) 1996:114–123

Heinrichs, Werner (Hrsg.): Macht Kultur Gewinn? Kulturbetrieb zwischen Nutzen und Profit, Baden-Baden (Nomos) 1997a

Heinrichs, Werner (Hrsg.): CD-Rom zum Handbuch KulturManagement (mit Texten und Dateien von Dozenten und Studenten des Fachs Kulturmanagement der Pädagogischen Hochschule Ludwigsburg), Stuttgart/Düsseldorf (Raabe) 1997b

Heinrichs, Werner; Klein, Armin: Kulturpolitik, Studienbrief der Fernuniversität Hagen, Hagen 1994

Heinrichs, Werner; Klein, Armin: Kulturmanagement von A-Z. Wegweiser für Kultur- und Medienberufe. Beck-Wirtschaftsberater im dtv, München (C.H.Beck) 1996

Heinrichsmeyer, Wilhelm; Britz, Wolfgang; Rau, Thomas: Kultur als Wirtschaftsfaktor. Dargestellt am Beispiel der Bonner Oper, Bonn 1989

Heinze, Thomas (Hrsg.): Kulturmanagement. Professionalisierung kommunaler Kulturarbeit, Opladen (Westdeutscher Verlag) 1994

Heinze, Thomas (Hrsg.): Kultur und Wirtschaft. Perspektiven gemeinsamer Innovation, Opladen (Westdeutscher Verlag) 1995

Henningsen, Bernd: Der Wohlfahrtsstaat Schweden. Nordeuropäische Studien, Band 2, Baden-Baden (Nomos) 1986

Hermand, Jost: Kultur im Wiederaufbau. Die Bundesrepublik Deutschland 1945–1965, München (Nymphenburger Verlagshandlung) 1986

Hermand, Jost; Trommler, Frank: Die Kultur der Weimarer Republik (Erstausgabe 1978), Frankfurt/Main (Fischer) 1988

Heuer, Carl-Heinz: Steuersystem. In: *Ammann* 1995: 60–68

Hoffmann, Hans-Christoph: Theater und Oper in der deutschen Stadt. In: *Grote, Ludwig* (Hrsg.): Die deutsche Stadt im 19. Jahrhundert. Stadtplanung und Baugestaltung im industriellen Zeitalter, München (Prestel) 1974: 209–222

Hoffmann, Hilmar: Kultur für alle. Perspektiven und Modelle, Frankfurt/Main (Fischer) 1979

Hoffmann, Hilmar: Kultur als Lebensform. Aufsätze zur Kulturpolitik, Frankfurt/Main (Fischer) 1990

Hoffmann, Hilmar; Klotz, Heinrich (Hrsg.): Die Sechziger. Die Kultur unseres Jahrhunderts, Band 5, Düsseldorf, Wien, New York (Econ) 1987

Hume, David: Eine Untersuchung über den menschlichen Verstand (1748), hrsg. von *Raoul Richter*. Philosophische Bibliothek Band 35, Hamburg (Meiner) 1973

Hummel, Marlies; Berger, Manfred: Die volkswirtschaftliche Bedeutung von Kunst und Kultur. Gutachten im Auftrag des Bundesministers des Innern. Schriftenreihe des Ifo-Instituts für Wirtschaftsforschung, Nr.122, Berlin, München (Duncker & Humblot) 1988

Hummel, Marlies; Brodbeck, Karl-Heinz: Längerfristige Wechselwirkungen zwischen kultureller und wirtschaftlicher Entwicklung. Schriftenreihe des Ifo-Instituts für Wirtschaftsforschung, Nr.128, Berlin, München (Duncker & Humblot) 1991

Hummel, Marlies; Waldkircher, Cornelia: Wirtschaftliche Entwicklungstrends von Kunst und Kultur. Gutachten im Auftrag des Bundesministers des Innern. Schriftenreihe des Ifo-Instituts für Wirtschaftsforschung, Nr.132, Berlin, München (Duncker & Humblot) 1992

Hummel, Marlies: Kulturfinanzierung durch Unternehmen in Zeiten verschärfter ökonomischer Sachzwänge. Ifo Studien zu Kultur und Wirtschaft 16, München (ifo Institut) 1995

IAM – International Arts Manager Magazine, London (Arts Publishing International Ltd.), Heft 57, September 1995

Institut für Museumskunde (Hrsg.): Eintrittspreise von Museen und Ausgabeverhalten der Museumsbesucher. Ein Gemeinschaftsgutachten des ifo Instituts für Wirtschaftsforschung und des Instituts für Museumskunde. Materialen aus dem Institut für Museumskunde, Heft 46, Berlin 1996

Irmler, Günter: Der Zuschauer läßt sich nichts vormachen! Zum Publikumserfolg der Musicaltheater. In: *Heinrichs* 1997a:127–130

Johnsson, Hans-Ingvar: Blickpunkt Schweden, Stockholm (Schwedisches Institut) 1995

Jurt, Joseph: Deutsch-französische Fremd- und Selbstbilder in der Literatur und Publizistik der Gegenwart. In: Frankreich Jahrbuch 1995, 1996:57–80

Kempers, Bram: Kunst, Macht und Mäzenatentum. Der Beruf des Malers in der italienischen Renaissance, München (Kindler) 1989

Kerber, Bärbel: Kein großes Los gezogen. In: Socialmanagement, Magazin für Organisation und Innovation, 6. Jg., Heft 6, 1996, S. 5–6

Klein, Armin: Zur Entwicklung der kommunalen Kulturausgaben von 1975–1985. In: Der Städtetag, Heft 5/1987, S.258–261

Klein, Armin: Kinder. Kultur. Politik, Perspektiven kommunaler Kinderkulturarbeit, Opladen (Leske + Budrich) 1993

Klein, Armin: Kulturmanagement als Perspektive in der kulturpolitischen Krise. In: *Heinze* 1994:159–174

Klein, Armin: Der Kommunale Kulturhaushalt. Instrument aktiver Kulturgestaltung. Schriftenreihe Kulturpraxis und Recht, hrsg. von der Stiftung für kulturelle Weiterbildung und Kulturberatung Berlin, Band 6, Köln (Deutscher Gemeindeverlag) 1995a

Klein, Armin: „Kultur für alle – für wen und wozu?" Neuere kultursoziologische Befunde (1995b). In: *Heinze* 1995:183–200

Klein, Armin: Macht Theater Gewinn? In: *Heinrichs* 1997a:105–121

Kocka, Jürgen (Hrsg.): Bürger und Bürgerlichkeit im 19. Jahrhundert, Göttingen (Vandenhoeck & Ruprecht) 1987

Köppen, Ernst: Krefeld – so wie es war, Düsseldorf (Droste) 2. Aufl. 1976

Kolbe, Jürgen: Die alte, neue Kulturpolitik: ein Selbstmordprogramm: In: Die Neue Gesellschaft/Frankfurter Hefte. Heft 2, 1996, S.126–130

Krall, Thomas: Multiplex – Kino der dritten Generation. In: *Heinrichs* 1997a:64–74

Kramer, Dieter: Handlungsfeld Kultur. Zwanzig Jahre Nachdenken über Kulturpolitik. Edition Umbruch, Band 8, Essen (Klartext) 1996

Kuiser, Richard: Seducing the French. The Dilemma of Americanization, Berkeley, Los Angeles, London (University of California Press) 1993

Kultur in Deutschland. Zahlen und Fakten, hrsg. vom Statistischen Bundesamt, Stuttgart (Metzler-Poeschel) 1994

Kulturkreis der deutschen Wirtschaft im BDI (Hrsg.): Kulturförderung in gemeinsamer Verantwortung: Weißbuch des Aktionskreises Kultur, Bonn (ARCult Media) 1995

Kulturkreis der deutschen Wirtschaft im BDI (Hrsg.): Kulturförderung in gemeinsamer Verantwortung (II). Die Krise überwinden. Grünbuch des Aktionskreises Kultur, Bonn (ARCult Media) 1996

Kulturkreis Haus Europa (Hrsg.): Kultursponsoring in der Diskussion. Deutschland und Europa. München (Maecenata) 1996

Länderbericht USA. Band II: Außenpolitik, Gesellschaft, Kultur, Religion, Erziehung, hrsg. von *Adams, Willi Paul u.a.* im Auftrag der Bundeszentrale für politische Bildung. Schriftenreihe Studien zur Geschichte und Politik, Band 293/II, Bonn (Bundeszentrale für politische Bildung) 1992

Lindbeck, Assar: Svensk ekonomisk politik, Stockholm 2. Aufl. 1979

Lipp, Wolfgang (Hrsg.): Kulturpolitik. Standorte, Innensichten, Entwürfe. Schriften zur Kultursoziologie, Band 11, Berlin (Reimer) 1989

Marcuse, Herbert: Über den affirmativen Charakter der Kultur. In: ders.: Kultur und Gesellschaft I, Frankfurt/Main (Suhrkamp) 1965

Mayer, Hans: Georg Büchner und seine Zeit, Frankfurt/Main (Suhrkamp) 1972

McIlroy, Andrew: Business Sponsorship. In: *Bennett* 1995:41–44

Medosch, Armin: Kunst-Innovationen im Weltgehirn. Neue Medien: die Verbindung von Wissenschaft, Kunst und Wirtschaft. In: Zeitschrift für Kulturaustausch,1995, Heft 4, S.517–521

Meffert, Heribert (Hrsg.): Lexikon der aktuellen Marketingbegriffe, Wien (Ueberreuter) 1994

Mill, John Stuart: Über Freiheit (1859), übersetzt und herausgegeben von *Achim von Borries*, Frankfurt/Main (Europäische Verlagsanstalt) 1969

Mini-Chiffres clés 1994. Statistiques de la Culture. Hrsg.: Ministère de la Culture et de la Francophonie, Paris 1994

Mirbach, Dietrich von: Der Soziosponsoring-Berater. Zwischen sozialen Projekten und Wirtschaftsunternehmen. In: *Strahlendorf* 1996:144–149

Mitscherlich, Alexander: Die Unwirtlichkeit unserer Städte, Frankfurt/Main (Suhrkamp) 1965

Mittelstraß, Jürgen: Eine neue Kultur? Auf der Suche nach Wirklichkeit im Medienzeitalter. In: Zeitschrift für Kulturaustausch, 1995, Heft 4, S. 507–511 (gekürzte Fassung eines Vortrags für die 22. Römerberggespräche 1995 in Frankfurt/Main)

Möller, Frank: Zwischen Kunst und Kommerz. Bürgertheater im 19. Jahrhundert. In: *Hein/Schulz* 1996:19–33

Münch, Richard: Die Kultur der Moderne. Band I: Ihre Grundlagen und ihre Entwicklung in England und Amerika. Band II: Ihre Entwicklung in Frankreich und Deutschland, Erstausgabe 1986, Frankfurt/Main (Suhrkamp) 1993

Niedhart, Gottfried: Gegenwärtige Vergangenheit. Geschichte als Identifikation und Erblast in der britischen Politik. In: Großbritannien, hrsg. von der Landeszentrale Baden-Württemberg, Stuttgart (Kohlhammer) 1992: 27–36

Nilsson, Göran B.: Svenska andefattigdomens betydelse (Die Bedeutung der geistigen Armut Schwedens). En historiografisk essä om humaniora på undantag. In: (Svensk) Historisk Tidskrift 1/1983, S.3–31

Nipperdey, Thomas: Deutsche Geschichte 1800–1866. Bürgerwelt und starker Staat, München (C.H.Beck) 1983

Noack, Paul: Was ist Politik? Eine Einführung in ihre Wissenschaft, München (Droemer Knaur) 3. Aufl. 1978

Oelschlägel, Dieter: Soziokulturelle Gemeinwesenarbeit. In: *Sievers/Wagner* 1992:407–415

Österreichische Kulturdokumentation. Internationales Archiv für Kulturanalysen (Hrsg.): Kulturpolitik und Kulturadministration in Europa. 42 Einblicke. Schriftenreihe der Österreichischen Kulturdokumentation. Internationales Archiv für Kulturanalysen, hrsg. von *Veronika Ratzenböck*, Band 3, Wien 1995

Olenhusen, Albrecht Götz von: Zur Novellierung des Urheberechtsgesetzes. In: Frankfurter Hefte, 1970, Heft 10, S.687–689

Opitz, Stephan: Interkulturell orientiertes Kulturmanagement. Am Beispiel Deutschland – skandinavische Länder. In: Handbuch KulturManagement 1996:A 4.3

Ostendorf, Berndt; Levine, Paul: Die amerikanische Definition von Kultur und die Definition der amerikanischen Kultur. In: Länderbericht USA, Band II, 1992:515–525

Pappermann, Ernst: Rahmenbedingungen kommunaler Kulturarbeit. In: *Pappermann, Ernst; Mombaur, Peter Michael; Blank, Joseph-Theodor* (Hrsg.): Kulturarbeit in der kommunalen Praxis, Köln (Deutscher Gemeindeverlag) 1984:3–11

Peirce, Charles S.: Collected Papers, hrsg. von *Ch. Hartsthorne* und *P. Weiss*, Cambridge 1931ff.

Pommerehne, Werner W.; Frey, Bruno S.: Musen und Märkte. Ansätze einer Ökonomik der Kunst, München (Vahlen) 1993

Püttmann, Michael: Sponsoring: Erfolgreiche Symbiose zwischen Wirtschaft und Gesellschaft? In: *Loock, Friedrich* (Hrsg.): Kulturmanagement. Kein Privileg der Musen, Wiesbaden (Gabler) 1991:235–248

Raeithel, Gerd: Geschichte der nordamerikanischen Kultur (3 Bände), Frankfurt/Main (Zweitausendeins) 1995

Rau, Thomas: Betriebswirtschaftslehre für Städte und Gemeinden, München (Vahlen) 1994

Raue, Peter: Die Rolle von Fördervereinen in der Kulturförderung. In: *Strachwitz/Toepler* 1993:229–234

Rettich, Hannes: Kunstkonzeption des Landes Baden-Württemberg, Freudenstadt (VUD Verlag und Druck) 1990

Richter, Reinhart: Kommunalverwaltung im Umbruch? Die Umwandlung der kommunalen Kulturverwaltung nach dem Prinzip der dezentralen Ressourcenverantwortung. In: Handbuch KulturManagement 1995:A 2.4

Richter, Reinhart; Sievers, Norbert; Siewert, Jörg (Hrsg.): Unternehmen Kultur. Neue Strukturen und Steuerungsformen im kommunalen Kulturbereich. Edition Umbruch, Band 7, Essen (Klartext) 1995

Rizzardo, René: Trends der Regionalisierung der Kultur in Frankreich. In: *Schulze, Jutta; Vorjans, Bernd* (Hrsg.): Hauptstadt und Umland in der Großregion. Ein Vergleich zwischen Deutschland und Frankreich. Forum Kultur Band 2, Berlin (Stiftung für kulturelle Weiterbildung und Kulturberatung) 1994:9–15

Ross, Kristin: Fast Cars, Clean Bodies. Decolonization and the Recording of French Culture, Cambridge, London (MIT Press) 1995

Roth, Ralf: Von Wilhelm Meister zu Hans Castorp. Der Bildungsgedanke und das bürgerliche Assoziationswesen im 18. und 19. Jahrhundert. In: *Hein/Schulz* 1996:122–139

Scherer, Valentin: Deutsche Museen. Entstehung und kulturgeschichtliche Bedeutung unserer öffentlichen Kunstsammlungen, Jena (Diederichs) 1913

Scheytt, Oliver: Die Musikschule. Ein Beitrag zum kommunalen Kulturverwaltungsrecht. Neue Schriften des Deutschen Städtetages, Heft 59, Stuttgart, Köln (Kohlhammer) 1989

Schmidt, Roland: Zur alternativen Kultur. Erscheinungsbild und Strukturen. In: Aus Politik und Zeitgeschichte. Beilage zur Wochenzeitung „Das Parlament", Heft B 11/1983, S. 41–54

Schugk, Michael: Betriebswirtschaftliches Management öffentlicher Theater und Kulturorchester (Diss.), Wiesbaden (Deutscher Universitäts-Verlag) 1996

Schulze, Gerhard: Die Erlebnisgesellschaft. Kultursoziologie der Gegenwart, Frankfurt/Main und New York (Campus) 3.Aufl. 1992

Schulze, Gernot: Meine Rechte als Urheber. Urheber- und Verlagsrecht. Beck-Rechtsberater im dtv, München (C.H.Beck) 2. Aufl. 1994

Schwencke, Olaf: Kontinuität und Innovation. Zum Dilemma deutscher Kulturpolitik seit 1945 und zu ihrer gegenwärtigen Krise. In: *Schwencke/Revermann/Spielhoff* 1974:11–43

Schwencke, Olaf: I had a dream. Zwanzig Jahre Kulturpolitische Gesellschaft mit dem Blick nach vorn. In: Kulturpolitische Mitteilungen, Heft 74/1996, Mitgliederrundbrief Nr.12, S.2f.

Schwencke, Olaf; Revermann, Klaus H.; Spielhoff, Alfons (Hrsg.): Plädoyers für eine neue Kulturpolitik, München (Hanser) 1974

Sievers, Norbert: Neue Kulturpolitik. Programmatik und Verbandseinfluß am Beispiel der Kulturpolitischen Gesellschaft. Dokumentation der Kulturpolitischen Gesellschaft Nr.32, Hagen (Kulturpolitische Gesellschaft) 1988

Sievers, Norbert: Perspektiven einer Neuen Kulturpolitik. In: *Heinze* 1994:153–158

Sievers, Norbert; Wagner, Bernd: Soziokultur und Kulturpolitik. In: *Sievers/Wagner* (Hrsg.) 1992:11–33

Sievers, Norbert; Wagner, Bernd (Hrsg.): Bestandsaufnahme Soziokultur. Beiträge, Analysen, Konzepte. Dokumentation des gleichnamigen Forschungsprojektes der Kulturpolitischen Gesellschaft e.V., Schriftenreihe des Bundesministeriums des Innern, Band 23, Stuttgart, Berlin, Köln (Kohlhammer) 1992

Sievers, Norbert; Wagner, Bernd (Hrsg.): „Blick zurück nach vorn". Zwanzig Jahre Neue Kulturpolitik. Edition Umbruch, Band 5, Essen (Klartext) 1994

Silkenbeumer, Rainer (Hrsg.): Kulturarbeit. Die Innenpolitik von morgen, Hannover (Fackelträger-Verlag) 1980

Simm, Hans-Joachim (Hrsg.): Das Fest. Ein Lesebuch zum Feiern, München, Wien (Hanser) 1981

Sjögren, Henrik: Konst & Nöje. Malmö Stadsteater 1944–1994, Malmö (Bra Böcker AB) 1994

Smith, Craig: Der neue Hang zu wohltätigem Handeln. In: Harvard Business Manager, Heft IV, 1994, S. 104–115

Sobania, Michael: Vereinsleben. Regeln und Formen bürgerlicher Assoziationen im 19. Jahrhundert. In: *Hein/Schulz* 1996:170–190

Sowa, Geord: Anfänge institutioneller Musikerziehung in Deutschland (1800–1843), Regensburg 1973

Staatsministerium Baden-Württemberg (Hrsg.): Regierungserklärung von Ministerpräsident Lothar Späth zur Kunstkonzeption vor dem Landtag Baden-Württemberg am 13.12.1989, Stuttgart 1990

Städtische Kulturpolitik. Empfehlungen, Richtlinien und Hinweise des Deutschen Städtetages zur Praxis städtischer Kulturpolitik 1946 bis 1970. Neue Schriften des Deutschen Städtetages, Heft 26, Köln (Kohlhammer) 1971

Statens kulturråds fördjupade anslagsframställning för perioden 1997–1999, Stockholm 1996 (nicht veröffentlichte Regierungsvorlage)

Steinmann, Horst; Schreyögg, Georg: Management. Grundlagen der Unternehmensführung. Konzepte, Funktionen und Praxisfälle, Wiesbaden (Gabler) 2. Aufl. 1991

Strachwitz, Rupert Graf; Toepler, Stefan (Hrsg.): Kulturförderung. Mehr als Sponsoring, Wiesbaden (Gabler) 1993

Strachwitz, Rupert Graf: Stiftungen – nutzen, führen und errichten: ein Handbuch, Frankfurt/Main und New York (Campus) 1994

Strahlendorf, Peter (Hrsg.): Jahrbuch Sponsoring 95/96, Hamburg (Verlag für Marketing + Kommunikation) 1996

Strindberg, August: Das schwedische Volk. Historische Profile (1881/1882), in Auszügen übersetzt von *Emil Schering*, Berlin 1942

Suerbaum, Ulrich: Das elisabethanische Zeitalter, Stuttgart (Reclam) 1991

Swedish Cultural Policy, hrsg. Schwedischen Kulturrat, Trelleborg 1994

Syring, Marie Louise: Zerborstene Sprache, zersprengte Form. Die französische Kunstszene der Gegenwart. In: Frankreich Jahrbuch 1994,1995:161–171

Szondi, Peter: Die Theorie des bürgerlichen Trauerspiels im 18. Jahrhundert. Der Kaufmann, der Hausvater und der Hofmeister, Frankfurt/Main (Suhrkamp) 1973

Thiel, Eberhard: Sachwörterbuch der Musik, Stuttgart (Kröner) 2. Aufl. 1973

Toepler, Stefan: Kulturfinanzierung. Ein Vergleich USA – Deutschland. OIKOS – Studien zur Ökonomie, Band 28, Wiesbaden (Gabler) 1991

Toepler, Stefan: Kulturförderung in den USA. In: *Strachwitz/Toepler* 1993:71–79

Toepler, Stefan: Das gemeinnützige Stiftungswesen in der modernen demokratischen Gesellschaft. Ansätze zu einer ökonomischen Betrachtungsweise, München (Maecenata) 1996

Tüpper, Rita: Business oder Bildung. Zur Einrichtung von Museums-Shops. In: Die Neue Gesellschaft – Frankfurter Hefte, Heft 2, 1996:150–154

Vahlens Kompendium der Wirtschaftstheorie und Wirtschaftspolitik, verfaßt von *Dieter Bender u.a.*, Band 2, München (Vahlen) 6. Aufl. 1995

Wagner, Bernd: Zwanzig Jahre Neue Kulturpolitik. Eine Bibliographie 1970-1990, Edition Umbruch. Texte zur Kulturpolitik, Band 2, Essen (Klartext) 1993

Waterson, Merlin: The National Trust: The First Hundred Years, London (BBS Publishing) 1995

Weiand, Neil George: Kultur- und Sportsponsoring im deutschen Recht unter besonderer Berücksichtigung urheber-, medien- und wettbewerbsrechtlicher Aspekte. Schriftenreihe zur Rechtssoziologie und Rechtstatsachenforschung, hrsg. von *Manfred Rehbinder*, Band 74, Berlin (Duncker & Humblot) 1993

Weizsäcker, Richard von: Die politische Kraft der Kultur, Reinbek bei Hamburg (Rowohlt) 1987

Welsch, Wolfgang: Kulturkonzepte der Postmoderne. In: *Lipp* 1989:37–62

Welsch, Wolfgang: Unsere postmoderne Moderne, Weinheim (VCH Verlagsgesellschaft) 3. Aufl. 1991

Wheatley, Steven C.: Träger der Kultur und Kulturförderung. In: Länderkunde USA, Band II, 1992:576–587

Wiese, Benno von: Die deutsche Tragödie von Lessing bis Hebbel (1948), Hamburg (Hoffmann und Campe) 8. Aufl. 1973

Willnauer, Franz: Der Kulturkreis der deutschen Wirtschaft im Bundesverband der Deutschen Industrie e.V. In: *Strachwitz/Toepler* 1993:235–249

Wöhe, Günter (unter Mitarbeit von *Ulrich Döring*): Einführung in die Allgemeine Betriebswirtschaftslehre, München (Vahlen) 18. Aufl. 1993

Wolf-Csanády, Elisabeth: Kunstsponsoring und Kulturförderung durch Unternehmen in Deutschland und Österreich und ihr kulturpolitischer Kontext, Frankfurt/Main (Peter Lang) 1994

Wolff, Arnold: Der Kölner Dom. Reihe: Große Bauten Europas, Band 6, Stuttgart (Müller und Schindler) 5. Aufl. 1988

Zacharias, Wolfgang (Hrsg.): Schöne Aussichten? Ästhetische Bildung in einer technisch-medialen Welt. Edition Hermes – Ästhetik, Kultur & Politik, Band 2, Essen (Klartext) 1991

Ziebura, Gilbert: Staat, Wirtschaft und Gesellschaft am Ende der Ära Mitterand. Kontinuitäten, Brüche, Perspektiven. In: Frankreich Jahrbuch 1995,1996: 9–32

Verzeichnis der Tabellen und Abbildungen

Tabellen

Abbildungen

Stichwortverzeichnis[1]

[1] Begriffe wie *Kulturpolitik, Kulturbetrieb, Kulturförderung* und *Kulturfinanzierung*, die sich unmittelbar aus der Themenstellung des Buches ergeben, sind im Stichwortverzeichnis nicht berücksichtigt.